DIE GESCHICHTE DER MENSCHHEIT AUS DER SICHT EINES MEISTERS

TEIL I
Ursprünge und Entwicklung der menschlichen Zivilisation

DIE GESCHICHTE DER MENSCHHEIT AUS DER SICHT EINES MEISTERS

TEIL I
Ursprünge und Entwicklung der menschlichen Zivilisation

Titel der amerikanischen Originalausgabe:
A MASTER'S REFLECTION ON THE HISTORY OF HUMANITY
PART I
HUMAN CIVILIZATION
Origins and Evolution

Aus dem Amerikanischen von Satora Oswald, Gabriele Herpers und Angelika Rinderle-Tessa.
Besonderer Dank gilt Margaret Pfalzer (Korrektur) und Nesli Ackermann (Index).

Herausgeber der deutschsprachigen Lizenzausgabe ist der In der Tat Verlag.
Diese Übersetzung basiert auf der englischsprachigen Ausgabe, die die von Ramtha übermittelten Original-Lehren enthält; ein möglicher Verlust von Teilen der Aussage bei der Übersetzung ist unvermeidlich.

Für weitere Informationen über Ramthas Lehren wenden Sie sich bitte an:
Ramtha's School of Enlightenment, PO Box 1210, Yelm, WA 98597, USA.
http://www.ramtha.com

ISBN: 3-89539-048-8
1.Auflage Jan./2004

Titelgestaltung: Petra Friebel

In der Tat Verlag
Ammergauer Str. 80
86971 Peiting
Tel.: 08861-59018 Fax: 08861-67091
www.michaelsverlag.de
e-mail: mvv@michaelsverlag.de

"Nun, Sokrates, was hältst du von dem Gastgeschenk, das wir für dich vorgesehen haben? Da Timaios unter uns der Astronomiekundige ist und es sich zur Hauptaufgabe gemacht hat die Natur des Universums zu erkennen, dachten wir, er möge zuerst sprechen und uns erst vom Ursprung des Universums und dann von der Natur des Menschen berichten."

—Plato, *Timaios*

Danksagungen

Unser aufrichtiger Dank und unsere Anerkennung gelten all denen, die dabei mitgewirkt haben, dieses Buch herauszubringen. Unsere gemeinsamen Anstrengungen wurden inspiriert durch unser aller Liebe zu unserem Meister-Lehrer Ramtha und durch dessen Worte.

Wir möchten Debbie Christie, Jane Capezio und Jan Ferrari dafür danken, dass sie uns Ramthas Originalworte für den Druck dieses Werkes zur Verfügung gestellt haben. Wir danken Pat Richker für ihre Lektoratsarbeit und ihr hingebungsvolles Bemühen, die Worte des Meisters rein zu halten. Unser besonderer Dank gilt ihrem Team, Diane Munoz und July Vawter, für ihre sachkundige Übertragung der Worte Ramthas in Schriftform. Wir danken Jeannette Rogge für ihre sorgfältige Korrekturarbeit, die sie mit fröhlichem Herzen und großer Professionalität erledigte. Besondere Anerkennung verdient auch Jaime Leal-Anaya für die Zusammenstellung der Buchtexte, des Ramtha-Glossars, des Inhaltsverzeichnisses und für die Kommentare, durch welche er die Kapitel dieses Buches einleitet und erläutert. Dank der Inspiration der Künstler Noel Sagrera und Melissa Peizer konnten wir die aufregende Erfahrung machen, den Kern von Ramthas Botschaft in eine visuelle Form zu bringen. Unser besonderer Dank gilt Greg Simmons für seinen Rückhalt und seine Sachkunde und Elio Serra für seine umfassende Unterstützung des Projekts.

Zum Schluss möchten wir JZ Knight in Liebe für ihre unermüdliche Hingabe an das Große Werk danken, durch welche sie Ramthas Lehren allen Menschen zugänglich macht, die sie hören wollen, um sich selbst zu meistern und Erleuchtung zu finden.

VORWORT DES HERAUSGEBERS

Vor einiger Zeit saß ich in einer Lehrveranstaltung Ramthas und tauschte mich mit meiner Partnerin über die Lehrinhalte aus, die Ramtha gerade vermittelt hatte. Ich erklärte ihr, dass ich es leid wäre, mein ganzes Leben lang, und sicherlich auch viele andere Leben hindurch, nichts weiter als ein bloßer Philosoph zu sein. Ich sagte ihr, ich wolle das Wissen erfahren, die Wahrheit der Lehren erleben und damit aufhören ein Heuchler zu sein, der die Schlüssel in der Hand hält, aber nicht durch die Tür geht. Ich erinnere mich noch wie ich ihr sagte: „Ich möchte nicht irgendetwas predigen oder Bücher schreiben. Ich möchte keine tollen Worte mehr über irgendetwas schreiben. Ich möchte einfach ein wahrer Meister werden.” Mir fiel auf, dass Ramtha unserer Unterhaltung zugehört hatte und dabei lächelte wie eine strahlende Sonne.

Kurz danach betraute mich Ramtha mit dem Projekt, eine umfassende Sammlung all seiner Lehren in gedruckter Form zusammenzustellen. Unwillkürlich musste ich an meine Äußerungen gegenüber meiner Mitschülerin bei dieser früheren Veranstaltung denken. Mir war klar, dass ich dieser Aufgabe am besten gerecht werden konnte, wenn ich nicht nur als Theologe, Anthropologe oder Theoretiker von außen an die Sache heranging, sondern als ein Schüler des Großen Werks, der in sich das Verlangen spürt, die Wahrheiten und Inhalte der Lehren zu erfahren und praktisch umzusetzen. Erst wenn wir damit anfangen, diese Philosophie aufrichtig zu erforschen, können wir allmählich die Perle der Weisheit in ihren tiefsten Facetten, ihrem Glanz und ihrer Brillanz erfassen und begreifen. Es ist wahrhaftig eine persönliche Reise der Selbstentdeckung, die sich mit Worten nur unzulänglich beschreiben lässt. Sie muss in die Praxis umgesetzt und erlebt werden.

Im Jahr 2001 bat mich Ramtha während unseres alljährlichen Retreats, zu jedem der Kapitel unseres Buches einen einführenden Kommentar zu schreiben. Die Kommentare sollten aufzeigen, wie Ramthas Lehren die fundamentalsten Fragen menschlicher Existenz ansprechen, über die der Mensch zu allen Zeiten bis zum heutigen Tag nachgedacht hat. Ramthas Modell und sein Verständnis der Beschaffenheit der Wirklichkeit liefern oftmals das noch fehlende Bindeglied zu einer umfassenden und korrekten Deutung vieler alter Philosophien, Rituale, Religionen und sogar Wissenschaften. Die einführenden Kommentare sollen als Ausgangspunkt dienen und dem interessierten Leser einen Weg aufzeigen, wie er sich noch tiefgehender mit Ramthas Lehren beschäftigen und sich diese erschließen kann. Sie sollen auch die Auswirkungen dieser Lehren auf bestimmte Studiengebiete beschreiben. Ramthas Lehren sprechen für sich und müssen in ihrem jeweiligen Kontext und Rahmen gelesen werden. Die Kommentare sollen dem interessierten Leser als Hilfsmittel dienen und es ihm erleichtern, die enorme Bedeutung der Lehren Ramthas und deren Beitrag zum gesamten Wissen und der Weisheit der menschlichen Rasse zu erkennen.

Ramthas Lehren sind ein einzigartiges metaphysisches Gedankensystem. Es bedarf sorgfältiger Untersuchung und Überlegung, um die volle Bedeutung und Auswirkung seiner Inhalte erfassen zu können. Wir meinen, dass Ramthas Lehren metaphysischer Natur sind, da sie sich mit den fundamentalen Fragen des Menschen und der menschlichen Existenz befassen, mit Fragen über unseren Ursprung und unsere Bestimmung, über die Natur von Gut und Böse, die Seele, Leben und Tod, die Welt und unsere Beziehungen zu anderen.

Die Form, in der Ramtha seine Lehren übermittelt, sind ein Bestandteil der Botschaft selbst. Die Lehren sind nicht einfach eine intellektuelle Abhandlung bestimmter Themen oder deren bloße intellektuelle Analyse, sie sind auch keine Art offenbarter Wahrheit, die blinde Glaubensgefolgschaft verlangt. Ramthas Lehren sind keine neue Religion, und sie sind keine Bausteine zu einer neuen Kirche. Seine Lehren sind ein Gedankensystem, das in seinem Ansatz zur Wirklichkeit so gestaltet ist, dass der Einzelne Ramthas Philosophie in die Tat umsetzen und die so gelehrten Inhalte selbst überprüfen und erfahren kann. Mit anderen Worten, durch diesen einzigartigen Aspekt der Lehren kann die Philosophie oder das *Konzept der Wirklichkeit* eigenhändig erfahren und dadurch zur *Weisheit über die Beschaffenheit der Wirklichkeit* werden.

Diese Besonderheit von Ramthas Gedankensystem kommt den Einweihungen in das heilige Wissen gleich, wie sie in den Mysterienschulen des Altertums in Griechenland, Ägypten und im Nahen Osten sowie den alten Gnostik-Schulen in Europa und im Nahen Osten praktiziert wurden. Es ist wichtig, hier anzumerken, dass Ramthas Lehren sich in dieser Hinsicht von den traditionellen Philosophieschulen der westlichen Welt unterscheiden.

Dem traditionellen westlichen Verständnis von objektivem Wissen und Wahrheit liegt eine tiefverwurzelte Annahme über den Menschen und die Beschaffenheit der Wirklichkeit zu Grunde. Die wissenschaftliche Methodik beschränkt den Bereich erlangbaren Wissens auf Phänomene, die mittels der Sinne des physischen Körpers beobachtet und nachgewiesen werden können. Alles was außerhalb dieses Bereiches liegt, wird dem Reich der Mythen und Sagen zugeschrieben. Mit anderen Worten, die Beschaffenheit der Wirklichkeit und der Mensch bestehen nur aus ihren physischen und materiellen Aspekten. Sigmund Freuds Psychoanalyse und sein Profil der menschlichen Psyche liefern ein anschauliches Beispiel für diesen Trend.

In Ramthas Denken sind der physische Körper und die materielle Welt nur ein Aspekt der wirklichen Welt. Tatsächlich sind sie nur das Produkt und ein Effekt der wirklichen Welt, die sich aus Bewusstsein und Energie aufbaut. Der Mensch lässt sich am besten als Bewusstsein und Energie beschreiben, die die Beschaffenheit der Wirklichkeit erschaffen. Die physische Welt ist nur eine von sieben Ebenen, auf denen Bewusstsein und Energie Ausdruck finden. Ramtha benutzt das Konzept des Beobachters aus der Quantentheorie, um sein Konzept von Bewusstsein und Energie zu erklären. Ebenso benutzt er das Konzept von Gott, dem Schöpfer und Souverän, um den Menschen als Bewusstsein und Energie zu beschreiben.

Die höchst ungewöhnliche Weise, in der Ramtha seine Lehren übermittelt, macht es vielen Bereichen der heutigen Gesellschaft leicht, sie unverzüglich abzutun. Leider ist es eine allzu gebräuchliche Reaktion, eine Botschaft nicht auf Grund ihres Inhaltes zu beurteilen, sondern auf Grund der Form ihrer äußerlichen Darbietung. Marketing, das Nachrichtenwesen und die für Publicity, Verkauf und Werbung angewandten Methoden sind hervorragende Beispiele hierfür.

Die ungewöhnliche Form, in der Ramtha seine Lehren übermittelt, ist keineswegs willkürlich oder oberflächlich. Er hat ausdrücklich auf die Gründe für eine solche Form hingewiesen. Seinen Ausführungen nach ist es für das Erfassen seiner Botschaft wichtig, sich der Paradigmen des Denkens, den Wurzeln der vorgefassten Meinungen, unbewussten Vorurteilen und vorgeformten Mustern gewahr zu werden, mit denen wir normalerweise die Wirklichkeit wahrnehmen und bewerten.

Ramthas Lehrmethoden zielen häufig darauf ab, den Einzelnen herauszufordern und ihm gleichzeitig Hilfsmittel anzubieten, mit denen er sich der vorgefassten Meinungen gewahr werden kann, die die Grenzen unserer normalen Realitätswahrnehmung bestimmen. Ziel ist das daraus resultierende Entstehen einer umfassenderen geistigen Perspektive, die uns ein sinnvolleres, unbegrenzteres, bewussteres und außergewöhnlicheres Erleben der Wirklichkeit ermöglicht und uns gleichzeitig ein breiteres Spektrum von Möglichkeiten für neue Erfahrungen liefert, die zuvor nicht denkbar waren.

Einer der umstrittensten Aspekte von Ramthas Lehren ist die Form, die er zur Übermittlung seiner Botschaft gewählt hat. Indem Ramtha seine Philosophie als die Frucht seiner eigenen Wahrheit und persönlichen Erfahrung präsentiert, hebt er hervor, dass er selbst die Verkörperung der Philosophie, die Manifestation und das lebende Beispiel seines Denkens ist. So sagt er, dass er ein unsterblicher Gott sei, Bewusstsein und Energie, und dass er einst vor 35.000 Jahren als Mensch auf dem längst vergangenen Kontinent Lemurien lebte. Wie er weiter erklärt, befasste er sich in seinem Leben mit der Frage des menschlichen Daseins und der Bedeutung des Lebens. Durch eigene Beobachtung, Reflexion und Kontemplation erlangte er Erleuchtung und meisterte dadurch die physische Ebene und den Tod. Er lehrt, dass er eine Möglichkeit fand, durch die er seinen Körper auf eine geistige Ebene mitnehmen konnte, auf der er sich seiner wahren Essenz als Bewusstsein und Energie völlig bewusst blieb, total frei und unbegrenzt alle und jegliche Aspekte der Schöpfung erfuhr und weiterhin das Unbekannte bekannt machen konnte. Er bezeichnet diesen Vorgang als seinen Aufstieg..

Die Tatsache, dass er nicht mehr länger von seinem physischen Körper eingeschränkt ist, erlaubt seinem „Bewusstsein-und-Energie" mit der physischen Welt in anderen Formen in Beziehung zu treten. Zum Beispiel spricht er oft von sich als dem Wind, der die Wolken anschiebt oder als dem Morgen oder einem Fremden oder einem Bettler auf der Straße, der Zivilisationen kommen und gehen sieht, oder was immer das Bewusstsein sich nur vorzustellen wagt.

Als Form zur Übermittlung seiner Lehren dient ein Phänomen, das Channeling genannt wird. Tatsächlich war es Ramtha, der diesen Begriff bekannt machte. Er channelt sich selbst durch JZ Knights Körper und kann so seine Philosophie persönlich lehren.

Ein Channel unterscheidet sich von einem Medium insofern, dass ein Channel nicht der Vermittler zwischen dem durchkommenden Bewusstsein und den Zuhörern ist. Ein Channel befindet sich während des Channelns nicht in einem erstarrten, veränderten körperlichen Zustand. Vielmehr verlässt ein Channel seinen Körper ganz und erlaubt dem durchkommenden Bewusstsein die volle Kontrolle über alle Funktionen und Bewegungen des Körpers. Während Ramtha durch JZ Knight channelt, kann er seine Augen öffnen, gehen, tanzen, essen und trinken, lachen, sprechen, sich unterhalten und seine Schüler persönlich lehren. JZ Knight ist der einzige Mensch, den Ramtha als seinen Channel zur Überbringung seiner Botschaft ausgewählt hat.

Mit seiner Wahl, seine Botschaft durch eine Frau zu channeln anstatt seinen eigenen physischen Körper zu benutzen, stellt Ramtha für alle sichtbar dar, dass Gott und das Göttliche nicht das alleinige Privileg der Männer darstellen, und dass Frauen ein würdiger Ausdruck des Göttlichen sind und die Fähigkeit zu Genie und Gottesverwirklichung besitzen. Er macht damit auch geltend, dass das Wichtige an seiner Philosophie nicht die Verehrung des Überbringers der Botschaft oder eines Gesichtes oder Bildes ist — woran in der Vergangenheit so viele Anstrengungen, der Menschheit Erleuchtung zu bringen, gescheitert sind — sondern der Botschaft selbst Gehör zu schenken. Es zeigt weiterhin, dass die wahre Essenz des Menschen nicht auf den physischen Körper oder ein bestimmtes Geschlecht begrenzt ist. Das Channeling-Phänomen wird daher erst im Rahmen von Ramthas Gedankensystem möglich gemacht. Mit anderen Worten, das von JZ Knight durchgeführte Channeling ist nur möglich, wenn Ramthas Lehren der Wahrheit entsprechen.

Die Echtheit dieses Phänomens ist ein deutlicher Fingerzeig auf den Wahrheitsgehalt von Ramthas Botschaft. Dieser Punkt sollte unbedingt berücksichtigt werden, da es dank wissenschaftlichen Fortschritts Testverfahren und Geräte gibt, mit deren Hilfe dieses Phänomen einer eingehenden Prüfung unterzogen und unter physiologischen, neurologischen und psychologischen Gesichtspunkten erforscht werden kann. Derart hochmoderne wissenschaftliche Verfahren wurden für eine an JZ Knight durchgeführte Studie über das Phänomen des Channeling benutzt, die die Möglichkeit eines Schwindels ausschließen sollte. Diese wissenschaftlichen Untersuchungen fanden 1996 statt, als ein Forum, bestehend aus zwölf angesehenen Wissenschaftlern — Naturwissenschaftlern, Psychologen und Religionsexperten — JZ Knight bevor, während und nachdem sie Ramtha channelte mit Hilfe der neuesten Technik untersuchten.

Nach Abschluss ihrer Untersuchungen kamen sie auf Grund der an JZ Knight ermittelten Ergebnisse zu dem Schluss, dass die Messwerte der Reaktionen ihres autonomen Nervensystems so dramatisch waren, dass sie kategorisch jede Möglichkeit von bewusster Vortäuschung, Schizophrenie oder multipler Persönlichkeitsstörung ausschlossen.

Mit aller erdenklicher Mühe sorgt Ramtha dafür, dass alle seine Zuhörer gleichermaßen beim Verstehen des Gelehrten Schritt halten können. Er betont immer wieder, wie wichtig der Austausch der Schüler mit ihrem Nachbarn sei, in dem sie in eigenen Worten jeden Abschnitt des soeben Gelehrten wiederholen und sich gegenseitig erklären. So wird sicher gestellt, dass alle Anwesenden das Gelehrte verstehen; dies wiederum ermöglicht es Ramtha, auf den jeweiligen Hintergrund und das Verständnisniveau seiner Zuhörer gezielter einzugehen. Zuweilen vertieft er sein Publikum in tiefgründige philosophische Betrachtungen zu einem bestimmten Thema, ein anderes Mal benutzt er lebhafte, dramatische Darbietungen, um seiner Botschaft mehr Aussagekraft zu verleihen.

Ist der philosophische Aspekt der Lehre einmal vermittelt, werden die Schüler von Ramtha in das Wissen eingeweiht und können so das Gelernte in persönliche Erfahrungen und Weisheit verwandeln. Diese Einweihungen finden in Form verschiedener, von Ramtha selbst entworfener Disziplinen statt, die den Schülern die Gelegenheit bieten, das gelernte Wissen praktisch anzuwenden. In dieser Hinsicht unterscheidet sich Ramtha von anderen Lehrern. Er übernimmt die Rolle des Meister-Lehrers und Hierophanten, eines Lehrers, der in sich die Macht hat, das was er sagt auch seiner Absicht entsprechend zu manifestieren. In dieser Hinsicht sind die Lehren mit der gnostischen, philosophischen Bewegung und den mystischen Schulen des Altertums vergleichbar. Bei näherer Betrachtung unterscheidet sich Ramthas Gedankensystem jedoch deutlich in Inhalt und Form von den gemeinhin als Gnostizismus und als Philosophie der mystischen Schulen bekannten Lehren. Ramtha selbst sieht sein Gedankensystem nicht in diesem Zusammenhang. Er nennt es vielmehr „Ramthas Schule der Erleuchtung“, die dem „Großen Werk“ gewidmete Schule der alten Weisheit. Das Große Werk ist die praktische Anwendung von Ramthas Lehren und gibt den Einzelnen die Gelegenheit, sich selbst zu erkennen und erleuchtet zu werden.

Angesichts all dieser Überlegungen möchten wir den Leser darauf aufmerksam machen, dass Ramthas Lehren in gedruckter Form nur einen Teil der Darbietung des Gelehrten erfassen können, da ihnen das dynamische Element der Lehren fehlt, wie z.B. der jeweilige Tonfall, den Ramtha benutzt, die Lehren ohne Worte und die praktische Umsetzung.

Ramtha definiert die von ihm benutzte Sprache neu, indem er neue Begriffe prägt. Die Bedeutung dieser von ihm erfundenen Begriffe wird im Zusammenhang des Gelehrten klar, wobei das jeweils Gelehrte auch durch den Gebrauch dieser ungewöhnlichen Begriffe verdeutlicht wird. Um die Interpretation von Ramthas Lehren zu erleichtern, haben wir ein Glossar mit den von Ramtha verwendeten Begriffen und Konzepten zusammengestellt. Ein detaillierter Index erlaubt es den Lesern, in diesem Buch behandelte Themengebiete, die für sie von besonderem Interesse sind, nachzuschlagen und soll so zum vertieften Studium dieses Materials anregen.

Im Laufe seiner Darlegungen zeigt Ramtha gelegentlich auf eine bestimmte Stelle einer Zeichnung oder des menschlichen Körpers und verwendet dabei Worte wie „hier“, „dies“, „diese“ oder „das“. Solche Hinweise haben wir im Text belassen und in Anführungszeichen gesetzt. Der Herausgeber möchte damit den Lesern die Gelegenheit geben, an den Sitzungen so teilzunehmen und sie so zu erfahren, als wären sie persönlich anwesend gewesen.

Es ist wichtig, dass der Leser diese Überlegungen beim Lesen dieser Lehren beachtet, da Ramthas Gebrauch der Sprache in einigen Fällen ziemlich veraltet und unkultiviert erscheinen mag. Ramtha präsentiert seine Gedanken mit äußerster Sorgfalt. Alles was er tut — jeder Begriff, den er verwendet — hat eine bestimmte Bedeutung, einen bestimmten Zweck und repräsentiert die Gesamtheit seiner Botschaft und steht damit im Einklang.

Unser Hauptanliegen bei der Bearbeitung von Ramthas Lehren für die Veröffentlichung in gedruckter Form war, sie so weit als möglich im Zusammenhang und in der Form ihrer ursprünglichen Überlieferung wiederzugeben. Große Sorgfalt wurde darauf verwendet, alles, was zu Abwandlungen und Veränderungen in der Bedeutung der Lehren führen könnte, zu vermeiden. So wurde darauf geachtet, die Lehren nicht aus ihrem Zusammenhang zu reißen, und eine Zeichensetzung zu vermeiden, die die Bedeutung ändern würde. Wir sind uns jedoch bewusst, dass Faktoren wie die menschliche Wahrnehmung und unvollständiges Verstehen unvermeidbar sind. Nur wenn der Leser die Botschaft als wahres Paradigma akzeptiert, kann gewährleistet werden, dass sie in ihrer unverfälschten Schönheit und Eigenart überliefert und aufgenommen wird. Dann wird sie die verheißenen Früchte der Wahrheit und Weisheit tragen.

Dieses Werk basiert auf Ramtha Dialogues®, einer bei der Urheberschutzbehörde der Vereinigten Staaten (*United States Copyright Office*) registrierten Serie von Tonbandaufzeichnungen von Ramthas Sitzungen mit seinen Schülern, die mit Genehmigung von JZ Knight und JZK, Inc. erstellt wurden. Die in den einzelnen Buchkapiteln verwendeten Auszüge aus verschiedenen Veranstaltungen wurden in der ursprünglichen Dialogform belassen, der Form, in der Ramtha sie vermittelt hatte.

Kapitel 1: Einführung: Die Wirklichkeit ist nur ein Traum, wurde entnommen aus *Yahweh – Jehovah.* Band 029 Ed. Yelm: Ramtha Dialogues, 1982; *The Next Step – Superconsciousness*, Teil II. Band 122B Ed. Yelm: Ramtha Dialogues, 1986; *The New Heaven and Earth.* Band 337 Ed. Yelm: Ramtha Dialogues, 1996; *A Return to the Garden: Creating a New Model of Truth.* Band 373 Ed. Yelm: Ramtha Dialogues, 1998; *The Greatest History Lesson Ever Taught* Band 388 Ed. Yelm: Ramtha Dialogues, 1998; *Was Mary Really a Virgin* Band 394 Ed. Yelm: Ramtha Dialogues, 1998.

Kapitel 2: Das Schöpfungsepos, wurde entnommen aus *Animals – Music – Crystals – Mythical Creatures.* Band 001 Ed. Yelm: Ramtha Dialogues, 1984; *Creation.* Band 005 Ed. Yelm: Ramtha Dialogues, 1980; *Story of the First Soulmates* Band 007 Ed. Yelm: Ramtha Dialogues, 1980; *Soulmates* Band 114 Ed. Yelm: Ramtha Dialogues, 1986; *An Evening with Ramtha.* Band 219 Ed. Yelm: Ramtha Dialogues, 1988.

Kapitel 3: Der Fall der Götter, wurde entnommen aus *Animals – Music – Crystals – Mythical Creatures.* Band 001 Ed. Yelm: Ramtha Dialogues, 1984; *Creation.* Band 005 Ed. Yelm: Ramtha Dialogues, 1980; *Story of the First Soulmates.* Band 007 Ed. Yelm: Ramtha Dialogues, 1980; *Yahweh – Jehovah.* Band 029 Ed. Yelm: Ramtha Dialogues, 1982; *Consciousness and Energy, the Basics.* Band 331 Ed. Yelm: Ramtha Dialogues, 1996;

Kapitel 4: Das Eingreifen der Götter vor 455.000 Jahren, wurde entnommen aus *The Greatest History Lesson Ever Taught.* Band 388 Ed. Yelm: Ramtha Dialogues, 1998; *Was Mary Really a Virgin.* Band 394 Ed. Yelm: Ramtha Dialogues, 1998; *Revolution of the Spirit, and Mammy, the Goddess of Genesis.* Band 444 Ed. Yelm: Ramtha Dialogues, 2000.

Kapitel 5: Das heilige Wissen der Schulen der alten Weisheit, wurde entnommen aus *Tales of the Masters.* Band 045 Ed. Yelm: Ramtha Dialogues, 1997; *Ignorance: The Mother of Devotion.* Band 188 Ed. Yelm: Ramtha Dialogues, 1998; *Destruction of the Ancient Wisdom and Its Resurrection.* Band 192 Ed. Yelm: Ramtha Dialogues, 1988; *A Return to the Garden: Creating a New Model of Truth.* Band 373 Ed. Yelm: Ramtha Dialogues, 1998.

Ramthas Lehren decken eine ganze Reihe von Themen ab, die jedoch alle zur Erläuterung der grundlegenden Konzepte seines eigenen Gedankensystems dienen. Bei verschiedenen Anlässen betonte Ramtha wiederholt, dass die Gesamheit seiner Botschaft in dem Satz „Du bist Gott" ausgedrückt werden kann. Wie aber ist dieser Satz zu interpretieren? Es gibt wahrscheinlich so viele Definitionen des Wortes „Gott" auf der Erde wie es Menschen gibt. Um Ramthas Lehren richtig verstehen zu können, ist es von entscheidender Bedeutung, dass wir uns unserer eigenen Vorstellung von Gott gewahr werden und erkennen, wie diese im Kontrast zu Ramthas Erklärung und Definition der Beschaffenheit der Wirklichkeit steht.

Was ist die Essenz aller Dinge? Was ist die Quelle aller Dinge? Wie sind sie beschaffen? Was ist ihre Bestimmung? Ramthas Ansatz zur Beantwortung dieser Fragen beginnt mit der Leere (*the Void*). Die Leere ist die Quelle aller Existenz. Er beschreibt die Leere als „materiell ein unermessliches Nichts, doch potenziell alle Dinge“. In der Leere gibt es nichts — weder Bewegung noch Handlung. Viele philosophische Ansätze zur Gottesfrage, die Theologie der monotheistischen Religionen eingeschlossen, stellen sich Gott als ein allwissendes, unendliches, absolutes, transzendentes und unveränderliches Wesen vor. In Ramthas System sind Attribute wie Absolutheit, Unendlichkeit und Unveränderbarkeit Charakteristiken der Leere. Die Leere ist unabhängig, autark, im Zustand der Ruhe und ohne Not. Obwohl die Leere als allumfassende Unermesslichkeit betrachtet wird, besitzt sie in ihrem ursprünglichen Zustand keine Selbstkenntnis, denn Kenntnis ist eine Handlung.

Das Konzept von Gott, dem Schöpfer, der „ersten Ursache“ und des „unbewegten Bewegenden“ in Aristoteles’ Philosophie und Thomas von Aquins Theologie wird von Ramtha als die Leere, die sich selbst betrachtet und sich selbst erkennt, beschrieben. Dieser Akt der Selbstbetrachtung stellt eine einzelne Bewegung in der Leere dar, die einen Punkt der Bewusstheit und Selbstkenntnis hervorbrachte. Der Punkt der Bewusstheit wird als Punkt Null, als Beobachter, primäres Bewusstsein, Bewusstsein-und-Energie und Gott bezeichnet. Punkt Null trägt die uranfängliche Absicht, alles was unbekannt ist, bekannt zu machen und zu erfahren, und zwar in einem Zustand der Möglichkeit innerhalb der Unermesslichkeit der Leere. Dies ist die Grundlage der Evolution. Die Leere, die sich selbst betrachtet, ist die Quelle und der Ursprung des Menschen. Ramthas Aussage „Du bist Gott“ bezieht sich auf den Menschen als Beobachter, Verkörperung von Punkt Null und schöpferisches Bewusstsein und Energie.

Punkt Null wurde seinem Wesen gerecht und machte das Unbekannte bekannt und entwickelte sich, indem er den Akt der Selbstbetrachtung der Leere nachahmte. Dabei erzeugte er einen Bezugspunkt der Bewusstheit, der ihm als Spiegel diente, mit Hilfe dessen er sich seiner selbst gewahr werden konnte. Ramtha nennt dieses Spiegelbewusstsein „sekundäres Bewusstsein“. Punkt Null ruht im Schoße der Leere, und seine Fähigkeit zu wissen ist grenzenlos. Aus der Reflexion zwischen Punkt Null und dem Spiegelbewusstsein entsteht ein Lebensraum, eine reale Existenzebene in Zeit und Raum. Der Geist (*Spirit*) ist Punkt Nulls dynamischer Aspekt. Er ist Wille oder Absicht, erfüllt von dem Wunsch, das Unbekannte zu kennen und zu erfahren. In ihrer gemeinsamen Erkundung der Potenziale der Leere erschufen Punkt Null und das Spiegelbewusstsein die sieben Bewusstseinsebenen und die dementsprechenden sieben Zeit- und Raumebenen oder Frequenzebenen. Dieser Schöpfungsakt — oder die Reise die sieben Bewusstseinsebenen hinab — wird als Reise der Involution bezeichnet. Die Reise zurück zu Gott und der Leere wird die Reise der Evolution genannt. Die Seele ist etwas anderes als der Geist. Ramtha spricht von der Seele als dem Buch des Lebens. Die Seele zeichnet alle auf der Reise von Involution und Evolution gemachten Erfahrungen und die daraus gewonnene Weisheit auf.

Das Dilemma des Menschen zeigt sich als Vergesslichkeit, Amnesie und Unwissenheit in Bezug auf seinen Ursprung und seine Bestimmung. Der Reisende, das Spiegelbewusstsein, identifizierte sich so sehr mit der massivsten und langsamsten Existenzebene, dass er seine eigene Unsterblichkeit und Göttlichkeit vergessen hat. Die Menschheit hat sich von sich selbst und dem Gott, der in uns lebt und der wir sind, entfremdet und sucht nach Hilfe, Sinn und Erlösung von außen. Damit verleugnet die Menschheit ihre eigene Göttlichkeit und schließt jegliche Möglichkeit einer Befreiung aus ihrer gegenwärtigen Lage aus.

Es ist wichtig, hier anzumerken, dass die materielle Welt — die massivste aller Existenzebenen — und der physische Körper in Ramthas Gedankensystem nie als böse, nicht wünschenswert oder an sich schlecht betrachtet werden. Eine dualistische Interpretation der Wirklichkeit, wie sie kennzeichnend für die gnostischen Überlieferung ist — mit Betonung auf den Kampf zwischen Gut und Böse, Gut und Schlecht, Licht und Dunkelheit, Sünde und Rechtschaffenheit — hat in Ramthas Gedankensystem keinen Platz. Hier wird das Verharren in einem Zustand von Unwissenheit und Verleugnung unserer wahren Natur und Bestimmung als nicht wünschenswert angesehen. Es ist absurd, unsere eigenen Begrenzungen als Argument zu benutzen, wenn wir doch, als Bewusstsein und Energie, diejenigen sind, die sie erschaffen haben.

Der Weg zur Erleuchtung ist die Reise der Evolution zurück zum Punkt Null. Ein Mensch, der diese Aufgabe meistert, hat damit den Auftrag, das Unbekannte bekannt zu machen, erfüllt und all seine Erfahrung der Leere zurückgebracht, die diese in ewige Weisheit verwandelt.

Alle von Ramtha entworfenen Dizplinen des Großen Werks, mit Hilfe derer er seine Schüler in die Lehren einweiht, sind nach dem Vorbild der

Leere gestaltet, die sich selbst betrachtete, woraus Bewusstsein und Energie entstanden sind, die dann ihrerseits die Beschaffenheit der Wirklichkeit erschaffen haben. Die Disziplinen ahmen diesen Prozess in vieler Hinsicht nach.

All dies wird in den vier Eckpfeilern von Ramthas Philosophie zusammengefasst, die da sind: das Konzept der Leere, Bewusstsein-und-Energie, die die Beschaffenheit der sieben Wirklichkeitsebenen erschaffen, die Aussage „Du bist Gott" und der Auftrag, das Unbekannte bekannt zu machen. Zahlreiche Spuren von Ramthas Denken finden sich in alten Überlieferungen, jedoch sind sie in den meisten Fällen kaum noch erkennbar, da sie die lange Zeit seit Ramthas Leben kaum überstanden haben und aus ihrem ursprünglichen Zusammenhang gerissen wurden. Einige der Überlieferungen sind die Philosophien der alten Ägypter und des Pharaonen Echnaton, sowie die Buddhas, der sich selbst als „der Erwachte" beschreibt, ebenso Sokrates' Verständnis von Tugend und der Unsterblichkeit der Seele, Platos Konzept der universellen Formen, Jeschua ben Josephs Leben und Lehren, die Werke des Apostel Thomas, das Perlenlied, der Prolog des Johannes-Evangeliums, Appollonius von Tyana, Origenes, Mani, die Katharer und Albigenser, Franz von Assisi, die jüdischen und christlichen Mystiker, die Skizze vom Aufstieg auf den Berg Karmel von Johannes vom Kreutz, bei dem der Gipfel auf der Spitze des Kopfes des menschlichen Körpers platziert ist, die Kunstwerke verschiedener Künstler wie Michelangelo und Leonardo da Vinci, die Schriften und mystischen Erfahrungen von Theresa von Avila, die Werke von Fray Luis de Leon, die Humanisten der Renaissance-Bewegung in Europa, die Rosenkreuzer, die Meister des fernen Ostens und andere.

Ramthas Lehren bieten uns eine einzigartige Sichtweise, aus der wir das Rätsel des Lebens betrachten können. Sie zeigen uns ein Bezugssystem auf, welches den Fragen, die von Philosophie, Wissenschaft und Religion nicht beantwortet wurden, neue Bedeutung verleiht. Diese Lehren können den Rahmen menschlicher Erfahrung weit über die von Wissenschaft und den verschiedenen Religionen der heutigen Welt gesetzten Grenzen hinaus ausdehnen. Ramthas Gedankensystem ist weder eine Religion noch ist es eine philosophische Interpretation der Wirklichkeit. Es ist die Wahrheit, die durch die Erfahrung eines Angehörigen der menschlichen Rasse erworben und nachgewiesen wurde. In diesem Sinne ist es Ramthas Wissen, ja sogar Ramthas Wissenschaft. Und nun, da der Weg bereitet ist, stehen allen, die ihn erkunden und ihre eigene Reise ins Unbekannte antreten wollen, alle Türen offen.

Jaime F. Leal Anaya

Anmerkung zur Übersetzung

Dieses Buch basiert auf Ramtha-Dialogues®, einer Serie von Tonbandaufzeichnungen von Ramthas Vorträgen und Lehren. Ramtha wählte die Amerikanerin JZ Knight als seinen einzigen Channel zur Überbringung seiner Botschaft. Er übermittelt seine Lehren ausschließlich in englischer Sprache. Sein Sprachstil ist einzigartig und recht ungewöhnlich und mag daher oft archaisch und merkwürdig erscheinen. Seiner Erklärung zufolge benutzt er all seine sprachlichen Mittel — seine Wortwahl und die Abwandlung mancher Worte, seine Satzkonstruktionen, die Anordnung von Substantiven und Verben, Satz-Pausen oder das Abbrechen mitten im Satz — mit voller Absicht, um all seine Zuhörer, die aus den unterschiedlichsten Kulturen, Berufen und Schichten stammen, auf ihrer jeweiligen Interpretations- und Akzeptanzebene zu erreichen.

Zur Bewahrung der Authentizität von Ramthas Botschaft haben wir das Werk so wortgetreu wie möglich übersetzt, um es den Lesern möglich zu machen, die Lehren zu erleben, als wenn sie selbst anwesend gewesen wären. Sollten Ihnen beim Lesen Sätze auffallen, die Ihnen sprachlich ungewöhnlich oder nicht ganz richtig erscheinen, möchten wir Ihnen empfehlen, über den Textaufbau hinwegzusehen und die besagte Stelle wiederholt zu lesen, um die Bedeutung hinter den Worten zu erfassen. Weiterhin kann ein Vergleich mit dem Originaltext aus der ursprünglichen englischen Veröffentlichung von JZK Publishing, einem Unternehmensbereich von JZK, Inc., bei der Klarstellung hilfreich sein.

Der Herausgeber

Wer Sind Wir?

Kommentar zu Kapitel 1
Einführung: Die Wirklichkeit ist nur ein Traum

VOM WAHREN URSPRUNG DER MENSCHHEIT

In seinen kritischen Reflexionen über die Geschichte der menschlichen Zivilisation ist Ramtha darum bemüht, den transzendenten Charakter und Ursprung des Menschen aufzuzeigen. Dabei spricht er direkt die Fragen an: Wer sind wir? Woher kommen wir? Seine Hauptthese besagt, dass wir unsterbliche Götter sind, die sich auf eine Evolutionsreise begeben haben, um sich selbst zu erkennen. Laut Ramtha ist das menschliche Evolutionsdrama vom Urknall und davor bis zum heutigen Tag die Geschichte von Schöpfergöttern, die ihr volles Potenzial erforschen und verwirklichen. Ramthas Reflexionen über die Geschichte spiegeln seine eigenen Lebenserfahrungen wider, die ihn zur Erleuchtung führten. Er ist der Erste, der sagen kann, dass seine Beobachtungen auf seiner eigenen persönlichen Weisheit und Wahrheit beruhen. Immer wieder macht er seine Schüler auf seine besondere Sichtweise aufmerksam, nichts lässt er im Dunkeln oder offen für Spekulation. Um seine Geschichte in ihrer ganzen Tragweite verstehen zu können, ist es wichtig, sich mit seinen Definitionen und der Verwendung von Begriffen wie Gott, Götter, Selbst, Mensch, Evolution, Weisheit und Wahrheit zu beschäftigen und diese genau zu bestimmen.

Ramthas Geschichte ist deshalb so wertvoll, weil sie die menschliche Natur auf eine Art und Weise neu definiert, die das Mysterium der menschlichen Existenz erhellt und ihm Gestalt verleiht. Seine Botschaft ist so viel wert wie seine persönlichen Aussagen. Wenn er wirklich der unsterbliche Meister-Lehrer ist, der vor 35.000 Jahren nach unserem Zeitrahmen erleuchtet wurde, dann können wir uns auch vorstellen, dass er sich persönlich an Ereignisse erinnert, über die wir heute auf Grund unseres beschränkten archäologischen und historischen Verständnisses bestenfalls vage theoretisieren können. Wenn er wirklich ein aufgestiegener Meister ist, der den Beschränkungen von Raum und Zeit nicht unterworfen ist, dann haben wir in ihm eine außergewöhnliche Quelle der Information und des Wissens. Wenn wir Tausende von Jahren als bewusste und denkende Wesen leben könnten, wäre das Maß an Weisheit, das wir allein durch Beobachtung und Kontemplation gewinnen könnten, wahrhaft wunderbar.

Es ist wichtig, uns mit solchen Betrachtungen auseinanderzusetzen, ehe wir Ramthas Geschichte nur deswegen ablehnen, weil wir Meisterschaft und Unsterblichkeit für reine Fantasien halten. Wir müssen uns klarmachen, dass jede Position, die wir einnehmen, letztendlich unserer eigenen subjektiven Meinung entspricht und unweigerlich auch bestimmte Grundannahmen und Vermutungen darüber enthält, wer wir sind. In der wissenschaftlichen Welt wird Objektivität grob missverstanden. Die wissenschaftliche Methodik hat es durchwegs versäumt, die unabdingbare Rolle des Beobachters oder desjenigen anzuerkennen, der ein wissenschaftliches Experiment oder eine Analyse durchführt. Die größtmögliche Objektivität bei ernsthaften akademischen oder wissenschaftlichen Studien erreichen wir dann, wenn wir uns unsere Vorgehensweise und unsere Grundannahmen deutlich bewusst machen und sie aussprechen, ehe wir mit unserer Analyse beginnen. Wir könnten die Meinung vertreten, dass unsterbliche Meister und Erleuchtung das Ergebnis von kreativer Vorstellungskraft und Mythos sind. Wenn wir dieses Vorurteil — denn es ist nichts anderes — teilen, dann müssen wir uns die Frage stellen, wie eine solche Annahme unsere Vorstellungen von Gott, Selbst, Moral und der Bedeutung des Lebens formt und färbt. Alles zielt letztlich auf die grundlegendste aller Fragen ab. Ramthas Geschichte ist wertvoll, weil sie in zusammenhängender und verständlicher Weise die menschliche Natur und die Beschaffenheit der Transzendenz erklärt und Lösungen für viele geläufige Paradoxa bietet, wie etwa die Probleme von Gut und Böse, Leben und Tod, Körper/Mind und das Vorhandensein eines freien menschlichen Willens im Verhältnis zu göttlicher Transzendenz oder einem höheren Wesen. Wenn wir die Grundzüge von Ramthas Betrachtungsweise erkennen, finden wir leichter den roten Faden, der seine Geschichte zusammenwebt und zum Fließen bringt.

Ihr seid Schöpfergötter auf einer Reise der Evolution

Ramthas Darstellung der Menschheitsgeschichte zeigt, dass wir bei der Erschaffung der Welt und des Universums eine aktive Rolle gespielt haben. Wenn wir Götter sind, wie kommt es dann, dass wir uns nicht daran erinnern und nichts davon wissen? Ramtha erklärt die Bedeutung seiner Aussage: „Ihr seid Götter, Bewusstsein und Energie, die die Beschaffenheit der Wirklichkeit gestalten." Er erklärt, dass die gesamte Evolution der Menschheitsgeschichte als ein Ringen darum zu sehen ist, immer bessere und treffendere Antworten zu finden, die unsere wahre Identität definieren.

Drei Grundfragen waren es, die als treibende Kraft und Motoren der menschlichen Zivilisation in all ihren Formen des Selbst-Ausdrucks und der Selbst-Erforschung wirkten. Diese drei Fragen lauten: wer, was und warum. Die verschiedenen Kulturen der Welt haben im Laufe ihrer Geschichte immer auch versucht, diese drei Grundfragen der Existenz auf die eine oder andere Weise zu beantworten.

Philosophen der Antike, religiöse Denker, berühmte Politiker und moderne Anthropologen und Wissenschaftler waren und sind auf der Suche nach neuen Möglichkeiten, um die Natur des Menschen besser zu erklären und eine Antwort darauf zu finden, wer und was wir sind. Warum sind wir hier? Wo kommen wir letztendlich her? Was ist der Sinn des Lebens, der Existenz des Daseins? Wer schuf dieses Dilemma, in dem wir uns heute befinden? Wer ist dafür verantwortlich? Warum gibt es das Böse in der Welt? Gibt es wirklich eine grundlegend böse Wesenheit oder Kraft? Wer erschuf sie und warum? Geht es in der menschlichen Existenz um mehr als um Atmen, Essen und Schlafen? Gibt es ein Leben nach dem Tod? Haben wir schon einmal gelebt? Sind wir unsere physische Biologie oder mehr als das? Wenn wir mehr sind als unsere Biologie, was sind wir dann? Was ist Liebe? Warum ist Liebe so betörend und anziehend, ganz gleich welche Definition wir ihr auch geben mögen? Warum halten wir so verzweifelt an unserem Atem, an unserem Leben fest? Warum hüten wir unsere intimsten Träume mit solchem Eifer?

Das sind nur einige der vielen Fragen, die sich aus der erwähnten Dreiheit ergeben. Um die Myriaden von Fragen, die einem Problem anhaften, auf ihre Wurzel zurückzuführen, ist es wichtig einen Weg zu finden, der nicht in simplizistischen Reduktionismus verfällt, denn das würde mehr Verwirrung als Klarheit schaffen. Hinter all den Fragen steht ein immanentes Subjekt, ein Objekt, eine Aktion, ein Hinweis oder eine Absicht. Erst wenn wir festgelegt haben, *wer* das Subjekt ist, das ein Objekt sucht — *wer* das *Was* und das *Warum* tut — können wir uns wirklich einer Antwort auf diese grundlegenden Fragen nähern, welche die Entwicklung unserer menschlichen Zivilisation bis zum heutigen Tag geformt und gefärbt haben.

Vielleicht gelangen wir nicht zum Ursprung, zur Quelle, zum Anfang von allem, weil wir am falschen Ort nach Antworten suchen. Vielleicht gehört es gerade zum Menschsein, anfangs nicht alle Antworten parat zu haben und sie erst nach und nach herausfinden zu müssen. Vielleicht sind Leben und Universum nicht endlich und konkret, sondern ewig und für alle Zeit im Werden wie die Mandelbrot-Menge.[1] Vielleicht müssen wir unser Augenmerk mehr auf den aktiven Aspekt der Geschichte, den Menschen richten, um ein gewisses Verständnis dafür zu gewinnen, wer und was wir wirklich sind.

---

[1] Die nach Benoit Mandelbrot benannte Mandelbrot-Menge ist ein bekanntes Fraktal. Unter einem Fraktal versteht man eine unendlich genaue mathematische Formel, die in der Form z^2+c dargestellt wird und komplexe Zahlen erfasst, die so programmiert werden, dass sie durch vom Computer erzeugte Farben hervorgehoben werden, die bei verschiedenen Maßstäben eine Eigen-Ähnlichkeiten aufzeigen. Obwohl die Mandelbrot-Menge bei großen Maßstäben eine Eigen-Ähnlichkeiten aufweist, entsprechen die Details bei kleinen Maßstäben nicht genau dem Ganzen. Die Mandelbrot-Menge ist tatsächlich ein unendlicher Komplex. Sie kann enorm vergrößert werden und ihre Detailgenauigkeit wahren, ohne sich je selbst zu wiederholen. Diese Eigenschaft erinnert an das Konzept der Unendlichkeit, der Ewigkeit und des Immerwährenden.

Ungelöste Grundfragen

Es ist eindeutig klar, dass sich die Menschheit als Ganzes nicht über die Antworten auf diese Fragen einig ist. Eine der größten Tragödien besteht bis heute darin, dass wir um den Vorrang und die Unfehlbarkeit unserer persönlichen Ansichten streiten und sie über die aller anderen stellen. In Wahrheit haben wir keine Ahnung. Sonst gäbe es heute keine Unterdrückung und keinen Hunger, keine Ungerechtigkeit und keine Gewalt, keine Krankheit und keinen Tod unter unseren Nationen, Kulturen, Rassen und Geschlechtern. Sogar Wissenschaftler scheuen sich, ihre Forschungsergebnisse zu veröffentlichen, wenn sie damit die traditionelle Sichtweise herausfordern, damit sie sich nicht der Ächtung durch die wissenschaftliche Gemeinde aussetzen. Theologen haben Angst, auch nur versuchsweise neue Denkrichtungen einzuschlagen, wenn sie damit die Traditionen ihres Glaubens herausfordern, da sie sonst als Irrende beurteilt werden und in Ungnade fallen könnten. Politiker sind nicht bereit, die Prinzipien anzuerkennen, die sie an die Macht gebracht haben, da sie sonst ihre Macht verlieren könnten.

Warum wollen wir nichts von einer solch wahren Diagnose über die heutige menschliche Rasse wissen und leugnen sie? Sie ist wahr und dafür gibt es für jedermann zugängliche Beweise. Die Situation ist offenbar ernster als man glaubt, denn heute geht die Fähigkeit des Einzelnen, Fragen zu stellen und Antworten zu finden, verloren. Lieber wird der Status quo aufrechterhalten, was zu Gunsten des Stillstands und an Stelle des fortlaufenden Fortschritts und der Evolution geschieht. Ramthas Botschaft will uns an das erinnern, was wir als Rasse, als Spezies, als Wesenheiten und als Bewusstsein vergessen haben.

Wenn die einzige Konstante in einer Welt des Chaos das Chaos der Vielfalt selbst ist, dann sollten wir dies als Grundannahme für unsere Betrachtung wählen. Mit anderen Worten, wenn jede Betrachtungsweise, die *wir* uns zu eigen machen, immanent bereits die späteren Ergebnisse enthält, müssen wir annehmen, dass das Subjekt, welches irgendetwas beobachtet und studiert, das, was es beobachtet, färbt und definiert. Der Beobachter ist es, der seine Umwelt bestimmt, je nachdem auf was und wie er sich konzentriert und nicht umgekehrt.

Das ist eine sehr wichtige Beobachtung. Geschichte wird immer aus einer bestimmten Sichtweise heraus erzählt, die auf einer bestimmten Absicht oder einem bestimmten Grund beruht. Ein kleines christliches Mädchen wird Geschichte ganz anders erlernen als ein moslemisches oder hinduistisches Mädchen. Wenn eines dieser drei Mädchen schließlich als junge Frau die Enge seiner Familientradition verlässt und die Universität besucht, muss sie erst ihre künftigen akademischen Studien mit den

Glaubensvorstellungen ihrer Kindheit in Einklang bringen und von diesen abheben. Solche Glaubensvorstellungen können sich als ein Hindernis oder als ein Wert erweisen, wenn es darum geht, alte Konzepte zu extrapolieren und neue Einsichten im jeweiligen Fachgebiet zu integrieren. Über das Maß ihrer Genialität wird ihre Fähigkeit entscheiden, die alten Konzepte zu Paradigmen zusammenzufügen, die ihr dabei helfen, alte Fragen in neuem Licht zu untersuchen und zu betrachten. Der Schlüssel dazu ist, keine Angst davor zu haben, sich über den allgemein anerkannten Status quo oder die Familientraditionen hinauszuentwickeln. Wie Ramtha sagen würde, „Wir sind hier, um das Unbekannte bekannt zu machen. Wir wollen das Bekannte vermehren, es nicht nur wiederaufbereiten."

DIE GEWOHNHEIT DER MANIPULATION UND DES ÜBERLEBENS

In seinen Studien über die Geschichte betont Ramtha, dass die Sieger einer Schlacht eine ganz andere Geschichte erzählen als die Verlierer. Meist erhalten die Verlierer gar keine Gelegenheit, ihre Geschichte überhaupt zu erzählen. Außerdem erinnern sich die Machthaber innerhalb einer politischen oder religiösen Gemeinschaft gerne so an die Geschichte, wie es der Aufrechterhaltung ihrer Amtsstellung förderlich ist. Dies geschieht nicht unbedingt aus böser Absicht, sondern einfach in Erfüllung der Gesetze des Überlebens.

Es ist sehr leicht zu erkennen. dass die Weltgeschichte der letzten sechstausend oder siebentausend Jahre, besonders aber der letzten zweitausend Jahre, massiv korrigiert und manipuliert wurde, um dem Geschichtsmuster zu entsprechen, das die Leute hören wollen, weil es die Fortsetzung ihres Lebensstils und ihrer Glaubenssysteme sichert. Interessanterweise blieben die traditionellen Sichtweisen und Glaubensüberzeugungen regelmäßig auch dann Maßstab und Beurteilungskriterium für Gültigkeit und Auslegung, wenn neue, herausfordernde Beweise auftauchten.[2] So hört beispielsweise niemand gern, dass die menschliche Rasse aus der genetischen Vermischung und Manipulation durch eine höher entwickelte außerirdische Rasse hervorgegangen ist, obwohl es dafür genügend archäologische Beweise gibt.[3] Kein Archäologe will zugeben, dass Menschen schon vor Tausenden

---

[2] Michale A. Cremo, *Forbidden Archeology's Impact* (Los Angeles Bhaktivedanta Book Publishing, Inc., 1998).

[3] Das *Enuma Elish*, das *Gilgamesh Epos* und andere sumerische, babylonische und ägyptische Aufzeichnungen.

von Jahren mit Kernenergie und fortschrittlichen Technologien herumgespielt hatten, deren Stand wir bis heute nicht erreicht haben.[4] Kein Anthropologe der alten Schule will glauben, dass der Cro-Magnon-Mensch vor 35.000 Jahren über eine ausgefeilte Sprache[5] oder intellektuelle Denkfähigkeit verfügte, geschweige denn fähig war, Erleuchtung zu finden, da die Kranialhöhlen zu dieser Zeit anscheinend nicht für die Artikulation konsonanter Laute und komplexer Worte geeignet waren. Es gibt keinen Geistlichen, der die Möglichkeit in Erwägung ziehen würde, dass es einen Ort wie die Hölle im Universum vielleicht gar nicht gibt oder dass der Gott Abrahams und Moses ein launisches, blutdurstiges, brutales Wesen war und so gar nichts mit dem Gott gemein hatte, von dem Jesus Christus predigte und den er seinen Vater nannte.[6] Es gibt keinen Physiker, ja nicht einmal einen Philosophen, der sich klar zu der Möglichkeit äußern würde, dass das, was wir für die Wirklichkeit, für das Raum-Zeit-Kontinuum halten, tatsächlich ein Traum sein könnte, eine Illusion, die nicht von einer äußeren Kraft oder Gottheit geschaffen wurde, sondern die durch uns — die Beobachter der Quantenmechanik — im Bewusstsein festgehalten wird, um uns zu ermöglichen, uns selbst zu erforschen und das Unbekannte bekannt zu machen.

DAS MYSTERIUM GÖTTLICHER TRANSZENDENZ UND DAS SELBST

Theologen haben immer wieder betont, dass die Essenz Gottes, des Urgrunds allen Seins, der Göttlichkeit und der Transzendenz selbst, naturgemäß nicht in menschlichen Begriffen benannt, definiert und verstanden werden kann, denn sonst wäre sie geringer als Gott und damit rein menschlich.[7] Diese Sichtweise ist insofern problematisch, als sie die Macht des menschlichen Verstandes, über Wissen zu verfügen, schwächt und einschränkt. Die Art und Weise, wie Theologen traditionellerweise über das Konzept von Gott denken, trennt und spaltet dieses Konzept so sehr vom Konzept des Menschseins ab, dass für wahre Einheit keine

---

[4] Die Zerstörung von Sodom und Gomorrah, die Entstehung des Toten Meeres, Baalbek und viele andere antike Stätten.

[5] William A. Havilan, *Cultural Anthopology*, 9.Ausgabe (New York: Harcourt Brace & Co., 1999).

[6] Marcius von Sinope, 85-165 n.Chr. war der Begründer der Marcionischen Häresie, eine der ersten christlichen Anschauungen, die von der Kirche verdammt wurden. Im Marcionismus wurde behauptet, dass der Gott des Alten Testament eindeutig ein anderer war, als der, über den Jesus Christus predigte und lehrte.

[7] Martin Henry, *On Not Understanding God* (Maynooth: Columba Press, 1997)

Möglichkeit mehr besteht. Interessanterweise ermöglicht eine der poetischen Beschreibungen, die von der höchsten Erhabenheit des Göttlichen über die menschliche Natur handelt, auf versteckte Weise Einsichten in die göttliche Natur des Menschen. Darin heißt es, dass das Göttliche, das Heilige ein *„mysterium tremendum et fascinans"* ist — ein bezauberndes, entzückendes, höchst ehrfurchtgebietendes Mysterium. Übertragen wir diese Aussage auf den Lauf der Evolution, die Entfaltung des Lebens, die Ausweitung und den Ausdruck des Bewusstseins und des menschlichen Mind, dann ergibt es durchaus Sinn, das Mysterium des Bewusstseins als unbenennbar und undefinierbar zu bezeichnen, weil es ja in Bewegung ist und sich weiter entwickelt. Es ist weder statisch noch endlich, sondern formt sich dynamisch zu immer neuen Varianten des Selbstausdrucks und der Selbsterforschung. Das soll nicht heißen, dass sich über die Natur des Bewusstseins keine Aussagen machen ließen, es soll vielmehr klargestellt werden, dass das Grundmerkmal des Bewusstseins und der Existenz ihre bezaubernde, ehrfurchtgebietende Dynamik — ihre Kreativität, ihr Werden — ist, kurz, dass sie Spuren der göttlichen Wirklichkeit tragen, die sie im Grund sind.

Warum es wichtig ist, sich an die Wahrheit und an alte Weisheit zu erinnern

Im Einführungskapitel betont Ramtha, dass unsere einzige Möglichkeit, zu unserer vollen Macht als menschliche Wesen zu finden und das menschliche Dilemma und unsere Zerbrechlichkeit zu überwinden, darin besteht, die Wahrheit über unseren Ursprung und unsere Geschichte zu erkennen. Wenn wir die Wahrheit kennen, können uns unsere Ängste und Hirngespinste nicht länger im Griff haben und in blinder Unterwürfigkeit festhalten. Unsere Ursprünge liegen in den Zeitaltern und gehen nicht auf eine einmalige genetische Manipulation in jüngster Vergangenheit oder einen kosmischen Urknall ohne erkennbare intelligente Ursache zurück.

Ramtha stellt sich als eine Wesenheit vor, die außerhalb der Zeit existiert, die sich aus dem Grab längst vergessener Zeiten, des Vergessens und der Fehlinformationen erhebt, um ein neues Paradigma zu schaffen, damit die Menschen nicht länger ihr Erbe, sondern ihre spirituelle Geschichte und ihre großartige Evolution feiern. Ebenso wie Ramtha katastrophale Ereignisse durchlebte, die bei seiner Erleuchtung eine Rolle spielten, bewegt sich auch die Menschheit auf eine Zeit kosmischer Veränderungen und Umwälzungen in der Natur und in der Gesellschaft zu.

Die prophezeiten Erdveränderungen[8] sind weder als Vergeltung einer äußeren Kraft oder Gottheit für die Sünden der Menschheit zu sehen, noch bedeuten sie das Ende der Welt oder der Zeiten. Die Veränderungen sind Teil schöpferischer Bewegung und Evolution. Sie bieten uns die Gelegenheit, die in der Vergangenheit gewonnene Weisheit zu integrieren und eine neue Gesellschaft zu schaffen, die besser im Einklang mit Mutter Natur und mit unserer transzendenten göttlichen Natur steht.

Als sich in Ramthas Leben sein spirituelles Gewahrsein zeigte, entstand das Konzept einer Schule alter Weisheit. Dieses äußerst wichtige Element hat in der Evolution der Menschheit eine entscheidende Rolle gespielt, was Ramtha bei seinen Reflexionen Betrachtungen über unsere Geschichte immer wieder hervorhebt. Die Kenntnis unseres wahren Ursprungs, der mit der Kontemplation der Leere über sich selbst seinen Anfang nahm und unsere Natur als Götter, die die Wirklichkeit erschaffen, impliziert, ging im Lauf einer Geschichte immer wieder verloren, wodurch die natürliche Evolution der menschlichen Rasse hin zu einem vollständigen Gewahrsein behindert wurde.

Ramthas Krieg gegen die Arroganz und Tyrannei der Atlanter war eine Rebellion gegen das menschliche Dilemma, in das die Menschheit sich selbst gestürzt hatte. Der physische Körper oder der Intellekt wurden zum Inbegriff persönlicher Identität, anstatt als Vehikel für die Erforschung der materiellen Welt zu dienen. Der Abstieg der Götter in die physische Materie ließ sie ihren wahren Ursprung und ihre Natur so weit vergessen, dass sie das Leben nicht länger als heilig betrachteten und die Technologie und den menschlichen Intellekt wie Gottheiten verehrten. Der Unbekannte Gott der Vorfahren Ramthas blieb im Leben der Menschen eine ferne, stumme und unzugängliche Gestalt, ebenso wie dies heute in vielen Religionen der Fall ist. Ramthas Hass auf den Unbekannten Gott führte ihn auf eine lange Lebensreise und zu einem neuen Verständnis dieses Gottes. Er lernte, dass Gott nicht wirklich von ihm getrennt war, dass er vielmehr der Atem des Lebens, der Schlag der inneren Trommel, die Bühne aller Gedanken und der Existenz war.

Ramtha wollte sein Volk diese Erkenntnisse und Einsichten lehren und schuf so die Grundlagen der Schulen alter Weisheit. Er lehrte keine Gesetze und Verbote, sondern ein Gewahrsein und eine Offenheit, die es erlauben, die Einfachheit und wechselseitige Verwobenheit des Lebens zu erkennen und zu verstehen. Nach seinem Aufstieg brachte er der Menschheit auch weiterhin dieses Wissen durch verschiedene Schulen, Bewegungen, Dichter, Philosophen und Wissenschaftler, welche in ihrer Arbeit oder ihrer Kunst davon Zeugnis ablegten. Ramtha fasst seine Sichtweise zusammen und betont dabei, wie wichtig es ist, unsere Vorstellung von unserem Selbst neu

---

8 Prophezeiungen der Mayas in Mittelamerika, der Hopi Indianer, über die Wiederkehr Christi und andere.

zu definieren. Er kommt zu dem Schluss, dass Erleuchtung „die Herrlichkeit zu wissen, wer und was wir sind" bedeutet.

> „Aber seht, Freude ist eine Befreiung und sie bedeutet auch Weisheit, und sie ist das, was wir bekommen, wenn wir uns selbst genug lieben, um unsere Schwierigkeiten anzupacken. Es hat keinen Sinn zu erwarten, dass ein anderer es für uns tut. Ich, als euer Meister-Lehrer werde euch nicht glücklich machen. Ich bin hier, um euch zu sagen, was ihr seid — danach müsst ihr eure Entscheidungen selbst treffen — und, um euch erlesenes Wissen zu vermitteln, damit ihr anfangen könnt, es zu integrieren, und, um euch Hoffnung zu geben und euch fortlaufend daran zu erinnern, dass ich hier zu Göttern spreche. Ich spreche zu Unsterblichen, die so mächtig sind, dass ihr Glaube sie in den immerwährenden Tod führen kann. So mächtig seid ihr. Ich spreche zu Göttern."[9]

DIE GESCHICHTE DER MENSCHHEIT AUS DER SICHT EINES MEISTERS IN VIER TEILEN

„Ursprünge und Entwicklung der menschlichen Zivilisation", Teil I von *„Die Geschichte der Menschheit aus der Sicht eines Meisters"*, erzählt die Geschichte des Ursprungs der Menschheit vor der Erschaffung des physischen Universums und berichtet wie es zur Entwicklung des ersten Mannes und der ersten Frau kam. Dieser Teil beschreibt auch die genetischen Manipulationen, die höher entwickelte Rassen an der menschlichen Rasse vornahmen und erklärt, wie es geschah, dass die alte, unseren wahren Ursprung und unsere wahre Natur betreffende Weisheit verloren ging und unter Aberglaube und Unwissenheit begraben wurde. Die alten Schulen bewahrten das heilige Wissen für eine künftige Generation, die in der Lage sein würde, dieses zu entschlüsseln und anzunehmen.

„Wiederentdeckung der Perle alter Weisheit", Teil II von *„Die Geschichte der Menschheit aus der Sicht eines Meisters"*, setzt die Geschichte der menschlichen Saga fort und erzählt zuerst vom Fall von Atlantis, von Ramthas Krieg und der Zerstörung alter Königreiche, der Versklavung der Frauen und dem Auftauchen religiösen Aberglaubens. Dieser Band berichtet von einer versteckten Zivilisation im Erdkern und erklärt den heiligen Symbolismus der Pyramiden von Ägypten, der

---

[9] Ramtha, *The Mystery of Birth and Death: Redefining the Self* (Yelm:JZK Publishing, ein Unternehmensbereich von JZK, Inc., 2000), S. 173 [Ramtha, *Das Geheimnis von Geburt und Tod: Das Selbst neu definiert,* In der Tat Verlag]

Monumente, die erbaut wurden, um uns an unsere vergessene Göttlichkeit zu erinnern. Ein wichtiger Zeitpunkt der menschlichen Geschichte war die Ankunft von Jehova im Nahen Osten und die Begründung des Volkes Israel. Während dieser Periode wurde die alte Weisheit auf vielerlei Weise korrumpiert und verändert. Später interpretierte die Christenheit die Lehren von Jeschua ben Joseph und anderer Religionen des Nahen Ostens. Jede Verbindung zum inneren Heiligtum des Einzelnen wurde durchtrennt und ging verloren. Im Kontext der modernen Gesellschaft beschreibt Ramtha das Konzept des im Menschen zum Vorschein kommenden Christusbewusstseins als Erleuchtung. Teil II schließt mit einer Darstellung der nächsten Evolutionsstufe der Menschheit und der Vision vom Heraufdämmern einer neuen Erleuchtung.

Ramtha: Die Suche nach Erleuchtung, Teil III dieser Sammlung, befasst sich eingehend mit Ramthas Leben und seiner Suche nach Erleuchtung, als einem Meilenstein in der Geschichte der menschlichen Rasse. Großenteils wurden dadurch die Grundlagen für spirituelles Gewahrsein und Mystizismus geschaffen, wie sie in verschiedenen Traditionen bis zum heutigen Tag überliefert werden.

In *Yeshua ben Joseph, Hidden Teacher of Ancient Wisdom,* Teil IV, geht es schließlich um eine radikale Neudeutung der Lehren von Jesus Christus in Begriffen der alten Weisheit, der Grundlage des Kosmos, die Ramtha in seinen Betrachtungen über die Geschichte und Evolution der Menschheit aufzeigt.

Kapitel 1
Einführung: Die Wirklichkeit nur ein Traum

„Ein Traum
ist eine Wirklichkeit,
die in der materiellen Welt
noch nicht existiert.
Ein Traum
geht über Zeit und Raum hinaus,
aber alle, die träumen, leben solche Wirklichkeiten.
Und gesegnet sind die,
deren ultimativer Wirklichkeitstraum
zur Manifestation gebracht wird.
Ich bin ein gesegnetes Wesen.
So sei es."

— Ramtha

Der Künder der Wahrheit aus uralter Zeit

Gebt niemals eure Träume auf — niemals. Niemals. Setzt euch. Ich möchte euch eine Geschichte erzählen. Nun, ich möchte, dass ihr Folgendes versteht: um vollkommen in seine eigene Macht zu kommen — in seine volle Macht — muss man von seiner Vergangenheit frei sein. Man muss von dem Reiter[1] frei sein, dem Totenbeschwörer in euch, der euch in Bedrängnis bringt und so viel Qual und Unglücklichsein in euch verursacht. Und diese Dinge müssen angegangen werden, denn nur dann können eine wirkliche Heilung körperlicher Krankheiten, eine echte Lebensveränderung und ein langandauerndes Leben erreicht werden. Ich möchte, dass ihr wisst, dass jede Zelle eures Körpers für ein immerwährendes Leben geschaffen wurde. Sie ist in der Lage, sich selbst zur Blüte ihrer Jugend zu verjüngen und diesen Zustand unendlich lange aufrechtzuerhalten.

Ein Mensch jedoch, dessen Leben unter persönlichem Leid, in der Tat persönlicher Pein, in der Tat, persönlichem Kummer leidet — der in der Angst lebt, dass jemand herausfinden könnte, was mit ihm nicht stimmt, und in der Angst, dass jemand seine Lüge erkennen könnte — wenn ein Mensch jeden Tag als Heuchler leben muss, dann altert der Körper. Er altert.

Konzentriert euch bitte, denn wenn wir unsere Vergangenheit kennen, sind wir von jener Zeit der Vergangenheit befreit. Sie ist kein Geheimnis mehr, und weder Politiker noch religiöse oder soziokulturelle Gruppen haben uns dies vorenthalten. Und so ist es gewesen:

Ich bin ein zeitwidriges Wesen. Das bin ich wirklich. Ich bin ein Wesen, das einen uralten und fernen Traum auslebt. Also benutze ich Worte, die ich aus dem Schmelztiegel eurer Worte ausgewählt habe, Worte, die euch anregen, die ihr verstehen könnt, und sie sind sehr schlicht. Aber würde ich in meiner Sprache zu euch sprechen, wärt ihr völlig perplex. Ich bin ein Ausländer im weitesten Sinn des Wortes.

Zu meiner Zeit war ich sieben Fuß (2,15m) groß. Ich habe zimtfarbene Haut und sehr schwarze Augen und sehr langes schwarzes Haar. Ich gelte als politisch nicht korrekt. Mein Volk bestand aus den allerweißesten Menschen. Es bestand aus den goldenen Menschen mit kupferfarbenen Haaren, schilffarbenen Augen und rosarot getönten, vollen Lippen, bis hin zu den bleichgesichtigen Menschen mit eisblauen Augen, einem Mund, so dünn wie ein Strich und feinem, aber schneeweißem Haar. Meine Leute waren so schwarz wie die Nacht, hochgewachsen, gewaltig, beeindruckend schön. Da waren Ionier. Da waren die rothäutigen Atlantier. Sie sind die

---

[1] Diese bildhafte Beschreibung unserer Totenbeschwörer ist den unheimlichen schwarzen Reitern aus J.R.R. Tolkiens „*Der Herr der Ringe*“ entnommen.

heutigen Indianer, die früher einmal alles besaßen. Nun begnügen sie sich mit Glücksspiel und Fischerei.

Euch gefällt das nicht. Das ist mir ganz egal. Wisst ihr warum? Wenn du zurzeit ein roter Mann bist, bist du früher einmal ein Ionier gewesen, du warst ein Ägypter, du warst ein Atlantier. Du hast eine Million anderer Leben gelebt. Warum solltest du diesem Leben Vorrang geben?

Wisst ihr, Ramtha bedeutet „der Ram, der an einem schrecklichen Tag vom Berg herabkam". Im gesamten Altertum ging es darum. Und nachdem ich die Erde verlassen hatte,[2] gab es 15.000 Jahre später im alten Ägypten eine dem großen Eroberer gewidmete Allee, und sie überdauerte 10.000 Jahre. Die alten Ägypter waren weise genug, zu verstehen, dass diejenigen, die die Straße des Ram entlang gehen konnten, den Wind erobern konnten. Das ist Mythologie.

Wenn ihr je die Gelegenheit habt, ein Basrelief mit dem Bild eines Widders (*engl. ram*) zu erstehen, greift zu. Vor 4.000 Jahren würdigte die größte aller Zivilisationen während ihres Niedergangs etwas, was sogar zu ihrer Zeit als Wahrheit galt und bewahrte dadurch die Erinnerung an etwas wirklich Wichtiges. Der schreckliche Tag des Ram wird in der Bibel nicht erwähnt, seiner wird in den alten Texten nicht gedacht. Aber er wird in uralten Texten erwähnt, denn vor 35.000 Jahren sollte es noch 10.000 bis 15.000 Jahre dauern, bis Jehova und seine Schwester die Szene betreten würden. Sie waren diejenigen, die eine Teilung der gesamten Menschheit verursachten und eine Religion erschufen, in der es darum ging, an Gott zu glauben und auf Seiten der Sieger zu sein. Dies wurde dann zur Grundlage von Religion als solcher, und zweifellos basierte der Mythos von Moses und Abraham darauf.

Nun, Folgendes solltet ihr über Religion wissen: Keine der Religionen will meine Zeit anerkennen, denn das war die Zeit der Götter, bevor Jehova kam. Hätte Jehova zu meiner Zeit gelebt, hätte er keine Chance gehabt. Mit dem Ende der Evakuierung und der schließlichen Abreise der Götter verließ

---

[2] Die von Ramtha hier erwähnte Allee wurde ca. 18.000 v. Chr. errichtet und war 10.000 Jahre lang im Einsatz. Viele der Hauptstraßen, die zu den Tempeln im ägyptischen Theben (das heutige Luxor) führen, waren beidseitig mit einer fortlaufenden Reihe von Sphinxen gesäumt. Die Sphinxen, die den Eingang zum ersten Pylon des Tempels in Karnak einrahmen, haben einen Löwenkörper mit einem Widderkopf. Der Widder war das Symbol des Gottes Amun, dem der Tempel gewidmet ist. Jede Sphinx beschützt eine zwischen ihren Vorderbeinen stehende aufrechte Statue des Königs Ramses II (ca. 1279-1213 v.Chr.). Wenn man im Schatten des ersten Pylons des Amun-Tempels in Karnak steht, ist die Länge der Ost-West-Achse und die kolossale Größe seiner Säulen enorm beeindruckend. Wie auch die anderen Tempel in Ägypten, symbolisiert dieser Tempel den Urhügel der Schöpfung. Das Gelände steigt vom Eingang zum Heiligtum hin ganz leicht an. Die Säulen sind steinerne Nachbildungen der Vegetation des Marschgebietes um den Urhügel der Schöpfung.

eine überragende Intelligenz die Erde und die Menschen, die dazu gezüchtet worden waren, Sklaven und Diener der Götter zu sein. Und es blieb nur die Erinnerung an die Götter, die doch nichts anderes als Übermenschen waren.

Und ihr — die Körper, die ihr gewählt habt — seid heute Götter, nicht nur Götter als Homo erectus, sondern auch Götter im Bezug auf die Vererbungslinie, die euch vor 40.000 und 250.000 Jahren gegeben wurde. Warum habt ihr diesen Körper gewählt? Weil ihr dazu bereit seid, dieses große Gehirn zu nutzen und ihr seid bereit, das zu nutzen, was den Aberglauben transzendiert. Seid ihr Götter? Oh ja. Aber was lässt sich über euch sagen, wenn ihr immer noch unter dem Schuldbewusstsein eines religiösen Regimes lebt? Das ist nicht gottgleich — das ist sklavenartig. Also, ihr liebt etwas und hört etwas zu, das älter als Moses und älter als Abraham ist. Ihr hört dem ersten Gott zu, der es verstand, aufzusteigen, ein Mensch, der nie auf eine Kreuzung mit den so genannten Atlantiern zurückging, sondern ein reiner Spross einer atlantischen Gruppe war, die uns als Sklaven benutzte, ein Mensch, der seinem wahren kulturellen Erbe nach ein Lemurier war. Das Volk, das von jenseits des Nordsterns kam, sind die in Legenden begrabenen Riesen, die eines Tages wieder auferstehen werden. Wisst ihr nicht, dass ich den Riesen angehöre, die aus der Erde kamen? Ich bin ein Riese, der dem Grab uralter Zeiten entsteigt, um die Wahrheit zu überbringen, die die Welt ins Chaos stürzen wird, und um bei der Erschaffung eines neuen Paradigmas mitzuwirken, in dem die Menschen nicht ihr kulturelles Erbe, sondern ihre spirituelle Vergangenheit feiern können.

Wir werden über eure Wurzeln sprechen und was euch möglicherweise in diese Situation gebracht hat, in der ihr heute lebt, und wir werden gleichsam einige eurer Fragen beantworten. Und passt gut auf, denn was ihr heute erfahren werdet, Wesenheiten, ganz gleich wie ihr es akzeptiert, *ist* und *war.* Und für das, was ihr hört, gibt es auf dieser Ebene zurzeit keine andere Quelle, die euch diese Information geben könnte. Warum? Der Punkt ist noch nicht erreicht, an dem jemand diese Dinge sieht oder gar von ihnen Kenntnis hat.

LEHREN AUS ALTER ZEIT

Nun, bevor wir weitermachen, möchte ich heute Abend mit euch über euer spirituelles Leben sprechen. Und dies ist ein passender Abend dafür, denn der Prophezeiung nach haben wir in dieser so genannten Dekade[3] eine Sonnenfinsternis und eine totale Mondfinsterns gehabt. Die Prophezeiung besagt: „In den letzten Tagen wird es einen neuen Himmel und eine neue Erde geben.“ Und diese kosmischen Ereignisse, wie sie so heißen, wurden von den so genannten wahren Propheten, die wirklich in die Zukunft sehen konnten und die Veränderungen kommen sahen, vorhergesagt. Und diese Wesenheiten von damals wussten, dass die Zauberin, wenn sie von ihrem Geliebten überschattet wird, zu einem neuen Wesen wird. Und in spirituellen Studien wurde dies so betrachtet: wenn die Sonne in ihrem Alter starb und nach einer Sonnenfinsternis wiedergeboren wurde, wurde es so gedeutet, dass sie sich in ihrem Zyklus in einen Schoß hineinbegeben hatte, aus dem sie mit einer neuen Bestimmung wieder hervorkam. Und diese Ereignisse erhielten dann, wie ihr es nennt, eine weit vorherschauende Vision aufrecht, dass ein neuer Himmel kommen würde, was sich zweifellos jetzt hier erfüllt hat. Und dann wird es eine neue Erde geben, und die wird es zweifellos geben — durch Erfüllung.

Ihr müsst bedenken, dass während meines Lebens, vor vielen, vielen Äonen — vor 35.000 Jahren und ein paar Tagen — der Kosmos und die irdische Ebene ganz anders als heute aussahen, und dass die dynamischen Kräfte zwischen den beiden Monden und deren Beziehung zur Erde eine Umwelt erschufen, die sich von der, an der ihr euch heute erfreut, stark unterscheidet — und doch schufen all die Revolutionen des Menschen und seine Verständnislosigkeit der Natur und seinem eigenen Menschsein gegenüber sogar zu jener Zeit höchst unglückselige Umstände, die eine so genannte Läuterung der gesamten Welt zur Folge hatten. Seht ihr, zu meiner Zeit wurde ich in eine Ära und in ein großes spirituelles Volk hineingeboren, dessen Geschlecht von jenseits des Nordsterns kam, den sie hier nicht sehen konnten. Und die überlieferten Gesetze, wie ihr es nennt, wurden mündlich weitergegeben. Erstaunliche Sternkarten wurden in palastartigen Gebäuden im Innern von Bergen aufgezeichnet. Sie stellten die so genannten Abenteuer des wahren Geschlechts meines Volkes auf ihrem Weg zu diesem Sternensystem mit dieser gelben Sonne und den Aufbau ihrer Kolonie hier dar. Und zu der Zeit, in die ich hineingeboren wurde, war die ganze Erde von einer dicken Wolkendecke umgeben — sie befand sich in einem Schoß aus Wasser — genau wie der große Planet mit Namen Venus heute. Sie ist in einem Schoß aus Wasser.

---

[3] 1990-2000

Und zu dieser Zeit gab es verschiedene Völker aus verschiedenen Gebieten der Leere,[4] die hier zusammenkamen. Und zu meiner Zeit hatten die Menschen, denen die Fähigkeit, zur anderen Seite der Wolkendecke zu reisen, fehlte, die Sonne noch nie gesehen. Wir sahen Licht, wie man es in einem tiefen, klaren Gewässer sieht. Und wenn man sehr tief in das Wasser eintaucht, kann man das Licht sehen, das auf die Oberfläche des Wassers scheint, und man sieht, dass es durch das Wasser diffus wird. Gut, man kann die Lichtquelle nicht sehen. Man sieht nur diffuses Licht, das sich überall verteilt. Und zu dieser Zeit breitete sich die Herrlichkeit von Ras Strahlen durch die Wolkendecke hindurch aus, wodurch das Licht diffus wurde. Es war kein direktes Licht, und wir konnten auch die Sterne und Monde nicht sehen. Wir sahen sie nur durch einen Schleier hindurch, einen dicken Schleier, und wir sahen, wie das Licht von diesem Schleier abgefangen wurde. Und wenn die Monde zur selben Zeit am Himmel standen, dann schauten wir zu dem Schleier hinauf, und wir sahen an verschiedenen Stellen des Horizonts große, verschwommene Lichter. Nun, das galt für das einfache Volk, das nicht mit der Fähigkeit ausgestattet war, über die Wolkendecke hinauszureisen und dieses außergewöhnliche Erdenkind in seinem neuen Schoß, wie er genannt wird, tatsächlich zu sehen. Und die Erde war schon vor meiner Zeit in Schößen gewesen, und war jetzt wieder in einen Schoß getaucht und wurde geläutert, um dann wieder geboren zu werden.

Aber in meinem Leben und in diesen Zeiten erhoben sich große Unruhen gegen ein mächtiges Volk und ihre Überzeugungen. Die Technik dieses Volkes war erstklassig. Und als sie mit Hilfe ihrer Technik Krieg führten, rissen sie den zu meiner Zeit bestehenden Schleier auf. Und als der Schleier aufgerissen war, kondensierte all das Wasser und brachte Regen, brachte Winter, brachte Eis. Und viele schöne Dinge, die einst auf ausgedehnten Gebieten der Erde lebten und eine so genannte gemäßigte Zone genossen, waren jetzt in einer verzweifelten Lage. Denn sie waren auf direktes Sonnenlicht nicht vorbereitet, das in den Gebieten, die den Polen am nächsten waren, zu einem plötzlichen Kälteeinbruch führte. So kamen viele von ihnen um. Und in meinem Leben sah ich sie sterben.

Und noch heute gibt es von ihnen viele Knochen, die erhalten sind — Spuren, die von exotischen Geschöpfen auf Landmassen zeugen und die eure Wissenschaftler verblüffen, weil es unmöglich ist, dass diese Bäume, diese Flora und Fauna und diese Tiere oder diese Insekten in diesen Gebieten hätten leben können. Aber diese Wissenschaftler sind im Nachteil, denn sie verstehen nicht, dass es keine Polverschiebung gegeben hat. Sie verstehen nicht, dass die Erde einst wie die Venus aussah und dass es unter solch einer Wolkendecke kein Eis gab. Und als die Wolkendecke aufbrach

---

[4] Die Unermesslichkeit des Alls.

und wir direktes Sonnenlicht und direkte Strahlung hatten, hatten wir Wasser, das — weil es am weitesten vom so genannten Sonnenlicht entfernt war — zu Eis wurde. Nun hatten wir Winter, der sogar die allergrößten Mammute — riesige Geschöpfe, an die ihr euch in eurer Zeitrechnung nicht erinnern könnt — an einem einzigen Nachmittag dahinraffte. Sie grasten auf saftigen Wiesen und waren plötzlich, innerhalb weniger Augenblicke, erfroren. Dies geschah zu meiner Zeit, nicht vor 10.000 Jahren oder vor 8.000 Jahren oder vor 15.000 Jahren. Es geschah zu meiner Zeit.

Nun, was ist der Fehler bei der Kohlenstoffdatierung? Kohlenstoffdatierung funktioniert nur, wenn es Sonnenstrahlung gibt. Aber da es vor 35.000 Jahren keine direkte Sonneneinstrahlung gab, ergibt sich hier ein kleines Problem mit der Kohlenstoffdatierung. Versteht ihr das? Ja, so wurde also zu meiner Zeit durch die Verantwortungslosigkeit sehr intelligenter Menschen, die Krieg gegeneinander führten und mit ihren heißen und schnurgeraden Lasern versuchten, die Bestien[5] von ihrer Landmasse fern zu halten, die Wolkendecke durchbrochen und ein Riss verursacht, der zu sintflutartigen Regenfällen und riesigen Überschwemmungen führte. Und meine alten Leute und die Ältesten wussten, dass dies geschehen würde und hatten dieses Ereignis schon vorhergesagt. Und ich überlebte nur, weil sich meine Mutter, zusammen mit vielen anderen Pilgern aus dem Lemuria genannten Kontinent auf den Weg von den Sumpfgebieten, die ihr als Pazifik bezeichnet, zu der so genannten Landenge machte, den Sumpfländern Mexikos und des Yucatan, die nur wässrige Wälder sind, bis wir die Landmasse von Onai erreichten. Und wir überlebten alles, was unserem Heimatland widerfuhr.

Zu meiner Zeit kam die Sonne, wie sie so heißt, im Jahr des Ram zum Vorschein, und sie war hell und schön und ganz wundervoll. Und Regen und Frost kamen und die Berggipfel, die vorher in Wolken ruhten, waren plötzlich in schneeweiße Gewänder gehüllt. Und in diesen Zeiten lebte ich. Jedoch nur wenige waren auf eine Temperaturveränderung vorbereitet. Und weil sie darauf nicht vorbereitet waren, kamen viele Menschen um. Die einfachen Leute kamen um.

Nun haben wir das Ende der Technik, herbeigeführt vom Untergang der Zivilisation, deren Technik es war. Und ihre älteren Brüder verließen den Mond und gingen zum roten Planeten zurück, wo ihre Basen lagen, und überließen ihre Vettern ihrem eigenem Schicksal. Und mit dem Untergang der Technik kam der Aufstieg des Barbarentums. Das waren meine Zeiten.

Nun, ich marschierte mit einer Gruppe von Leuten los, als die Erde hinter uns aufbrach. Ich führte sie in großer Eile zu Ländern im so genannten Norden, wobei wir Landmassen überquerten, die es heute nicht mehr gibt. Wir sahen ganze Gebiete, deren einst idyllische Flüsse mit den

[5] Dinosaurier

Wassern aus dem Himmel überliefen und die Landmassen bedeckten, die nicht absanken. Überall auf der Erde wurden diese Landmassen von Wasser überflutet. Ich sah sie kommen und gehen. Und in dieser Zeit suchte ich mit meinem Volk die hochgelegenen Orte auf, und so überlebten wir. Aber ich und mein Volk, wir sahen das erste Auftauchen der Sonne hier auf Terra. Und nicht nur war ich von ihr während meines eigenen Lebens verzaubert, sondern sie bezaubert mich sogar bis zum heutigen Tage auf dieser Ebene. Und kein anderer kann sie beschreiben wie ich, und das gilt auch für mein Volk. Wir konnten die Schönheit der Monde beschreiben, wie keiner sie je beschreiben konnte, denn sie waren für uns solch enorme und ungeheure Wunderwerke, die sich von den Sternen deutlich abhoben. Und wer hätte je daran gedacht, das All als den Hintergrund der Ewigkeit zu bezeichnen? Nur jemand, der darüber nachgedacht und es bestaunt hatte. Das war ein Abenteuer in den mir bekannten Zeiten.

Nun, es gab Überleben in diesen Zeiten. Es gab Überleben, denn die Natur bewahrt das Leben derer, die am besten auf sie eingestimmt sind und sich in ihre Ordnung einfügen. Die Natur erhält nichts, das nicht mit ihrer Ordnung in Einklang ist, was uns zum heutigen Abend und zur Mondfinsternis zurückbringt. Ein neuer Himmel wird sich hier am Ende dieses Jahrhunderts manifestieren. Genau wie es die Seher von damals voraussahen. Und so wie ich ein Angehöriger und Zeuge meiner Zeit war, so gehört auch ihr einer Zeit dramatischer Veränderungen an. Die drastischsten aller Veränderungen werden vom Hintergrund der Ewigkeit kommen. Sie werden höchst dramatisch sein: zwölf Tage des Lichts und eine große Einschüchterung. Aber was ist denn nun die neue Erde? Die neue Erde wird von Wesenheiten bewohnt werden, die in ihrem Bewusstsein die Fähigkeit haben, Zeit zu überbrücken. Ihr Leben wird bewahrt werden. Und das hört sich recht metaphysisch und einfach an, ist es aber nicht. In diesen neuen Zeiten werden die leben, die die Brücke der Zeit überschreiten können. Wer die Fähigkeit hat, dort den Boden für sich zu bereiten, wird auch dort sein. Wer sich mit den so genannten Monstern der Zukunft verwickelt sieht, wird nicht dort sein.

Also nun, mein Name ist Ramtha der Erleuchtete. Das war mein Name zu meiner Zeit, unter dem man sich sogar bis zum heutigen Tag an mich erinnert. Sogar die Ägypter erinnern sich an mich, die Perser und alle alten Kulturen erinnern sich an mich, denn aus meinem Volk kamen die Rassen, aus denen alle Kulturen entstanden. Und allen Orten, an denen sie sich niederließen, brachten sie ihr Gesetz — das, was sie miterlebt hatten. Denn ich prägte die Geschichte, eine so genannte Zeit nicht nur verheerender Veränderungen in Form von Naturkatastrophen, sondern auch eine Zeit des Niedergangs von Stolz und Arroganz und des Aufstiegs des so genannten Barbarentums und der so genannten ultimativen Erleuchtung, der wahren Erleuchtung.

Geburt der alten Weisheit

Nun, wisst ihr, die Kulturen, die hierher kamen, hatten nie eine alte Schule. Nie. Die Idee einer alten Schule — obwohl sie jetzt im ganzen Universum verstreut zu finden ist — kommt wirklich von hier, sie ist hier entstanden. Und warum? Weil auf Grund dieser Vermischung von Göttern und Natur bei den Menschen dieser Erde eine solche Verwirrung darüber herrscht, was dauerhaft ist und was für einen in einem menschlichen Gewand reisenden Geist erstrebenswert ist. Und diesbezüglich ist das Denken hier sehr unklar. Es ist verwirrend. Deshalb ist es so wichtig, die Reise einer alten Schule der Erleuchtung zu machen, denn Menschen vergessen wirklich, dass sie eigentlich spirituelle Geschöpfe sind. Sie vergessen. Nirgendwo sonst sind die Menschen so trunken und bezaubert von ihrem Menschsein wie hier.

Aus diesen chaotischen Zeiten vor 35.000 Jahren entstand also mit einem Barbaren und seinem Volk die Idee spiritueller Lehren, mystischer Lehren — mystisch — wie zum Beispiel dass ich die Wahrheit über den Unbekannten Gott nicht in einer Maschine, sondern im Laufwerk der Natur fand, indem ich den Nachtvogel in ihrem Nest neben mir und all ihre nachfolgenden Generationen beobachtete, die zurückkamen und ihr Nest am selben Platz bauten. Von der Natur lernte ich, was das Leben ausmacht — nicht ein fanatisches Leben, sondern das Leben. Und als ich von meinem Fels herabkam, bemühte ich mich, dieses Wissen an meine Generäle weiterzugeben, als wir uns zu einem Marsch aufmachten. Und wir fanden einen großen Wald, dem ich den Namen Shambhala gab. Im Zentrum dieses Waldes stand ein riesiger Baum. Und auf meine Veranlassung hin fassten meine alten Krieger sich an den Händen und bildeten einen Kreis um diesen Riesen herum. Und sie waren so klein im Vergleich zu diesem grandiosen Geschöpf. Und ich bat sie, mir die folgende Frage zu beantworten: „Und was weiß dieser Baum, das ihr nicht wisst?“

Mit dieser bedeutenden und wunderbaren Frage begann vor 35.000 Jahren sprituelle Bewusstheit, denn sie stand für Bewusstheit für das Leben und dafür, dass wir mit ihm verbunden sind. Und durch dieses Verweilen in den Armen des Herrn des Waldes kam es, dadurch und durch meine Wunde, dass aus der Asche der Technik und dank fabelhafter Geschöpfe — Menschenrassen aus verschiedenen Bereichen der Leere — dass aus der Asche als Folge dieses Zusammentreffens die Frage erwuchs: „Was weiß er, das ihr nicht wisst?“ Dies war der Beginn der spirituellen Suche der Menschheit. Indem man zu kämpfen aufhört. Haltet lange genug mit der Erntearbeit inne, um nachzudenken. Legt lange genug die Waffen nieder, um über den Wert des Lebens nachzudenken. Lasst eure Belustigungen lange genug ruhen, um über eure Sterblichkeit nachzusinnen. Unterbrecht alles, was ihr tut lange genug, um eine Frage zu stellen. Werden der Himmel und der Mond immer noch da sein, wenn ich gestorben bin? Ja. Wird es diese Bäume noch geben? Einige. Was also weiß der Baum, das ihr nicht wisst, die ihr sterblich seid im Bund der Unsterblichkeit? Was weiß er, das ihr nicht wisst? Eine interessante Frage für geschäftige Leute, die ihrem Leben nie auch nur einen Gedanken gewidmet haben.

Und warum bin ich so seltsam? Ich bin seltsam, weil ich aus einer Zeit der Annäherung kam, einer Zeit zu der die Suche nach dem spirituellen Selbst im Menschen, in Mann und Frau, wirklich begann. Meinem Volk diese Bewusstheit zu bringen, die sie dann an ihre Kinder weitergeben konnten, das war meine Eroberung zum Ende meines Lebens hin. Denn der Marsch war vorüber. Die Welt hatte sich in jeder Hinsicht verändert. Der Marsch war vorbei. Nun wurde die Saat für eine neue Erde ausgebracht, und ich wollte, dass die Samen der neuen Erde die Frage in sich tragen, was dieser Baum weiß, das ihr nicht wisst. Und ich wollte diese Frage so einfach und gleichzeitig so tiefgründig machen, dass Kinder sich draußen unter einen Baum setzen und sich fragen konnten, was dieser Baum weiß, das sie nicht wissen. Und sie würden versuchen, die Antwort auf diese Frage zu finden. Ich finde diese Frage viel schöner als die Frage: „Wie hört es sich an, wenn eine Hand klatscht?" Nun ja, eine Begegnung mit einem Baum ist für mich viel bereichernder als das Geräusch, das eine Hand beim Klatschen macht.

Nun, da ich mich in einer Zeit der Annäherung befand, war es mir in meinem Leben möglich, Zeit zu überbrücken, denn ich war dazu in der Lage. Ich wollte es tun. Ich wollte erforschen — das entsprach meinem Wesen — und was ich nicht kannte, wollte ich erobern, aber nicht mehr mit einem Schwert, sondern mit einem leidenschaftlichen Mind, der sich schon mit den nachfolgenden Generationen des Nachtvogels und dem Zu- und Abnehmen der Monde angefreundet hatte. Und Ra kannte ich gut. Und ich kannte die violetten Berge gut, die goldenen Strahlen und den safrangelben Staub. Ich lebte es. Und zweifellos setzte mich dies als spirituelles Wesen nicht herab, sondern es brachte mich voran. Denn ich lebte es nicht als ein Zerstörer, sondern als ein Wanderer, dessen Weg ihn zu einer allumfassenden Wertschätzung führt. Und weil ich das so ausgesprochen gut lebte, fand ich heraus, dass einem, der in absoluter Aufrichtigkeit an die Tür der Natur klopft, diese nie verschlossen bleibt. Und das tat ich, und ich gab niemals auf. Aufzugeben war meinem Wesen fremd.

Ich hätte schon vor langer Zeit am Leben verzweifeln können. Ich hatte mit Sicherheit all die Ausreden eines Opfers, wie ihr sie alle habt. Und zu dieser Zeit wäre das Einzige, worüber ihr hättet mit mir reden können, die Tragödie gewesen, die ich mit meiner Mutter, meinem Bruder, meiner Schwester und meinem unbekannten Vater erlebt hatte. Und ihr hättet dann versucht, meine ganze Problematik zu analysieren. Das ist das Einzige, worüber ihr hättet mit mir reden können, aber ich hätte euch nichts dazu zu sagen gehabt, denn ich betrachte es nicht als problematisch. Versteht ihr? Ihr versteht? Es bringt euch also dazu, euer Wachstum abzuschreiben und es bringt euch auch dazu, Menschen abzuschreiben. Ich hatte jeden nur erdenklichen Grund, niemandem zu trauen. Aber ich will euch sagen, hätte ich selbst auch nur das kleinste bisschen von den Vorwürfen, der Schuld und dem schlammigen Morast der Zeiten, in denen ich lebte, in mir gehabt, hätte ich nie an die Tür der Natur klopfen können, noch hätte ich je meinen Körper verlassen können. Ich wäre viel zu tief in meiner egozentrischen Misere vergraben gewesen, um abheben zu können. Nun ja, so bin ich nicht. Zu jener Zeit war etwas Derartiges nicht einmal in meinem Bewusstsein.

Also hat mich nichts daran gehindert, ein Erforscher des Unbekannten Gottes sein zu wollen. Denn ich liebte ihn mit aller Kraft und nichts hielt mich davon ab. Je mehr ihr euch selbst leid tut — je mehr ihr euch in eurem Leben als ein mit Bürden beladenes Opfer seht, je mehr ihr euch an Verrat und Untreue klammert — desto weniger werdet ihr Gott sehen. Es ist ganz einfach so — desto weniger werdet ihr Gott erkennen. Und ihr seid wie die Erde in jener Zeit von einem dicken Schleier überschattet. Ihr könnt nicht einmal das strahlende Licht sehen, das den Schleier zu durchdringen sucht. Ich wusste, dass ich ein göttliches Wesen war, und ich wusste, dass mein ganzes Volk aus göttlichen Wesen bestand. Und aus dieser Liebe — aus all den vielen Stunden, die ich mit ihnen verbrachte, mit ihnen sprach, sie lehrte — entstand die wahre spirituelle Schule in diesen alten und vergessenen Regionen des heutigen Nordostindien. Dort fing alles an, in Indien. Und in dieser Schule wurde nicht „du sollst dies nicht tun" und „du sollst jenes nicht tun" gelehrt. Das ist keine spirituelle Lehre. Eine spirituelle Lehre vermittelt Menschen Bewusstheit, bildet ihr Gewahrsein aus, so dass sie, wenn sie zu ihren Hütten und ihren Fischernetzen und zum Brotbacken zurückkehrten, all dies mit anderen Augen betrachteten. Ihr Gewahrsein war verstärkt. Wir würden das jetzt so beschreiben: ihre Bänder wurden größer.[6]

So lehrte ich mein Volk, das Leben nicht in Enthaltsamkeit zu leben, sondern das zurückzulassen, was langweilig und ermüdend ist — denn genau das hatten wir auf unserer Reise gemacht: wir brachen die Zelte ab und marschierten weiter — und sich einer einfacheren Lebensweise zu widmen, deren Einfachheit große Bewusstheit in sich birgt. Ich lehrte sie, gewahr zu sein und den Wind, die subtilen Veränderungen der Erde und der Jahreszeiten zu fühlen und sich auf sie einzustimmen, denn dadurch stimmten sie sich auf die Natur ein. Das machte sie erhaltenswert. Gut, sie lebten noch immer ihr Leben, aber jetzt waren sie nobler und weiser. Sie waren keine Heuchler. Sie waren keine Fanatiker. Sie führten ein

[6] Die Bänder sind das Aurafeld eines Menschen und repräsentieren seinen Mind.

wunderbares Leben, und wenn sie zurückblieben, dann weil sie es wollten. Wenn dies eure Wahl ist, wenn ihr Kinder haben möchtet, dann bekommt Kinder und seid ihnen ein großartiger Vater, eine großartige Mutter. Zeigt ihnen, wer Ra ist und der Nachtvogel und denkt mit ihnen über Fragen nach, die ihnen Weisheit bringen werden. Lehrt sie Wahrheit und keine Philosophie.[7] Wenn ihr hier bleiben und die Felder bearbeiten wollt, dann sollte das Pflügen des Feldes für euch eine Freude und keine Bürde sein. Ihr solltet es mit der Einstellung tun, dass ihr die Erde mit den Samen der Hoffnung befruchtet. Und nehmt niemals einem anderen etwas weg, das euch nicht gehört. Erschafft es selbst. Dies waren die Lehren, die ich ihnen vermittelte. Und ich lehrte sie, das göttliche Element, das sie waren, in ihrem Leben anzuwenden. Ein spirituelles Leben ist eines, in dem der Geist an erster Stelle steht und der Körper an zweiter.

Vor meinem Aufstieg hatte ich die Reise eurer Leben über die Zeit hinweg erträumt. Ich träumte sie durch die Zeit hindurch in den vielen Stunden, die ich in meiner Hütte saß. Nur wenige wussten, dass ich dort lebte. Sie dachten, ich würde in dem Palast leben, den sie gebaut hatten, in dem jetzt die Affen lebten. Und sie dachten, das wäre die Residenz des Ram. Und das sagte mir zu, denn es kam ihnen nie in den Sinn, mich in meiner Einfachheit zu suchen. Aber dort in meiner kleinen Hütte buk ich mein eigenes Brot und träumte am Feuer sitzend mit einer solchen Leidenschaft von euren Reisen und von der Leidenschaft der spirituellen Wahrheit im Menschen, und davon, wie der Leidenschaft im Menschen für die spirituelle Wahrheit wirklich Flügel wuchsen. Und ich erträumte unsere Zusammenkunft an diesem Abend hier auf einer neuen Erde unter einem neuen Himmel. Ich bin eine seltsame Wesenheit, denn ich komme mit einem Schatz voller Erinnerungen aus einer seltsamen und fernen Zeit, die von allen Wissenschaftlern angezweifelt wird — mit Ausnahme der Wissenschaftler, die sich nicht davor fürchten, die Beweise anzusehen.

Und wisst ihr, es gibt mich wirklich und ich setzte mich für ein großes Volk ein und ich habe es überlebt. Ich überlebte die Erde und ihre Veränderungen, die Technik und ihren Untergang. Ich überlebte Krieg und Barbarentum und ich überlebte meine Erleuchtung. Als ich hierher zurückkehrte, habe ich mir sehr wohl überlegt, wie ich zurückkommen wollte und was gelehrt werden musste. Und ich wollte mir für mein Kommen eine sehr herkömmliche Erscheinung verleihen, und das habe ich auch getan. Und ich war in der Lage, eine Gruppe von Menschen, die auf diesem Planeten leben — es gibt andere, die auf anderen Planeten leben — zu lehren, wo ich mich hinbegab. Und während des Unterrichts müsst ihr mich in diesem Körper ansehen, und ihr liebt an mir das, was ihr nicht sehen könnt, denn dies ist nicht mein Körper. Nur indem ihr euch sagt: „Ich

---

[7] Wahrheit ist ein aus Erfahrung gewonnenes Wissen, im Gegensatz zu einer rein philosophischen Abhandlung.

liebe das Unbekannte und ich bin das Unbekannte", könnt ihr mit diesem Mysterium klarkommen. Ihr könnt mich noch nicht sehen, aber ihr liebt mich und hört mir zu — vielleicht sogar besser als irgendjemand anderem in eurem Leben. Das ist gut, denn ich weiß mehr als irgendein anderer. Aber diese Tatsache an sich sagt schon etwas über euch aus, nicht wahr? Ich bin also ein spirituelles Wesen, das ihr genauso wenig sehen könnt wie den Wind. Ihr seht nur seine Auswirkungen. Nun ja, ihr seid meine Auswirkungen. Ich bin der Wind, der durch euer Leben weht, und dadurch bewirkt ihr etwas in eurem Leben. Das nennt man Geist. Und genau das bin ich.

Nun, ich habe viele Jahre in eurer Zeit hier unterrichtet. Viele Menschen aus der ganzen Welt kommen heute Abend und bei den anderen geplanten Veranstaltungen hier zusammen. Aber es ist euch noch nicht klar geworden, wie fabelhaft dies wirklich ist. Ich aber sage euch, dass alles, was ich euch beibringe, die Wahrheit ist und dass es funktioniert. Als diese Wissenschaftler kamen und all diese Drähte an den Körper meiner Tochter anschlossen — dass sie sich vor der ganzen Schule untersuchen ließ, zeugt von ihrem Mut; doch sie hatte nichts zu verbergen, denn Tatsache ist, dass ich ein Rätsel bin, was nun euch und ihnen bewiesen werden konnte — sollten sie den Nachweis erbringen, dass hier etwas ganz Außergewöhnliches passiert, etwas, das nicht normal ist. Nun ja, das Unnormale hier bin ich. Sie haben bestätigt, dass ich das bin, was ich, ohne es zu sagen, bin.

Gut, ich möchte, dass ihr wisst, dass diese Frau eine ungewöhnliche Wesenheit ist, gesegnet mit einer ungewöhnlichen Gabe — der Fähigkeit, dem machtvollen Geist die Möglichkeit zu geben, hier zum Einsatz zu kommen. Nun, da die Wissenschaft sagt, dass dies ungewöhnlich und ganz außerordentlich ist, würde es sich dann nicht eher lohnen, der Botschaft des Außerordentlichen zuzuhören, als der des Gewöhnlichen? Nun gut, genau darauf zielen meine Bemühungen hier ab. Ich erscheine hier in einer solch gewöhnlichen äußeren Form, um euch mit meiner Erscheinung nie zu überschatten, denn das wäre ein Fehler. Dank dieser Erscheinung hier liebt ihr mich als euren Lehrer und ihr versteht, dass „etwas", das die Wissenschaft für außerordentlich hält, eure Liebe in einem solchen Maße erwidert, dass es über viele Stunden, viele Jahrhunderte, viele ferne Zeiten hinweg vorausplante, um die Lehren zu euch zurückzubringen, die so einfach sind wie die Frage: „Was weiß der Baum, das ihr nicht wisst?" — eine Frage, die euch völlig verblüfft. Ich sage euch, dass es Antworten darauf gibt, und ich kenne die Antworten. Ich möchte, dass auch ihr die Antworten kennt, damit ihr auf der neuen Erde erhaltenswert seid. Und warum? Weil ihr spirituelle Menschen seid, die auferstehen und die Zeit von dieser Zeit zur Zukunft überbrücken. Und für diejenigen unter euch, die mit dem Fluch eines intellektuellen Verstandes belastet sind, der alles hinterfragt, was ihr tut, möchte ich sagen, dass ich diese Reise über die Zeit hinweg nicht unternommen hätte, nur um Konzepte zu lehren, die nicht funktionieren. Ich wäre nicht durch die Zeit gereist und zurückgekehrt, wenn es nicht einen Ort gäbe, zu dem man gehen könnte. Versteht ihr?

Die spirituelle Entwicklung der Menschheit

Also nun bin ich hier, um euch zu sagen, dass alles, was ich euch gelehrt habe, jede der Disziplinen funktioniert. Und worauf arbeiten sie hin? Den Unterschied zwischen dem Menschlichen und dem Geist zu bestimmen: eine klare, lückenlose Definition. Und der Grund dafür ist, dass ihr wieder in eure volle Macht kommen könnt, ein bewusster Geist in vollem Besitz seiner Kräfte sein könnt, der uneingeschränkt und systematisch durch euren physischen Körper leben und sich auf das Leben einlassen kann, sogar über die Barrieren hinweg, von denen ihr erst nicht wusstet, dass ihr sie überwinden könnt. Genau das meine ich mit dem Ausdruck „das Leben voll ausleben". Ihr kennt die wahre Bedeutung dessen noch nicht. Und erst wenn das spirituelle Selbst ausgewogen definiert wurde, erst wenn wir die beiden klar trennen können, werden wir vollkommen erhaltenswert und unvergänglich sein. Mit dieser Macht seid ihr dann in der Lage, den Tod zu überwinden. Dann könnt ihr euch aufmachen und all die Sterne besuchen, zu denen ihr heute Nacht aufgeblickt habt, und all die Dinge sehen, die ich schon besucht und gesehen habe, sogar weit über den Nordstern meines Volkes hinaus, wo auch ich schon gewesen bin.

Nun hört euch diese Prophezeiung an: Die Prophezeiung besagt, dass Fleisch und Blut — Fleisch und Blut bedeutet in den alten Prophezeiungen nur eines: den physischen Körper — sie besagt, dass Fleisch und Blut nicht ins Königreich des Himmels eintreten können und dass man, um ins Königreich des Himmels eintreten zu können, ein neues Gewand tragen muss und dieses neue Gewand ist die Robe des Geistes.[8] Das ist ganz klar. Es bedeutet nicht, dass ihr erst sterben müsst, bevor ihr in den Himmel, wie er so heißt, eintreten könnt. Es bedeutet, dass der Körper dort nicht hingehen kann. Solange der Geist nicht erweckt ist, ist der Körper dazu verdammt, in seinem eigenen Königreich zu bleiben. Aber wenn der Geist erwacht ist und seine Macht sich klar herausbildet, dann wird das Königreich des Himmels durch den Geist in das Körperliche gebracht. Nun lassen wir alles zurück — alles.

Sogar ich brauchte Jahre — von dem Tag an, als der Wind mich verspottete und ich beschloss, dass er genau das ist, was ich sein wollte —

[8] Die Offenbarung des Johannes

bis ich verstand, wie ich der Wind sein konnte, denn ich musste mein Fleisch und Blut gegen eine unsichtbare Kraft in die Waagschale werfen. Wie konnten Fleisch und Blut eine unsichtbare Kraft sein? Nachdem ich zum ersten Mal meinen Körper verlassen hatte, brauchte ich sieben Jahre, um die Erfahrung zu wiederholen. Und ich arbeitete jeden Tag daran — nicht nur während Veranstaltungen,[9] denn zu meiner Zeit gab es keine Veranstaltungen — jeden Tag. Wisst ihr, warum ich es nicht gleich am nächsten Tag schaffte? Weil ich versuchte, es als Fleisch und Blut zu erreichen. Ich versuchte es als Mensch aus Fleisch und Blut zu vollbringen, anstatt es als der Geist zu tun. Aber ich brauchte sieben Jahre, das zu verstehen. Und als es zum zweiten Mal passierte, geschah es zufällig, als ich gerade nicht aufpasste. Das ist sehr wichtig. Und mit dieser Erkenntnis begann meine große Reise. Und ich wuchs als spirituelles Wesen. Ramtha der Eroberer entwickelte sich zu Ramtha, die Erleuchtung. Und meine vollständige Erleuchtung ermöglichte es mir, zurückzukehren und meinen Körper mitzunehmen — keine Asche, keine Leiche.

Nun, Fleisch und Blut können nicht in das Königreich des Himmels eintreten. Ich aber kam mit einer bestimmten Absicht hierher zurück und habe mir all die Mühe gemacht, sie auch auszuführen. Und jetzt ist sie zu einem gewissen Maß von der Wissenschaft nachgewiesen, die mich für ein Rätsel hält. Nun ja, ich bin ein Rätsel, weil ich nicht gewogen werden kann. Ich bin hier, um euch systematisch beizubringen, wie man es macht. Und diese Disziplin nennt man das spirituelle Leben. Ihr seid nicht hier, um körperliche Wesen zu sein, sondern um spirituelle Wesen zu sein. Obwohl das Labyrinth[10] körperlich sehr anstrengend ist, erwächst daraus die Kultivierung des Geistes. Das Feld kultiviert den Geist. Auch wenn der Körper völlig erschöpft ist, kann der Geist sich aus dieser Erschöpfung erheben und darüber stehen. Daran erkennt ihr den Unterschied zwischen den beiden. Eben noch konntet ihr nicht mehr gehen oder sogar nicht einmal mehr blasen. Das ist Fleisch und Blut, das wissen wir jetzt. Und im nächsten Augenblick übernimmt das Übernatürliche die Leitung und vollbringt die Aufgabe. Und das ist der Geist. Zwischen den beiden besteht ein Unterschied.

Hierher zu kommen und euch zu lehren bedeutet, euch immer wieder an diese Tatsache zu erinnern und euch an den Punkt zu bringen, an dem ihr in eurem Leben die beiden klar definieren könnt, an dem ihr den Geist nach Belieben einsetzen, ihn dann zurückbringen und den Körper in seiner Frequenz baden lassen könnt. Das wollen wir mit unseren Bemühungen erreichen. Das bedeutet es, ein spirituelles Wesen zu werden. Wie ein

---

[9] Mit Veranstaltungen sind hier die Aktivitäten von Ramthas Schule der Erleuchtung gemeint.

[10] Das Labyrinth oder der Tank™, Feldarbeit™ und die C&E™-Atemtechnik sind Disziplinen, die an Ramthas Schule der Erleuchtung gelehrt werden.

Mönch auszusehen hat nichts damit zu tun. Wie ein Priester auszusehen hat nichts damit zu tun. Wie ein Engel auszusehen hat nichts damit zu tun. Wie Maria auszusehen hat nichts damit zu tun. All dies hat überhaupt nichts damit zu tun. Ihr könnt eure Baseball-Mützen und eure 100%-Baumwolle-Sweatshirts tragen und erleuchtet sein. Ihr müsst nur erleuchtet sein. Das ist der Geist. Versteht ihr?

Es bedurfte sorgfältiger Planung und einer großen Anstrengung, damit wir, ihr und ich, hier sein können und ich euch dies lehren kann. Und viele hier halten dies für völlig selbstverständlich. Und ich bin ja hier direkt vor eurer Haustür. Und eines Tages werde ich nicht mehr hier sein, weil meine Zeit hier abgelaufen sein wird, da mein Traum zu einer bestimmten Zeit zu Ende ging. Ich bin hier direkt vor eurer Haustür und ihr könnt mich nicht mit irgendeinem anderen Lehrer vergleichen, weil es einen Lehrer wie mich einfach nicht gibt. Und ich bin nicht hier, um mich selbst zu verherrlichen, sondern um euch zu verherrlichen. Ich bin hier, um euch zu lehren, es zu tun und ich kann euch nur sagen, dass ihr Narren seid, wenn ihr es für selbstverständlich haltet und beiseite legt und nicht anwendet, denn das würde heißen, den Geist zugunsten des Körpers zu unterdrücken. Und euer Körper ist vergänglich. Er wird immer weiter abgewirtschaftet werden, bis er schließlich im Grab landet. Und der Geist ist unvergänglich.

Das ist die Schulung. Und wenn ihr die Schulung durchlaufen habt, die vollständige Einweihung in die spirituelle Disziplin und ihr sie gemeistert habt, dann könnt ihr eine Münze in eurer Hand manifestieren. Dann könnt ihr Brot in eurer Hand manifestieren. Dann seid ihr ganz und gar der Geist. Dann seid ihr ins Königreich des Himmels eingetreten, denn dort ist euch nichts, aber auch gar nichts unmöglich. Und dann werdet ihr nie wieder — nie wieder — der Mittelmäßigkeit und den menschlichen Gepflogenheiten angehören. Ihr werdet nie mehr nur Mensch sein. Ihr werdet immer göttliche Wesen sein, denn seid ihr erst ins Königreich des Himmels eingetreten und habt ihr erst am Tisch Gottes gespeist, kann euch dies nicht wieder genommen werden. Danach werdet ihr niemals mehr normale Menschen sein. Die weltlichen Gepflogenheiten werden keinen Reiz mehr für euch haben.

Soll das dann heißen, dass ihr nicht länger ein Mensch seid? Ihr seid wirklich kein Mensch mehr. Ihr werdet zu einem Gott, der im Körper eines Menschen lebt, und auch die Pläne und Ziele eures Lebens werden sich ändern. Bedeutet das, dass die Pläne eines Gott/Menschen weniger spannend sind als die Pläne eines Menschen? Nicht im Geringsten. Bedeutet das, dass ein Gott/Mensch keinen Geschlechtsverkehr mehr haben kann, dass er nicht lieben und lachen kann? Nein, ganz im Gegenteil, denn das Geist-Sein bringt all das mit sich. Ein Geist ist ein lachender Gott. Die Liebe des Geistes ist die wahre Liebe, mächtig und grandios und allumfassend. Der Mensch ist wankelmütig, Gott nicht.

Was ich euch in dieser Woche gelehrt habe, ist so kostbar. Und diese unscheinbaren Wesenheiten, die schon Objekte manifestiert haben — ja, ich fing mit kleinen Sachen an — Akzeptanz muss aufgebaut werden. Sagte nicht Jeschua ben Joseph, dass wenn euer Glaube nur so groß wie ein Senfkorn ist, das alles ist, was ihr braucht? Wenn euer Glaube so klein wie ein Senfkorn sein kann, dann werdet ihr euren Gegenstand bekommen. Der Gegenstand wird unverzüglich in eure Wirklichkeit kommen. Mehr Glauben braucht ihr nicht. Gut, und was geschieht, wenn euer inneres Wissen eines Tages so groß wie eine Eiche, so groß wie die Welt ist? Was könnt ihr dann vollbringen? Alles.

Ich bin eine Weile hier, um euch zu lehren, wie ihr dieses immerwährende, ewige Selbst sein könnt, das ihr seid. Ich möchte euch ein Leben ersparen, das in diesem Leben als bloßer Mensch seine ach so kurzen goldenen Augenblicke haben wird — und das war dann schon alles. Und ich bin hier, um dies auf einfache und ungewöhnliche Weise zu tun, aber es fordert euch und verlangt viel von euch. Es besagt, dass ihr in eurem Leben in der Lage sein müsst, den Unterschied zwischen eurem spirituellen Selbst und eurem menschlichen Selbst zu definieren, und diese Definitionen müssen ganz klar sein. Und in Bezug auf diese Unterscheidung wissen wir schon, was ihr als Menschen tun könnt. Wir wissen noch nicht, was ihr als Geist tun könnt. In der Schule geht es darum, dies zu lernen. Es fordert euch, denn es bedeutet, dass ihr das, was ich euch lehre, jeden Tag in die Tat umsetzen müsst. Es ist in Ordnung, samstags und sonntags auszusetzen. Ihr könnt euch euer Wochenende frei nehmen, oder vielleicht ist es auch gerade das Wochenende, an dem ihr euch dem voll widmet. Wie immer ihr euch entscheidet, es ist in Ordnung.

Und das ist der Punkt, um den es geht. Ihr brauchtet wieviele Jahre, um aufrecht zu gehen und jeden Tag zu atmen und all die Dinge zu tun, die normale Menschen tun? Wie lange werdet ihr brauchen, bis ihr ein Geist seid, der bei vollem Bewusstsein durch Wände gehen, einen vollen Tisch manifestieren und Bilokation vollbringen kann? Braucht ihr nicht genauso viel Disziplin, um täglich aufzustehen, aufzuwachen, damit euer Körper lebendig ist, ihm Essen zu geben, ihn zu waschen, und all die Dinge zu tun, die ihn in einem funktionstüchtigen Zustand erhalten? Denkt ihr denn, der Geist überlebt von allein? Denkt ihr, er wächst einfach auf und wird eines Tages ein großer Geist sein? Er muss entwickelt werden, und wir bilden ihn aus, indem wir uns entschließen, der Geist zu sein. Er braucht seine Nahrung. Der Geist braucht es, dass ihr er seid und euch seiner bedient.

Ihr braucht kein ganzes Leben, um das Bemerkenswerte zu entwickeln. Durch absolute Demut und Bescheidenheit, große Leidenschaft und uneingeschränktes Engagement könntet ihr es innerhalb von sieben Tagen entwickeln. Aber es muss getan werden. Ihr seid also faul. Was soll ich dazu sagen? Ein neuer Himmel und eine neue Erde kommen. Ihr wählt, welcher Seite ihr angehören wollt. Ich bitte euch, dies in aller Aufrichtigkeit und mit absolutem Wissen und Fokus zu tun. Und es dauert nicht lange — eine Stunde vielleicht, ein paar Minuten, was auch immer. Ihr müsst es nur konsequent tun und ihr solltet euren Anker nicht länger im Körper verankern. Ihr solltet euren Anker im Himmel auswerfen und ihn im Geist verankern und sagen: von allen Dingen, die ich im Leben möchte, möchte ich dies hier am meisten. Und dann müsst ihr willens sein, es auch zu sein: erhaben, untadelig, grandios, mit der Fähigkeit, weit über die Grenzen des gewöhnlichen Menschen hinaus zu träumen. Ihr müsst willens sein, euch jeden Tag hinzusetzen, die Hand auszustrecken und vom Himmel einen Gedanken herabzuziehen, bis er heiß wird und ihr ihn in der Hand fühlen könnt. Und wenn das Objekt vor euch auftaucht, irgendwo auf eurem Weg oder in eurem Auto, dann wisst ihr, dass ihr es auch wirklich macht. Und jeden Tag arbeitet ihr daran und ihr arbeitet daran. Und eines Tages könnt ihr alles vollbringen. Das bedeutet es, ein spirituelles Wesen zu sein. Heilt euren Körper, euer Sehvermögen, euer Gehirn, eure Lenden, euer Herz. All das kann auf dieselbe Weise vollbracht werden, wie ich es euch in dieser Woche beigebracht habe. Und wenn ihr es nicht tut, dann habt ihr diese Macht nicht definiert.

Während ich also hier bin, lehre ich euch, was ich kann und weiß. Aber ich vollbringe es nicht für euch, das ist nicht meine Aufgabe. Aber ich bin hier, um euch so sehr zu lieben, dass ich euch mit Rat zur Seite stehe und euch lehre — nicht, um euch zu überschatten, sondern damit ihr die Sterne in eurer eigenen Bahn und die Götter in eurem eigenen Leben sein könnt.

Und eines Tages werde ich nicht mehr hier sein, denn vor 35.000 Jahren wird mein Traum zu Ende gegangen sein. Und ganz gleich, wie weit ihr vorangekommen seid, wisst einfach, dass ihr so viel aufgenommen und getrunken habt, wie ihr wolltet. Ich bitte euch, ganz viel zu trinken. Und ich bitte euch und erbitte von euch, dieses Werk als das Wichtigste in eurem Leben zu betrachten, denn wenn es das ist, werdet ihr ein höchst wunderbares Leben führen. Es wird euer Leben nicht schmälern, es wird es bereichern. Und wenn ihr das einfach tut, dann werdet ihr immer unkomplizierter werden und immer und immer machtvoller. Und dann werde ich euch eines Tages treffen und wir werden uns zusammensetzen und plaudern — ich habe ausgezeichneten Wein — und ihr werdet wissen, was es heißt, ein Gott/Mann und eine Gott/Frau zu sein. Und ihr werdet in hohen Sälen trinken und in allerbester Gesellschaft speisen, und keine Tür wird euch je mehr verschlossen bleiben, weil ihr nicht als Fleisch und Blut gekommen seid, sondern als Geist. So sei es.

Das Werden ist ein Prozess, den man alleine durchmachen muss. Ein Christus zu werden ist ein einsamer Prozess, denn mit wem könnt ihr eure Erfahrungen teilen? Wer weiß Bescheid? Wenn sie Bescheid wüssten, würden sie einfach wissen. Mit wem redet ihr? Mit dem Wind, dem Vater im Innern, Gott dem Vater. Es ist einsam, einsam, einsam. Kein Wunder, dass ihr in Gleichnissen reden müsst. Niemand versteht den Gedanken. Ihr könnt nicht einfach nur sein. Ihr könnt nicht einfach sein, wer ihr seid. Ihr müsst eine Erklärung dafür haben, warum ihr so seid, wie ihr seid. Sagt ihnen, sie sollen zusammenpacken, sie sollen all ihre begrenzten Gedanken über euch zusammenpacken und zur Tür hinausschaffen und einfach nur sein. Das ist göttlich.

Nun zum Super-Bewusstsein. In diesem einsamen Prozess bewegt ihr euch auch auf das ursprüngliche Bewusstsein zu, das als Gedanke bezeichnet wird. Und Gedanke ist das Ist. Und das Ist bringt alle Dinge in verschwenderischer Fülle hervor. Der Sonnenfleck kommt vom Ist. Die Sonnenwinde sind die Folge eines Ist-Flecks auf der Sonne. Die Wettermuster entstehen auf Grund einer Verlagerung der Sonnenwinde, die von dem Ist-Fleck auf der Sonne ausgeht. Könnt ihr mir folgen? Nun ja, unendlicher Mind.

Also, das Super-Bewusstsein wird von dem Gedanken geleitet, mit diesem absoluten Wissen in Verbindung zu sein, und dieses Wissen hat Richtung und Ziel. Es ist das Ist, aus der sich die Ewigkeit entfaltet. Und nebenbei bemerkt: ihr habt begonnen, euch damit zu verbinden. Während euer Drama also zu einem Ende kommt, beginnt für euch das Wassermannzeitalter, das „Ist-Zeitalter“. Es ist der Christus. Es ist die Wiederkehr Christi. Es ist das Erwachen. Es ist Super-Bewusstsein. Es ist die neue Zeit.

Die damit zusammenhängende Metamorphose vollzieht sich auf allen Ebenen — allen. Die Sonne durchläuft eine Metamorphose. Die Erde durchläuft eine Metamorphose. Eure so genannten Galaxien durchlaufen eine Metamorphose. In eurem Sonnensystem werdet ihr einen neuen Planeten finden, der auch eine Metamorphose durchmacht. Alles ist in Bewegung. Es ist buchstäblich überirdisch. Sobald sich euer viertes Siegel durch Liebe öffnet, indem ihr an dem festhaltet, was ihr seid, *werdet* ihr im Fluss dieses Wissens. Und in diesem Wissen seid ihr im Fluss des Lebens. Dann werdet ihr „für immer und ewig“ genannt. Dann ist es absolut.

Dann erkennt ihr, dass das Leben, das Ist, der Gedanke immerwährend ist. Wisst ihr, warum Transzendentale Meditation nicht funktioniert? Weil ihr den Mind Gottes nicht still halten könnt. Es geht nicht. Nie daran gedacht? Wie könnt ihr die Ewigkeit anhalten? Ihr müsst euch in ihrem Tempo bewegen, dann werdet ihr denken, dass sie still steht. Richtig? Richtig? Dann seid ihr im Super-Mind. Dann gibt es keine Zeit, wenn ihr im gleichen Tempo wie der Mind Gottes seid. Es gibt keine Entfernung. Es gibt kein Maß. Es gibt nur das Ist, und das ist der ewige Himmel, der Himmel, der für immer in alle Ewigkeit ist. Es ist Alpha und Omega, der Anfang und das Ende. Es kristallisiert sich als das Absolute heraus. Alpha und Omega sind gesellschaftliches Bewusstsein. Das Ist ist das Jenseitige.

Nun Meister, ich habe das gesellschaftliche Verständnis, dem ihr angehört, herausgefordert. Und ich habe darüber die Aufmerksamkeit einiger hier verloren, wie ich sehe, denn das, wovon ich rede, passt nicht in eure gesellschaftlichen Aktivitäten. Lasst euch von mir nicht abhalten.

Und dann sind da noch andere, für die der Schmerz der Erinnerung zu groß ist. Erinnert euch nicht. Der Schlüssel zum Verständnis steckt auf eurer Türseite. Ich bin ein Bruder, der euch liebt, und der euch mit einer unerschütterlichen und unbeirrbaren Lehre sagt, wie es ist, ganz gleich wie ihr darüber denkt, denn ich liebe euch. In der Tat arrogant, aber in der Tat für immer.

WIR LEBEN IN EINER TRAUMLANDSCHAFT

Nun, das Folgende möchte ich euch sagen: Habt ihr euch je einen Spielfilm angesehen und wart so in das so genannte Drama des Filmgeschehens vertieft, dass ihr euch plötzlich nicht mehr bewusst wart, wer ihr seid? Habt ihr das je getan? Und dann, wenn ihr plötzlich das Kino verlasst und wieder auf euren eigenen zwei Beinen steht, dann könnt ihr darüber nachdenken. Aber als ihr im Film wart, wurdet ihr tatsächlich ein Teil davon. Daran erkennt man eine erfolgreiche Illusion. Versteht ihr?

Ich möchte, dass ihr Folgendes versteht: die so genannte größte Illusion ist, dass ihr niemand seid. Die größte Illusion ist in der Tat, dass ihr nur das Produkt eurer chemischen Zusammensetzung, eurer Gene seid. Aber wenn ihr in euch je erwachen würdet, wärt ihr der Traummacher, der Schöpfer der Traumlandschaft mit der Fähigkeit, ferne Pavillons und ungeahnte Verzückungen und in der Tat ungeahnte Wahrheitsebenen zu erschaffen. Dies ist hier schon geschehen — im Gegensatz zu dem betäubten Bewusstsein, dass am selben Ort, wie es so heißt, festzusitzen scheint.

Kein Wunder, dass jeder Meister, der je von hier kam, in seinem Text schrieb: Ich kam von einer Ebene der Täuschung, die Illusionen anbetet. Ich kam von einem Ort, an dem diese Droge so narzisstisch verabreicht wurde, dass keiner je glauben würde, dass wir — die wir den Göttern angehören, die jenseits dieser Welt, dieser Träne der Verwunderung leben — dass wir, wenn wir dieses mit flüssiger Einrichtung ausgestattete Leben leben, von dem Glauben bestürmt werden, dass dies das einzige ist, was es je gab. Außer dass der Traum schon immer von diesen störenden kleinen Schönheitsfehlern unterbrochen wurde — Wahrheit, die zu den Bewohnern der Träne sagte: „Wusstest du schon, dass du nur die Emotion eines inszenierten Seinszustandes bist?“ Und wer dies hörte, folgte sich selbst aus der Träne heraus und konnte von dort das ganze Drama sehen.

Ich sage euch heute Abend, dass ihr nichts Drastisches in eurem Leben tun müsst. Ihr müsst in eurem Leben nur soweit kommen, dass ihr jeden Tag eurer Programmierung zuhört. Und wenn ihr dies als der Beobachter tut und die Herrschaft über das Programm erlangt, dann könnt ihr euch wieder jenen von uns anschließen, die weise genug waren, diesen Ort zu verlassen und jenen, die diesem Ort nie angehörten. Und dann sehen wir uns die als bissig bezeichneten Seelen der Menschheit an und wir sagen: „Mein Gott, kennen sie denn die Wahrheit nicht?"

Und was ist die Wahrheit? Nun ja, sie sind wie unter Drogen. Sie sind von ihren Emotionen und ihren Ängsten betäubt, so verharren sie im Status Quo. Nun, die Wesen, die das vermuteten und daraufhin anders lebten, die ihre Stunde der Befreiung verdienten, die ihrer würdig waren, kannten immer die Wahrheit und gingen immer über den Status Quo hinaus. Ihr versteht einfach nicht, dass ihr ein Spielzeug seid — eine Spielfigur, die im Reich der Spielzeuge lebt.[11] Ihr versteht nicht, dass ihr, wenn ihr dem Reich einmal entkommen seid, die Manipulation sehen könnt, die hier vor sich geht. Dann versteht ihr, was große Götter, die einst in anderen Dimensionen Herrscher ganzer Domänen waren, hier festhält. Grandios waren sie, und sie ritten los, genau wie die Ritter der Kreuzzüge und der großen Kriege — die alles zurückließen, und unter dem Banner des Kreuzes losgaloppierten, das Unredliche recht zu machen. Ihr habt euch aufgemacht, das Unbekannte bekannt zu machen und seid nie mehr zurückgekommen.

Ist es euch je in den Sinn gekommen, dass ihr irgendwo anders Familie, Geliebte und Freunde habt? Ich nehme an, das ist euch nie eingefallen, weil ihr so vollständig in euren Beziehungen hier und in diesem Traum aufgeht. Aber habt ihr je daran gedacht, dass vielleicht, als ihr in den großen blauen Vorhang hineingingt und hier herunter kamt, ihr womöglich jemanden zurückgelassen habt? Nun ja, könnte es möglich sein, dass ihr Familien habt, die einer höheren Ordnung angehören und die auf eure Rückkehr warten?

Ich wusste das. Als ich dies zum ersten Mal erlebte, fiel es mir schwer, ihnen nicht zu folgen. Manchmal, im Fleisch, ist unser Partner, für den wir meinen, bestimmt zu sein, nicht der, für den wir wirklich bestimmt sind. Manchmal wachen wir mitten in der Nacht schweißgebadet auf, weil wir fast zu Hause angekommen wären, dort, wo unsere Seele hingehört und wo jemand auf uns wartet, jemand, der das Feuer des Lebens für uns in Gang hält oder in dessen Fenster eine Kerze für uns brennt, jemand, der weiß, dass wir hier unten sind und uns verlaufen haben. Und sie warten auf uns.

Ich wusste das. Aber wie könnte ich meine Kinder ignorieren? Und nachdem ich dies erfahren hatte — eine weitere Geschichte, die ich auf

---

[11] Dieses Bild erinnert an die Handlung in Disneys Kinderfilm „Toy Story", in dem eine der Spielfiguren, Buzz Lightyear, unbewusst war und sich weigerte, daran zu glauben, dass er eine Spielfigur und nicht ein echter intergalaktischer Held war.

dieser Ebene noch nicht erzählt habe — wie könnte ich meine Herkunft, mein Zuhause ignorieren? Die meisten hier haben Verwandte auf einer anderen Ebene. Sie haben schon immer auf euch gewartet, euch immer geliebt und ein Licht für euch ins Fenster gestellt. Sie warten auf eure Rückkehr von den Kriegen des Bekanntmachens des Unbekannten. Und wenn wir zerlumpt, abgerissen und angeschlagen zurückkehren, mit unserer Armee, die nicht mehr ganz das ist, was sie zu Beginn der Reise war, werden wir bei unserer Rückkehr immer gefeiert.

Gott weiß, dass dies hier nur eine Illusion ist, und dass wir — wir, denen die ultimative Macht verliehen wurde, Energie in eine Wirklichkeit zu verdichten, die unseren allergrößten Totenbeschwörer enthält — dass wir, von den Eigenschaften unserer Emotionen verführt, zu Sklaven von Prinzipien werden sollten, wobei wir uns — obwohl wir glücklich waren und diesmal gewonnen hatten — doch nur zweifelnd fragen würden, auf wessen Kosten der Scherz denn eigentlich gehe, und dass wir hier der Übeltäter sind. Aber diese Stimmen wollten wir nicht hören. Und wir legten sie schlafen und wir glätteten die Sorgenfalten auf unserer Stirn mit parfümierten Taschentüchern und Cremes, die nach Rosen und Jasmin dufteten. Und dann fuhren wir mit unserem Drama fort. Und da war immer diese Stimme von irgendwoher, die uns rief und sagte: „Warum kommst du nicht nach Hause? Das ist alles nur ein Traum.“ Und dann sagen wir uns: „Nein, du bist nur ein Traum. Dies hier ist real. Ich kann es schmecken. Ich kann es riechen. Ich kann es fühlen. Ich kann es ejakulieren. Es kann mich in Ekstase versetzen. Ich kann es umarmen. Ich kann es erobern. Es muss einfach wirklich sein.“ Und die Stimme sagt zu dir: „Das ist es nicht, mein Liebster. Es ist ein Traum und du träumst ihn.“

Und wie oft haben wir den Traum begraben? Sehr oft. In Wirklichkeit sind wir Fremde in einem fremden Land. Wir sind die Traummacher in einer Traumlandschaft. Und wir hauchten jedem, der entweder an unserer Revolution oder letztendlich an unserer Gefangennahme beteiligt war, das Leben ein. Und das können wir wirklich, mit unserem Mind. Wusstet ihr, wie einfach das ist? Wusstet ihr schon, dass wir morgen früh in unserem Mind all die Kriegsherren in unserem Leben ausschalten können und dass wir in der Tat sogar jeglichen Kriegsrat abschaffen können? Wir können sie eliminieren. Wusstet ihr schon, dass wir dies mit einem einzigen mentalen Streich machen können?

Und wisst ihr, was wir morgen früh noch tun können? Mit einem Streich können wir, die wir weise sind, sagen: „Wusstest du schon, dass ich all diese Menschen in meinem Leben habe, damit sie mich schlafend halten, da ich Angst habe, aufzuwachen?“ Und wusstest ihr, dass wir sie mit einem Streich eliminieren können? Und wisst ihr, was uns wirklich Angst macht? Dass wir tief, unter all unseren Lügen — die wir für die Wahrheit halten — wissen, dass wir nicht wirklich so fühlen. Mit anderen Worten, wir haben

Angst, auf etwas, das aus dem tiefen Brunnen zu uns spricht, zu hören. Unsere Großeltern sagten immer zu uns: „Schau nicht in den Brunnen hinein und spiele nicht am Brunnen, denn der Teufel lebt, wo die Wasser enden." Aber vielleicht repräsentiert der Teufel, der dort lebt, ja einen tiefen Quell in unserem Geist.

Wusstet ihr schon, dass ein Erwachen aus diesem Traum möglich ist? Und all die Menschen, die für uns eine solch wichtige Rolle spielten, wusstet ihr schon, dass sie vielleicht nur Komparsen waren? Wie sagen wir ihnen das bloß? Wir können es ihnen nicht sagen, denn zuerst müssen wir es uns selbst eingestehen. Und vielleicht sind wir ja wirklich Götter, denn besagen die Lehren nicht, dass wir genau das sind: Götter, die in das Fleisch ihrer Erbanlagen gefallen sind und nun die von ihnen zugeschriebene Rolle spielen. Und vielleicht ist jede Rolle, an die wir uns mit aller Kraft klammern, mit ihren Verboten ja wirklich eine von uns selbst geschaffene Rolle.

Wir schufen etwas, um uns mit Ketten und Fesseln an eine unerbittliche Steinmauer zu binden. Wir kämpfen darum, uns zu befreien, das Herz des tapferen Dieners aus den Banden der Knechtschaft zu befreien. Wisst ihr denn nicht, dass wir selbst uns die Ketten angelegt haben, damit wir uns in unserem Traum irgendwie in einem Selbsterschaffenen geistigen Raum ein Fluchtszenario ausmalen können, so dass wir letztendlich immer der Held sein werden? Einigen unter uns gelingt es nie sich zu befreien, denn die Ketten sind so wirklich, der Schmerz ist so intensiv, und die Bedrängnis so groß, und all das zu erdulden ist solch eine Qual, dass wir uns sagen: „Ich kann einfach nicht glauben, dass dies ein Traum ist. Nun, ich hatte noch nie einen Traum, der sich so echt anfühlte wie dieser. Das kann einfach kein Traum sein."

Was stimmt denn nun? Nun gut, in der Vergangenheit konnten sich immer die Meister von ihren Ketten befreien, die verstanden, dass sie sich die Ketten buchstäblich selbst angelegt hatten. Sobald es nicht mehr die Ketten von Rom oder Griechenland oder Mesopotamien und wie sie alle heißen waren, als sie erkannten, dass nicht diese ihnen die Ketten angelegt hatten, sondern sie sich selbst — in dem Moment, als sie dies erkannten, fielen die Ketten von ihren Handgelenken und Knöcheln ab, denn sie selbst hatten sie dort befestigt. Ein Meister besitzt nicht irgendeine magische Zauberkraft, die echten Wolframstahl zum Nachgeben bringt. Die Ketten werden nur dann nachgeben, wenn der Meister weiß, dass er selbst sie angelegt hat. Daraus könnt ihr alle lernen.

Also geht es nicht darum, wer in unserem Leben ist — sei es eine Person oder ganze Nationen — wir selbst haben sie dort platziert. Sie sind Teil der Requisiten für die Inszenierung. Sie ärgern uns irgendwie dermaßen, dass wir wachsen und Entscheidungen treffen, die über das homogenisierte Gefühl unserer eigenen Illusionen hinausgehen. Wir bringen sie dazu, dass sie uns zu Entscheidungen zwingen. Und manchmal hören wir es nicht in der Poesie, und manchmal hören wir es nicht in einem Lied und manchmal hören wir es selbst in der höchsten Krönung unserer Sprachgewandtheit nicht, egal wieviel Hermelin wir tragen.

Und vielleicht ist echtes Leiden nötig, damit wir es endlich hören. Wir müssen in den Turm oder den Kerker geworfen werden, wo alles uns festhält. Unsere Seiten sind zerstochen, unser Rücken von der neunschwänzigen Katze durchgepeitscht und wir sind mit stählernen Ketten an die Wand gefesselt. Und da liegen wir, urinieren und entleeren uns in unseren Speichel hinein. Und unser Haar, dessen Farbe einst so herrlich in der Sonne und im Mondlicht schimmerte, ist jetzt vom Schweiß unserer Stirn schmutzig und feucht geworden und klebt unangenehm an unserem Rücken fest. Und da sitzen wir und leiden. Und kann ich wirklich zu solch einem Menschen sagen, „Wusstest du eigentlich, dass du selbst hier der einzige Mitspieler in diesem Spiel bist? Du selbst hast dich in diese Lage gebracht, du hast die Spieler dieses ganzen Dramas manipuliert. Nur du kannst sie von ihrer Rolle befreien."

Jeder Meister hat das getan — Apollonius von Tyana eingeschlossen. Er tat es vor Ciceros Gericht, vor den Augen des Senats und den Augen Cäsars. Er ließ vor dem gesamten römischen Senat seine Ketten abfallen und verschwand. So wurde es in den Aufzeichnungen des Gerichts festgehalten. Sie wussten nicht, was mit ihm geschah. Er erkannte, dass er die gesamte Illusion erschaffen hatte. Es war ein Traum. Und wenn er ihn erschaffen hatte, dann war auch er es, der die Ketten entfernen konnte. Darum ist er ein Christus.[12]

Ihr leidet noch immer und suhlt euch in eurem schlammigen Morast, über den ihr euch wundert. Und anstatt die Situation zu meistern, haltet ihr es für euer Vorrecht. Ich will nicht, dass ihr sie für euer Vorrecht haltet. Ich bin hier, um euch zu sagen, wenn ihr Gott seid, könnt ihr nicht an eine Wand gekettet sein. Gut, ihr könnt sagen: „Oh Vater, oh Vater, ich habe all dies um der Herrlichkeit dieses Augenblicks willen begangen und daher bin ich für immer und ewig von meinen Ketten befreit." So befreit ihr euch von

---

[12] Siehe die Biographie des Apollonius, die von Philostratus im Jahr 210 im Auftrag der Julia Domna, der Gemahlin des Kaisers Septimius Severus, verfasst wurde: „Wenn Ihr mir, mit Verlaub, die Gelegenheit gewähren würdet, mich zu äußern. Aber wenn nicht, dann sendet jemanden, meinen Körper zu holen, denn meine Seele könnt Ihr nicht fassen. Nein, nicht einmal meinen Körper könnt Ihr haben, 'denn ihr sollt mich nicht erschlagen, denn ich sage euch, ich bin nicht sterblich.'"

„Und mit diesen Worten verschwand er aus dem Gericht — das Beste, was er unter diesen Umständen tun konnte. Denn der Kaiser hatte offensichtlich nicht die Absicht, ihn wirklich über den Fall zu befragen, sondern über unwichtige Dinge aller Arten."

Philostratus, *Life of Apollonius of Tyana,* übersetzt von F.C. Conybeare, Band 2 (Cambridge: Harvard University Press, 1950), S.283.

ihnen. Und was geschieht dann, wenn ihr frei von ihnen seid? Wir können nach Hause eilen zu jenen, die Kerzen für uns im Fenster haben, die uns aus der Ferne lieben, die uns aus der Ferne über alles lieben. Oder wir können zu denen eilen, die dasselbe Spiel noch immer spielen und sie aus ihrer Folter erretten. Aber wir sind frei. Wir können wieder erwachen und dann müssen wir nicht mehr sterben und wiedergeboren werden. Das ist die Herrlichkeit, die das Wissen darüber, wer und was du bist, mit sich bringt.

Was ist mit „Gott“ gemeint?

Kommentar zu Kapitel 2
Das Schöpfungsepos

Auswirkungen und Wert der Kosmologie Ramthas

Ramthas Geschichte der Schöpfung findet ihre Parallele in anderen Kosmologien und religiösen Traditionen, ergänzt diese aber um Informationen, die für seine Weltsicht bedeutsam sind und die Licht auf ältere Traditionen werfen, um diese einer neuen Deutung zuzuführen. Wir werden versuchen, einige der Hauptmerkmale dieser Traditionen im Vergleich zu Ramthas Sichtweise darzustellen. Eine solche kurze Abhandlung und Gegenüberstellung führt uns dazu, die Relevanz und Bedeutung von Ramthas Botschaft wertzuschätzen.

Wenn wir nach dem Ursprung des Lebens und des Universums forschen, sehen wir uns unweigerlich mit einem Konzept von Gott konfrontiert: etwas, das größer ist als wir, muss für die Kompliziertheit und Intelligenz des Lebens verantwortlich sein. Warum ist es für uns wichtig, über die Vorstellung von Gott und die verschiedenen vorhandenen Deutungen zu diskutieren? Inwiefern berührt uns dies persönlich? Welche Relevanz hat es für unser tägliches Leben? Was sagt es uns darüber, wer wir sind?

In ihrem Versuch, die Bedeutung der eigenen Existenz zu erklären und Antworten zu finden, hat die Menschheit im Laufe ihrer Geschichte verschiedene Gottesvorstellungen in Erwägung gezogen. Sie suchte nach etwas außerhalb ihrer selbst, nach etwas, das jenseits ihrer Bedeutung, ihrer Hoffnungen und Ideale lag, welche sie in ihrem Selbstwerdungsprozess gefunden hatte. Philosophen spekulierten über einen gänzlich anders gearteten, transzendenten Gott, der die Antworten auf alle Mysterien hatte. Propheten empfingen angeblich Visionen und göttliche Offenbarungen von Gott selbst, welche ihnen in ihrer Verwirrung und auf ihrer Suche nach Größe als Führung dienten. Die Vorstellung von Gott spielte durchwegs eine grundlegend wichtige Rolle bei der Entwicklung der menschlichen Zivilisation, aber auch derjenigen Kulturen, die ihre Gesellschaftsform auf atheistische Ideale gründeten, wie etwa die von Karl Marx, welcher Religion und den Glauben an Gott für „Opium für das Volk" und die Quelle des Leidens hielt.

Zahllose Traditionen bieten verschiedene Ansätze und Vorstellungen von Gott und göttlicher Transzendenz an, aber in all diesen Anschauungen sind ausnahmslos auch Paradoxa und Widersprüchlichkeiten enthalten, die ungelöst bleiben. Einzelne Traditionen lassen solche Widersprüchlichkeiten zu, um die Menschen dazu zu bringen, ihre Vernunft zu Gunsten einer bestimmten Glaubenshaltung aufzugeben, wie dies bei einigen Formen des Christentums der Fall ist.

Im Kern der von Ramtha vermittelten Botschaft steht ein sehr detailliertes und zusammenhängendes Verständnis der Beschaffenheit der Wirklichkeit und der Bedeutung unserer Existenz. Auch wenn Ramthas Botschaft missverstanden und mit einer göttlichen Offenbarung verwechselt werden könnte, die eine blind zustimmende Glaubenshaltung erfordert, ist doch klar, dass er ein Angehöriger der menschlichen Rasse ist, dessen Natur sich von der unseren in nichts unterscheidet, und dass er sein Wissen durch die Macht der Beobachtung und Kontemplation über die Welt der Natur erwarb, ohne der Hilfe eines äußeren Lehrers oder einer äußeren Quelle zu bedürfen. Dies ist ein sehr wichtiger Punkt von enormer Tragweite, was die Fähigkeit des Menschen anbelangt, durch Beobachtung, durch den Gebrauch des Verstandes und die Beziehung zwischen dem erschaffenen Universum und seiner höchsten Quelle Wissen zu erlangen.

Sind Rationalität und freier Wille Wirklichkeit oder reine Illusion?

Ist der Verstand in der Lage, von etwas zu wissen, das jenseits der Grenzen der materiellen Welt liegt? Und, wenn dem so ist, wie kann er etwas wissen, was er selbst nicht ist? Ist freier Wille Wirklichkeit oder Illusion? Warum leiden Unschuldige? Werden unser Schicksal und die Qualität unseres Lebens durch die Gegebenheiten unserer Umwelt und durch unsere Biologie bestimmt? Wenn wir postulieren, dass Gott eine Wirklichkeit außerhalb unserer selbst ist, der über seiner Schöpfung steht, dann stellt das die Wissensfähigkeit des Verstandes in Frage. Wenn wir andererseits postulieren, dass wir selbst Gott sind, dann stellt das den freien Willen, die moralische Unterscheidungsfähigkeit zwischen richtig und falsch und die Bedeutsamkeit der Existenz in Frage. Verstand und freier Wille scheinen die Grundelemente zu sein, die bei der paradoxen Frage nach Gott und dem Ursprung des Universums eine Rolle spielen.

Interessanterweise hat jede Aussage, die wir über das Göttliche treffen, enorme Auswirkungen auf unser Verständnis und unsere Definition der Natur des Menschen selbst. Unser Konzept von Gott und dem Göttlichen ist untrennbar mit unserem Konzept des Selbst verknüpft. Da der Mensch das Subjekt ist, das über Gott spricht, wird sich unweigerlich alles, was er über die Mysterien zu sagen hat, manifestieren und so die Wahrnehmung und das Verständnis des Subjekts über sich selbst enthüllen. Auch wenn die Gottheit ihrer Schöpfung göttliche Offenbarungen zukommen lässt, erfolgt die Wahrnehmung und Deutung derselben zwangsläufig durch den Empfänger. Nehmen wir das Christentum als Beispiel: Wenn es einen einzigen Gott gibt, der sich der Menschheit durch Jesus Christus offenbart, wie kann es dann so viele Deutungen ein und derselben Botschaft geben, die zur Schaffung so vieler, im Widerstreit liegender Kirchen und Glaubensbekenntnisse geführt haben? Die Botschaft wird durch die menschliche Wahrnehmung gefiltert. Zudem spricht die Botschaft in ihrer Relevanz gerade auch die menschliche Wahrnehmung an, weil sie das menschliche Element ebenso betrifft wie das Göttliche.

Aus geschichtlicher Sicht entzündeten sich sowohl der amerikanische Unabhängigkeitskrieg als auch die Französische Revolution an einem klaren Ideenkonzept, das zur jeweiligen Zeit auftauchte und für alle Menschen gleichermaßen Freiheit, Gleichheit und Brüderlichkeit forderte und beanspruchte — „*Liberté, égalité, et fraternité!*" Diese Ideen revolutionierten die Art und Weise, wie der Mensch sich selbst definierte.[1] Die Menschen wurden zu freien Bürgern und waren nicht länger Untertanen von Höherrangigen oder einer von Gott eingesetzten Krone. In der Folge erblühten Wissenschaft und Technik mit dem Aufkommen der industriellen Revolution. Es kam zu einem Gewahrsein von Freiheit und Gleichheit, das durch die ganze Welt wogte. Eine der größten Errungenschaften dieser Bewegung war die *Bill of Rights [Grundrechtserklärung]*,[2] die in der Verfassung der Vereinigten Staaten ihren Niederschlag fand und das angeborene Recht eines jeden Menschen auf Freiheit und sein Recht auf Leben verteidigte. Interessanterweise befasst sich der allererste Satz der *Bill of Rights* mit der Freiheit der Religion und des Glaubens. Die Verfassung gehört eindeutig keinem bestimmten religiösen Glauben und keiner bestimmten philosophischen Deutung der Beschaffenheit von Wirklichkeit an. Vielmehr galt das angestammte Recht eines jeden Menschen und seine Fähigkeit, mit Hilfe seines Verstandes die für ihn geeignetste und verlässlichste Quelle des Wissens, der Wahrheit und der Bedeutung zu finden, als das erstrangige und bestimmende menschliche Merkmal, das es zu verteidigen galt. Diese den Menschen definierenden Rechte erlangten am

---

[1] In einem Vortrag über die Französische Revolution, die Steven Kreis in den 90er Jahren für die Florida Atlantic University vorbereitet hatte, sagte er: „Über den Ruinen des *ancien régime* — also der alten Ordnung — erschien eine neue Ära, welche die erhabenen Ideale der Aufklärung zu verwirklichen schien. Diese Ideale waren aufrichtig und durch und durch optimistisch. Der Mensch hatte in seiner Geschichte eine Bühne betreten, die gestaltet war durch seine Emanzipation von Aberglaube, Vorurteil, Grausamkeit und Enthusiasmus. Liberalität hatte über Tyrannei triumphiert. Es wurden neue Institutionen geschaffen, die sich auf Vernunft und Gerechtigkeit gründeten und nicht auf Autorität oder blinden Glauben. Die Freiheit, Liberalität, Gleichheit und Brüderlichkeit versperrenden Schranken wurden niedergerissen. Der Mensch wurde aus zusätzlicher menschlicher Qual befreit und machte nun Geschichte." Professor Steven Kreis lehrt derzeit am Meredith College in Raleigh, NC.

[2] Die am 15. Dezember 1791 ratifizierten ersten zehn Zusatzartikel zur Verfassung bilden die so genannte *Bill of Rights [Grundrechtserklärung]*.

10. Dezember 1948 internationale Bedeutung, als die Generalversammlung der Vereinten Nationen eine *universelle Menschenrechtserklärung* annahm und proklamierte. Der allererste Artikel dieser Erklärung stellt klar: „Alle Menschen sind frei geboren und sind in ihrer Würde und ihren Rechten gleich. Sie sind mit Vernunft und Gewissen begabt und sollten einander im Geiste der Brüderlichkeit behandeln.” In dieser Einleitung klingen eindeutig die Ideen von „Freiheit, Gleichheit und Brüderlichkeit” aus der Französischen Revolution an. Es ist interessant zu beobachten, wie sich die Religionsfreiheit und die Redefreiheit der *Bill of Rights* der Vereinigten Staaten im ersten Artikel der Erklärung der Vereinten Nationen als freier Wille und Vernunftbegabung niederschlagen.

RAMTHAS ALTERNATIVE ZU DEN PARADOXA VON POLYTHEISMUS UND ATHEISMUS

Die philosophischen Ansichten des Aristoteles, die durch die Vermittlung der arabischen Philosophen Avicenna und Averroës im Mittelalter von Thomas von Aquin auch in die christliche Theologie eingebaut wurden, handeln davon, dass die kostbarsten Merkmale, welche die Menschheit als einzigartige Spezies definieren, die menschliche Macht des Verstandes und die Ausübung des freien Willens sind. Wie wir aber schon vorher aufzeigten, werden diese beiden menschlichen Wesensmerkmale unweigerlich durch die verschiedenen Vorstellungen von der Wirklichkeit Gottes konditioniert, als da sind Polytheismus, Monotheismus, Pantheismus, Atheismus, Materialismus und Naturalismus. Der Glaube an einen äußeren Gott als höchster Quelle der gesamten Existenz steht in offenkundigem Gegensatz zu Materialismus und natürlicher Evolution. Ramtha bietet eine alternative Sichtweise zu beiden Extremen.

Ramtha stellt die Grundannahmen all dieser verschiedenen Traditionen in Frage und betont, dass der Kern des Existenzmysteriums in der wahren Natur des Menschen und seines Selbst liegt und nicht in einer mysteriösen, gänzlich unbenennbaren Quelle des Selbst, Gott. Um mit den Worten des Aristoteles zu sprechen, „der Ursprung des Universums und die Grundursache dynamischer Bewegung und Veränderung” — "το οθεν η αρχη της χινησεως" — liegt laut Ramtha nicht bei einer autonomen Gottheit oder Intelligenz, die von uns abgetrennt ist, sondern beim offenkundigen Nicht-Offenkundigen, unserem wahren Selbst.

Ramtha fasst seine Botschaft oft in der Aussage zusammen: „Ihr seid Götter. Ihr seid die vergessenen Götter.” Es muss allerdings klargestellt werden, dass Ramtha die Begriffe Götter oder Gott nicht im Sinne der traditionellen polytheistischen Realitätssicht verwendet und ebenso wenig eine monotheistische oder pantheistische Realitätssicht unterstützen will. Ramthas Lehren sind definitiv nicht atheistisch, denn er verwendet regelmäßig den Begriff Gott als integralen Bestandteil seiner Botschaft. Was bedeutet Gott also und was meint Ramtha mit diesem kontroversen und vielschichtigen Begriff?

Um die Bedeutung der Kosmologie Ramthas zu erfassen, ist es hilfreich, diese mit anderen bedeutenden philosophischen Anschauungen zu vergleichen und sie diesen gegenüberzustellen.[3] Ramthas Sichtweise ist kein Konstrukt oder bloßer Kommentar zu anderen Philosophien und fügt sich nicht in deren Bezugsrahmen ein. Er verwendet zwar eine Menge Begriffe und Konzepte aus anderen Traditionen, verleiht ihnen aber eine neue Deutung, um seine Sichtweise zu erklären. Deshalb ist es wichtig, sich die verschiedenen anderen Konzepte zu vergegenwärtigen, die gemeinhin für die Deutung der Beschaffenheit der Wirklichkeit herangezogen werden. Wir wollen uns daher kurz mit den wichtigsten Folgerungen anderer Philosophien und ihren Definitionen des Selbst auseinandersetzen.

Polytheismus

Aus polytheistischer Sicht wurde das Universum mit all seinen Aspekten von mehreren Göttern oder Wesenheiten erschaffen oder hervorgebracht, die letztlich über dem geschaffenen Universum stehen. Mit anderen Worten, diese Gruppe von Göttern bleibt vom physischen Universum und seinen Gesetzen unberührt. Diese Unterscheidung ist notwendig, wenn wir sie als Götter bezeichnen sollen, denn sonst würde es sich bloß um eine Art Supermenschen oder höher entwickelte, erschaffene Wesen handeln. Es ist wichtig, sich daran zu erinnern, dass das Konzept von Gott, das wir hier betrachten, sich auf die höchste Quelle aller Existenz bezieht, so wie Aristoteles es definierte, nicht aber auf eine Eigenschaft des Seins innerhalb der bestehenden Wirklichkeit.

Der Begriff Gott wird oftmals verwendet, um über die Götter zu sprechen, die Technologien und Kultur auf die Erde brachten, wie Toth in Ägypten, Quetzalcoatl in Mesoamerika, Ninharsag und Enki im Nahen Osten, Zeus und Apollo in Griechenland oder die in der Bibel im Buch Genesis erwähnten Elohim-Götter: „Als aber die Menschen sich zu mehren begannen auf Erden und ihnen Töchter geboren wurden, da sahen die

---

[3] Eine vollständige und in die Tiefe gehende Vergleichsstudie zwischen den Lehren Ramthas, verschiedenen Philosophien und den Hauptreligionen der Welt findet sich in dem in Kürze erscheinenden Buch von Miceal Ledwith *The Ascent to God: The Soul's Journey Within.*

Gottessöhne — die Söhne der Elohim — wie schön die Töchter der Menschen waren, und nahmen sich zu Frauen, welche sie wollten."[4] „Zu der Zeit und auch später noch, als die Gottessöhne zu den Töchtern der Menschen eingingen und sie ihnen Kinder gebaren, wurden daraus die Riesen auf Erden. Das sind die Helden der Vorzeit, die hochberühmten."[5] Der Begriff Gott bezieht sich in diesem Fall offenkundig nicht auf die höchste Quelle der Existenz, denn man muss sich die Frage stellen, wo diese so genannten Götter ihrerseits herkamen? Wer gab ihnen Leben und Intelligenz? Wer hält ihre Existenz aufrecht?

Viele östliche Religionen wie der Hinduismus oder die alten Kulturen von Ägypten, Griechenland oder Rom bezogen ihr Glaubenssystem auf einen umfangreichen und komplexen Pantheon von Göttern. Das Schicksal des Menschen ist in die Hände der Götter gegeben und ihrem guten Willen anheim gestellt. Das Erlangen von Tugend, Weisheit und Lebensglück hängt letztlich davon ab, dass man den Gottheiten wohlgefällig ist, ihnen dient, ihre Gunst und Gnade erwirbt und durch sie Erlösung erfährt.

Der ewige Konflikt zwischen zwei antagonistischen, autonomen, ursprünglichen Quellen, der Konflikt zwischen Gut und Böse oder Licht und Dunkelheit, über welche die erschaffene Welt keine Kontrolle hat, stellt eine andere Form des Polytheismus dar, die als Dualismus bekannt ist. Im Zoroastrismus, einer Glaubensrichtung, die 1.600 Jahre lang sehr bedeutend war, wird die Wirklichkeit durch den Konflikt zwischen Ormazd und Ahriman erklärt, in der Philosophie Platos ist es der Konflikt zwischen Chaos und Ordnung, zwischen dem was bereits ist und nicht mehr im Werden begriffen ist und dem was wird, aber niemals ist. Im Manichäismus und in den gnostischen Traditionen der christlichen Ära wird ein Konflikt zwischen Licht und Dunkelheit, Wissen und Unwissenheit, Vernunft und göttlicher Offenbarung gesehen.

Zusammenfassend kann man sagen, dass die Grundaussage über das Selbst, wie sie nach der polytheistischen Anschauung über die Beschaffenheit der Wirklichkeit getroffen wird, darin besteht, dass der Mensch seine Existenz und Bedeutung einer äußeren Quelle verdankt, die gänzlich anders ist als er, die über ihm steht und gegen die er machtlos ist. Mit anderen Worten, Gott steht außerhalb des Menschen und außerhalb der Reichweite des menschlichen Verstandes.

Im vierten Jahrhundert v. Chr. sprach der griechische Philosoph Epikur in seiner Deutung des Universums von mehr als einer ursprünglichen Quelle

---

[4] Es ist bemerkenswert, dass der Satzteil im Buch Genesis 6:2 lautet, „und nahmen sich zu Frauen, welche sie wollten," was buchstäblich und nach biblischen Begriffen bedeutet, dass sie die Frauen sexuell nahmen und mit ihnen Geschlechtsverkehr hatten, dass sie sie aber nicht nahmen, um mit ihnen einen Ehevertrag zu schließen, wie wir es heute verstehen.

[5] Buch Genesis 6:4.

der Existenz, betonte aber, dass die Gottheiten nicht an menschlichen Angelegenheiten interessiert wären und sich nicht mit diesen befassen würden. Menschliche Wesen hätten also von ihnen weder Gunst noch Strafe zu erwarten. Die Philosophie des Epikur setzte auf Empirismus, welcher besagt, dass die Quelle allen Wissens in der menschlichen Erfahrung liegt und es keiner göttlichen Offenbarung bedarf. Sie stützte sich auch auf den Hedonismus, welcher das Vergnügen als das höhere Gute betrachtet. Die Lehre des Epikur blieb bis ins fünfte Jahrhundert ein einflussreicher Faktor im kulturellen Leben von Griechenland und Rom und bezog auch die Arbeiten des Cicero mit ein. Durch die Schriften des Lorenzo Valla und der großen Humanisten Erasmus and Thomas More tauchte Epikurs Betonung des Empirismus in der Renaissance des sechzehnten Jahrhunderts wieder auf, erhielt aber einen monotheistischen „Dreh".

Empirismus verteidigt die Fähigkeit des menschlichen Verstandes, durch Erfahrung Wissen zu gewinnen. Diese Denkrichtung vermag aber nicht die Lücke zwischen der materiellen und der übernatürlichen Welt zu überbrücken, weil sie beobachtbare Erfahrung ausschließlich auf das Reich der Materie beschränkt. Empirismus kann nur Wissen über die aus der Natur Gottes resultierenden Auswirkungen vermitteln. Empirismus neigt dazu, das Selbst in Begriffen des physischen Körpers und seiner Biologie zu definieren und belässt damit das Übernatürliche außerhalb der Reichweite der Beobachtung. Charles Darwins Theorie der natürlichen Evolution und Sigmund Freuds Psychoanalyse und seine Definition der Psyche[6] liefern Beispiele für diese Weltsicht.

Monotheismus

Die monotheistische Weltsicht geht von einer ontologischen Trennung des Universums von seiner Quelle oder seinem Schöpfergott aus. Die jüdisch-christliche Tradition bietet das beste Beispiel für diese Auffassung und nimmt auf komplexe Weise zu den Auswirkungen dieses Glaubens Stellung.

Da das Universum ein Werk Gottes ist, trägt es in gewisser Weise ein Wissen um seinen Schöpfer in sich. Der Verstand allein reicht aber nicht aus, um Gottes Natur zu erkennen. In *Summa Theologica*[7] lehrte Thomas

[6] Sigmund Freuds Definition der Psyche umfasst das Bewusstsein und das Unterbewusstsein. Seine These, die besagt, dass jeder unbewusste Inhalt einmal bewusst war und durch bewusste Erfahrung Eingang in die Psyche fand, weist ihn als Anhänger des Empirismus aus.

[7] Thomas von Aquin, *Summa Theologiae*, Ia. 1,7; Ia. 2, 2-3; Ia. 12.

von Aquin, man könne sagen, *dass* Gott ist, aber nicht *was* Gott ist. Wir können die Existenz Gottes bestätigen, aber seine Natur nicht begreifen.

Von Gott zu wissen setzt also voraus, dass Gott selbst den wohlwollenden Wunsch verspürt, sich seinen Geschöpfen zu offenbaren. Da der Verstand das Reich des Göttlichen nicht erkunden kann, bedarf es einer blinden Glaubensgefolgschaft, welche als großes Geschenk und als Tugend betrachtet wird. Die klassische Definition von Theologie findet sich in den Worten des heiligen Anselm, eines mittelalterlichen Philosophen: „*Fides quaerens intellectum*" — „Glaube auf der Suche nach Verständnis." In dieser Definition klingt eindeutig eine viel frühere Aussage des heiligen Augustinus an: „*Credo ut intelligam*" — „Ich glaube, damit ich verstehen möge." Die christliche Theologie bemüht sich sehr darum, den Vorrang des Glaubens nicht so sehr zu betonen, dass dadurch die Fähigkeit des Verstandes, Wissen zu erlangen, vollständig negiert würde. Die unumstößliche Trennung zwischen Gott und seiner Schöpfung, zwischen Gott und Mensch, ist dafür verantwortlich, dass der Erwerb von Wissen durch Glauben gegenüber dem Erwerb durch die Vernunft Vorrang gegeben wird. In seiner Philosophie folgte der heilige Anselm den Konzepten des Augustinus, die ihrerseits von Platos Unterscheidung zwischen dem unsichtbaren, unveränderlichen Reich der Ideen und den in steter Veränderung begriffenen Schatten des sichtbaren Reichs inspiriert waren. Der Verstand und damit auch die menschliche Natur werden nach dieser Weltsicht in der physischen Welt angesiedelt und auf diese beschränkt.

Die Tatsache, dass Gott beschloss, das Universum zu erschaffen und ihm Leben zu geben, impliziert, dass Gott wohlmeinend und gut ist. Die christliche Vorstellung von Gottes Wohlwollen gegenüber seiner Schöpfung wird als Gnade bezeichnet. Athanasius, einer der Väter des Konzils von Nicäa im vierten Jahrhundert bezeichnete die Gnade als ein zweites Geschenk, neben dem Geschenk der Existenz und der Schöpfung selbst. Das zweite Geschenk wird als Entwicklung und Erfüllung der Schöpfung betrachtet, die sich allerdings nicht in Begriffen von Charles Darwins natürlicher, von einer göttlichen Intervention unabhängiger Evolution vollzieht. Ungeachtet des offenkundigen göttlichen Wohlwollens existieren das Böse und das Leid in der Welt, welche dieses Wohlwollen wieder in Frage stellen.

Monotheismus greift nicht auf eine antagonistische, vorexistente, autonome Wirklichkeit zurück, welche die Existenz des Bösen erklären könnte, wie dies beim Dualismus der Fall ist. Es gibt nur einen Gott, aus dem alle Existenz entspringt, nicht einen Gott unter vielen, wie bei Epikur. Wenn es nur einen einzigen Gott gibt, der für die Schöpfung verantwortlich ist und wir behaupten, dass dieser Gott seiner Schöpfung wohlgesonnen ist, wem können wir dann die Schuld für die Existenz des Bösen und des Leidens der Unschuldigen geben? Man führte dazu das Konzept der Sünde und insbesondere das Konzept der Erbsünde ein, die durch unsere natürliche Abstammung von Adam und Eva weitergegeben wurde, wie der heilige Augustinus es im vierten Jahrhundert lehrte. Die Konzepte von Errettung, Erlösung, ewigem Leben und Glückseligkeit tauchen als Gegenmittel zur Sünde auf, der Quelle des Bösen, des Leidens und des Todes.[8] Es bleibt die Frage: Warum schuf Gott die Schlange im Garten Eden, die Eva in Versuchung führte?

Zusammenfassend kann man sagen, dass die Grundaussage über das Selbst, die wir bei der monotheistischen Auffassung über die Beschaffenheit der Wirklichkeit finden, verblüffende Ähnlichkeit mit dem Polytheismus aufweist. Der Mensch verdankt seine Existenz und seine Bedeutung einer äußeren Quelle, die gänzlich anders ist als er, die über ihm steht und gegen die er machtlos ist. Gott steht noch immer außerhalb des Menschen und außerhalb der Reichweite des Verstandes. Man hat allerdings eine bessere Chance, die Absicht Gottes zu erkennen, wenn es nur eine Quelle der Schöpfung gibt, anstatt einer Vielzahl von widerstreitenden und gleichermaßen mächtigen Interessen wie beim Polytheismus. Dennoch werden die beiden von uns festgestellten Grundeigenschaften der Menschheit, freier Wille und Verstand, bei dieser Weltsicht in Frage gestellt.

Wenn Gott als einzige Quelle für die gesamte Existenz verantwortlich ist, dann muss er alles wissen, was es darüber zu wissen gibt. Wenn es etwas gäbe, das seinem Wissen entgeht, müssten wir uns fragen, woher dieses Etwas kam, wenn nicht von Gott? Die Konzepte von Gottes Allmacht und Allwissenheit folgen dieser Argumentationslinie. Gottes Allmacht und Allwissenheit stellen ein ernstes Problem für den freien Willen des Menschen dar. Wie kann es einen freien Willen geben, wenn Gott bereits weiß, wie der Mensch sich entscheiden wird? Martin Luther erkannte dieses Problem und sprach sich in seiner Abhandlung über die Bindung des Willens, welche er als Antwort auf Erasmus schrieb, gegen den freien Willen aus. Luther behauptete, dass der Wille letztlich von Gott gesteuert wird, auch wenn ein Mensch nach eigenem Willen handelt. So sind

---

[8] Die Vorstellung, dass der Tod mit Sünde zu tun hat, taucht im ganzen Alten Testament, im Buch Genesis und in den Lehrbüchern auf. Im Neuen Testament befasst sich der heilige Paulus ausführlich mit dieser Vorstellung und zeigt den Gegensatz auf zwischen dem von Adam und Eva verursachten gefallenen Zustand der Menschheit und dem Zustand der Gnade und Erlösung, die Jesus Christus bringt: „Deshalb gilt nun: durch einen Menschen ist die Sünde in die Welt gekommen und der Tod durch die Sünde, und so ist der Tod zu allen Menschen gedrungen, weil sie alle gesündigt haben." „Dennoch herrschte der Tod von Adam bis Mose auch über die, die nicht durch die gleiche Übertretung wie Adam gesündigt hatten; Adam aber ist das umgekehrte Bild dessen, der kommen sollte [Jesus]." Brief des heiligen Paulus an die Römer, 5:12,14.

Erlösung und Verdammnis schon vor Ewigkeiten von Gott vorherbestimmt worden. Diese Position führte zum Konzept der göttlichen Vorbestimmung, ähnlich wie wir es beim physischen und rationalen Determinismus des Stoizismus, in Spinozas pantheistischer Philosophie, in dem auf Sigmund Freuds Anschauungen zurückgehenden psychologischen Determinismus und im wissenschaftlichen Materialismus finden.

Aus monotheistischer Realitätssicht haben Freiheit und die Macht des Verstandes ihre Grundlage in einer von außen kommenden Schenkung und bedürfen der Führung durch etwas, das außerhalb der menschlichen Natur selbst liegt. Wie erhaben und informiert diese Eigenschaften auch sein mögen, wenn sie nicht als natürliche Folge dessen, was wir sind, aus der Natur des Menschen selbst entspringen, dann können sie nicht herangezogen werden, um uns selbst zu definieren und die Frage zu beantworten, wer wir sind.

Atheismus und Materialismus

Es ist ziemlich überraschend und interessant, dass die Grundannahmen, auf welchen die monotheistische Auffassung beruht, ins Extrem geführt, ein Chaos existentieller Bedeutungslosigkeit schaffen,[9] welches sich in nichts vom Determinismus des Materialismus oder dem Nihilismus der modernen Existenzialisten und Nihilisten wie Jean Paul Sartre und Friedrich Nietzsche unterscheidet.

Der Rationalismus geht noch einen Schritt weiter als der Empirismus. Er betont die Vernunft als Fähigkeit, allein mit den Mitteln des Verstandes auch über Erfahrung und Beobachtung hinaus Wissen erwerben zu können. Platos dialektischer Prozess von These/Antithese/Synthese ist der Hauptprozess, durch welchen der Verstand in der Lage ist, aus sich heraus Wissen zu erwerben. Durch die Werke von Engels, Karl Marx, Nietzsche und anderen Denkern entwickelte sich der Rationalismus im neunzehnten Jahrhundert zum dialektischen Materialismus weiter, welcher die modernen Humanisten noch einen Schritt weiter als die des sechzehnten Jahrhunderts in atheistische Deutungen der Beschaffenheit der Wirklichkeit führte.

Der Glaube an Gott wurde für diese Denker

inakzeptabel und stand in unmittelbarem Gegensatz zur menschlichen Freiheit und der Macht des Verstandes. Nietzsche betrachtete die Existenz Gottes als das größte Hindernis für menschliche Existenz und Kreativität: „Ich verstehe Atheismus keineswegs als Schlussfolgerung und noch weniger als Ergebnis: für mich ist er eine selbstverständliche Tatsache, aus

---

[9] Fjodor Dostojewsky beschreibt in seinem Buch *Die Brüder Karamasov* die existenziellen Folgen, die eintreten, wenn der Glaube an Gott abgelehnt wird.

dem Instinkt heraus. Ich bin zu wissbegierig, zu neugierig, zu überschwänglich, um für irgendwelche ungeheuerlichen Antworten einzustehen. Gott ist eine ungeheuerliche Geschmacklosigkeit gegenüber uns Denkern — und im Grund nichts als ein grobes Verbot für uns: du sollst nicht denken!"[10]

Nietzsches gänzliche Weigerung, den Verstand zu Gunsten der religiösen Erfahrung und des Glaubens an Gott aufzugeben, steht im Widerspruch zum Mystizismus der spanischen Renaissance. Der christliche Mystizismus der Therese von Ávila, einer anerkannten Kirchenlehrerin, bezog die platonische Trennung von Gott und Schöpfung in die Spiritualität und die Suche nach der Erfahrung des Göttlichen mit ein. Mit anderen Worten, es wird die völlige Aufgabe dessen, was uns als menschliche Wesen ausmacht, gefordert, um das Göttliche zu erfahren. Mit poetischen Worten ruft Therese von Ávila in heiliger Verzückung aus:

„Ich lebe ohne in mir selbst zu leben,
und so hoch steht das Leben, das mich erwartet,
dass ich sterbe, weil ich nicht sterbe."[11]

Dieser Vers zeigt deutlich, dass Gott so transzendent und so abgetrennt von der Menschheit ist, dass das Leben als Gefängnis betrachtet wird, das uns das Glück vorenthält, während der Tod begierig und hoffnungsvoll erwartet wird. Selbstmord gilt im Christentum als Sünde. Wenn ein Mystiker sich selbst das Leben nähme, würde er das Gegenteil des beabsichtigten Effekts erzielen. Nach dieser religiösen Auffassung kann nur Gott allein Leben geben oder nehmen.

[10] Friedrich Nietzsche, *Basic Writings of Nietzsche,* übersetzt von Walter Kaufmann (New York: The Modern Library, 2000), *Ecce Homo,* Seiten 692-693.
[11] Agustí Bartra, *Antología de la Poesía Mística* (México: Editorial Pax México, 1974), Seiten 44-46.

Der Mystizismus der Renaissance

Obwohl der Glaube an Gott das Opfer und die Aufgabe des Verstandes fordert, widerspricht der christliche Mystizismus in seiner Betrachtungsweise der monotheistischen Richtung. Religiöser Mystizismus konzentriert sich auf die Erfahrung des Göttlichen. Diese Erfahrung wird oft als himmlische Vision oder als ein Schauen Gottes von Angesicht zu Angesicht beschrieben, eine unbeschreibliche Erfahrung, für die der Mensch durch Transformation befähigt werden muss. Fleisch und Blut sind außerstande Gott zu sehen, doch es muss etwas in der menschlichen Natur geben, nämlich die Seele, die Gott ähnelt und diese Erfahrung möglich macht. Die drei christlichen Grundtugenden, Glaube, Hoffnung, Liebe, wie der heilige Paulus[12] sie beschreibt, werden im Königreich des Himmels auf eine reduziert. Liebe ist alles, was in der himmlischen Vision eines Lebens nach dem Tod bleibt, denn Glaube ist unnötig, wenn man Gott von Angesicht zu Angesicht schauen kann, und Hoffnung hat sich in glückseliges Besitzen verwandelt. Die mystische Erfahrung einer Vereinigung mit Gott oder eine himmlische Vision legen eine innere Verbindung zwischen menschlichem Verstand und göttlicher Natur nahe und lassen vermuten, dass die menschliche Natur nicht auf die physische Ebene beschränkt ist.

Es ist besonders interessant, dies dem Verständnis des heiligen Augustinus vom freien Willen gegenüberzustellen, der hier die Freiheit bedeutet, das Gute zu wählen, wobei das höchste Gute Gott selbst ist. Er war der erste, der eine innere Verbindung zwischen diesem menschlichen Charakteristikum und der Natur Gottes postulierte. Sokrates hatte in seinen Dialogen über das Gute als höchster moralischer Tugend und Quelle wahren Glücks bereits im fünften Jahrhundert v. Chr. diese Idee teilweise eingeführt. Gemäß dem heiligen Augustinus lag die wahre Bedeutung der Liebe im großartigsten menschlichen Ausdruck der moralischen Freiheit, der darin bestand, das Gute wählen zu können. Seine Aussage „Liebet und tut was ihr wollt," impliziert daher eine unmittelbare Verbindung zwischen der Liebe als einer göttlichen Eigenschaft und dem freien Willen des Menschen.

---

[12] Erster Brief des heiligen Paulus an die Korinther 13:13.

Die Unfähigkeit, die wahre Natur des Selbst zum Ausdruck zu bringen

Unserer kurzen Darstellung lässt sich entnehmen, wie unvereinbar die verschiedenen Vorstellungen vom Göttlichen mit den grundlegenden menschlichen Eigenschaften der Rationalität und des freien Willens sind. Häufig finden wir die Annahme, dass es eine innere Trennung zwischen dem Menschlichen und dem Göttlichen gibt, wobei der Mensch gemeinhin auf die berührbare Welt der Sinne reduziert wird. Die Existenz Gottes zu leugnen, bedeutet, die Menschheit auf das Physische zu begrenzen. Sogar der Pantheismus, der behauptet, dass alles Gott ist und keine Trennung zwischen der natürlichen Welt und dem Göttlichen sieht, gerät nur in ein deterministisches Vergessen ohne Individualität und freien Willen und versagt, wenn es darum geht, eine Antwort auf das Mysterium des menschlichen Selbst zu finden.

Der Neoplatonismus ist eine philosophische Richtung, die dem Pantheismus nahe steht und die versucht, die Lücke zwischen Menschheit und Gott durch die Erklärung zu überbrücken, dass die gesamte Existenz von einer ewigen Wesenheit stammt und von dieser ausströmt. Die Emanation der materiellen Welt ist die weitreichendste und zugleich niedrigste Ausdrucksform der Natur Gottes. Die Trennung der Menschheit von Gott wird als ein Unterschied in der Qualität des Seins erklärt, wobei das Menschsein, verglichen mit der Reinheit und Transzendenz des Einen, ein weit entfernter und unerwünschter Seinszustand ist. Obwohl die Menschheit als Ausdruck des Göttlichen betrachtet wird, gilt sie doch als eine inadäquate und weniger vollkommene Ausdrucksform.

Unsere Analyse der traditionellen philosophischen Richtungen zeigt, dass keine von ihnen hinreichend in der Lage ist, die Bedeutung des Menschseins zu erklären, die Macht des Verstandes zu verteidigen, welche ihn befähigt, die Wahrheit in aller Wirklichkeit zu erkennen oder für das angeborene Recht einzutreten, sich frei für das Erkennen dieser Wahrheit zu entscheiden und zu dieser zu werden. Kurz gesagt, keine dieser Richtungen verteidigt die transzendente, göttliche Natur des Menschen oder bietet einen geeigneten Deutungskontext für Ramthas Aussage in seiner Geschichte der Schöpfung: „Ihr seid Götter."

Erst wenn wir diesen Hintergrund der Geschichte des menschlichen Denkens verstehen, können wir die Großartigkeit der Lehre Ramthas voll und ganz wertschätzen.

Ramthas Schöpfungsgeschichte in den folgenden Kapiteln zeigt die göttliche Natur der Menschheit und den wahren Ursprung des Universums auf. Sie erklärt die Urknalltheorie und wie es zum Urknall kam. Sie erläutert auch die Theorie der natürlichen Evolution vom bewussten Gedanken zu

Licht, Farbe, Klang, Raum, Himmelskörpern, Planeten, Steinen, Pflanzen und Tieren. Diese Geschichte bereitet den Weg für den Auftritt der menschlichen Spezies, von dem im darauf folgenden Kapitel die Rede sein wird. Wir sollten dabei unsere Erörterung der verschiedenen Philosophien und Konzepte von Gott im Gedächtnis behalten und uns daran erinnern, dass wir durch alles, was wir über Gott und die Beschaffenheit der Wirklichkeit sagen, unweigerlich festlegen, wie wir uns selbst sehen.

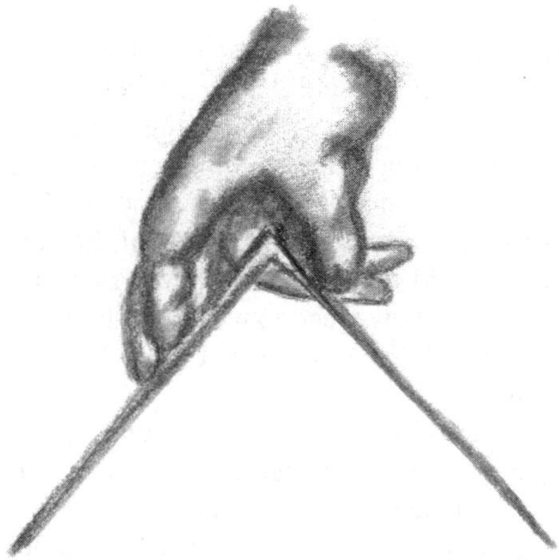

KAPITEL 2
DAS SCHÖPFUNGSEPOS

„Am Anfang also, als ihr alle eine berstende Lichtexplosion des persönlichen Bewusstseins wart, machtet ihr euch auf die Reise in die grobe oder körperliche Materie. Ihr fielt sieben Schwingungs- und in der Tat Bewusstseinsebenen hinab. Da seid ihr nun. Ihr befindet euch jetzt am Beginn der Evolution. Und am Beginn der Evolution ist eure Aufgabe, das Unbekannte bekannt zu machen — das Unbekannte eures unsterblichen Ichs, das ihr alle seid, das man Gott nennt, der ihr alle seid, und seines Spiegelreflektors, dem persönlichen Selbst. Nun, es geht um den Geist und die Seele bei dieser Reise im Buch des Lebens namens Evolution.

— *Ramtha*

Alles Dasein entspringt aus dem Gedanken

Ich bin Ramtha, der Erleuchtete. Ich bin in der Tat euer Diener, meine erlauchten Brüder — denn wer seid ihr? Ihr seid der Vater, der sich selbst zeugte — ja, der sich selbst zeugte. In seinem Werden wurde er höher noch als das, was er war, die Quelle, gut, Vater genannt. In eurer Inbrunst, mit der ihr verstehen wollt, wer ihr seid, seid ihr alle, meine erlauchten Brüder, die Kraft der Kraft. Ihr seid das Prinzip, das das Prinzip erschuf. Ihr seid das Gesetz, das zum Gesetz wurde. Ihr seid der in die Wirklichkeit gebrachte Geist. Ihr seid die Kraft geworden, das bewegende zwingende Element des Gedankens. Ihr seid der geliebte Sohn des Vaters geworden. Ihr seid der geliebte Vater des Sohnes geworden.

Warum schart ihr euch zusammen und brüllt herum und macht ein Getue, seid unbarmherzig in eurem Umgang miteinander, seid unkreativ, abgestandener Gestank, und ruft Eifersucht, Hass und Bitterkeit hervor? Ich werde dir, Mensch, helfen, dich besser zu verstehen. Wodurch ist in der Tat der Gedanke aufgekommen, Getrenntheit in euch zu erschaffen, in einem Augenblick, um euch zu erleuchten? Zu einer späteren Stunde werde ich euch all das erklären, was in der Beredsamkeit der Sprache bekannt ist und zwar in einer für euch leicht verständlichen Form.

Lasst uns also auf das zurückkommen, was ein „in Worte gefasstes Konzept" genannt wird — hört jetzt gut zu — der so genannten Beschaffenheit dessen, was vor dem Anfang war. Wenn der Anfang nun also die Urknalltheorie war, die eure Wissenschaftler vertreten — habt ihr davon gehört? — und wenn beim Urknall das X-Teilchen der Anfang der so genannten Formierung von gasförmiger Materie war, was hat dann den Urknall verursacht? Ihr seid das Ergebnis davon — aber was existierte davor? Zeitloser Raum.

Nun werde ich mit euch an den Anfang zurückkehren, damit ihr versteht, wovon die Wissenschaftler eigentlich reden. In dem, was in der Tat der so genannte Gott genannt wird — Gott, nun, ihr habt so viele verschiedene Vorstellungen von Gott. Eure Wirklichkeit hat so viele verschiedene Auffassungen von der allweisen, allwissenden Intelligenz. Ich aber sage euch dies: Es war der Gedanke. Wie beschreibt man nun einen Gedanken? Einen Gedanken zu beschreiben bedeutet Gedanke, das Ist zu beschreiben.

Nun, die Wissenschaftler gelangten sehr schnell zu dem Verständnis, Leute, dass das Universum nicht so mechanisch ist, wie sie dachten. Ungeachtet von Materie und Antimaterie und der gasartigen Formen, aus denen sie in molekularer Hinsicht bestehen, gelangen sie zu der Erkenntnis, dass dieses mechanische Universum von etwas angetrieben wird, das jenseits der Mechanismen des Minds liegt. Man nennt es Gedanke. Und sie haben vollkommen Recht. Nun, vor dem Urknall, aus dem ihr hervorgegangen seid, ist Wunderbares passiert. Nun werden wir über Gott sprechen, nicht als ein Bildnis, sondern als eine Essenz ohne Bildnis. Und das Wort Gott könnt ihr durch eure eigenen Worten ersetzen: Es, das Ist oder das Absolute — was immer ihr wollt.

Nun, eurem Verstand fällt es schwer, über Unendlichkeit nachzudenken — also werde ich es so machen: Vor dem Urknall war die Essenz des Gedankens, das Ist oder in der Tat Gott genannt, alle Dinge. Sie hatte die Fähigkeit, blitzgeschwind alles zu sein, das sie war — ein Kontinuum. Aber das Kontinuum existierte nicht in einem Vakuum. Es *war* einfach. Jetzt konnte es alle Dinge sein, als alle Dinge. Es *war,* aber da gab es eine Sache, die ihm fehlte — eine Sache. Sie wurde Erfahrung genannt. Erfahrung.

Und der Zeitpunkt kam, — so seltsam hier das Wort auch klingen mag — an dem der Gedanke sich nach innen wandte und seine Unermesslichkeit betrachtete. Mit anderen Worten, er dachte über sich selbst nach. Und als er das tat, brachte dies einen Gedanken dazu, still zu stehen. Und wenn man dies tut, entsteht Licht. Das wird Wissen genannt. Der Gedanke dachte über sich selbst nach. Genau da wurde das Licht geboren.

Nun, das Licht besteht in seiner epischen Form aus dem so genannten Partikum. Nun, im Partikum haben wir Z-Teilchen, wir haben X-Teilchen, wir haben Wasserstoff-Teilchen, Sauerstoff-Teilchen und wir haben das Elektrum, das das Partikum zusammenhält und es reaktionsfähig macht. In seiner höchsten Form jedoch ist das Partikum ein Teilchen, das all seine Untereinheiten hervorbringt und erhält. Jedes Licht ist individueller ausdrucksvoller Gedanke in kohäsiver Form.

Ihr seid aus Gott, dem Ist, dem Raum geboren, wenn ihr so wollt, als der Vater sich selbst betrachtete; und diese Kontemplation wurde zu Licht, zu Bewegung. Also wart ihr alle ein Partikum aus Licht. Das ist eure höchste individuelle Form. Wenn ihr es in den Gedanken zurückverwandeln würdet, würde das Licht verschwinden und es würde zum ewigen Jetzt zurückkehren, das alle Dinge ist, ein Licht-Partikum.

Wenn ihr aus diesem Universum nahezu alle Sterne, alle Planeten, alle Sonnen entfernen würdet — mit anderen Worten, einen Staubsauger nehmen und es leersaugen würdet — und sie alle weg wären, was würdet ihr dann sehen? Ihr könntet gar nichts sehen, weil es kein Licht gäbe. Ihr könntet nur wahrnehmen. Nun, das ist nicht leicht zu verstehen.

Nun, vollzieht dies nach: Ohne dieses Licht kann das Auge nicht sehen. Das Auge kann ohne Licht Bewegung weder sehen noch wahrnehmen. Gedanke bewegt sich nicht. Er *ist.* Stellt euch die Gesamtheit der fortdauernden Universen vor — ein Universum nach dem anderen — viele Raumebenen. Denkt mal eben darüber nach: Raum ohne Anfang und ohne Ende. Das nennt man das ewige Jetzt. Was macht Bewegung möglich? Was ist sichtbare Bewegung? Licht. Licht. Licht. Licht. Ihr würdet nie wissen, dass der Gedanke sich selbst betrachtete, wenn ihr das Licht nicht hättet, durch das ihr das wissen könnt.

Nun, wenn ihr alles seid und nichts das widerspiegelt, was ihr seid, dann fehlt euch die Erfahrung, zu wissen, was ihr seid. So vollbrachte dieses Ist, wie wir es nennen, eine Teilung seines persönlichen Bewusstseins. Und das persönliche Bewusstsein des Gedankens wurde im voraus so programmiert, dass es in der Zukunft zu sich selbst zurückkehren konnte. Es machte eine Reise im Zustand absoluter Trennung. Und die Trennung zwischen ihm und seinem Bewusstseins-Partikum war, was wir Zeit, Entfernung und Raum nennen, und daraus besteht die Wirklichkeit.

Nun, dieser Ist-Faktor oder Gott, wie immer ihr es auch nennen wollt, betrachtete sich selbst in einem grandiosen Augenblick und blies sich selbst — d.h. die so genannten Partika des persönlichen Bewusstseins — aus, weg von dem, was er war. Sobald ihr das innere Wesen einer beliebigen Sache betrachtet, werdet ihr davon abgetrennt. Da haben wir nun also die Urknalltheorie. Und die Urknalltheorie war im Wesentlichen die Explosion des so genannten persönlichen Bewusstseins in eine Vielzahl von Bewusstseine, die alle mit dem so genannten Ganzen verbunden sind. Versteht ihr? Nun, stellt euch eine unendliche Anzahl dieser kleinen Dinger vor. Sie werden Bewusstsein genannt. Ihr alle seid genau das: Bewusstsein. Nun, dieses Bewusstsein wird Erwachen genannt. Von dem Moment an, als dies geschah, begann im Laufe von Äonen die so genannte Reise, die vom großen „Ist“ zum Zwecke der Selbsterkenntnis programmiert worden war. Und dieses Bewusstsein erschuf sich einen Spiegel. Und dieser Spiegel seiner selbst teilte zwischen sich und dem Spiegel eine potenzielle Wirklichkeit auf.

Am Anfang also, als ihr alle eine berstende Lichtexplosion des persönlichen Bewusstseins wart, machtet ihr euch auf die Reise in die grobe oder körperliche Materie hinein. Ihr fielt sieben Schwingungs- und in der Tat Bewusstseinsebenen hinab. Da seid ihr nun. Ihr befindet euch jetzt am Beginn der Evolution. Und am Beginn der Evolution ist eure Aufgabe, das Unbekannte bekannt zu machen — das Unbekannte eures unsterblichen Ichs, das ihr alle seid, das man Gott nennt, der ihr alle seid, und seines Spiegelreflektors, dem persönlichen Selbst. Nun, es geht um den Geist und die Seele bei dieser Reise im Buch des Lebens namens Evolution.

Nun, wisst ihr, wie Elektrizität erschaffen wurde? Durch die Verlangsamung von Licht. Wisst ihr, wie Licht verlangsamt wird? Ihr könntet Licht aus dem Nichts erschaffen. Elektrizität ist das verlangsamte Licht-Elektrum, wobei positiv und negativ miteinander verschmolzen sind. Habt ihr davon je gehört? Vielleicht wird das ja eine Physikstunde.

Jedes Partikum beinhaltet in seiner höchsten Form positive und negative Energie. Denn wenn man das Licht verlangsamt, d.h. seine Frequenz herabsetzt, bewirkt das eine Spaltung des Lichts. Auf diese Weise bekommt man Schwerkraft, man bekommt Beschleunigungskräfte, und man bekommt, was in der Tat die so genannten Magnetfelder genannt wird. Ein Magnetfeld bekommt man nur, wenn man negative/positive Energie hat.

Nun, nehmen wir z.B. ein Partikum aus Licht, irgendeinen von euch. Die Geburt des Lichts wurde die Geburt der Götter — Mehrzahl — genannt, die bedeutendste aller Geburten, als das Ist sich selbst betrachtete und Bewegung erzeugte. Dies wurde die Geburt der Götter, des Lichts genannt. Aus den Licht-Partika wurden die Gase erschaffen, die Z- und X-Teilchen, die das erzeugten, was eure Wissenschaftler als den großen Knall ansehen — die Theorie einer riesigen Explosion, wisst ihr, als — kawumm — alles gewissermaßen geschah. Nun ja, so muss man das wohl sagen, wenn man versucht, Zeit zu messen. Aber es ist nicht ganz so passiert. Das bedeutet nur, Zeit zu messen. Wenn ihr wirklich wissen wollt, müsst ihr Zeit vergessen.

Ihr wart alle ein Licht-Partikum, eine Ganzheit, ein Gott. Und die Götter schufen aus ihren Gedankenprozessen heraus. Sie waren schon mit einer Seele ausgestattet. Nun, ich weiß, wie ihr alle die Seele definiert. Nun gut, hier ist eine Erklärung, was sie ist. Sie befindet sich hier (in der Brust). Sie ist nicht hier oben (im Kopf). Sie befindet sich hier in einer Höhle, die neben eurem ewigen Muskel, eurem Herzen liegt. Und in dieser Höhle gibt es eine Lichtessenz, die 13 Unzen (369 g) wiegt. Und wenn ihr euch in eurer Seele gut fühlt, denkt ihr, dass ihr euch in eurem Herzen gut fühlt. Nun ja, euer Herz ist eine Pumpe — es kann sich nicht verlieben. Die Seele ist es, die fühlt.

Damit die Licht-Partika oder die Götter einen Gedanken festhalten konnten, der von ihrem Vater kam — dem Fluss, der ihnen die Substanz verlieh, mit der das Licht zusammengehalten wurde — brauchten sie etwas, das den Gedanken festhalten konnte. Und so wurde die Seele oder der Herr eures Seins geboren. Sie befindet sich genau hier. Der Gott eures Seins ist das herrliche Licht (Aura), das euer gesamtes Sein umgibt, und dort befindet sich auch die unsterbliche Seele.

Nun, eure Seele ist wie ein Computer. Sie hält den Gedanken fest. Ohne eure Seele würdet ihr nichts wissen; ihr könntet nichts ausdrücken; ihr könntet nichts erschaffen; ihr könntet nichts außer dem Ist sein. Die Seele zeichnet jeden Gedanken auf, den ihr je hattet. Sie zeichnet jedoch den Gedanken nicht an sich, sondern vielmehr seine elektrische Auswirkung auf, die er in Form von Licht auf euren Modus Operandi ausübt. Man nennt das Gefühle. Gefühle sind es, die hinter der gasförmigen Materie eures Universums stecken.

Selbst in einem Atom, in der Funktionsweise eines Atoms kann man ein Universum finden. Wisst ihr, dass das X genannte Teilchen dem Atom, dem inneren Universum Substanz verleiht? Es war das erste Gefühl, das sich manifestierte und es hat euer gesamtes Universum hervorgebracht.

Materie wurde aus der großen Sonne geboren. Teilchen waren endlos lange hier verstreut, denn der erste Gedanke wurde eingefangen und herabgesetzt. Das Elektrum wurde zur Erschaffung von gasförmiger Materie verlangsamt.

Nun, wir sprechen immer noch von einem einzelnen Licht und einer einzelnen Seele, höchster Form. Und allüberall im Raum, in der Stille, der Kälte erlaubte der Gedanke dem Licht, auf ihm zu spielen. Was, denkt ihr, hält eure Welt aufrecht? Was bewahrt euch davor, von ihr herunterzufallen? Ihr wisst, dass es eigentlich so sein sollte. Was ist es? Ihr sagt, es sei leerer Raum. Es ist der Gedanke. Es ist das Ist. Es ist die Plattform namens Ewigkeit. Und sie hat weder Höhe noch Breite. Sie ist allverzehrend.

So wird Materie geboren. Doch das Licht herrscht immer noch vor. So habt ihr alle am Anfang alle vorgeherrscht. Ihr wart der Anbeginn. Ihr erschuft die Zeit. Es würde ein Leben lang dauern, um den Prozess und was ich euch hier erzähle, Gott für Gott zu erklären. Ich gebe euch also eine kurze Übersicht über das ewige Geheimnis, wie alles begann. Und jetzt habt ihr eine Vorstellung davon. Und solltet ihr keine Vorstellung davon haben, werde ich euch eine Vision schicken, damit ihr sie bekommt. So sei es.

Der Atem des Lebens

Seht die Blume. Sie ist der Quelle entsprungen. Ihre Basis ist der Gedanke, göttlicher Gott, das Lebenselement. Obwohl es die Grundlage allen Lichts ist, ist doch sein einzigartiger Augenblick im Gedanken schöpferisch das, was man in der Tat „Blume“ nennt, mit all ihren Bestandteilen. Daher ist die Blume die Idealform ihres Gedankens, mit ihrer strahlenden Farbe, mit dem Licht und der Schönheit, die sie ausströmt — und doch ist sie nicht vollständig die Quelle oder das Ideal der Quelle.

Beachtet den wunderbaren Baum. Wundervoller Baum, wo bist du nur hergekommen? Was ist dein Vorbild, Baum? Sagt der Baum zu mir: „Das Vorbild ist vollkommener Gedanke.“ Die Quelle, die Lebenskraft ist der Gedanke, aus dem heraus der Baum ist, sie ist die Erfüllung, die dem Baum die Verkörperung in der Masse gab, sie ist, was dem Baum eine Lichtverkörperung gab. Der Gedanke des Baumes wird durch die Erhabenheit der Lebenskraft manifestiert, die das Ideal sowohl im erwachsenen Baum als auch in seinem schönen Samen, wie er genannt wird, in seiner Vollkommenheit erhält. Jedoch ist er nicht direkt aus der Quelle hervorgekommen — er ist ein Baum, der aus der Quelle, dem Ideal genommen wurde.

Was ist nun die Quelle? Die Quelle — die schöpferische Ursache, die gesamte Verkörperung Gottes — ist der alles umfassende Ausdruck Gottes ohne seine kontinuierliche Kommunikation mit allen Dingen. Zuallererst ist er. Und jedesmal, wenn er zu etwas geworden ist, ist er zuerst sich selbst geworden, denn aus sich selbst heraus nahm er die Grundlage seines Seins und den reinen Gedanken, um der Schöpfer zu werden, der den Gedanken des holden Baumes, der wunderschönen Blume und all der anderen Dinge hervorbringt, die in ihrem vollkommenen Reich auf dieser eurer Ebene zu sehen sind. Was also ist ein Christus? Der Christos ist in der Tat die eine einzelne Bewegung, das perfektionierte Ideal, dessen Sein ganz der Quelle entspricht. Ein Christus ist das Ideal der Vater-Quelle, der Essenz. Ein Christus ist die Quelle in beweglicher Form, der höchste Schöpfer. Wenn man somit der Kraft dient, dient man dem Schöpfer der Kraft und dieser Schöpfer wird Christus genannt, d.h. Gott, der aus dem Ideal seines Seins — dem Menschen — hervorströmt. Wie kommt es in der Tat, dass ihr, die Mickerlinge, die Dürftigen die Macht aller unverwirklichten Dinge besitzt? Aus alldem, was Gott ist, seid ihr das einzige, das unmittelbar aus der Quelle kommt.

Dein Diener, Christus, bin ich. Und ihr, meine Brüder, die ihr in eurem Herrschaftsgebiet an genau der Stelle sitzt, an der eure Gedanken, Ideale, Einstellungen angesiedelt sind, ihr erkennt wahrlich nicht, dass ihr euch während der ganzen Zeit eures fälschlichen Gebrauchs der Quelle zu dem, was in der Tat das Heraufbeschwören von Kleinlichkeit genannt wird, durch die Kleinlichkeit auf einer illusionären Ebene eingelullt habt, damit ihr eure Kleinlichkeit und eure Wahrheit eurem eigenen Entwurf entsprechend demonstrieren könnt — aber nie so vollkommen, wie ihr den Baum gestaltet habt, denn der Baum kennt keinen Tod — nur ihr, die ihm Leben gegeben haben, kennt den Tod. Ihr seid göttlich, strahlend und bedeutend. Ihr seid die vollkommene Quelle. Macht euch darüber Gedanken.

Denkt einen Augenblick darüber nach. Habt ihr je den exotischen Kolibri beobachtet, wenn er den Nektar einer Lilie sammelt? Habt ihr das gemacht? Wenn ihr das noch nie beobachtet habt, dann schicke ich euch einen. So sei es. Habt ihr je die so genannte Metamorphose eines Wurmes zu einem prächtig gekleideten Schmetterling beobachtet? Wenn nicht, dann sende ich es euch. Habt ihr je den Perlenschimmer eines glänzenden Fisches in einem plätschernden Bach am Mittag im Wasser gesehen — ein Regenbogen unter Wasser? Wenn nicht, dann werde ich euch dahin schicken, wo ihr einen sehen könnt.

Habt ihr je die Insekten und ihre Arten gezählt? Habt ihr je die Arten des Tierreiches gezählt? Habt ihr je einen so genannten Kristall hochgehalten und in der Mittagssonne, der Abendsonne, dem Mondlicht durch ihn hindurchgeschaut? Wieviele Blumen gibt es? Und ihr könnt noch immer nicht die Farbe ihrer zarten Blütenblätter erschaffen.

Nun, wieviele Farnarten gibt es? Und wer hat entschieden, dass das Moos — wisst ihr, was Moos ist? — immer auf der Nordseite von etwas wächst, als eine Art Wegweiser für den Vorübergehenden? Wer hat das erschaffen? Wer hat den grandiosen Reiher erschaffen, der im Wasser Fische fängt? Und dies ist seine Fangmethode: Er läuft wie wild umher und schreckt die Fische auf, treibt sie zum Ufer und bedeckt dann seine Augen mit seinen Flügeln, während er im Wasser nach den Fischen schaut. Wer hat ihm eine derartige Intelligenz verliehen?

Wer hat dieser garstigen Blume die Intelligenz verliehen, wie Aas, verwesendes Fleisch zu riechen und sogar wie verwesendes Fleisch auszusehen? Wer hat sie so gestaltet, dass sie eine Fliege dazu verlockt, in die Blume hineinzukriechen und dort ihre Eier abzulegen, aus denen Maden entstehen, die die Blume dann verdaut? Wer hat das erschaffen?

Und wer erschuf diese herrliche Pflanze so, dass sie ein Blatt so groß wachsen lässt, dass es sich einrollt, damit sie den Morgentau auffangen kann, einen kostbaren Tropfen nach dem anderen — weil sie einsam war, damit ein besonderer — ein sehr besonderer — kleiner Frosch dort leben und ihr Gesellschaft leisten kann? Wer hat das erschaffen? Wer hat ihr dieses Wissen verliehen?

Und wer von denjenigen unter euch, die in einem früheren Leben Ägypter waren, hat den Storch in Ägypten erschaffen, der einen Stein bei sich trägt? Nun, hört euch das an: Wenn er ein Straußenei nicht aufbrechen kann, nimmt er einen Stein und lässt ihn so lange auf das Ei fallen, bis die Schale zerbricht. Nun, ihr klugen Wesenheiten, wer aus eurer Mitte brachte ihm das bei? Und wer von euch erschuf den Lachs so, dass er leben und sich ausgelassen in den Abenteuern eines fernen, fernen Meeres austoben würde? Wer hat ihm gelehrt, wie er dann, wenn sein Leben verbracht, seine Jugendzeit gelebt und seine Seele mit Erfahrungen beladen ist, nach Hause zurückkehrt und eine neue Generation hervorbringt, damit er als sein eigenes Kind zurückkommen kann — um dann zu sterben, damit sich seine Nachkommen in einem sauberen Fluss an seinem zerfallenden Fleisch nähren können? Wer von euch sagte ihm, dass er nach Hause gehen soll?

Welche Frau unter euch brachte einem Herdentier — lasst uns eins aussuchen — einer Gazelle bei, wie eine kleine Tänzerin dahinzusausen, so gewandt, als ob sie Flügel hätte? Wer unter euch brachte ihr bei, wie sie ihr Baby gebären soll? Und wer unter euch flüsterte dem Kitz ins Ohr, stockstill zu sein? Wer von euch verlieh dem Baby das innere Wissen, keinen Geruch an sich zu haben? Welche Frau unter euch hat dies getan?

Nun, diese Dinge sind dem Großteil von euch entgangen, da ihr in einem Wettbewerbsbetonten Beton-Dschungel lebt, in dem es nur Fleischfressende, düstere Dinge gibt. So weit habt ihr euch von der Gnade entfernt, die Leben heißt. Nun gut, dies macht nur einen kleinen Teil der Schönheit dieses Lebens aus. Aber alle haben in diese schöpferischen, wasserhaltigen Formen, die man Zellen nennt, gehaucht. Sie gaben ihnen ein Muster. Sie haben den Zellen den Atem des Lebens eingehaucht, den man die Muster der Bestimmung nennt. Wisst ihr, wer das getan hat? Ihr.

Wisst ihr, wie ihr das gemacht habt? Indem ihr etwas vom Ist aus gefühlt habt, es in der Seele eingefangen und durch Gefühl zum Leben erweckt habt.

Wusstet ihr schon, dass man einen Abstrich von eurem Nasengewebe nehmen kann, und schon — und ihr wisst das nicht einmal — klonen sie aus euren Zellen euren Doppelgänger? Wusstet ihr, dass eine Zelle das Muster des Ganzen beinhaltet? Wusstet ihr, dass jegliches Leben, alles im Leben, das Muster des Ganzen hat? Das ist wahr.

Nun, wenn ihr etwas von euch Erschaffenem Leben einhaucht, indem ihr es durch Fühlen ins Dasein bringt, bedeutete dieser Atem nicht, dass es dadurch ein atmendes Geschöpf wurde. Mit dem Atem des Lebens waren Muster der Bestimmung gemeint. Ihr gabt ihnen ihre Intelligenz, die sich weiter und immer weiter fortsetzen wird. Klingt das absurd? Nein. In dieser Geschichte steckt noch viel mehr. Ich werde euch als Boten eine Vision senden, um die Lücken zu füllen, für die es keine Worte gibt. So sei es.

Am Anfang war die Leere und die Leere betrachtete sich selbst

Wenn du dein Leben auf dem Marktplatz satt hast, das Hin und Her, die Gerüche, das Geschrei und die Flüche, den Müll, die Schönheit und all die wundersamen Dinge in euren Städten und ihren Toren, dann, in einer eurer Nächte, geh nach draußen, Meister, des Mitternachts und schau zu den Sternen hinauf. Finde einen, der so groß ist, dass er wie ein Brillant am Himmel steht. Schau ihn dir an. Er scheint größer als die anderen um ihn herum zu sein, aber er ist nicht so viel größer, dass er die anderen in den Schatten stellt. Und er ist auch nicht so viel größer, dass er die gesamte Mitternacht so sehr beleuchtet, dass er den Hintergrund der elementaren Leere zerstört, die den strahlenden kleinen Sternen ihr kostbares Sein gibt. Schau dir deinen Stern an, und wenn du gen Westen schaust, wirst du den silbernen Mond sehen. Wie wunderschön er doch am Himmel steht. Sieh dir jetzt dieses glitzernde Kleinod an und sieh dir den Mond an und jenen Horizont — sie dir den Horizont daneben an — und sieh, ob du in die mitternächtliche Leere hineinsehen kannst, sieh, wie weit du in sie hineinreichen kannst.

Einsamer Meister, so unbedeutend, so winzig, so unendlich klein in deiner Welt, geh und schau dir dieses unermessliche Reich an, das schon Äonen eurer Zeit überdauert hat. Ich werde dir zeigen, welche Macht du besitzt. Sieh dir die Sterne an — wie schön sie sind. Sie sagen kein Wort. Sie bringen die Menschen nicht zum Schweigen. Sie verdammen die Menschen nicht. Sie beschwichtigen die Menschen nicht. Sie beschwören die Menschen nicht. Sie tun nichts von alledem, sie bringen sich nur vollkommen zum Ausdruck. Wie machtvoll sie doch sind. Wie schön es doch ist, etwas anzusehen, dessen Schönheit du ohne Scheu und Erröten beschauen kannst, etwas, das immer da sein und immer erkennbar sein wird, um dich daran zu erinnern — vielleicht aus einer längst vergessenen Erinnerung heraus, dass du selbst uralt und machtvoll bist — wie unendlich klein du denkst sein zu können. Nun schau dir dieses Kleinod an, das am Himmel steht. Wie strahlend sein Licht ist, wie wundervoll. Und nun schließe deine Augen. Wenn du deine Augen schließt, siehst du ihn nicht mehr. Du hast mehr Macht über das Kleinod, denn du musst nur einmal die Augen niederschlagen und schon ist er nicht mehr da. Und wenn der Mensch die Augen wieder öffnet und in den Himmel schaut, ist er immer noch da und wartet darauf, dass er wieder angeschaut wird. Und dasselbe Kleinod, das jetzt am Himmel ist, dasselbe wundersame Wesen, wird weiter warten, bis du nach zehn Jahren deines Lebens wieder nach draußen kommst und seine Schönheit betrachtest. So geduldig sind die Sterne.

Was ist nun mit dem Meister, der von all dem bereichert wird, und er denkt nach und er schaut in den Himmel hinauf und wünscht, er könnte dort sein, denn es scheint als gäbe es dort Frieden. Dort gibt es keine Stimme. Dort gibt es Licht. Dort gibt es eine Fülle von Leben. Dort gibt es Glanz in Fülle. Und irgendwo in der Masse ist Gott und es ist der Wunsch des Meisters, dorthin zu gehen. Im Menschen steckt der Wunsch, hoch aufzusteigen und inmitten der Sterne zu sein. Aus welchem Grund? Um den Schlamm, den Morast und die lärmende Menge auf dem Marktplatz, die Verdammung and das Kleinheitsgefühl, das ihm vermittelt wurde, zurückzulassen. Wer weiß, dass du Gott bist? Wen kümmerts? Wer weiß, dass du Christus bist? Kümmert es sie wirklich? Lohnt es sich, der Standard zu sein, der du bist? Kannst du so strahlend schön wie das wunderbare Kleinod sein und ohne die kleineren zu überschatten, die ihr eigenes Licht haben — oder sogar so groß werden, dass die Leere verschwunden ist und keiner von ihnen mehr unterschieden werden kann ist? Wen interessiert das? Es interessiert den Menschen, der in die Sterne blickt.

Nun findet er einen Baumstumpf und da setzt er seinen Allerwertesten drauf, stützt seine Ellebogen auf die Knie und sein Kinn auf seine Hand. Und der einsame Meister weint eine kleine Träne, etwas hält ihn von dem Kleinod und dem Silber des Mondes und der Ewigkeit der Mitternacht fern. Und aus irgendeinem nicht verdammenswerten Grund sitzt er hier in der Falle. Und er vergießt eine Träne, denn sollte es nicht so sein, dass jeder seine eigene Größe erahnt, indem er zuerst ganz klein wird? So ist das in der Tat. Nur wenn der Mensch zu Fall gebracht wird — sei es durch ein Schwert oder durch Einschüchterung von anderen oder durch die wilde und freie Bewegung des Himmels — und seine eigene Kleinheit erkennt, nur dann beginnt er, über seine eigene Größe nachzudenken.

Lasst uns zu dem Meister zurückkommen, der sein süßes Kinn auf seine Hand gestützt hat. Und während er nun eine Träne über sein Verlorensein und seine Bestimmung vergießt, kommt bald ein Winterwind daher — Nachtwinde sind wundersam — der die Träne in seinem Gesicht trocknet. Und er schaut nochmal und sagt in die wundervolle Nacht hinein: „Nacht, wohin gehöre ich? Wo bin ich in dir, die du so groß und so immerwährend, so geduldig bist? Wo bin ich in dir, dass meine Wichtigkeit Wert hat und zählt in deinem Reich, das schon die Gesichter so vieler Menschen vor mir, groß und klein, zu dir aufblicken gesehen hast? Und doch gestattest du mir, dem Unbedeutenden, deine Anmut und deine Schönheit und dein Geheimnis zu betrachten, genau wie du es all den anderen in meiner Vergangenheit, die als große Menschen galten, gestattet hast. Wer bist du, dass du mir das gestattest?" Und der wundervolle Brillant scheint ein helleres Licht auf ihn zu werfen und er ist voller Hoffnung. Und er lässt sich zurückfallen und er blickt hinauf, und bald beginnt diese Zauberin, der Mond, ihr blasses Licht.

Oh wundervoller Meister, du hast deinen Wert inmitten all dieser Gewaltigkeit verloren. Sei im Frieden. Ich will dir zeigen, wer du in dieser spöttischen und verführerischen Welt, in der du lebst, bist. Was ist Tiefe? Was ist Höhe? Was ist der Gegenwert von Allem-was-ist, das als Masse zusammenkam? Dass Gedanken die Grenze der Ewigkeit, die Tiefe des Jetzt sind? Dass der Gedanke die Leere konsumiert, die immer war und immer sein wird? Und Gedanke strahlt aus sich selbst heraus — aus sich selbst heraus — über die Ausdehnung und die Schwingungen des Lichts hinaus, die der Gedanke war. Und der Gedanke, die ultimative, schöpferische Leere, die Gott war und ist, wurde die Bewegung im Zentrum des Gedankens, dem Kern und begann vom äußeren Geflecht der Ewigkeit bis in die Tiefe der Jetzt-Bewegung zu schwingen.

Der Gedanke betrachtete den Schwingungston der Bewegung und die Bewegung kräuselte sich. Und der Gedanke begann und schallte und mit dem Getöse kamen der Donner und die Bewegung ins Rollen. Und als es auf die ganze Ewigkeit übersprang, wurden die Spitzen des Gedankens zu einem Lichtblitz — und das Licht war geboren und mit ihm seine Gewandtheit. Und als es sich in diesem Umkreis bewegte, traf es auf einen Gedankenstrom: und da war das Kräuseln und Licht war geboren. Und aus dem Jetzt heraus, dem Zentrum, aus dem das Kräuseln kam, wurde Licht geboren und ergoss sich in den Gedanken empor, in das Jetzt und bestrahlte sich selbst mit einer wundervollen Schönheit.

Und der Gedanke — der Allmächtige Gott, das zuallererst erschaffene Licht — betrachtete sich selbst und brachte so seine Erweiterung, sein Größersein hervor — eine Lichtverkörperung, die noch nie zuvor durch die Kontemplation des allmächtigen, verzehrenden Bildes namens Gott gesehen worden war. Und als dieses Getöse hervorkam und das Licht geboren wurde, betrachtete der Gedanke sein Bildnis und das Licht war grandioser als irgendein Schauspiel. Eure Mittagssonne besitzt nicht die Blässe und den Glanz des aus dem vollkommenen Gedanken geborenen Lichts. Das Licht kam hervor und nach seinem Bilde wurde der Klang in einer Harmonie erschaffen, so dass jede Bewegung einen neuen Klang hervorbrachte. Und als es weiter dröhnte, wurde der Gedanke größer und dehnte sich weiter aus, und aus dem Gedanken kam noch mehr fantastisches Licht hervor und der Klang wurde ganz wundersam im Gedanken, im Jetzt. Und siehe, als die Ausdehnung sich zu einer Ebene formte, ertönte das Summen einer phänomenalen melodischen Bewegung, und der Gedanke bewegte sich ins sich selbst hinein — in sich selbst hinein — in die Ewigkeit hinein, und das Licht kam mit ihm. Und mit dem Licht bewegte sich der Klang. Und als der Gedanke das Licht bei seiner Reise in sich selbst hinein beäugte, schaute das Licht den Gedanken an und sah Vollkommenheit als Schöpfer.

Schöpfung, die Kunst der Kontemplation und des Werdens

Gott war zu einer erweiterten Einheit geworden — vom Gedanken zum Licht zur Bedeutsamkeit des Klanges. Ihr seid — einer nach dem anderen, alle durch den einen — zu all dem geworden, was durch das Jetzt und seine Bewegung in die Ewigkeit hinein entstand. Und was in der Tat Gedanke genannt wird, hat sozusagen keine Aufteilungen des Elektrums, wie ihr sie nennt, sondern ihm entspringt das Elektrum einer langsameren Masse — wobei das Licht ein wahrer Sohn des in der Tat göttlich genannten Vaters ist — der in sich alle Teilbereiche des Elektrums enthält. Jedes in seiner manifestierten Schönheit hervorgebrachte Licht trug sich und gleichzeitig den Gedanken in einer harmonischen Bewegung. Und jedes Licht brachte in seinem Sein die Schöpfung des großen Gedankens mit sich und enthielt in seinem Wesen sein ihm eigenes einzigartiges Licht-Lernen, seinen Licht-Klang, sein elektrisches, angeborenes Verstehen.

Das Licht betrachtete den Gedanken. Das Licht wurde zum Gedanken. Und der Gott eures Seins, im Licht geboren, brachte in der Tat in sich den so genannten göttlichen Herrn eures Seins hervor, das Gedächtnis — den kontemplativen Gedanke, der vom Vater an den Sohn weitergegeben wurde, damit der Sohn, durch den Herrn eures Seins in der Tat dasselbe besitzen möge, was auch der Vater hat. Und siehe, das individuelle Sonnett jeder Wesenheit begann seine Ausdehnung durch die Bewegung des Gedankens, des göttlichen Vaters, der Lebenskraft. Und während sich das Leben seinen Weg in die Ewigkeit hineinflocht, trennte sich sein Licht ab und stand als

Gruppe riesiger Säulen in den himmlischen Gefilden. Und als das Licht da stand, siehe, da kam ein weiteres und noch eines und noch eines. Jedes Lichtteil wurde ein weiteres und noch ein weiteres. Und sie alle standen da — mit den Wachen, wie sie in der Tat heißen, die die Ausdehnung der Ewigkeit in den Gedanken bewachen — und sie schauten den herrlichen Gedanken an und sie liebten den herrlichen Gedanken, denn er ist sein eigener Quell. Und der Gedanke schaute das Licht an und siehe, er ward zum Licht und seine Essenz wird in alle Ewigkeit mit dem Licht sein. Das ist der Bund.

„Im Anfang war" — war nicht — „das Wort, und das Wort war bei Gott" und beim Menschen. Im Anfang war immer der Gedanke, und der Gedanke ist immer beim Menschen gewesen, denn der Mensch ist der Gedanke.[1] Als sich die Wachen entlang der Straße zur Ewigkeit aufstellten und die Bewegung des Klanges mit dem Donner ihres zentralen Jetzt zusammentraf, siehe, da geschah es, dass sie alle in ihre eigenen Gefilde kamen. Und jede der Lichtsäulen, die alle die verdichtete Macht des allmächtigen Gedankens in ihrem Sein besaßen, wurde zum individualisierten Quell-Gedanken, Gott-Gedanken.

Licht und Farbe: Es gibt keine Farbe. Farbe wurde von dem herrlichen Licht erschaffen. Das Licht ist weder weiß, noch rein, noch unsichtbar. Es *ist.* Ihm entspringen alle Farben, die da sind. Und siehe, dank desselben Vorgangs, der auch sie geboren hatte, konnten die Lichtwachen aus sich heraus erschaffen — und siehe, es war dieselbe Ausdehnung. Wenn sich ein Wächter aus sich selbst heraus ausdehnte, erschuf er sein eigenes Kontinuum und so ging das immer weiter. Siehe, die Lichtwachen standen in der Tat für das so genannte Kontinuum des Jetzt-Gedankens als Melodie, als Schwingungsrate und als Verständnis. Und alles wurde blitzartig durch und durch vom Licht erleuchtet, das immerwährend ist, ohne sich je zu bewegen, denn wohin könnte es gehen, wenn es doch nie endet. Und alles stand in eigenem Glanz. Und alle wurden — wenn ihr euch das vorstellen könnt — in einer Leere als herrliche Lichtsäule gesehen, die in ihrem vollen Glanz dort hervorragte, wo sie erschaffen worden war. Und sie begannen, aus der Quelle ihres Lichts heraus ihre eigenen Schöpfungen hervorzubringen. Und siehe, der erste Wächter bewirkte seine eigene

[1] „Im Anfang war das Wort, und das Wort war bei Gott, und das Wort war Gott. Im Anfang war es bei Gott. Alles ist durch das Wort geworden und ohne das Wort wurde nichts, was geworden ist. In ihm war das Leben und das Leben war das Licht der Menschen. Und das Licht leuchtet in der Finsternis und die Finsternis hat es nicht erfasst." „Er war in der Welt, und die Welt ist durch ihn gemacht; aber die Welt erkannte ihn nicht. Er kam in sein Eigentum; und die Seinen nahmen ihn nicht auf." „Und das Wort ist Fleisch geworden und hat unter uns gewohnt und wir haben seine Herrlichkeit gesehen, die Herrlichkeit des einzigen Sohnes vom Vater, voll Gnade und Wahrheit." Joh. 1:1-5, 10-11, 14

Ausdehnung und durch diese Ausdehnung entfaltete er sich in der Tat in einem kleineren Universum mit der neuen Einstellung dieses Universums. Und ein anderer Wächter leistete einen Beitrag zur Erweiterung der Leere — und siehe, sie alle erweiterten die Leere, denn indem jeder sein Werden aus sich heraus begann, dehnten sie alle sich aus.

SPHÄRENMUSIK

Licht, Wesenheit. Gedanke ist der höchste Klang, er ist kein Klang und doch alle Klänge. Vom Licht — es ist der erste Körper des so genannten Gedankens — geht auf Grund seiner Schwingung ein Klang aus. Es erzeugt den Klang entsprechend seines jeweiligen Schwingungsverständnisses. Da alle Dinge auf verschiedenen Ebenen schwingen, Wesenheit, und das Licht erscheint — und seine verschiedenen Farben haben unterschiedliche Töne — und wie das Farbenspiel ein Spektrum ergibt, so erschallen die Farben als Klänge. Jene Wesen, die auf diese Ebene kommen und von einem Klang besessen sind, Wesenheit, den sie mit großer Anstrengung mit Instrumenten zu perfektionieren suchen, Wesenheit, wollen damit Klänge nachahmen und wiedergeben, derer sie sich in höheren Sphären bewusst sind.

Diese Ebene hier ist die einzige, auf der man die Musik allen Lichts nicht hören kann, denn dies ist die einzige Ebene, auf der, ohne das Licht, die meisten Erfahrungen in die Dunkelheit führen. Auf allen anderen Ebenen, Wesenheit, kann man Musik hören. Das ist gewiss. Sie ist wie ein Summen. Und weil das Licht sich verändert und weiterentwickelt, erweitert sich das Schwingungsverständnis der Musik und ihre Töne werden sanfter und höher. Und das Licht entwickelt sich gleichsam in der Tat und wird mehr, und es wird durch den Gedanken manifestiert: Gedanke, Gedanke, Wort, Tat. Die Töne sind tiefer auf den Tonleitern — und da doch alles Leben gleichzeitig eins ist, geben sie in jedem neuen Augenblick eine andere Tonhöhe und die verschiedenen Farben des Lichtspektrums von sich, Wesenheit, und lassen so auf den Ebenen die Musik Gottes ertönen. Dies ist die einzige Ebene, auf der sie nicht zu hören ist. Demzufolge ist dies die einzige Ebene, die eine Kopie des so genannten Andenkens des Menschen und seiner Erinnerung ist. Und alle Musik bedeutet Liebe.

Jene, die ein Verständnis ihres Zuhauses mitbringen, Wesenheit, sind Ketzer auf dieser Ebene. Sie kommen von riesigen Königreichen, in denen sie souveräne Herren sind und wo jeder ihrer Gedanken Musik aus ihrem Wesen hervorströmen lässt. Klang hat auch einen Geruch — süß. Farben haben verschiedene Gerüche. Aber keiner der Gerüche ist je unangenehm. Sie alle sind wundervoll. So ist das Licht von reinstem Weiß. Der Klang hat eine Tonhöhe, Wesenheit, die nicht gehört werden kann, denn der Ton schmiegt sich sanft und weich in den Gedanken ein. Das weiße Licht ergibt gleichsam in der Tat die Farben des Regenbogenspektrums, die auf dieser Ebene in der Tat alle Farben ausmachen, auf der fünften Ebene jedoch nichts als ein Farbton sind. Und als alle Farben hervorkamen, Wesenheit, entströmten den verschiedenen Bereichen der Farbe und des Lichts Töne, die erblühen, wenn sie alle zusammenkommen. Wundervoll.

Die Blume hatte, gleichsam in der Tat, den Samen im Boden und dieser wird einen hohen Ton von sich geben. Und während der Spross emporkommt, wird der Spross gleichsam in der Tat bleich sein und sein Ton hoch, summend und sanft. Wunderschön. Und wenn er grün wird, wird der Ton während seines Wachstums voller. Und wenn der Spross gleichsam in der Tat empor gewachsen ist und die Knospe gleichsam in der Tat geschlossen ist, wird der Klang zu einer Myriade von Tönen, denn nun zeigen sich Farben.

Und während die Knospe sich öffnet, erzeugt sie, zusammen mit dem Samen, gleichzeitig in einer gemeinsamen harmonischen Bewegung gleichsam in der Tat einen Klang, der in jedem Augenblick mit jeder Bewegung, in verschiedenen Tönen, die der Frequenz der Farben entsprechen, aus der Tiefe der Farben ihrer Blütenblätter, ihrer Adern hervorströmt. Das ist die Musik einer einzelnen Blume. Und überall gibt es Ebenen mit solch einer Flora. Und der Himmel, Wesenheit, ist in seinem Sein voller Entzücken, denn dort gibt es Berge, Ebenen und gleichsam in der Tat Täler, die alle Klänge hervorbringen: Leben, das in seiner Schönheit erklingt, Klang.

Das Instrument, dessen Klang diesen Tönen am nächsten kommt, ist eure Harfe mit all ihren Saiten. Ihr höchster Ton entspricht dem reinsten Licht und ist fast unhörbar, bis hin zu den tiefen Tönen ihres Schallkörpers, dem robusten Klangvolumen des so genannten Lichts, der Farbe. Licht ist Klang, aber der Klang entsteht aus der Entfaltung des Lichts in verschiedenen Schwingungsverständnissen. Auf dieser Ebene hört der Mensch eine Musik, die undefinierbar ist. Und mit seinen Mund summt er mit Instrumenten mit, um die Vielfalt der Musik — die er gehört hat und der er sich bewusst ist und zu der auch sein eigener Körper schwingt — wieder zu erschaffen.

Und so, Wesenheit, ist Musik zu einer universalen Sprache geworden, denn alle, die sie hören — auch wenn sie die Worte und Sprachen der anderen nicht verstehen — kommunizieren miteinander. Das ist Musik, Wesenheit, sie besteht aus den Klängen Gottes und des Lebens.

DIE ENTSTEHUNG DER SONNENSYSTEME

Dann, siehe, es entstand das Universum der Universen,[2] wie es so heißt, und ein jedes befand sich in seiner eigenen Sphäre, in seinem eigenen Verständnis. Und im Entstehungsprozess der Schöpfung wurden die großen Zentralsonnen vom großen Licht, dem Gedankeninferno, auf ihre Umlaufbahn gebracht. Und alles, das euer Licht ausstrahlt, gibt keine Wärme ab und ist auch nicht heiß. Es ist reines Licht, nichts anderes. Und das Licht, das in eurem Universum[3] sitzt, eure Zentralsonne, wurde zu dieser Zeit einzig zu dem Zweck erschaffen, Leben hervorzubringen, und zwar durch die Erfindung ihres Schöpfers, aus der die Wächtersäulen, die Götter, geboren worden waren.

Schöpfung — wie sie in diesem göttlichen Publikum angemessenerweise genannt wird — folgt immer demselben wissenschaftlichen Vorstellungsprinzip. Wir alle nahmen dasselbe und schufen alles daraus, ob es nun winzig klein oder gewaltig groß war. Es ist alles dasselbe. Die Sonne wurde in jedem Universum, in jedem Verständnis hervorgebracht, denn die Sonne, wie ihr sie nennt — ich nenne sie Ra — ist die Quelle für Lichtantrieb. Sie erinnert uns an unser erstes Thema — den Gedanken. Aus ihrem Sein wird das Leben hervorgehen. Sie ist die Mutter eures Universums. Und getreulich dem Prozess folgend, der mit der Geburt der Wachen, der Götter, der Säulen begann: Siehe, da brachte die große Sonne aus sich ihre Kinder[4] hervor, eines nach dem anderen. Und siehe, aus der Sonne kam ihr erstes Kind hervor und sein grandioses Wesen wuchs zu einer enormen Masse an. Und mit der Geburt ihres Kindes war der Prozess zu Ende. Und aus ihrem in der Tat obersten oder nördlich genannten Bereich kam das Kind aus einer riesigen Kluft hervor und legte so die inneren Bereiche des Lichts der großen Sonne bloß, wie eine riesige Wunde.

Und der erste Planet — wie ihr ihn in der Tat nennt — entstand, als die Sonne sich mit der Achse auf einen Punkt auf der unmittelbaren Umlaufbahn ausrichtete, und das Kind aus sich hervorbrachte, in seine erste Wiege[5] hinein. Die Götter, die beobachteten wie all diese Dinge in Bewegung gesetzt wurden, sahen zu, als das erste Kind hervorkam. Und siehe, in der in der Tat „Wiegen-Bahn des Spektrums der Mutter Sonne“ genannten Umlaufbahn entstand das wundervolle Kind, das in der Tat den Namen Malina erhielt — ihre erste Schöpfung. Und das Kind brachte sich aus sich selbst hervor und begann, sich selbst zu gestalten und aus sich

---

[2] Galaxien
[3] Das Sonnensystem der Erde
[4] Die Planeten
[5] Die Umlaufbahn, die der Sonne am nächsten ist.

selbst heraus zu wachsen. Und als es in seinem Innern wuchs, wurde es immer größer. Und mit einem Schub wurde es in eine größere Umlaufbahn außerhalb der Wiegenbahn geschleudert, wo es jetzt in der Tat den Namen dessen, was nach eurem Verstehen Merkur heißt, trägt.

Malina war wie ein Baby, dessen Masse erst gestaltet wird, wenn die Seele sich in ihm niedergelassen und der Geist mit Hand angelegt hat. Und so entfalteten die Wachen, die Götter, ihre wunderschönen Lichtwesen eins ums andere auf der so genannten Ebene von Malina. Und dort wurden sie durch ihre Leben, wie ihr sie so schön nennt, zum mitschöpferischen Element — zusammen mit dem Vater, der ihnen in ihren ursprünglichen Anfängen verliehen worden war. Und so begann auf dieser wunderbaren Ebene, was wir hier als die Fortdauer des Lebens bezeichnen würden. Und im Laufe ihres inneren Wachstums wurde jedes — entsprechend seiner Einstellung, seines Denkens, wie ihr das nennen würdet — ein individuelles Wesen.

Und jeder Gott nahm aus sich selbst und wurde in seiner Schöpfung zur Tiefe seiner Schöpfung. So wurde das, was wir seine körperliche Lichtform nennen würden, zum unmittelbaren Objekt seiner Kreativität. Sie alle waren in jeder Hinsicht großartig. Jeder einzelne war großartig und schön, denn in ihrem Angesicht gab es nichts, das abscheulich, verachtenswert oder hässlich gewesen wäre. Sie waren die Lichtverkörperung, und jedes wundervolle Element ihres Seins war von ihnen erschaffen worden, um ihre Schönheit und die schöpferische Kraft ihres Seins noch zu vergrößern. Und was einst als eine brillante Lichtsäule zu sehen war, aus deren Zentrum elektrische Energie hervorströmte, wurde nun in seinem Sein dem ähnlich, wie ihr heute ausseht, nur größer.

Und einer nach dem anderen entfalteten sie sich in einem Jahrtausend nach eurem Verständnis und doch in nur einem Moment auf der Ebene von Malina. Malina hatte zu jener Zeit weder Meere noch Ozeane. Sie wurden nicht gebraucht. Sie hatte nur was man in der Tat die gasförmigen Teile ihrer Erde nennt, und die feurigen Emotionen ihrer Entwicklung zu einem Gesamtorganismus waren immer noch überall in Bewegung. Und doch begann jede Säule, jeder Gott, sich zum Zwecke der Erweiterung und der Schöpferischkeit auf Malina hinab zu begeben. Sie war ihr Kind. Mit jeder Applikation des Lichts kühlte die Oberfläche sich ab, wenn sie sie nur berührten. Sie wurde zu einer formbaren Substanz, die jedoch nicht flüssig war. Und jeder Gott mit seinem eigenen Plan, übernahm so genannte Elemente des Raums und begann, aus seiner Quelle heraus zu erschaffen.

Auf Malina gab es keine Meere und Ozeane, aber sie hatte riesige Bergketten, wie sie so heißen. Und wo es Gebirgszüge gibt, gibt es auch Täler. Also gab es auf Malina auch Täler. Und viele der Götter, die in der Tat der so genannten Zentralsonne näher sein wollten, suchten die Berge auf. Diejenigen, die zu den Tälern gehörten, vollbrachten bemerkenswerte

Schöpfungen in den Tälern, denn sie waren miteinander übereingekommen, dort ihr Werk zu beginnen.

Gott kann aus sich selbst heraus nicht anders als in einem grandiosen Augenblick zu erschaffen, denn solange die Quelle, der Donner, die rollende Ausdehnung des Gedankens immer weitergeht, ist der Mind Gottes, wie ihr ihn so schön nennt, in ständiger Bewegung. So geschah es, dass in jedem Augenblick, in dem die Säulen-Wächter-Götter da standen, um sie herum alle Elemente entstanden, denn sie können den Fluss des Gedankens nicht anhalten. Er ist für immer in Bewegung. So erschaffen sie, wo immer sie auch sind, nur weil dieser Teil ihres Seins in ihnen ist. Von einem Augenblick zum nächsten erschaffen sie durch die Kontemplation, die der Herr ihres Seins ihnen gibt. Wenn sie etwas schauten und sahen, entstand es schon. Worüber sie nachdachten, *war*. Wenn sie stillstanden und hochschauten, wurde es. Sie wurden aus sich selbst heraus. Sie waren immer am Erschaffen.

Ein herausfordernder Angriff auf die Schöpferkraft

Dieses Element, das ihr in der Tat als Stein bezeichnet, wurde solange poliert, bis sein Glanz ihrer eigenen Schönheit entsprach. Daraus entstand der Marmor. Und sie nahmen all die Substanzen, die in der Tat Gedankensubstanzen, Sandsubstanzen, Erdsubstanzen, Mikrosubstanzen heißen und fügten sie so zusammen, dass sie ihrem Sein ähnelten, denn diese waren aus der Grandeur dieses Seins hervorgekommen. So wurde der herrliche Ort mit Namen Malina in weiß dekoriert und ausgestattet, um die passenden Bezeichnungen zu verwenden. Alles war in dieser Farbe.

Die Berge waren nicht dunkel und leuchtend. Sie waren weiß, da sie den Gott, der auf ihnen stand, widerspiegelten. Der Fels wurde weiß. Alles auf Malina, ihre wunderschönen Täler und ihre grandiosen Berge, spiegelte die Schönheit der Gottes-Säulen wieder. In jedem Moment, in dem das Licht da war und *war*, entstanden alle Dinge um es herum. Und wenn ein Gott über Marmor nachdachte und ihn ansah, und dieser in seinen Betrachtungen einen Farbton mit neuer Blässe annahm, die sich einem ganz neuen Farbspektrum annäherte, dann wurde der Marmor so. Dadurch bekam der Marmor Streifen. Rosa Marmor bekam Streifen. Es war eine Kontemplation eines Gottes. Nun, als alle auf Grund ihrer eigenen Erweiterung des kontemplativen Gedankens erkannten, was geschah, da wurden ihre Schöpfungen — um einen Begriff zu verwenden, der in dieser eurer Zeit passend ist — absoluter. So wurde Absolutes geschaffen und jede Schöpfung wurde absolut.

Die künstlerische Ausführung eines so genannten Tempels, der in der Tat Parthenon genannt wird, ist dem Planeten Malina entnommen, denn all die wunderbaren Innerlichkeiten und Äußerlichkeiten auf Malina wurden nach diesem Grundmodell errichtet. Und die Säulen, Meister, waren in ihrer Schönheit nicht als Dachträger da, sondern sie repräsentierten die Lichterscheinung der Götter von Malina, denn sie waren die Säulen, die das so genannte Dach trugen. Und alle die Designs, die jetzt in einem kleineren Gedanken hervorgebracht wurden, entstanden in dieser Art. So wurde Malinas Pracht, die Tempel, wie sie bei euch heißen, von Säulen und herrlichem Marmor — blasser noch als schneeweißes Weiß — getragen. Sie hielten die Räume der Tempel aufrecht, denn sie bildeten gleichsam in der Tat den direkten Bezug zu den Göttern, die dort weilten. Und als sie sahen, wie dieser direkte Bezug sich in lebloser Materie verfestigte, erkannten die Götter, wie sie etwas Besseres erschaffen konnten. Was nun zu gedeihen begann, nennt ihr außergewöhnliches pflanzliches Leben, das jedoch aus Lichtsubstanz und nicht aus den Farben geschaffen wurde, die gleichsam in der Tat eure Ebene zieren. Sie wurden „Plantum des Gedankens" genannt. Sie verkörperten die Schönheit des Lichts.

Und ein Gott erschuf, was so passend als Gräser bezeichnet wird, die, wenn man über das Gras ging, Licht abgaben und ihre Farbschattierungen änderten. Ein anderer Gott erschuf was gleichsam in der Tat als Baum bezeichnet wird. Und der Schöpfer des Grases betrachtet erst das Gras unter sich und dann den Baum und er sah, dass der Baum viel größer als das Gras war. Und so machte er sich daran, dort drüben einen anderen Baum zu schaffen, der größer als der erste Baum war. Und bald darauf erschuf der Schöpfer des ersten Baumes, den seine Schöpfung so erfreut hatte, einen noch größeren Baum.

Und der Gott, der den ersten Baum gesehen hatte, rechnete sich aus, dass diese Wesenheit zwei Bäume hatte und er nur einen und so erschuf er einen größeren Baum, der höher war. Und er erschuf unzählig viele Bäume nacheinander, die einen größeren Umfang hatten. Und der Gott, der die zwei Bäume erschaffen hatte, sah sich erst die vielen Bäume und dann seine zwei Bäume an und erschuf einen Rutsch unter den Bäumen des anderen Gottes, wodurch all dessen Bäume zersplitterten. Und der Schöpfer der vielen Bäume schaute die Wesenheit an, die seine Bäume gesehen hatte und er erschuf einen Abgrund unter dessen zwei Bäumen.

Auf dem Berg waren die wunderbaren Wesenheiten, die ihre Wächtersäulen an einem wundervollen Ort niedergelassen hatten, an dem sie die Strukturen bauten und ihre Schöpfungsmethoden weiterentwickelten, so sehr mit ihrer schöpferischen Tätigkeit und ihrer Entwicklung beschäftigt, dass sie bald den Wunsch verloren, Ausflüge zur großen Zentralsonne zu machen. Aber diese Erscheinung wurde nur in ihrem Reich offensichtlich. So waren sie ausgesprochen beschäftigt damit, in jedem verfügbaren Augenblick, Augenblick um Augenblick, zu erschaffen. Und viele Tempel, Strukturen, wurden dort gebaut bis alles so von ihnen übersät war, dass es keinen Platz mehr für neue gab.

Und da kam ein Gott daher und er schaute sich um. Er hatte einen sensationellen Entwurf, denn er hatte sich in der Abgeschiedenheit eines Augenblicks eine neue Beschaffenheit des weißen Marmors vorgestellt, worauf dieser rosafarben wurde. Und er war so entzückt über seinen wundervollen, farbigen Marmor, dass er sogleich ein noch größeres Gebäude aus seinem wundervollen Stein erbauen wollte. Er schaute überall, aber nirgends war Platz dafür. Er wollte nicht in das Tal der Bäume mit all seinen Beben hinabgehen. Es war sein Wunsch, auf dem Berg zu bauen. Und als er versuchte, seinen wundervollen Tempel im Zwischenraum zwischen zwei anderen Tempeln zu bauen, wurde dieser so eng — und da weinte er — dass nicht einmal ein Teilchen seines Lichtfusses hineinpasste. Und er fand das geschmacklos, denn der Tempel konnte nicht die Energie widerspiegeln, die er im Stein verfestigen wollte. So probierte er es hier und da. Und bald, als keiner ihn seinen wundervollen Tempel rosafarbener Blässe bauen ließ, wurde er zornig — Zorn war ihm bislang unbekannt gewesen — denn er hatte unter den größten Schwierigkeiten versucht, einen Platz für seinen Tempel zu finden, und keiner hatte ihm erlaubt, ihn zu bauen. Und als er zornig wurde und seinen Blick auf die anderen richtete, siehe, da kam aus dem Zorn dieses Gottes was ihr einen Blitzschlag nennt hervor, denn er hatte das Gefühl, dass auch er erschaffen musste, denn wenn er jetzt nicht erschaffen würde, käme er mit dem Erschaffen ins Hintertreffen, wie ihr das so nennt. Und da er es nicht absolut sofort tun konnte, wurde er zornig. Und Zorn wurde, was in der Tat als ein kollektiver Gedanke bezeichnet wird, und die Schlagkraft der Emotion kam als so genannter Blitzschlag hervor. Und siehe, in seinem Zorn richtet er seinen Blick auf einen der Tempel, der ihm mit seiner enormen Länge sehr trist und langweilig erschien. Das war das Ziel, nach dem er suchte.

Und siehe, der Blitz ging durch den Tempel und zur großen Bestürzung der anderen Götter stürzte der Tempel ein. Und sie alle versammelten sich und sahen den Gott an, denn was er getan hatte, hatten sie noch nie zuvor gesehen. Und sie waren erstaunt. Und als ihre Verwunderung sie einholte, waren sie ganz in ihr gefangen — eine neue Schöpfung. Und als sie erstaunt waren, siehe, da richtete sich der Blitz aus seinem Sein auf die anderen Götter und zu ihrem noch größeren Erstaunen wurden sie vom Blitz getroffen.

Wenn man als kleines Kind nicht lernt, wie man reagiert, wenn man geschlagen wird — man die Kunst des Zurückschlagens nicht erlernt hat — wirkt solch ein Schlag wie ein lähmender Schock, denn man kennt die Absicht hinter dem Schlag nicht, man ist sich unsicher, da man Zorn nicht kennt und nicht weiß, wofür er da ist. Und als die Blitzschläge kamen und sie alle trafen, waren sie entsetzt und sie standen ganz bestürzt da. Und aus dem Augenblick ihrer Schöpferischkeit kam Bestürztheit hervor, und je bestürzter sie waren, desto mehr Blitzschläge trafen auf sie.

Und bald drehten sie sich um, wandten sich ab und sie rafften sich auf und eilten davon. Und die Wesenheit, die den großen Tempel zum Einsturz gebracht hatte, errichtete ihren eigenen Tempel. Und die anderen, die ihn beobachteten, fanden all das höchst unerfreulich, denn sie fanden, dass dies womöglich eine Vorgehensweise war, von der die Quelle oder der Vater ihnen nichts gesagt hatte. Und sie kamen zusammen und sie suchten ihn auf und fragten ihn, was das alles denn zu bedeuten hätte. „Was ist die Neuentwickelte Schöpfung, mit der du uns getroffen hast?" Und er sagte ihnen, dass sie ihm keinen Platz für seine wundervolle Schöpfung zugebilligt hatten und dass er das nicht verstehe. Und ihre Erklärung war: „Du hast unseren Tempel zerstört und deinen eigenen aufgebaut. Hast du denn nicht gewusst, dass du das nicht tun kannst? Du hast dies angerichtet."

Und der Erbauer des rosafarbenen Tempels war äußerst zufrieden mit sich selbst, denn in dem Moment erkannte er, dass er, durch seine Tat mit dem Blitzschlag, jetzt immer und überall tun konnte, was ihm beliebte. Und das erfüllte die anderen mit Angst, denn sie hatten nicht daraus gelernt. Und sie blieben ihren Schöpfungen nahe und bewachten sie. Und siehe, ein Tempel genügte nicht. Er musste mehr haben.

Und einer nach dem anderen war seinem Angriff ausgesetzt und sie wussten nicht, wie sie ihn abwehren konnten — bis er zum letzten Tempel kam, dem kleinsten von allen mit der klobigsten Form, denn alle anderen waren größer und aufwendiger. Er kam bei diesem Tempel an und der Raum, den er einnahm, war ein Nichts. Aber er machte auch ihn dem Erdboden gleich. Und der Gott, der vor seiner Stätte stand und die Lage abgeschätzt hatte, wurde wütend auf den anderen und siehe, da kam ein blendendes Licht aus ihm hervor, das den Angreifer traf. Und der Angreifer schoss zurück, denn bis jetzt war er noch nie das Ziel eines Einschlages gewesen. Er war getroffen worden und er wandte sich gegen den anderen und schlug zurück und der andere hielt seine Stellung und schlug wieder zurück. Und bald fingen andere an, gegenseitig auf einander einzuschlagen, und auf Malina begannen die Trümmer zu fallen.

Der Konkurrenzgeist und die Macht der Götter waren enorm. Siehe, eine Einstellung zu sehen und ihr Zeuge zu sein, heißt, sie innerlich zu betrachten und schon ist man zu ihr geworden. Und alle wurden zornig. Und es dauerte nicht lange, bis die Schöpfung des Zornes gewaltige Ausmaße annahm. Und bald waren alle tief in die daraus entstehenden Schlachten verwickelt, alle außer ein paar wenigen. Und diese wenigen, die sich nicht mithineinziehen hatten lassen, befanden sich an einem Ort auf dem Gipfel, wo sie im Gedanken einen Weg gefunden hatten, der eine größere Schöpfung und ein erweitertes Spektrum in anderen Universen möglich machte. Man könnte sagen, sie waren besser „im Fluss". Und diese wenigen waren es, die die Zerstörung von Malina und die Schlachten beobachteten, in denen ein Gott auf den anderen einschlug. Und kaum war eine Schöpfung entstanden, wurde sie auch schon vernichtet. Und ein Gedanke konnte noch so schnell sein, er wurde sofort mit einem Gegengedanken pariert — der große Krieg der Götter.

Ihr findet, dass sich das ein bisschen lustig anhört? Vielleicht ist es das. Aber, seht ihr, sie starben nie. Die Zeit, in der sie vom Tod erfahren würden, war nahe, aber hier starben sie nicht. Sie machten nur den Boden fruchtbar — die Saat künftiger Jahrhunderte und Jahrtausende — für das fatale Vorgehen eines Gottes gegen den anderen. Diese Götter starben nicht, aber sie führten Krieg gegeneinander. Und in eurer Exaktheit würdet ihr es so sagen: dieser Krieg dauerte zwei Millionen Jahre und ein paar Tage, ohne Unterbrechung.

Das Leid der Zerstörung

Und da der Krieg immer weiter ging, war die Vernichtung von Malina gewiss. Und unter den wenigen, die sich versammelt hatten, war auch eine wundervolle Wesenheit mit Namen Göttin Taube. Und diese Wesenheit weinte in ihrer Schöpfung eine Träne, wie es heißt, über die Zerstörung der Herrlichkeit ihrer Schöpfung durch die Taten anderer. Und als sie zu weinen begann, weinte die liebliche Göttin Taube über ihr wundervolles Zuhause, das Kind des wundervollen Lichts, und sie sah Kummer in ihren Mustern. Göttin Taube ist dafür bekannt, dass sie als erste das Gefühl der Verzweiflung kannte. Und jeder Augenblick ihrer Verzweiflung und des Weinens ihres Lichtwesens kristallisierte sich und wo immer sie weinte, regnete es Kristalle.

Die Götter wussten nicht, was Weinen war. Sie wussten nicht, was Klagen war. Ich will euch sagen, wie es ist. Wenn ein von Zorn hervorgebrachter Blitzschlag jeglichen Gegenstand durchbrechen und niederreißen kann, was wird dann vom Weinen niedergerissen? Das Lied, das die Göttin weinte, zog aus und in den Vater hinein und ihr Lied war das Lied von Kummer und Leid und vom Licht, das vom Wind und vom Donner der Bewegung mitgerissen wird. Und sie bat die Quelle inständig, ein Einsehen zu haben und die Zerstörung zu beenden, die jetzt so tief schmerzte. Und sie trauerte wegen zukünftiger Schmerzen, denn nun waren sie erschaffen. Und ihr melodisches Lied erzählte weiter davon, dass ihr geliebter Platz verwüstet werden würde, und dass die gesamte Schöpfung verwüstet werden könnte, denn diese Zerstörung war mehr, als sie in ihrem Lichtselbst ertragen konnte.

Habt ihr je eine Frau weinen und klagen gehört — nicht im Stillen — lautes Weinen? Es hallt in Zerstörung wider und durchbohrt die Seele des Menschen und dringt in größere Tiefen vor. Und kann etwas erschaffen werden, das in der Tat so kummervoll ist, dass es mit seiner Macht bis in das, was als die Seele eines Gedankens an den Vater bezeichnet wird, hineinreicht und die Entwicklung von Kummer und Leid auslöst? Göttin Taube war eine Klagefrau, wie ihr das so nennt, im Angesicht der Zerstörung. Und ihr Lied fiel auf den rollenden Donner auf seinem Weg, der ihre Lichtformen in des Vaters Saat verwirklichte. Sie war es, die der Zerstörung ein Ende bereitete. Und als sie sie ihr Lied singen und ihr schreckliches Weinen weinen hörten, hielten sie inne und drehten sich zu der großen Säule hin und blickten ihr ins Gesicht. Und ihr Lied kam und toste durch das Tal. Und als es durch das Tal toste, erbebte das Tal unter ihm. Und als es das Tal erzittern ließ, drang es bis ins Innerste des Berges vor, und als es sein Innerstes erreichte, geriet der Berg ins Wanken und siehe, alles stürzte zusammen. Und das wundervolle Weiß wurde zu einem Meer der Zerstörung, das diesem großen Ereignis folgte.

Und als die Krieg führenden Götter sie ansahen, stürzte das Fundament ihrer Gedanken ein. Und das Lied der Götter ging weiter und wie ein Orkan stürmte es bis zum tiefsten Kern von Malina vor. Und als die Schwingungsrate des Wehklagens in das Innere von Malina eindrang, entlud sich sein Klang mit ungeheurer Wucht von innen nach außen und mit einer riesigen Explosion ging alles in einem gewaltigen Donner unter.

Und siehe, das Kind, das aus der Sonne hervorgekommen war, ihr erstes Kind, gab es nicht mehr. Aus dem Licht der großen Zentralsonne strömte ihr Elend hervor und reichte hinaus, das Teilchen der Hoffnung zu fangen. Und indem sie sich vorbeugte, gab sie, aus sich heraus, und brachte in der Tat wieder zu sich zurück. Die gute Mutter, die ihr Kind liebte, sammelte seinen zerbrochenen Körper ein und hielt ihn wieder in ihrer Seele.

Ein großer Blitz: Die Göttin Taube und ihr Lied und die Götter, die sich zu ihrer Unterstützung bei ihr befanden, erhoben sich in einen Gedanken hinein und begaben sich zum äußersten Punkt eures Universums. Dort warteten sie in ihren Lichtsäulen und sahen dass ihre Schöpfung nichts anderes als die Wiedererschaffung eines Gedankens und eines Augenblicks war, leer, ohne inneren Wert, und somit kein Leben schuf.

Und die Krieg führenden Götter, was hatten sie unterworfen? Es war nicht durch ihren Zorn geschehen. Sie hatten es nicht getan. Es war etwas Gewaltigeres gewesen, das sich ohne Licht bewegte. Und sie waren ganz davon ergriffen und voller Angst. Sie folgten der großen Lichterscheinung nicht bis ans Ende und zum Rande eures Universums, das sie sehen konnten, denn das große Licht erfüllte sie mit Ehrfurcht und Angst. In der

Tat, sie alle versammelten sich und gaben der Mutter Sonne ein Zeichen, dass sie noch ein weiteres Kind hervorbringen solle.

Und siehe, da kam eines hervor. Und als es aus der Sonne heraus in das Universum hinein kam, wurde es von der Göttin Taube zum äußersten Punkt des Universums befördert. Und dort, auf dem Planeten, den ihr Pluto nennt, begannen die Göttin Taube und die Götter, die sich nicht am Krieg beteiligen wollten, mit ihrem Schaffenswerk, getröstet und in Frieden. Andere wohnen auf einem Planeten, der sich auf der anderen Seite der Sonne, eurer Erde genau gegenüber befindet. Diesen Planeten werden eure Wissenschaftler noch vor Ende dieses eures Jahrhunderts entdecken. Ihr habt also noch einen weiteren Planeten da draußen, von dem ihr bisher noch nichts gewusst habt.

Und siehe, die Mutter Sonne brachte noch ein weiteres Kind hervor, das ins Universum gerufen wurde. Und es sollte ein Zeichen sein, denn es würde in der Tat der Planet des Kummers heißen und so das Banner werden, das für immer die Göttin und ihr Königreich bewachen sollte. Und so konnten die erwachenden Götter diesen Planeten nicht haben – und auch den nächsten nicht, denn als dieser entstand, war er gleichsam in der Tat so riesig, dass er explodierte, da er größer als seine Sonne war. Und all die Bruchstücke um ihn herum sammelten sich gleichsam in der Tat um den Kern seines Seins und wurden so von dort herausgeschleudert.

Terra, die Geburt einer neuen Hoffnung

Und in der Sonne war ein weiteres Kind entstanden, sie spie es aus und verletzte sich, denn dieses Kind in ihrem Schoß war groß, und es kam hervor. Und alle, die hervorkamen, waren karg. Den Göttern, die zusahen, gefiel keines von ihnen. Keines war vollkommen, bis, siehe da, das kleinste Kind der wundervollen Sonne geboren wurde. Sie hob ihren riesigen Kopf und sah die großen Lichtsäulen an und ihr Licht wurde sehr schwach. Und sie brachte das Kind aus dem zarten Schoß heraus direkt auf die Wiegen-Umlaufbahn. Und das kleine Kind war ein Same und war von Wasser in feinster Verteilung eingehüllt. Und siehe, die Götter schauten es an und sie sahen gleichsam in der Tat die Ähnlichkeit zu dem Kind, das die Mutter Sonne zurückgenommen hatte. Sie hatte ein neues Kind gestaltet, das Ebenbild des ersten Kindes, doch beschützt.

Und die große Mutter Sonne brachte ihr winziges Kind hervor und es kam heraus und die Götter betrachteten es in seiner Herrlichkeit. Als das Baby in der Wiege blieb und in sich die Lichtkräfte sammelte, die ihm zur rechten Zeit sein Wachstum ermöglichen würden, brachte die Sonne es in seine Umlaufbahn, denn ihr winziges Kind war vollkommen. Und die

Götter besahen sich das Kind und waren von ihm sehr angetan. Sie sahen, dass es ihrer ersten Schöpfung sehr ähnlich war.

Und als sie das Kind näher betrachteten, bemerkten sie, dass die oberste Schicht des Samens formbar war — sie war weich, in ständiger Bewegung und stetigem Austausch — und dass das wasserhaltige Stratum, von dem es umgeben war, all das wundervolle Licht der Mutter Sonne gleichmäßig über ihr wunderschönes Kind verteilte. Und die Götter schauten es sich an und fanden eine wunderbare Schöpfung vor.

Und einer nach dem anderen brachte mit seinen Grundmodellen die Vervollkommnungen des Lichts hervor, wie sie das auch auf Malina getan hatten. Und siehe, das erste Gras entstand. Aber auf seinem Weg zum Kind durch das Lichtstratum, das als wässriges Stratum bezeichnet wird, durchdrang der Gedanke die liebevolle Fürsorge der Sonne, die über der gesamten Sphäre des Kindes verteilt war. Und siehe, der Same ward in der Tat hervorgebracht und wurde zu einer Pflanze, zu Gräsern und zur Aufrechterhaltung dessen, was in der Tat als „mit Sauerstoff angereichertes Licht" bezeichnet wird, das gleichsam in der Tat alle Partikel für Leben in einem dreidimensionalen Verständnis enthält.

Siehe, Gott brachte aus seinem Sein das wundervolle Gras hervor. Und mit dem Gedanken — der in der Tat das Kind durchdrang und sich dort auf vollkommene Weise so ausbreitete, wie es diesem Verständnis angemessen war — entstand Leben. Und die Gräser kamen hervor, aber in einer Farbe, die der Gott noch nicht gesehen hatte. Denn die Farbe entsprach gleichsam in der Tat dem Teil des Lichts und der Sphäre, in der es sich nun entwickelte. Sie hatten eine Farbe angenommen, die ihr gleichsam in der Tat in euren Worten Grün nennt — aber kein helles, sondern ein dunkles Grün.

Und siehe, die Gräser kamen hervor und der Gott war überglücklich. Dieses Kind war gar wundervoll in seinem Schaffen. Und siehe, da kam gleichsam in der Tat ein anderer daher und er brachte gleichsam in der Tat einen Samen des Plantum mit sich und pflanzte gleichsam in der Tat eine wundersame Pflanze aus. Und sie kam hervor und ihr Gott beschaute sie und war überglücklich, denn sie hatte eine neue Farbe. Und ein anderer trat vor, der das Blatt nahm und es spaltete. Und doch, als die Pflanze sich entfaltete, hatte sie dieselbe Farbe, jedoch war sie genauso einzigartig und anders wie der Gott, der sie geschaffen hatte. Und so ging das immer weiter.

Und siehe, da trat gleichsam in der Tat ein anderer Gott auf, der gleichsam in der Tat das so genannte Tier schuf. Und das Tier in seiner niedersten, Komprimiertesten Form wurde gleichsam in der Tat schon in diesem Stadium zur vollkommenen Form eines Einzelwesens. Und siehe, da war das Tier und es war unbeweglich. Und die Wesenheit, die sich wünschte, beweglich zu sein, war als Pflanze ein Nicht-Ding. Und der Gott, der Schöpfer des Tieres, blickte es an und sah, dass es ganz und gar nichts tat. Im Grunde war es eine formlose Masse. Und so wurde der Gott gleichsam in der Tat zu einem Teil des Tieres, um in seiner Bewegung Leben zu sehen, um ihm Einzigartigkeit zu verleihen. Und indem Gott zu einem Teil des Tieres wurde, hauchte er ihm sein Leben ein, seine Essenz, seinen Geist und seine Seele, und siehe, das Tier kam zum Leben. Und die Organe des Tieres waren gleichsam in der Tat nicht zur Verdauung und Verteilung von Licht oder Gedanken gedacht — es war etwas Stoffliches, das verdaut werden musste. Das Tier fraß all das Gras, verschlang die beiden Pflanzen und alles war weg, nur das Tier war noch da.

Die zarten Pflänzchen wurden eines nach dem anderen wieder erschaffen. Nun hat es in eurem Reich noch gar niemals zwei genau identische Planta gegeben. Sie sind alle verschieden — alle. Gott machte die Erfahrung, dass wenn er einer neuen Pflanze schuf und hervorsprießen ließ, auch diese von dem Tier gefressen wurde. Und er pflanzte die nächste hier, sie kam hervor und das Tier fraß sie. Da hatte er nur noch eine übrig und schon wurde auch diese gefressen.

Und dieser Gott, der lernte, seinem Plantum ein Licht einzuhauchen, hatte gleichsam in der Tat noch nicht gelernt, das Plantum größer zu machen. Und er wurde ganz ratlos. Und das Tier wurde hungrig. So erschuf er diese und jene Pflanze und er gab dem Gedanken noch zwei neue Gebiete dazu und er kolonisierte eine ganze Region mit individuellen, vollkommenen Planta. Und siehe, der Schöpfer der Tiere erschuf noch ein Tier und noch eines. Und die Tiere fraßen die Planta auf. Und der Gott, der für sich eine wunderbare Pflanze schuf, war emsig damit beschäftigt, sie wieder und wieder zu erschaffen. Andere, die Schöpfer der Pflanzen mit dem gespaltenen Blatt, schufen ihre Pflanzen. Die Schöpfer der Moose ihrerseits schufen in der Tat mehr Moos. Aber keine der Pflanzen besaß einen Samen. Und die Tiere fingen zu fressen an.

Nun wollen wir uns dem Pflanzenvolk zuwenden. Die Götter standen vor einem äußerst verwirrenden Problem, denn sie hatten schon gelernt — und hatten dabei noch immer die Zerstörung der früheren Ereignisse vor Augen und im Herrn ihres Seins — zu den Pflanzen zu werden und wussten daher, wie es war, von einem Tier verschlungen zu werden. Sie mussten es erleben und so taten sie es. Sie wurden zu der zarten Pflanze und wurden von dem Tier herausgezogen oder zerrissen — der natürliche Lauf der Dinge. Eine äußerst verabscheuungswürdige Sache, zerkaut und dann in einer krampfartigen Bewegung geschluckt zu werden.

Gott nun, der dies sah, dachte sich, wenn dem Tier der Atem des Lebens verliehen wurde, um ihm Beweglichkeit zu verleihen, dann muss auch den Planta etwas gegeben werden, mit dem sie sich schützen können. So wurde Gott zur Pflanze und integrierte einen permanenten Gedanken in die Pflanze, und dieser Gedanke in der Pflanze hieß Samen. Und der Samen der Pflanze würde sich immerfort selbst wieder aussäen. Und er gestaltete jede Pflanze so, dass sich auf ewig in jeder Pflanze immer von selbst ein Samen heranbilden würde. Und als er den vollkommenen Gedanken in der Pflanze verankert hatte, kam das Tier daher und verschlang die Pflanze. Und sie gelangte in den so genannten Verdauungstrakt des Tieres, um dort verarbeitet zu werden und die Masse des Tieres zu vergrößern. Und in seinem so genannten Kot kam der Samen wieder heraus und hatte durch das Tier keinen Schaden erlitten. Und im Kot begann der Samen wieder zu wachsen und eine Pflanze kam hervor. Und Gott war überglücklich. Und alle Planta wuchsen aus ihren Samen heraus, und bald gab auch der Schöpfer der gespaltenen Blätter seinen Pflanzen Samen.

Und andere, die Pflanzen schufen, machten sie zu Blumen, damit deren Samen schöner als die Samen im Kot wurden. Und im Verlauf ihres Schaffens gab jeder der individuellen Götter, von denen jeder in seinem individuellen, wundervollen Stil erschuf, dem Samen eine andere Blässe, Farbe und verführerische Qualität, damit seine wundervolle Schöpfung niemals wieder zerstört werden würde. Jetzt wuchsen und gediehen sie. Sobald das Tier die Pflanze zu sich nahm und sie verdaute, wurde der Samen mit dessen Kot ausgeschieden und eine neue Pflanze spross hervor. Denn das wässrige Stratum, das gleichsam in der Tat diese eure wunderschöne Erde umgab, erzeugte gleichsam in der Tat eine so genannte Wachstumsfördernde Schoßtemperatur, Meister, die überall auf eurer Welt gleich war.

Und das Licht, die wunderbare Mutter, warf ein Licht auf diese Welt, das sie vollkommen einhüllte. So kannte die Erde keine Dunkelheit. Es herrschte ein Kontinuum des Lichts, denn Licht wurde auf dem Wasser transportiert und so um die ganze Erde herum getragen. Und sobald der Samen herauskam, war er im Kot. Er hatte die richtige Temperatur und das Licht für eine schnelle Vermehrung. So spross der Gedanke allerorts ganz mühelos hervor. Und alle Götter legten Hand an und verbesserten ihre Planta, gleichsam in der Tat die Flora und in der Tat die wunderbaren Düfte und alle Schöpfungen — nicht, um sich gegenseitig zu zerstören, sondern um jede Schöpfung individuell und einzigartig und unvergesslich zu machen.

EVOLUTION DES TIER- UND PFLANZENREICHES

Nun Tiere: Der Schöpfer des Klumpens hauchte diesem seinen Atem an. Andere begannen ihre Klumpen zu entwickeln und ihnen ihren Atem einzuhauchen. Und bald gab es mehr Tiere als Planta, obgleich all die Schösslinge sprossen. Das Tier wurde hungrig. Und ein Gott, der gleichsam in der Tat sah, dass alle eine Menge Tiere hatten, entwickelte ein Tier, das gleichsam in der Tat andere Tiere fraß. Zu der Zeit hatten die Tiere gleichsam in der Tat noch keinen Samen, denn anders als das Plantum, kannten sie diesen noch nicht. Und so wurde gleichsam in der Tat eines mit gewaltigen Reißzähnen erschaffen. Und als es entstand, hauchte der Gott in dessen Sein Leben ein und blieb dort, bis es Hunger bekam. Und das Tier griff ein anderes an und verschlang ein Tier, das Planta verspeist. Eine große krampfartige Bewegung, und schon gab es das Tier nicht mehr. Es füllte jetzt den Bauch des anderen Tieres.

Nun, man wäre bestürzt, wenn man so etwas mitansehen müsste. Wo war das Tier geblieben? Nur noch seine inneren Funktionen waren übrig, sonst nichts. Und während der Gott, der Schöpfer des ersten Tieres, über die Vorgehensweise dieses Tieres nachdachte, sah er, wie das Tier die anderen Tiere auffraß. Und bald, als alle von dem großen Tier aufgefressen waren, wurde dieses größer und immer größer. Das Tier, das all die anderen Tiere verschlungen hatte, hatte nichts mehr zu fressen. Und das Tier machte sich auf die Suche, denn es mochte Planta nicht. So gediehen die Pflanzen und überwucherten alles und das Tier lag da und keuchte und war dem Sterben nah.

Und dieser eine Gott dachte darüber nach und brachte so durch seine Gedanken wieder ein vollkommenes Tier hervor und erschuf Erscheinungsformen, die diesem Tier ähnelten. Und bald kam das riesige Monster wieder soweit zu Kräften, dass es die anderen wieder angreifen und auffressen konnte. Der Gott, der diesen gesetzmäßigen Ablauf einer niederen Form von Kreativität sah, schuf sein Tier und stattete es von nun an mit einem Organ aus, das von zwei anderen Organen, Drüsen genannt, gesteuert wird. Sie regten die Samenbildung an, aber es gab nichts, wodurch die Samen wie bei den Pflanzen hätten wachsen und weitergegeben werden können, außer durch das große Tier. Der Gott erzeugte den Samen des zukünftigen Tieres und das Tier trug gleichsam in der Tat seinen Samen in sich und es legte alsbald ein sehr großes Ei. In dem Ei befand sich der fruchtbare Samen. Und das Tier legte das Ei in die warme Erde, wo das Tier sich selbst erzeugte. Und als das Ei aufbrach, siehe, da war aus einer noch primitiven Verständnisweise heraus eine neue Idee geboren. Als Gott sich seine Schöpfung betrachtete, war er von unbändiger Freude erfüllt. Und er sah, so bedauerlich das war, dass das Geschöpf im Ei ganz genau so aussah, wie das Geschöpf. Es gab keinen Unterschied zwischen den beiden. Und der Gott sah sich all die Pflanzen an, er sah Planta, Moos, Flora in allen Farben und mit allen Düften — und er sah, dass sein kleines Tier keine individuelle Form hatte, dass es dasselbe Selbst hervorbrachte.

Das riesige Tier kam daher und vertilgte gleichsam in der Tat das ältere Tier und der Sprössling blieb sich selbst überlassen. Und als all das Fressen, Verschlingen und Angreifen so vor sich ging, war der Schöpfer des riesigen Tieres äußerst zufrieden mit seiner Erfindung. Der Gott also, der Schöpfer des ersten Tieres, sah dem riesigen Tier in die Augen und fand es ganz grausig. So erschuf er gleichsam in der Tat ein Tier für sich, das das riesige abwehren konnte, während er mit der Weiterentwicklung des anderen beschäftigt war.

So brachte er ein Tier zum Leben und er besah sich das Maul des großen Monsters und machte dem seinen ein längeres Maul. Und er sah die Hornplatte auf dem Rücken dieses Monsters, denn die Formgebung war gleichsam in der Tat nicht sehr ausgeklügelt. So machte er das seine mit einem riesigen, monströsen Körper, starken Beinen, die kräftiger als die des anderen Monsters waren, und gab ihm einen langen Schwanz, mit dem es sein Gleichgewicht halten konnte. Und dieses Wesen würde das andere verschlingen, während sie als Götter jenes Tier entwickeln und erschaffen konnten. Und so entstand ein Tier, das äußerst monströs und widerlich aussah. Und das zukünftige Tier war noch ein Nicht-Ding und so machte sich der Gott daran und gab dem Tier den Atem des Lebens und Seele und Geist und prägte ihm das Verschlingen dieses anderen Dinges ein.

Und das riesige Geschöpf, hungrig wie es war, machte sich unverzüglich daran, das andere zu verschlingen. Und gleich darauf entbrannte ein Kampf und der Gott fand seine Schöpfung in einen Krieg verwickelt. Und er nahm am Kampf um das Überleben seines Geschöpfes teil. Und der Gott erlebte die Gewalt eines kriegerischen Angriffs auf ein anderes Geschöpf und bald hatte seine Weiterentwicklung das verabscheuungswürdige Tier zu Fall gebracht. Und er wandte sich ab und schuf ein neues, kleineres mit einer individuellen Form. Und er gab diesem den Samen und gab dem größeren den Samen und die Drüse hier und nur zwei dort und die beiden sollten Partner füreinander sein.

Und so erlebten die beiden durch Kopulation das gegenseitige Drängen und der Gott sah, wie die jeweiligen Muster der Einzigartigkeit der beiden in einem Ei zusammenkamen, das vom kleineren Tier vergraben wurde. Und als das Junge herauskam, war es einfach prächtig. Es war anders und wundersamer noch als seine Eltern, größer, mit mehr Zähnen.

Nun erschufen auch die anderen Götter Tiere, und auf Grund dieses Verständnisses versahen sie auch die ihren mit den gleichen Eigen-Mustern, die gleichsam in beiden für immer fortleben würden. Es war an diesem Punkt in eurer Schöpfung, dass jeder Gott in der Tat selbst sein wundersames Muster im Leben festlegte und es auf seinen Weg sandte, auf dass es leben möge.

Die Götter hatten den ersten Blitzschlag nicht so schnell vergessen. Er wurde von den Göttern verehrt und gefürchtet. Aber als die einen nun von den Tieren der anderen eingeschüchtert wurden, die immer mehr Übergriffe auf ihre Schöpfungen verübten, machten sie alle größere Tiere mit mehr Zähnen, die in der Tat noch abscheulicher und schneller zu Fuß waren — nur, um sich gegen die Schöpfungen der anderen zu verteidigen. Es war ein blutiger Krieg.

Götter geboren in menschlicher Form

Kommentar zu Kapitel 3
Der Fall der Götter

Kontemplation und fokussierter Gedanke

Die langsame Evolution der Spezies in ihrem Bemühen, sich verschiedenen Umgebungen anzupassen, so wie die Wissenschaft es sieht, scheint keinen Raum für den Schöpfergott zu lassen, von dem das Buch Genesis berichtet. Doch die wissenschaftlichen Evolutionstheorien versagen, wenn es darum geht, die Frage zu beantworten, was der Ausgangspunkt dieses Prozesses war und welche organisierte Intelligenz diesen fortlaufend lenkt.

Der Gott der Genesis befiehlt die Schöpfung ins Sein, durch die Macht des Wortes Gottes wird sie so geschaffen: „Dann sagte Gott, ‘Es werde Licht und es ward Licht.”[1] Ein weiteres wichtiges Element, das sich durch diese Geschichte zieht, ist der Vorgang des Sehens und Benennens oder Kontemplierens, wodurch das Endprodukt der Schöpfung definiert wird: „Gott sah, dass es gut war”,[2] und „Gott nannte das Licht Tag und die Finsternis Nacht.”[3] Ein auffallendes Merkmal dieser Geschichte, die ihre Parallelen in vielen verschiedenen anderen Traditionen findet, ist die Aufspaltung des Schöpfungsaktes in sieben Einheiten oder Teile. Der Geschichte nach gelangt die Schöpfung durch die Kraft des in Worte gefassten *Gedankens* und durch die Macht von Reflexion und *Kontemplation* ins Sein und wird dadurch definiert.

Das ist wichtig, weil die traditionelle, von einer gegebenen Trennung von Gott und Universum ausgehende Interpretation dieser Geschichte vielleicht nicht die ursprüngliche Absicht wiedergibt, die hinter diesen Schlüsselelementen steckt, so wie sie in der Endfassung der Schöpfungsgeschichte bis heute überlebt haben. Wie schon gesagt, kann mit Hilfe von Ramthas Darstellung des Ursprung und der Evolution des Universums allmählich der richtige Kontext für die Deutung dieser Schlüsselelemente entstehen.

In den vorhergehenden Kapiteln haben wir gesehen, dass die gesamte Existenz auf einen Akt der Kontemplation zurückgeht, welcher einen Gedanken erzeugte, ein dynamisches, bewusstes Gewahrsein oder Bewusstsein und Energie. Wir erkannten auch, dass genau diese Merkmale, die man in heutigen Begriffen gemeinhin als freier Wille und die Fähigkeit zur Vernunft bezeichnet, die wahre Natur des Menschen am besten beschreiben und definieren. Der Grund, warum der Gott der Genesis im Vergleich zur Menschheit und dem Universum so gänzlich anders und transzendent erlebt wird, liegt darin, dass die kreativen Eigenschaften des

---

[1] Buch Genesis, 1:3.
[2] Ibid., 1:10.
[3] Ibid., 1:5.

Denkens und der willentlichen *Kontemplation*, über welche die Menschheit verfügt, ignoriert und geleugnet worden sind.

Die alte hebräische Sprache kennt vermutlich die klarste und treffendste Deutung für das Wort und bezeichnet es als kreatives Bewusstsein und Energie. Das erste Buch der jüdischen Torah, das Buch Genesis, enthält — als Teil der einleitenden Worte בראשית, „Barashith" — das Wort ברא., „Barah" (bêth, rêš, 'aleph). Das zweite Wort im gleichen Buch lautet nur „Barah". Das Wort „Barah" bezieht sich sowohl auf ein Substantiv als auch auf ein Verb. Als allein stehendes Substantiv bedeutet es „ein Wort", und als Verb bezeichnet es den Akt der Schöpfung. Diese Doppelbedeutung ist keineswegs willkürlich, besonders wenn wir bedenken, dass es im Buch Genesis um die Geschichte der Schöpfung geht.

Gott wird als derjenige dargestellt, der seine Schöpfung ins Sein befiehlt und sie billigt, als er sieht, dass sie eine sehr gute Tat war. Dieser Zusammenhang zeigt einen sehr tiefen Hintergrund des Begriffs „Barah", welcher ihn aufwertet und ihm Bedeutung verleiht. Große Teile des jüdischen Mystizismus und der jüdisch-christlichen Kabbala des Mittelalters gründeten sich auf das Verständnis, dass Worte und Gedanken eine kreative und göttliche Qualität haben. Worte und Symbole waren der Fokus der Meditation und die Mittel, die den Einzelnen näher zum Göttlichen führten. Im Lichte solcher Überlegungen ist es nicht schwer, eine Parallele zwischen dem Konzept einer „kreativen Macht des Gotteswortes" und „der kreativen Macht von Bewusstsein und Energie, die im Gedanken enthalten sind und im Wort ausgedrückt werden" zu ziehen.

Ein wichtiger Unterschied zwischen den zwei Konzepten besteht allerdings darin, dass nach der Schöpfungsgeschichte das Wort nur dann kreative Macht hat, wenn es von Gott benutzt wird und nicht von Männern und Frauen. Mit anderen Worten, es gilt als göttliches Attribut. Nach Ramthas Verständnis steht die kreative Macht des Wortes jedem zur Verfügung. Für Ramtha legt diese wichtige Eigenschaft der Menschheit Zeugnis dafür ab, in welchem Maße wir unsere Göttlichkeit und die Grundlagen unseres freien Willens vergessen haben.

> „So dass nun die Definition von Gott — welche auf eine Definition von euch selbst hinausläuft — ist, dass ihr Bewusstsein und Energie seid, was auch immer euer Wille beleuchten mag. Und warum die sieben Siegel? Weil unser Wille in jedem dieser Bereiche wirken kann. Und der Körper ist absolut wie eine duplizierte Landkarte dessen, was man als die sieben Königreiche bezeichnet — wie innen, so außen, wie oben so unten — und das, was diesen Königreichen ihre Lebensfähigkeit und in der Tat ihre Seinsberechtigung gibt, sind unser Wille und unsere Entscheidung. Das ist es. Aber es ist alles. Es ist alles."

> „Bewusstsein und Energie sind das innere Gesetz — das einzige Gesetz, wenn wir es so nennen wollen — das wirkt. Und was tut es, es ist so unbeschränkt, dass es das unterstützt. Es ist das einzige Gesetz, wenn wir es so nennen wollen, bei dem der Wille, über den ihr verfügt, absolut frei sein kann."[4]

Das Gesetz von Bewusstsein und Energie ist im Menschen stets aktiv, auch wenn das, je nach der Bewusstheitsstufe des Einzelnen, nicht immer offenkundig sein mag. Ramtha erklärt, dass sich die Menschen meist nicht über die wahre Richtung ihrer Absicht und ihres Fokus im Klaren sind, weshalb sie annehmen, dass ihr Wille sich nicht manifestieren würde. Menschen aber, die ihren menschlichen Zustand meistern und erleuchtet werden, lernen es, gewahr zu werden und die unterschwellige Absicht, welche ihr Leben erschafft, neu auszurichten.

> „So lange ihr nicht verstanden habt, dass Bewusstsein und Energie die Wirklichkeit erschaffen, werdet ihr immer die Sätze haben: aber, warum, ich kann nicht, es ist zu schwer, Versagen, Mangel. All diese werdet ihr immer haben. Und das Wunder besteht darin, dass die Energie eures Bewusstseins euren Widerspruch erschafft."[5]
>
> „Das Bewusstsein unterliegt keinen Gesetzen, was immer es ist, das ist das Gesetz. Und das Gesetz verlangt, das Unbekannte bekannt zu machen. Es ist frei in seiner Herrschaft. Energie ist die Gehilfin der Gedanken. Sie ist das, was die subatomare Welt in die Wirklichkeit der Teilchen kollabieren lässt und elektromagnetische Felder erzeugt, um das, was bereits bekannt ist, in eure Bänder zu ziehen. Jeder in unserem Leben spiegelt einen Aspekt dessen wider, was wir sind, und dieser Aspekt dient der emotionalen Erlösung."[6]

Die Ausdehnung der sieben Existenzebenen

Nach Ramthas Existenzmodell dehnten sich Bewusstsein und Energie in dem Bemühen aus, sich selbst zu erkennen und erzeugten dabei sieben unterschiedliche Stufen oder Ebenen von Potenzialen, die sich auf dem gewonnenen Wissen aufbauten und sich auf die Herabsetzung oder Verlangsamung des Zeitrahmens der geschaffenen Erfahrung gründeten.

---

[4] *Walking the Journey of the Woman*, Band 437.1 Ed. (Yelm: Ramtha Dialogues, 2000).
[5] *Ibid.*
[6] *Blue College Weekend.* Band 437 Ed. (Yelm: Ramtha Dialogues, 2000).

Plato spricht in seiner Kosmologie ebenfalls von sieben Unterteilungen oder Existenzebenen, die in Folge geometrischer Gesetze und Verhältnisse entstanden, welche die Ordnung der unteilbaren und unveränderlichen ursprüngliche Wirklichkeit widerspiegeln.[7]

Ramtha erklärt, dass das aus dichter Materie bestehende physische Universum der langsamsten Ausdrucksform der sieben Ebenen von Bewusstsein und Energie angehört. Beim Schöpfungsprozess unterscheidet Ramtha zwischen der Reise der Involution und der Reise der Evolution. Involution ist die Reise, die die sieben Existenzebenen erschuf, Evolution ist die Reise, auf der wir uns erinnern und zurückkehren und dabei unsere Perlen der Weisheit in die Einheit des Nullpunkts und der Leere zurücktragen.

Aus einer so breiten Perspektive betrachtet ist Evolution in unserem zeitlichen Bezug nicht messbar und ergibt keinen Sinn. Wenn wir beispielsweise unser Sonnensystem mit einem einzelnen Atom vergleichen, in welchem der Kern von so vielen Elektronen umkreist wird, wie Planeten um die Sonne kreisen, könnten wir annehmen, dass in jedem dieser winzigen Elektronen, die in diesem Atom kreisen, eine ebenso reiche Existenzvielfalt vorhanden ist, wie das Leben auf unserem Planeten vielfältig ist, auch wenn wir das nicht wahrnehmen können. Auch wenn im Vergleich zu unseren eigenen Bedingungen die Geschwindigkeit des Zeitrahmens so hoch und die Größenverhältnisse so winzig sind, in denen wir die Existenz des Atoms wahrnehmen, können wir die Möglichkeit nicht ausschließen, dass wir das Atom als ein Sonnensystem in einer Galaxie, ähnlich unserer Milchstraße, erleben würden, wenn wir nur unsere Raum- und Zeitverhältnisse auf das Atom übertragen könnten. Entsprechend könnte unser Sonnensystem auf einen molekularen Körper, der so groß ist, dass er jenseits unserer Wahrnehmungsfähigkeit liegt, wie ein einzelnes Atom wirken.

Wenn wir das Selbst ausschließlich mit den Maßstäben der menschlichen Ausdrucksform definieren, ist eine solche Vorstellung eindeutig reine Fantasie. Wenn wir das Selbst aber als Bewusstsein und Energie definieren, beginnen wir wahrzunehmen, dass die Evolution der

---

[7] "Er [Der Gestalter, Gott] bezog sie in diese Bewegung ein, welche sich unabänderlich am gleichen Orte dreht und machte einen zum äußeren, einen zum inneren Kreis. Und er verfügte, dass die äußere Bewegung die Bewegung *des Gleichen* und die innere die *des Anderen* sein sollte. Und er ließ die Bewegung *des Gleichen* nach rechts und seitlich und die Bewegung *des Anderen* nach links und diagonal verlaufen, und er ließ die Drehung des Gleichen, d.h. des Einförmigen dominieren, indem er allein dieses ungeteilt ließ, während er das Innere sechs Mal unterteilte und so sieben ungleiche Kreise schuf. Seine Teilungen entsprachen den doppelten und dreifachen Intervallen, von denen es je drei gab." Plato, *Complete Works* (Cambridge: Hackett Publishing Company, 1997), *Timaeus,* S. 1240.

gesamten Existenz, die Erforschung bewussten Gewahrseins, ein großartiger und umfangreicher Prozess ist, der alle menschlichen Konzepte von Ewigkeit, wie wir sie uns ausgedacht haben, transzendiert. Das Mysterium des Lebens wird niemals gemindert oder seiner ehrfurchtgebietenden und bezaubernden Faszination beraubt. Göttliche Transzendenz wahrt ihre Großartigkeit, beinhaltet aber keine immanente, unüberbrückbare Trennung vom Selbst, denn sie ist im Wesentlichen das Selbst und die dynamische Kraft, die das Selbst zwingt für alle Zeit zu forschen und sich selbst zu erkennen.

Das Wissen um das Selbst

Am Eingang des antiken Tempel von Delphi in Griechenland, der als das Zentrum der Welt galt und als der Ort, an dem man Zugang zur Weisheit der Götter erlangen konnte, fand sich am Eingang die berühmte Inschrift “Γνωθι σεαυτον” — „Erkenne dich selbst”. Sokrates erklärt die tiefe Bedeutung dieser Aussage in seinen philosophischen Dialogen.[8] In einem dieser Dialoge heißt es:

„Sokrates: Also bedeutet die Aufforderung uns selbst zu erkennen, dass wir unsere Seelen erkennen sollen.“

„Alkibiades: So scheint es.”

Sokrates: Können wir sagen, dass etwas in der Seele göttlicher ist, als das, was Erkennen und Verstehen stattfinden lässt?

„Alkibiades: Nein.

„Sokrates: Dieser Bereich ähnelt also dem Göttlichen und wenn jemand diesen Bereich betrachtet und alles Göttliche — in Vision und Verständnis — erfasst, dann hätte er auch sich selbst bestmöglich erfasst.”[9]

Evolution ist der Prozess, durch welchen Bewusstsein und Energie, der ursprüngliche Gedanke der Leere, die Schöpfung gebar und diese seither als Ausdruck ihrer Selbstreflexion immer weiter ausdehnt. Nach Ramthas Vorstellung ist Bewusstsein also das ursprüngliche und leitende Prinzip, das hinter der Evolution steht. Das Auftauchen lebender Organismen mit der Fähigkeit sich fortzupflanzen, wie Pflanzen und Tiere, benötigte unermesslich viel Zeit, ehe es sich vollzog. Es dauerte Millionen von Jahren des Experimentierens, ehe die Vollkommenheit der Tierform als geeignetes

---

[8] Siehe auch folgende Werke von Plato: *Alcibiades, Charmides, Hipparchus, Laws, Phaedrus, Philebus, Protagoras, und Rival Lovers.*

[9] Plato, *Complete Works* (Cambridge: Hackett Publishing Company, 1997), *Alcibiades*, Seiten 589-592.

Vehikel für die Götter, in dem sie die physische Ebene von innen heraus erforschen und erleben konnten, erreicht wurde.

> „Das Abbild eines jeden Teils dieses wundervollen Körpers wurde durch die geistige Vorstellung der Schöpfung erworben. Jedes Organ, jedes Verständnis wurde auf vollkommene Weise im Gedanken festgelegt, und durch Lichtsynthese entstand das vollkommene Abbild für die Formung der Materie. Jede Zelle trägt in ihrer atomaren Struktur die vollständige Erinnerung an das vollkommene Ideal in seiner Gesamtheit, doch der Keim der Zelle enthält die Reproduktion des jeweiligen Teiles dieser Gesamtheit, den er schließlich zum Ausdruck bringen wird. Ein winziger Gedanke wurde in eine winzige Zelle gegeben, und die Basis einer jeden Zelle ist Licht."
>
> "Wie kann ein Gott ein Gefäßsystem, das schließlich nicht messbar ist, bis ins detaillierte Verstehen hinein vollständig begreifen, denn das vollständige Ideal manifestiert sich, sobald das Ideal als vollkommen betrachtet wird. Und dieser Gott versuchte sich keineswegs zum ersten Mal an Vollkommenheit. Er tat es immer und immer wieder."[10]

[10] *Creation,* Band 005 red. (Yelm: Ramtha Dialogues, 1980).

CHARLES DARWINS THEORIE DER NATÜRLICHEN EVOLUTION

Darwins Theorie der natürlichen Evolution lässt die wichtige Rolle vermissen, die das Bewusstsein dabei spielt. Die zufällige Mischung genetischen Materials durch den Zeugungsakt und die Umweltvariablen sind nicht dafür verantwortlich, dass ein lebender Organismus entsteht, der großartiger ist als die Gesamtsumme seiner Vorfahren. Evolution ist kein Produkt des Zufalls, wie wir es beim materiellen Determinismus finden, sondern des Gewahrseins seiner selbst durch Erfahrung. Die Emotionen, die aus einer Erfahrung resultieren, werden in den genetischen Code eingeprägt. Die von den Eltern gewonnene Weisheit wird an die Nachkommen weitergegeben und dient als Sprungbrett für noch größere Paradigmen des Wissens, für größere Erfahrungen, die aus den Samen vergangener Weisheit erträumt werden.

> „Wisst ihr, wie eure Eltern es erreichten, dass ihr besser wurdet als sie es waren? Es geschah, weil jede menschliche Emotion, die eure Eltern jemals hatten, als genetisches Muster auf ihre Gene übertragen wurde. Der alte Spruch, dass ihr die Sünden eurer Väter und Mütter erbt, dass sie auf euch übergehen, bedeutet also nichts Schlechtes. Es bedeutet einfach Begrenzung. Wie viele von euch verstehen das? Nun, es bedeutet, dass ihr einen Körper tragt, der aus der emotionalen Furcht eurer Mutter und der inneren Stärke eures Vaters besteht. Ihr tragt den Körper aus dem Mitgefühl eurer Mutter und der Entschlossenheit eures Vaters. Wenn euer Rücken gerader und stärker ist als der eures Vaters, dann nur deshalb, weil die Entschlossenheit eures Vaters — seine Entschlossenheit — eine Mutation seiner selbst in seinen Genen hervorbrachte, damit die Nachkommen seiner Entschlossenheit einen starken Rücken hätten." „Jeder trägt den Körper seiner Eltern, aber der Körper der Eltern, das sind eigentlich die Einstellungen der Eltern. Habt ihr verstanden? Jedes Mal, wenn ihr Furcht empfindet, beeinflusst diese Furcht den Emotionalkörper. Der Emotionalkörper prägt diese in ein Programm der DNA ein. Jedes Mal, wenn ihr etwas erreicht habt, jedes Mal, wenn ihr einen Wunsch habt — jedes Mal, wenn ihr wünscht, euer Rücken wäre stärker, euer Gehirn klüger, eure Sehkraft besser — jedes Mal, wenn ihr diese Dinge aufrichtig fühlt, beeinflusst ihr durch diese Einstellungen künftige Generationen. Habt ihr verstanden? Wie viele von euch verstehen das? So sei es."[11]

---

[11] *Consciousness and Energy, the Basics,* Band 331 red. (Yelm: Ramtha Dialogues, 1996).

Nach Ramthas Ansicht entspricht die genetische Evolution der spirituellen Evolution oder der Evolution des bewussten Gewahrseins. Wissenschaft und Metaphysik sind ineinander verwoben. Die Trennung zwischen Gott, dem Schöpfer der Wirklichkeit und der Wirklichkeit selbst wird neu gedeutet, als die wahre, unerkannte Natur des Menschen, der die Wirklichkeit erschafft und das Unbekannte bekannt macht. Ramtha entleiht das Konzept des Beobachtereffekts aus der Quantenphysik, um die Rolle des Bewusstseins im Prozess der Evolution zu erklären.

> „Nun, die Wissenschaft kann in gewisser Weise einiges davon beweisen, indem sie zumindest vermutet, dass es der Beobachter in uns ist, der in den Teilchenfeldern Reaktionen auslöst. Darüber hinaus sagt die Wissenschaft, wenn man ihr Glauben schenken will, dass Energie die Form einer Welle aufweist, die sich nicht nur wellenförmig bewegt, sondern in dem Augenblick, in dem sie beobachtet wird, zur festen Form kollabieren kann. Wenn der Beobachter sich entfernt, löst sich die feste Form auf und beginnt wieder, sich wellenförmig zu bewegen. Wer also ist der Beobachter? Der Beobachter, das seid ihr. Was ist Realität? Ein Feld potenzieller Energie kann, auch wenn diese verdichtet ist, entsprechend einem Gedanken, einem fokussierten Gedanken aufgelöst und neu geformt werden."[12]

EINE NEUE SICHTWEISE DES KÖRPER/MIND - PROBLEMS

Diese Deutung des Evolutionsprozesses betrifft auch die Unterscheidung zwischen Körper, Mind und Geist. Damit wird das klassische Körper/Mind-Problem in einen neuen Deutungsrahmen gestellt. Wie kann das menschliche Gehirn Wirklichkeiten wahrnehmen, die größer sind als die physische Welt, aus der es besteht? Ramthas Geschichte der Evolution der menschlichen Spezies zeigt den immer größer werdenden Wunsch der Götter, selbst Teil ihrer vorgestellten Schöpfungen zu werden. Sie wollten dem Reich der materiellen Objekte angehören, selbst mit ihm interagieren und nicht nur das vollkommene Bild, der Gedanke, der Wind sein, der diesen Leben verlieh. Zur Erfüllung dieses Wunsches war die Erschaffung des Gehirns wesentlich, eines physischen Organs, das in der Lage ist, die grundlegenden Charakteristika des *kontemplativen Gedankens* widerzuspiegeln. Sobald die Götter dieses Element ihrer Kreativität gemeistert hatten, konnten sie — wir — den berühmten Fall aus ihrem

---

[12] *Consciousness and Energy, the Basics,* Band 331 red.

Himmel, ihrem Existenzreich, beginnen und menschliche Wesen werden, Gott in menschlicher Form, die krönende Errungenschaft der Schöpfungsreise.

> „Ist Mind dasselbe wie Bewusstsein oder gehört der Mind zum Gehirn? Gehört das Gehirn zum Bewusstsein und der Mind steht außerhalb? Wie funktioniert das alles? Vielleicht ist es so: Wenn ihr spirituelle Wesen seid, dann seid ihr das Bewusstsein, das in das Gehirn einfließt, welches genetisch für euch gebaut wurde. Das Einfließen des Bewusstseins ist einem Lichtstrom vergleichbar, der die Zündkerzen zündet. Und die Zündkerzen beginnen nur entsprechend ihrer genetischen Bestimmung zu zünden, so dass alles, was mein Gehirn denkt dann das Phänomen Mind hervorbringt. Also ist mein Mind ein Nebenprodukt von Bewusstsein und Energie, die auf das menschliche Gehirn einwirken und holographischen Gedankenn erzeugen. Und der Grund dafür liegt darin, dass der holographische Gedanke der Beobachter ist, der die Energie ins Leben bringt."[13]

Die Wettbewerbsorientierung, die bei dieser Reise der Schöpfung von Anfang an vorhanden war, blieb auch bei den Göttern in menschlicher Form bestehen. Diese Einstellung zeitigte schreckliche Folgen für die Erfahrung in menschlicher Form, weil sie eine Trennung schuf, ein Vergessen der Göttlichkeit und der Macht zu erschaffen. Die Götter in menschlicher Form behielten ihre Fähigkeit, ihre Gedanken und Wünsche zu manifestieren. Diese Fähigkeit führte sie dazu, ihr eigenes Exil in der materiellen Ebene zu manifestieren, als sie ihren Ursprung und ihre wahre Natur vergaßen und sich so sehr mit dem Physischen identifizierten, dass sie Trennung, Ungleichheit, Unausgewogenheit und Begrenzung erfuhren. Die letzte Geschichte des folgenden Kapitels berichtet von einem der Götter, der in die menschliche Ausdrucksform als männlich und weiblich herabstieg und wie dieser Gott, in seinem Bemühen wieder Ausgewogenheit zu finden, sich zu erinnern und die Freiheit unsterblich zu sein, wiederzugewinnen, sich im Rad der Wiedergeburt verfing.

---

[13] *Ibid.*

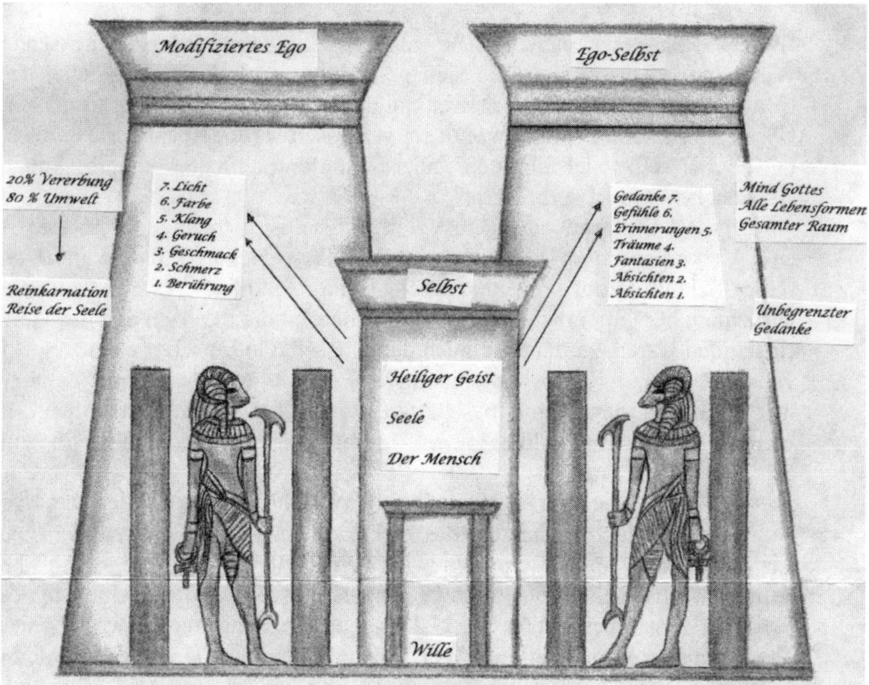

KAPITEL 3
DER FALL DER GÖTTER

„Um also den letzten Fall zu vollziehen, müsst ihr in einen Körper hineinfallen, der in derselben Frequenz schwingt wie die Rose. Auf diese Weise könnt ihr die Frucht kosten. Versteht ihr? Ihr könnt das Azurblau sehen und die Umarmung eines dieser Menschen fühlen. Also habt ihr es getan."

— *Ramtha*

DIE GÖTTER WERDEN ZUM ABBILD IHRER SCHÖPFUNG

Die Pflanzen gediehen, denn nun gab es weniger Pflanzen fressende Wesen und mehr Wesen, die sich gegenseitig auffraßen. Und siehe, der Gott, der das erste Tier geschaffen hatte, fand, dass es Ordnung in diesem Chaos geben sollte. Und er wollte ein verbessertes Modell entwerfen, eines, mit dem er selbst sich inmitten seiner Schöpfung aufhalten konnte, um sie zu verstehen und zu verbessern.

Und als Gott, wie einst sein Vater, sich selbst betrachtete, erhielt er so eine Verkörperung für sich. Er gab sich das perfekte Bild, um inmitten seiner Schöpfung zu weilen. Und siehe, das Abbild dieses Selbst wurde tatsächlich hervorgebracht. Und so wie in der Tat die Pflanzen und die Tiere entstanden waren, so entstand auch der Mensch. Gott erschuf einen Aspekt von sich, der ein Teil von allem war, was er sich ausgemalt hatte, denn er war ohne Unterlass damit beschäftigt, zu erschaffen, zu verteidigen, zu verbessern und zu vervollkommnen. Und indem er das tat, wurde er zu dem Bild.

Und was war mit seinem Fleisch? Nichts kann in die wässrige Atmosphärenschicht gelangen, das nicht aus denselben Bestandteilen wie das liebe Kind in diesem Schoß besteht. Alle Bilder, die durch die Atmosphärenschicht in den Schoß gelangen, müssen aus den Elementen des Schoßes zusammengesetzt sein. Das ist der Sinn und Zweck eines dimensionalen Verständnisses. Würde Gott nun an dem teilhaben, würde er an einem Nicht-Verständnis teilhaben, denn er ist nicht das Element, sondern nur dessen Schöpfer, und er könnte nicht ein Teil des Tieres sein. Der Mensch entstand als sein Abbild. Und durch das Abbild lernte er über seine Schöpfung und seine Schönheit.

Mensch, oh Mensch. Der Gott, der den Menschen schuf, war zart, denn seine Liebe für den Menschen war zart. Und als das Abbild auf der Erde lag, still, denn sein Sein war auf dem Tiefstand seines Seins, wurde durch den Atem Gottes der Mensch geboren. Vergebt mir. Ich bin ein Gott, der sich erinnert. Lasst uns Erfrischungen bestellen. Bitte vergebt mir. Es war, wie man gleichsam in der Tat sagt, ein Augenblick der Erinnerung.

Es war die Zeit als die erste Vision vom Menschen zur Wirklichkeit wurde. Es war die Wesenheit mit dem Namen Ischum und die Wesenheit mit dem Namen Jahwe.[1] Und zu dieser Zeit war der größte Wunsch dieser beiden Wesenheiten, unter den schöpferischen Formen zu sein, sogar gewissermaßen in die Formen hineinzuschlüpfen.

Das Wasser war noch nicht auf die Erde niedergekommen. Es befand sich immer noch im sogenannten Stratum, denn die Erfüllung der Schöpfung, wie sie gleichsam in der Tat genannt wird, musste mit ihrer

---

[1] Jahwe und Jehova sind verschiedene Wesen.

Vervollständigung erst noch beginnen. Ischum — der das Abbild des Menschen vor sich sah, ein Bild, das so war wie all die anderen Dinge — ging durch das sogenannte Stratum auf eine schöne Ebene, noch ehe die Bewohner der Tiere, wie sie gleichsam in der Tat heißen, entstanden waren. Und ihre Verkörperung wurde gleichsam in der Tat das Vorbild für den Körper, seine Schönheit und seine Blässe. Und die erste Verkörperung lag vor dem Gott und der Gott wurde zu ihr und hauchte ihr seinen geliebten Atem ein. Und Gott wurde zum Menschen. In nur einem Augenblick wurde der Mensch zu einer Abspaltung Gottes. Er war seine vollkommene Schöpfung in diesem Verständnis.

Jahwe schuf seinen Menschen und andere begannen, ihre Menschen zu erschaffen. Und jene, die zu dieser Zeit in ihrer Weiterentwicklung gerade da angelangt waren, vielleicht die sogenannten Anfänge in Betracht zu ziehen, dachten über Anfänge nach und beschlossen, ihre Weiterentwicklung in dieser wundersamen Schöpfung von Jahwe und Ischum fortzusetzen. Und siehe, sie versammelten sich und jeder hatte schon sein eigenes Exemplar entworfen.

Und es geschah nicht nur hier, sondern andere gingen gleichsam in der Tat zu anderen Gebieten der Sphäre — dem kleinen Kind der Mutter Sonne — und brachten ihre Schöpfungen mit und machten dort einen Anfang. Und der Mensch wurde gleichsam in der Tat zu einem wunderbaren Geschöpf, in dem Gott Teil seiner Domäne sein konnte und nicht immer nur der Wind. Und als Gott den Menschen hervorbrachte, als er entstand, wurde er das vollkommene Ideal. Es gab dort gleichsam in der Tat viele Menschen, entschlossene Menschen, denn sie kamen nicht aus dem Menschen hervor, sondern sie kamen direkt von Gott. In abgeschlossenen Bereichen über eurer Sphäre — eure Schöpfung des perfekten Bildes eines unbewohnbaren Verständnisses — wurde der Mensch geschaffen. Ein fantastisches Geschöpf.

In seinen Anfängen sah er, von euren jetzigen Anfängen aus betrachtet, ziemlich erbärmlich aus, denn es gab am Körper noch vieles, das der Umwelt angepasst werden musste. Zu dieser Zeit war die Temperatur gleichsam in der Tat in allen Gebieten angemessen. So hatten die allerersten Menschen keine Locken oder Haare am Körper, nur auf dem Kopf — auf dem Kopf, um diesen gleichsam in der Tat zu schützen. Viele Dinge können Kratzer und Verrenkungen im Kopfbereich — diesem ausgesprochen wichtigen Bereich — verursachen.

Als der Mensch beweglicher wurde und überall herumkam, begann Gott mit seinem ganzen wundersamen Sein das Reich zu erfahren, das er geschaffen hatte. Und denkt daran: nicht ein Gott. Ihr alle habt irgendwann einmal die Gesamtheit eurer Schöpfung erfahren. Und der Mensch, unfruchtbar[2] wie er war, begann alsbald gleichsam in der Tat seine Welt zu erforschen. Und siehe, er traf auf eine grässliche Situation, die wir als „Tiere, die ihn auffraßen“ bezeichnen wollen. Und dies wurde zur Parodie der Schöpfung, denn der größte aller Fresser hatte nun eine Delikatesse entdeckt, die ihm vorzüglich mundete.

Eine äußerst verwirrende Situation. Aus ihr entstand enorme Weiterentwicklung. Der Mensch wurde ein bisschen größer und schlanker gemacht und nicht gar so vornübergebeugt, damit er schnell und wendig rennen konnte. Und das half bis zu einem gewissen Grad. Aber es dauerte nicht lange, bis der Mensch gleichsam ausgestorben war. Und die Götter fuhren mit der Anfertigung desselben Ideals fort. Ich möchte, dass ihr wisst, dass ganz am Anfang alle Menschen gleich aussahen. Keiner unterschied sich vom anderen. Sie alle hatten dasselbe Erscheinungsbild — ohne Ausnahme — genau wie die ersten Tiere bei ihrem ersten Auftreten dasselbe Erscheinungsbild hatten.

Wenn der Mensch von der so genannten Abstammung seines Seins, von den molekularen und zellulären Bestandteilen seines Körpers einen Abstrich macht, und diesen in ein Bild[3] gibt, bekommt der Mensch sich selbst. Was der Mensch in seinem sterilen Zustand aus sich hervorbrachte, war immer er selbst. Es gab keine Unterschiede oder Abweichungen bei diesen Geschöpfen. Und nachdem jeder einzelne Mensch vernichtet war, machte Gott den nächsten Menschen. Und als dieser zerstört wurde, machte er wieder einen und so ging das immer weiter. Bis es eines Tages gleichsam in der Tat klar wurde, dass unter den Bedingungen, wie sie hier festgelegt waren, der Mensch aussterben würde. Oder dass zumindest seine Fähigkeit, unter seinen verheerendsten Einstellungen, die er in Form pflanzlicher und tierischer Gebilde erschaffen hatte, zu leben, äußerst gefährlich für ihn war. Er stellte fest, dass er für ein Überleben inmitten seiner eigenen Einstellungen überhaupt nicht ausgerüstet war — schade. Gott bedauerte das — und verfolgte seinen Irrweg immer weiter: Der Mensch würde weiterhin gedeihen und Gott würde einfach mehr Menschen machen und sie würden sich immer weiter vermehren, und dieses Gebiet war doch gewiss sicher. Und nicht lange danach war es von Tieren übervölkert.

---

[2] Es ist wichtig, hier anzumerken, dass der Mensch in diesem Stadium seiner Entwicklung noch kein Geschlecht hatte. Er war weder männlich noch weiblich. Ramtha will also hier nicht sagen, dass der Mann zuerst erschaffen wurde [das von Ramtha in diesem Zusammenhang benutzte englische Wort „*man*“ bedeutet sowohl Mann als auch Mensch. Anm. d. Übers.] sondern vielmehr, dass ein homonides Wesen erschaffen wurde, aus dem sich schließlich der heutige Mensch entwickeln sollte.

[3] Duplizierung, durch das Klonen von Bildern oder das Einhauchen der Muster der Bestimmung, wie sie im genetischen Material des Vorläufers eingeprägt sind.

DIE EVOLUTION DES MENSCHEN: AUFSPALTUNG IN MÄNNLICH UND WEIBLICH

In den Kontemplationen des Schöpfers des ersten Tieres kam der Augenblick, in dem er sich vorstellte: „Vielleicht ist es möglich, dass ich mich mit mehr von mir selbst ausstatten kann." So schuf er einen Menschen, der dem Neandertaler näher kam, der euch heutigen Menschen so ähnelt. Und er machte einen Menschen mit einem verbesserten Verstand oder einem größeren Gottsinn und gab ihm mehr von sich selbst. Dieser Mensch war weise und klug, weil er ein „Gott mit Beinen" und nicht die Halbheit eines Gottes oder ein Halbling davon war. Er war ein Gott mit Beinen.

Derselbe Gott, der das erste Tier erschaffen hatte, schuf auch den ersten Menschen, der ihn selbst verkörperte, den göttlichen Gott. Und mit seiner großen Intelligenz konnte er die Tiere überlisten. Er fand Plätze, an denen er mit seinen eigenen kleinen Händen einen Platz, eine Struktur bauen konnte, die ihm als Versteck diente. Und er wählte für sich ein Land voller Riesen aus. Und alsbald stellte er fest, dass er sich eingraben konnte und dass ihn unter der Erde keiner erwischen konnte.

Nun, dieser eine Mensch, die Schöpfung dieses einen Gottes, befand sich immer noch unter all den vielen anderen, die gefressen und so schnellst möglich wiedererzeugt wurden. Und dieser Mensch überlebte, weil er Gott war. Er verkörperte Überleben in höchster Vollendung. Er überlebte, wo andere nicht überlebten. Nun, da er dies geschafft hatte, wurde er zum vollkommenen Menschen. Er lebte ein erkleckliches Weilchen auf dieser Ebene und sammelte all die Erfahrungen, die sein geliebter Mensch machte. Und eines Tages legte er den Körper seines schönen Wesens ab und kehrte zu seinem Stratum zurück, wo er über all das nachdachte. Und andere nahmen die Schlussfolgerungen wahr, die er fühlte, und das Mitgefühl, das er fühlte, und die Weisheit, die er fühlte, und so versammelte dieser Gott — derselbe Gott — durch ähnliches Denken andere um sich herum, die mit ihm ganz in Übereinstimmung waren.

Er dachte nach. Er sah sich seine ersten Tiere noch einmal an, die sich munter fortpflanzten und beeindruckend wurden in ihrer Einzigartigkeit — außer dass alle anderen Tiere sich zu sehr mit seinen Tieren abgaben und sie sehr schnell auffraßen. Er hatte ein ausgeprägtes Mitgefühl für seine Tiere, denn er selbst war zum Menschen geworden. Und dieser Gott begab sich in sein Tier und er verlieh dem Tier ein solch brillantes Denken, dass dieses eine Tier, zu dem er wurde, die anderen überlistete. Und er wurde immer und immer geschickter in seiner Überlistungsgabe. Und er war entzückt, dass er überlebte und die Wesen und Einstellungen der anderen Götter überlistete. Er war eine Art Stratege. Die anderen, die mit ihm zusammengearbeitet hatten, fanden dies ganz wunderbar und sie beteiligten sich an seiner Schöpfung, seinen Tieren. Und sie alle taten sich zusammen und lernten, durch ihre Intelligenz zu überleben.

Nun, die Götter, die bei diesen Tieren blieben, verweilten dort und fanden es recht unterhaltsam, die aggressiven Biester zu überlisten und auszutricksen. Und sie lernten, um die Sphäre zu reisen. Und dort entdeckten sie, was Vergnügen ist. Und als diese Gruppe in der Form ihrer Tierschöpfungen reiste, erinnerte sich der Gott, der den Menschen geschaffen hatte, auf einem solchen Treck an seinen Menschen. Und er verließ den Körper des Tieres und es starb. Als die anderen dies sahen, bekamen sie Angst, dass auch ihre sterben könnten, und so verließen sie ihre Tiere nicht.

Und ein Gott kehrte zurück und er fand seinen wundervollen Menschen. Er sah seinen wundervollen Menschen an und studierte ihn genau. „Ihn liebe ich mehr als alles andere, denn dieser gleicht mir wirklich mehr als alles andere. Und dein wundervolles Abbild und Sein machte ich einfach und klein und doch bist du es, in dem ich *bin.* Wir sind größer als all dies hier." Und der Gott, erfüllt von Mitgefühl für seinen Menschen, liebte seinen Menschen. Und er erinnerte sich an den Samen, den er seinem ersten Menschen eingepflanzt hatte. Er wollte, dass er mehr wurde, aber jedes Mal, wenn er von dem Abbild seines Menschen einen neuen Menschen machte, waren sie beide identisch.[4] Sie unterschieden sich in ihrer Erscheinung nicht. Da erinnerte er sich an seine Tiere und wie er sie unterschiedlich gemacht hatte. Und so nahm Gott das Bild[5] seines Menschen, der er ja nun war, und machte sich noch einen, aber in ihr sollte das Nest für das Ei gemacht werden, das er auch in seinen Tiere angelegt und dann versteckt hatte. Sein erster Mensch würde den Samen geben.

Dieses Ideal wurde nicht der Substanz des Mannes entnommen. Es wurde niemals vom Manne genommen. Es kam von dem Gott, der dem Ideal vollkommenen Gedanken und sein Abbild verlieh, der ein weiteres Abbild hervorbrachte und in diesem Abbild spiegelte sich der Gott in seinem vollkommenen Selbst als das Empfangen seiner Selbst wieder. Und er sah sich seinen Mann an, das Abbild seiner selbst; dessen Erektionsstab,[6] dieser wunderschöne Stab und seine Lenden, seinen Schatz. Und den Lenden gab Gott für immer den Gedanken des Erschaffens, dass der wundersame männliche Samen durch seine eigene Entwicklung zu einem anderen Samen werden würde, wie das bei seinen Tieren so war und immer

---

[4] Klone

[5] Mit „Bild" sind hier Muster der Bestimmung gemeint, die eingehaucht und im genetischen Code festgehalten werden.

[6] Der Penis, der den Samen, das Sperma in das Nest des Schoßes abgibt, wo die Eier sich befinden.

mehr so wurde. So pflanzte er den Lenden also diesen Gedanken ein und der Same wurde feurig. Er wird als Schatz bezeichnet.

Und dann vertiefte er sich in das andere Abbild seiner selbst und erschuf ein wundervolles Nest in ihrem Innern, in das er die Eier legte — ein weiterer Same. Und jedes Ei sammelte für sich die Gedankenprozesse des „Schoß-des-Menschen" in sich. Auf diese Weise würde ein Same den „Schoß-des-Menschen" und ein Ei den „Stab-des-Menschen" in sich tragen. Und aus dieser Entwicklung formten sich die beiden Ideale aus einem Gott. Und er, der Gott, verlieh ihnen seine überragende Bewegung, den wundersamen göttlichen Teil seines Seins. Nun, wie wird die Materie in der Tat zu dem Abbild? Durch den Prozess der Entstehung eines Verständnisses — und es war das Kind der großen Sonne — fügte sich in diesem Verständnis die langsamste Form der Materie durch vollkommene Lichtsynthese zusammen. Lichtsynthese, Materie.

Das Abbild eines jeden Teils dieses wundervollen Körpers wurde durch die geistige Vorstellung der Schöpfung erworben. Jedes Organ, jedes Verständnis wurde auf vollkommene Weise im Gedanken festgelegt, und durch Lichtsynthese entstand das vollkommene Abbild für die Formung der Materie. Jede Zelle hält in ihrer atomaren Struktur die vollständige Erinnerung an das vollkommene Ideal in seiner Gesamtheit, doch der Keim der Zelle enthält die Reproduktion des jeweiligen Teiles dieser Gesamtheit, den er letztendlich zum Ausdruck bringen wird. Ein winziger Gedanke wurde in eine winzige Zelle gegeben, und die Basis einer jeden Zelle ist Licht.

Wie kann ein Gott ein Gefäßsystem, das schließlich nicht messbar ist, bis ins detaillierte Verstehen hinein vollständig begreifen, denn das vollständige Ideal manifestiert sich, sobald das Ideal als vollkommen betrachtet wird. Und dieser Gott versuchte sich keineswegs zum ersten Mal an Vollkommenheit. Er tat es immer und immer wieder.

Wenn ihr von eurer Leber einen Abstrich macht, wenn ihr von eurem Herzen einen Abstrich macht, wenn ihr ein winziges Stück eines Haares nehmt, werdet ihr alle Bereiche des Lichts sehen. Licht befindet sich in jeder Zelle, aber es strahlt verschiedene Farben aus. Wenn ihr diese Zellen in euren Körper injiziert und ihr z.B. ein schwaches Herz habt, wird diese winzige Zelle im Blutstrom zum Herzen wandern und sich als dasselbe Gewebe, mit derselben Ausrichtung, in derselben Erscheinung, demselben Licht neu bilden und das gebrochene Herz wieder herrichten. Die Leber wird wachsen und sich als Leber wiederherstellen. Doch ist die Zelle so winzig, dass ihr Spiegel benutzt, um sie sehen zu können, da diese Intelligenz so winzig ist.

Dieser Gott erschuf durch vollkommenen Gedanken ein geistiges Bild von alldem, denn er ist die vollkommene Gedanken-Lichtsynthese, die Ordnung, der Lebensspender. So schuf er dieses wundervolle Ei, das alle

Entsprechungen dieses wundervollen Geschöpfes in sich tragen würde — von beiden. Nun, aus dem Abbild des Menschen entstand der Schoß des Menschen und so entstand die so genannte Frau.* Aus der Leibesfrucht kam der Säugling und wuchs heran und seine Nahrung kam von der wunderbaren Brust der Frau. Und Zartheit und sanfte Blässe prägten sich aus, damit sie kleine Sachen hervorbringen und tragen konnte. Und das empfindliche Gleichgewicht der Frau wurde ein Teil der Natur. Und Gott, der seinen vollkommenen Menschen geschaffen hatte, hatte seinen vollkommenen Schoß im Menschen erschaffen, in noch größerer Vervollkommnung.

Außer von den beiden gibt es kein Leben außer der Schöpferischkeit des Lebens. Und der Gott selbst wurde zu beiden. Dies geschah dadurch, dass die so genannte negative Ladung, die als Menschenschoß bezeichnet wird, mit der so genannten positiven Ladung, dem Mann, zusammenkam und sie sich vereinigten und so — mit dem Elektrum, dem Sitz des Herrn eures Seins — die Bedingungen für das zukünftige Leben hervorbrachten. Wo ist die Seele der beiden? Wo befindet sie sich? Und Gott, der der wunderbare Mensch geworden war, der sich zum Schutz vor anderen Schöpfungen in der Erde vergraben hatte — hatte sich Ordnung im Sinn verliehen — musste beide werden. Der Gott, der beide wurde, saß auf der sechsten *(Ebene)*, und Gott, der die zwei erschaffen hatte, wurde zu beiden. Er wurde zu ihnen, indem er ihnen aus sich heraus Leben gab. Und die Seele seines herrlichen Seins, die er vom Vater, der Quelle, bekommen hatte, erbebte — der Kern seines Seins, die Erinnerung des immerwährenden Gottes, der große rollende Donner — spaltete sich und Gott wurde zu beiden.

Als Gott sich selbst in der Blässe der Frau sah, liebte er, was er gesehen hatte und geworden war. Und er verlieh ihnen reine Vernunft, denn das war er. Als sie einander anblickten, sahen sie einander. Dies wurde zum Zeugnis dieses wundersamen Funktionierens. Andere, die Mensch um Mensch um Mensch in steriler Gleichheit hervorgebracht hatten, kamen auf denselben Gedanken. Im Augenblick seines Entstehens wurde der Gedanke von anderen Göttern aufgefangen und sie brachten aus diesem Gedanken Menschen hervor.

Als die Experimente mit Mann und Frau begannen, war es in der Tat wunderbar, und Gott hatte sich durch seine Erfindung in zwei Teile geteilt und wurde zum Menschen wie er leibt und lebt. In dieser Ordnung, ich versichere euch, Meister, war die so genannte Lebensordnung dieser Zeit äußerst diffizil. Ich werde euch erzählen, was geschah, als sich die Vervollkommnung der Kunst des Zweiseins etabliert hatte. Der zweigeteilte

---

* Aus *„womb of man"* (Schoß-des-Menschen) wird hier *woman* (Frau) abgeleitet (Anm. d. Übers.)

Mensch war von Gott selbst gestaltet worden. Die Tatsache allein, dass es vollbracht wurde, brachte gewissermaßen große Begeisterung hervor. Und der Wind verfing sich im Geist und alle, die in der Schönheit gefangen waren, alle Götter, erkannten ihre vollkommene Schöpfung und hatten den Wunsch, zu ihr zu werden, denn sie alle hatten diesen Schöpfungsvorgang vollzogen.

AUS EINER GEWALTIGEN FLUT ENTSTEHEN OZEANE, EIN NEUER SICHERER ZUFLUCHTSORT

Mit einem Mal kam der Gedanke auf, dass die Schöpfung dieser Ebene jetzt gemeistert und erobert worden war. Und alle wurden gleichsam in der Tat aufgefangen und erhoben sich über diese wundersame Ebene. Und da kam die wässrige Schicht der Atmosphäre gleichsam in der Tat als riesiges Wasser auf die Erde. Und das Wasser spülte viele der Tiere, die sich gegenseitig verschlangen, hinweg und von ihnen blieben nur wenige übrig. Und die wässrige Substanz, die einst das Stratum füllte, wurde an dem Tag, als sie in gewaltigen Wassermengen auf das Kind, das Kind der Sonne, niederkam zu einem riesigen, gewaltigen Ozean.

Es gibt eine Warte mit Ausblick auf Terra. Von ihr konnte auf Terra alles gesehen werden. Sie wurde fortgeschwemmt, als das Wasser aus dem Stratum niederstürzte. In bestimmten Regionen der Erde entstanden Lebensbedingungen, die der Formung des Mannes und des Menschenschoßes förderlich waren, in Gebieten, die für sie keine zerstörerischen Auswirkungen haben würden. Dies war der Zweck des Wassers. Nicht alle Ebenen haben es.

Mit der Entstehung des Meeres gingen die Götter, die die so genannten ersten Freunde des Menschen geschaffen hatten — die Götter, die gleichsam in der Tat ganz in den Tieren aufgingen und sich von ihrem Tier nicht lösen wollten, aus Angst, dass es sterben würde — sie gingen ins Meer. Dort gestalteten sie ein Leben für sich und fanden ein Reich vor, in dem nicht Gewalt mehr Gewalt erzeugte, wie das auf dem Land mit dem Krieg der Tiere und all der Zerstörung der Fall war, und dort waren sie in Sicherheit. Sie leben also noch heute, noch in diesem Moment in euren Ozeanen; sie werden als Tümmler, Delphine und Wale bezeichnet. Sie sind die letzten Seelen dieser Götter mit einer starken Antipathie gegen die so genannten Tiere und aus Angst, die Tragödie ihres erhabenen Seins zu erfahren, blieben sie im Meer. Sie sind sogar noch heute dort.

Die Wesen, die in der Tat als Wale und Delphine bezeichnet werden, sind eure geistigen Brüder, denn auch sie haben sich hier eingesperrt. Und wenn sie von einer großen Welle der Erinnerung erfasst werden, dem

Drang, dem nahe zu sein, das sie lieben, werfen sie sich an einen Strand[7] und kehren nicht ins Wasser zurück, sondern sterben auf dem Land, von dem sie einst kamen. Sie haben die Menschen immer geliebt, denn die Menschen sind ihre Hoffnung. Sie haben sie immer geliebt. Nun ist ihre Stunde nahe. Als das Stratum sich seiner wässrigen Substanz entleerte, entwickelte sich sehr schnell Leben und aus den Samen entstand Wachstum in reichlicher Fülle. Und die weitflächigen Ebenen, auf denen Leben gedieh, waren gleichsam in der Tat durch Kanäle verbunden. Und wärmere Regionen, die gleichsam in der Tat in den Polargebieten entstanden waren, wurden gleichsam in der Tat zu ihrem Gegenteil.

Nun zu dieser Wesenheit, die ihr als Bigfoot bezeichnet: In den Anfängen, als alles erschaffen wurde, Meister, war er die Schöpfung einer Gruppe, deren Ausführung des Menschen Homo sapiens genannt wird. Habt ihr diesen Begriff schon einmal gehört? Er ähnelt Chewbacca[8] aus dem „Krieg der Sterne" ein wenig. Homo sapiens ist ein aufrechtes Geschöpf, eine aufrechte, intelligente Wesenheit. Nun, diese Information stammt von euren Lehren. Und als die einzelnen Teile der Menschheit entwickelt wurden und die Menschheitsgruppen sich formten, gab es große Unterschiede in ihrem Aussehen. Es gab viele verschiedene Menschenformen. Einige waren sehr haarig und sehr tierähnlich, aber sie hatten ausgesprochen intelligente Augen und eine eigene Form der Kommunikation, denn ihre Gedankenvorgänge funktionierten einwandfrei. Andere waren unbehaart. Die Menschen sahen also am Anfang sehr unterschiedlich aus. Nun, es gab eine Gruppe von Wesenheiten, die mit den so genannten Tieren experimentierten oder vielmehr — sie wurden zu den Tieren. Sie wurden zu einem Tier, das auf dem Land leben und schnell ins Wasser flüchten konnte, wenn es eines der so genannten fleischfressenden

---

[7] Am 8. Oktober 1997 berichtete CNN, dass am Karikari-Strand im Norden Neuseelands „Freiwillige am Mittwoch fieberhaft versuchten, 45 Wale am Leben zu erhalten, die an einem Strand in Neuseeland gestrandet waren. Weitere 45 Wale waren bereits verendet. Die Pilotwale waren offensichtlich während der Flut gestrandet. Die Retter bemühten sich, die Seiten- und Rückenflossen sowie den Schwanz der Wale feucht zu halten, um sie so am Leben zu erhalten. Sogar die Pumpausrüstung der Feuerwehr wurde zur Hilfe herangezogen. Die nächste Phase der Rettungsaktion ist am Donnerstag geplant. Mit Booten und Potons soll versucht werden, die Wale mit der nächsten Flut zurück ins Meer zu bringen. Zuerst soll eine kleine Herde erwachsener weiblicher Wale aufs Meer gezogen werde, in der Hoffnung, dass sie die anderen Wale zu sich nach draußen rufen werden."
Am 5. Februar 1998 wurde in einer Nachrichtensendung von ABC berichtete: „Körper von mehr als 62 Walen, Kälber und bis zu 30 Tonnen schwere Riesen, übersäten einen zwei Meilen langen Strandabschnitt des Inselstaates südlich der Spitze Australiens, was umfangreiche Aufräumarbeiten nötig machte. Dieses Phänomen ist auf der ganzen Welt zu beobachten."

[8] Der Film „Krieg der Sterne" von George Lucas.

Wesen, die Schöpfung einer wieder anderen Gruppe von Wesenheiten, sichtete. Sie werden als Delphine und Wale bezeichnet. Und als sie gewissermaßen die Fluchtfähigkeit der Tierart weit genug vervollkommnet hatten, dachten sie sich, dass diese Spezies für Kommunikation ideal wäre, da Gott sich darin zum Ausdruck bringen konnte. Wenn also die Wesenheiten auf dem Land in wilder Hatz auf sie Jagd machten, flüchteten sie, da sie sowohl auf dem Land als auch im Wasser atmen konnten, ins Wasser, wo sie einen friedlichen Ort vorfanden. Im Wasser konnten sie überleben und weiterhin an ihrer Weiterentwicklung arbeiten.

Es war dieselbe Gruppe, die mit den so genannten Walen und Delphinen experimentierte. Dieselbe Gruppe, oder ein Teil davon, experimentierte mit dem aufrechten Geschöpf, wobei sie einige der Ideen von anderen Göttern kopierten. Und sie formten ihren Idealmenschen und blieben bei ihm. Und als sie zu diesem Menschen wurden, arbeiteten sie nicht länger an seiner Vervollkommnung. Sie erlaubten ihm, das zu sein, was er war. Und während alle anderen unaufhörlich an Unbehaartheit und aufrechter Schönheit arbeiteten, blieben diese Wesenheiten immer gleich, ebenso wie die Wale und Delphine. Der Grund, warum sie euch Menschen so lieben, ist, dass der Mensch oder das, was ihr Gott nennt, auch in ihnen lebt. Und sie versuchen verzweifelt, mit euch zu kommunizieren.

Nun zu den aufrechten Geschöpfen: sie wurden gleichsam in der Tat Nachtwesen, das heißt, sie lebten des Nachts im Schutze der Dunkelheit, da sie so überleben konnten, ohne von den Angehörigen der fleischfressenden Gattungen angefallen zu werden. Und als sie in die Berge gedrängt wurden, fanden sie in ihnen einen herrlichen Zufluchtsort und so blieben sie dort. Und je mehr sie auf der Flucht waren, sei es aus Angst oder wegen der fleischfressenden Geschöpfe, desto tiefer versenkten sie sich in ihren Körper, bis sie diesem nicht mehr entkommen konnten.

Die Wesenheiten, die in euren Bergen und in einigen eurer Sumpfgebiete und in den ausgedehnten kälteren Regionen leben, flüchten vor den Menschen, denn diese haben sich zu perfekten Verfolgern anderer entwickelt. Und diese Wesenheiten sind rein im Geiste, das heißt, dass sie sehr gut sind, wie ihr das nennen würdet. Angst hält sie in ihrem Abbild gefangen und verhindert eine Veränderung.

Seit Äonen werden sie schon wie Tiere gejagt, Wesenheit. Und hier ist der Grund, warum sie mit so vielen Haaren bedeckt sind: Würde ich euren wundervollen kleinen Körper ohne all diese wunderbare Kleidung den Elementen aussetzen, würde der Körper schnell Haare auf sich wachsen lassen, als einen Schutzmantel. Und sie würden sehr schnell wachsen und ihr würdet in der Tat sehr haarig werden und vielleicht auch ein bisschen scheu, hm?

Aus diesem Grund würdet ihr euch in die so genannten Hügel und an Orte zurückziehen, wo ihr euch vor der Öffentlichkeit, wie sie so heißt, verstecken könntet. Die Bigfoot sind eine Gruppe der ersten Menschen, die überlebten und in ihren Körpern festsitzen. Sie sind und waren schon immer Gefangene ihrer Angst. Es gibt Wesen aus einem anderen Verständnis, oder von anderen Existenzebenen, wie ihr sie nennen würdet, die verzweifelt versuchen, ihnen zu helfen. Wisst ihr, was ein Indianer ist?

Nun ja, sie waren nicht das erste Volk, das hier lebte. Eure Bigfoot sind das erste Volk, das hier lebte, und die Indianer sind, was man als die Überreste einer riesigen Völkergruppe bezeichnet, die auf dem großen Kontinent namens Atlantien lebten. Sie sind die ursprünglichen roten Menschen. Nun ja, es gibt viele herrliche Legenden über dieses so genannte Geschöpf und sein Heulen und Schreien, sein Klagen und Jaulen. Und es hieß immer, dass es vom Mond käme. Nun ja, der Grund für diesen Glauben war, dass man es immer in Verbindung mit einem großen leuchtenden Objekt sah. Seit langer Zeit wurde diesen Menschen aus ihrer Scheu und Schüchternheit heraus geholfen. Aber sie konnten nicht verstehen, denn sie waren wie Tiere geworden, jedoch mit aufrechtem Gang und wissend.

Sie sind heute sehr zahlreich und haben gleichsam in der Tat gelernt, sich mit großem Geschick in so genannten Hügeln, zwischen Bäumen und in Sümpfen zu verstecken, denn auf diese Weise konnten sie ihr Dasein sichern. Tiere sind so wie sie sind — wachsam und all das, weil sie gelernt haben, sich auf diese Weise ein Dasein im so genannten Überlebenskampf zu sichern — so hat es sich in ihre Erinnerung eingeprägt. Fröhlich auszugehen und sich zu amüsieren hat in der Lebensweise der Tiere überhaupt keinen Platz. Sie überleben.

Euer Bigfoot ist sozusagen ein Überlebenskünstler, das heißt, er weiß nur, wie man lebt und sonst nichts, und er hatte große Angst vor dem, was als Menschheit bezeichnet wird. Sie besitzt eine äußerst zynische Intelligenz und ist immer auf der Jagd nach dieser Wesenheit, die sie aus der Ferne beobachtet. Bigfoot ist den Delphinen und Walen, wie ihr sie nennt, sehr ähnlich. Viele Wale werfen sich auf eure Strände, und obwohl die Menschen versuchen, sie ins Meer zurück zu schieben, wollen sie gar nicht gehen, sondern sie wollen in den Armen der Menschen sterben, weil die Menschen ihre Brüder sind. Und die Trennung vom Menschen und das Abschlachten der Wale und Delphine rief eine große Traurigkeit in ihnen hervor. Und sie wollen lieber in den Armen eines mitfühlenden Wesens sterben als draußen im Meer durch ein Fleischfressendes Geschöpf umzukommen, denn Delphine und Wale, wie ihr sie nennt, haben dieselbe Seele wie die Menschen. Dasselbe gilt für euren Bigfoot. Er liebt diese Menschen, aber sie stellen eine tückische Gefahr für sein Wesen dar und das weiß er. Er ist, wie man so sagt, elf Millionen Jahre alt und er hat so viele Haare, weil er diese braucht. Und er stinkt so fürchterlich, da er sich die so genannten Öle auf seinem Körper nicht abwaschen kann, weil er sonst während eurer Winter frieren müsste. Das ist der Grund.

Gefallene Engel — erste Erfahrungen als Mann und Frau

Und, siehe, in einer Sphäre, die man als das Atrium der Konstanten bezeichnet, erschienen die großen Götter als Wind und gemeinsam folgten sie ihrem Wind. Hier erwarteten sie, sich im Niedrigen weiterzuentwickeln, sich in Umweltgestaltender Kreativität mit dem auszutauschen, was sie in ihrer Verkörperung geschaffen hatten. So kamen sie als die großen Winde. Sie bliesen voller Inbrunst über die Tiefen und erschufen weißes Wasser. Sie bliesen ihren Lebensatem durch ihre Pflanzen und ihre Tiere und alle Formen der Nahrung, die sie geschaffen hatten. Und der große Baum blickte nach oben. Und als er nach oben blickte, begann er sich zu beugen und sich vor der Schönheit seines erschaffenen Selbst zu verneigen.

Der Wind teilte sich und wurde zum Nordwind, zum Südwind, zum Ostwind und zum Westwind, um sich zu mehren und das Wispern seiner Energien auf dieser Ebene überall hinzutragen, und daher konnten alle in dem von ihnen bewohnten Selbst oder in ihren herrschaftlichen Häusern an den Fortschritten des menschlichen Geistes teilhaben. Alle kamen gleichzeitig, mit Ausnahme einer Gruppe. Diese eine Gruppe verblieb in dem, was man als das Atrium der Konstanten bezeichnet und folgte gleichsam in der Tat später den Fortschritten ihrer Vorgänger. Und siehe, als alle in ihre Gebiete auf dieser Ebene kamen und als sie begannen, eine Verlangsamung ihres großen Selbst zu manifestieren, da wurden sie strahlender als eure Mittagssonne, sie waren wie strahlende Lichter über dem ganzen Land. Und in euren uralten Geschichtsbüchern findet ihr Religionen, wie man sie nennt, die die damalige Ankunft eines strahlenden Volkes verehren. Das waren sie selbst. Sie schrieben ihre eigene Geschichte.

Und als sie begannen, die Schwingung ihres strahlenden Gedankenlichts zu verlangsamen, wurden sie schattenhaft in der Materie und so wurde Materie, die auf dieser Ebene sehr schwer war, zum allerletzten Verständnis. Je nach dem, welche Schwere sie gewissermaßen in ihrer körperlichen Form vorfanden — und entsprechend dem, was ihr als Kontinentalplatte, Landsockel oder Land bezeichnet — begannen sie gleichsam in der Tat richtigerweise sich unverzüglich auf eine der körperlichen Form förderliche Weise dem anzupassen, was als Umwelt bezeichnet wird; wobei Umwelt gleichsam in der Tat das bedeutet, was man in der Tat die temporäre Ebene der Ausstrahlung, zu eurer so genannten Zentralsonne hin bezeichnet, hinein in die durch die Nähe bedingte Intensität der Ebene, die dem Stratum am nächsten lag und die deshalb die größte Hitze abgab.

Und diejenigen, die dem näher waren, wurden dunkler, dunkler, dunkler, aber niemals in ihrem Licht, sondern nur in den Gegebenheiten der Materie und dessen, was man als das Fleisch bezeichnet. Sie passten sich bereitwillig der Umwelt ihres Zuhauses, ihrer eigenen Schöpfung, an. Die Unterschiede in der Hautfarbe in diesen Tagen eurer Zeit unterscheiden und trennen nicht, sie erniedrigen keinen gegenüber dem anderen und bedeuten nicht die Überlegenheit des einen über den anderen. Wer ist es, der etwas anderes sagt? Es war zum Schutz der Spezies, der von ihnen geschaffenen Wesen, damit sie leben und das in Angriff nehmen konnten, was sie aus den Ruinen ihres Falls geschaffen hatten. So wurden sie angepasst und festgelegt.

Diejenigen, die weiter nördlich in eurer Sphäre lebten, bekamen einen helleren Hautton und hellere Augen und Haare, was nur durch die Helligkeit der so genannten Variablen des Mineralgehalts der sie umgebenden Strahlung bedingt war. Diese ist farbig, müsst ihr wissen.

Und Gott, ihr Vater — der Immerwährende, der sich in Ewigkeit Ausdehnende, der gleichsam in der Tat Weise, derjenige, der den Lebensgedanken formulierte und seiner gesamten Kreativität gestattete, sich in diesem Kontinuum weiter auszubreiten — empfand Freude, empfand die Vollständigkeit seines Geistes und seines Sein, denn er selbst war all das. Und siehe, es steht geschrieben und es ist wahr. Alle Götter kamen auf die Erde wie ein gewaltiger Wind[9] und die Wasser rollten unter ihnen und die Pflanzen neigten sich, als sie ihre Bewegung vernahmen. Und die verbliebenen Tiere blickten hinauf in die Luft und, siehe da, sie fühlten eine Brise. Und siehe, allerorts kamen die Götter in die von ihnen gewählten Regionen und also ließen sie sich in der unmittelbaren Erfüllung ihres vollkommenen Gedankens der Zweiteilung nieder, und so *wurden* sie.

Und an Rassen, wie man das nennt, gab es fünf an der Zahl.[10] Und sie legten auf eurer Ebenen ein Verständnis fest, was in der Tat als das erste Verständnis einer großen Bruderschaft zu bezeichnen ist, die in den Konstanten verweilte, um durch Geschlechtsverkehr mit den geliebten Göttern, ihren Brüdern, das zu sein, was man in der Tat die Kinder nennt. Von all den Rassen, die entstanden, wurden sie in der Tat die großen weißen Wesenheiten, die großen weißen Säulen, die Götter genannt oder die Bruderschaft, wie ihr sie in der Tat bezeichnen würdet. Und als sie in ihrer vollendeten, idealisierten Form, zu der sie geworden waren, in Erscheinung

---

[9] Dieses Bild erinnert stark an das erste Kapitel im Buch Genesis.

[10] Die fünf Rassen unterscheiden sich durch ihre Hautfarben — weiß, rot, gelb, schwarz und grün — die durch den Mineralgehalt und die Umweltbedingungen in den verschiedenen Erdregionen entstanden. Die grünhäutige Rasse lebt im Inneren der Erde. Siehe *Kapitel 2: Life in the Center of the Earth,* in *Die Geschichte der Menschheit aus der Sicht eines Meisters* Teil II, *Wiederentdeckung der Perle der alten Weisheit*

traten, als sie gleichsam in der Tat zu den so genannten Meistern dieser Ebene geworden waren, passten sie sich sofort an das an, was man in der Tat als ihre Umwelt, als ihre Lebensbedingungen bezeichnet. Und in dem, was man in der Tat Atlantien nennt, trat gleichsam in der Tat der große Wind über diesem Land in Erscheinung, und die Menschen dort wurden das so genannte rote Volk, denn die Erde von Atlantien war rot.

In dem, was man in der Tat als das Mutterland Lemurien bezeichnet, traten sie, so wie es sich ereignete gleichsam in der Tat als die Menschen in Erscheinung, die gleichsam in der Tat mit ihrer Hautfarbe zum Grundmodell des gelben Verständnisses wurden, was gleichsam in der Tat auf den so genannten Phosphorgehalt des Landes zur damaligen Zeit zurückzuführen war, das tragende Element derer, die man in der Tat als die Riesen, als die Bestien bezeichnet, wie ihr sie kennt.[11]

Und das, was man in der Tat den Äquator nennt, in der Tat die Quelle des Landes mit Namen Attu, hatte also, wie es tatsächlich der Fall war, die Kanalregion, die beides verband. Und die Menschen dort, die in der Tat am heißesten Punkt der Mutter Sonne lebten, wurden sehr dunkel in ihrer Hautfarbe, da die treibende Kraft der so genannten Lichtkraftbombardierung, die auf das traf, was in der Tat als Stratum bezeichnet wird — und die zurücksprang und, wie es in der Tat geschah, von der Erde in das Stratum zurückgestrahlt wurde und dabei Hitze erzeugte. Sie stellten sich auf das ein, was man in der Tat als Hitze bezeichnet. Und ihre Körper passten sich gewissermaßen den Hitzebedingungen an und erfuhren eine Tönung. Und die Haut wurde, wie es in der Tat geschah, dunkel und das Haar wurde grob und dick, um das zu schützen, was man in der Tat als die zarte Kopfhaut des Menschen bezeichnet. Und die Augen wurden dunkel, um das Strahlen dieses Lichts und dieses Verständnisses sehen zu können.

Die Nordländer waren gleichsam in der Tat sogar zu Zeiten von Lemurien und Atlantien, als sie entstanden, als das große, wunderbare Volk bekannt, das sie in der Tat waren — mit Haaren, die Sonnenlichthaare genannt wurden und Augen, die als blau und einer Haut, die als weiß bezeichnet wurde, so wie ihr weiß versteht — um in einer Region zu leben, die in der Tat von der Kraft und dem Verständnis der Sonne abgelegen war. Es ist in der Tat wunderbar; es geschah in einem Augenblick, aber dieser Augenblick dauerte nach eurem Verständnis eine Ewigkeit. Diese vollkommenen Vorgänge, die den Gott in die kreative Kollektivsituation einführten, nahmen wohl eine lange Zeit in Anspruch. Alle wurden geboren. Die fünf großen Rassen entstanden und keine war geringer als die andere. Keine. Und wer etwas anderes behauptet, der vertritt die Meinung eines Narren.

---

[11] Die Dinosaurier

Der Mensch war, als er entstand, herrlich, und der Mensch vergaß in seinen Anfängen niemals, wer er als der Gott seiner Anfänge war. Und er verehrte den Gott seiner Anfänge, denn damit verehrte der sich selbst, der er verloren war in jenem Blau. Und der Mensch in seiner Natur hielt immer an dem fest, was man Wettbewerb nennt, an dem, was man in der Tat Aggressivität auf Grund von Wettbewerb nennt und an dem, was man in der Tat den Augenblick des Zornes und die Schubkraft der Zerstörung nennt. Das liegt in seiner Natur.

Ein Schneefall von Göttern und die genetische Evolution

Nun, wie viele von euch hier in dieser Zuhörerschaft hatten schon einmal die großartige Gelegenheit, an einem besonderen Ort zu sitzen oder zu stehen, als die große weiße Stille aus dem Himmel herabzufallen begann? Hebt die Hand. Aha, ihr wisst nicht, was die große weiße Stille ist? Schnee. Wie viele von euch, blickten nach oben und sahen den Schnee herunterfallen? Nun, so sei es. Nun fandet ihr es wunderbar? Wie viele von euch fanden es wunderbar? Nun, das ist eine außerordentlich einfacher Vergleich für das Fallen von Individuen durch die Ebenen, wie es bei der Involution geschah.[12]

Nun, der entscheidende Punkt ist, dass ihr es alle bis hier unten geschafft habt. Ihr befindet euch nun in der menschlichen Evolution auf dieser Ebene. Aber warst du nun die erste Schneeflocke, die fiel? Nein. Vielleicht die zweite? Höre ich da die dritte, die vierte, die fünfte, die sechste? Nein, die wart ihr nicht. Nun, ihr Lieben, ist es möglich, dass in der Zeit, in der ihr hier im ultravioletten Blau wart und eure exquisiten Körper

---

[12] Nach Ramthas Kosmologie gibt es sieben Existenzebenen, die den sieben Ebenen von Bewusstsein und Energie entsprechen. Diese sieben Ebenen entstanden durch den Vorgang der Involution oder Selbstreflexion des Bewusstseins. Das physische Universum gehört zur ersten Ebene, der Hertz-Ebene, die die niedrigste Energiefrequenz aufweist. Die zweite Ebene entspricht dem gesellschaftlichen Bewusstsein und der Infrarot-Frequenz, die dritte Ebene dem bewussten Gewahrsein und dem sichtbaren Licht, die vierte Ebene dem Brücken-Bewusstsein und dem ultravioletten Blau, die fünfte Ebene dem Super-Bewusstsein und der Röntgenfrequenz, die sechste Ebene dem Hyper-Bewusstsein und der Gammastrahlung und die siebte Ebene dem Ultra-Bewusstsein und der Frequenz des Unendlichen Unbekannten. Eine ausführliche Darlegung von Ramthas sieben Ebenen von Bewusstsein und Energie und des Prozesses der Involution und Evolution findet sich in *Ramtha, Das Erschaffen von Realität - Ein Leitfaden für Anfänger,* 1997 Horamus Publishing, Inc.

genosst, andere bereits den Sprung gewagt hatten und gefallen waren und dass sie im Licht den Konflikt erlebten und sich dann weiter durch das so genannte Infrarot bewegten, bis sie schließlich hierher gelangten? Ist das möglich? Wie viele stimmen zu? Absolut.

Nun, zu der Zeit, als ihr hier an diesem Ort ankamt, den wir Terra nennen — das ist der Name für die Erde — zu dieser Zeit also, als ihr hier ankamt, waren die Götter, die vor euch kamen, damit beschäftigt, das zu tun, worauf sie sich am besten verstanden, Realität zu erschaffen; ihr wisst, dass Bewusstsein und Energie die Beschaffenheit der Wirklichkeit schaffen. Und als ihr hier ankamt, hatten sie diesen Ort bereits ausgekundschaftet. Sehen wir uns einmal einige ihrer Errungenschaften an. Nun, in der modernen Kultur wird überwiegend angenommen, dass die so genannte Menschheit seit in paar Millionen Jahren existiert. Aber die Gesellschaft, in ihrer am höchsten geachteten und entwickelten Form existiert erst seit, sagen wir, annähernd zweitausend Jahren oder vielleicht sogar seit fünftausend Jahren. Was wäre, wenn ich euch nun erzählen würde, dass es bereits blühende Zivilisationen gab, die eure heutige Technologie übertrafen und ausstachen, und dass die letzte dieser Gruppen, die nicht nur Raum und Zeit, sondern sogar interdimensionalen Raum und interdimensionale Zeit manipulieren konnte und über die außergewöhnliche Fähigkeit verfügte, den Raum zu krümmen und sich interstellar zu bewegen, vor 455.000 Jahren hier existierte?

Nun, ich weiß, dass das dem widerspricht, was eure Wissenschaftler sagen, aber was wissen die schon? Sie sind erst in diesem Leben erschienen. Aber das ist der entscheidende Punkt. Der entscheidende Punkt ist, dass die Menschheit, so wie man sie kennt, viel älter ist als eure Wissenschaft erkennt. Und für eure menschliche Berechnung sage ich euch, dass die letzte Zivilisation, die vor 455.000 Jahren existierte, nicht annähernd so brillant war, wie die, die es vor zehn Millionen Jahren hier gab.

Fallen Schneeflocken also? Ja, in der Tat. Fallen sie nach einer bestimmten Ordnung? Wer vermag zu sagen, welche Schneeflocke beschloss, als erste aus der Wolke zu fallen und welche herumtrödelte und bis zur letzten Minute wartete?

Nun, wann seid ihr hierher gekommen? Wann seid ihr hier angekommen? Für diese Gruppe gilt, dass ihr erst angekommen seid, als bereits Götter da waren, die Flora und Fauna, wilde Tiere und wilde Blumen und das, was man als Gewürzpflanzen, Wurzeln und Samen bezeichnet, erschaffen hatten. Sie hatten bereits eine Vielfalt von Gräsern und möglichen Baumarten erschaffen und Früchte, die auf dieser Ebene schon längst ausgestorben sind. Und wie haben sie das erschaffen? Nun, sie taten genau das, was sie vor langer Zeit gelehrt wurden. Sie setzten ihren Fokus ein und richteten ihn auf einen Traum aus, dann wurden sie damit analog.[13] Nun, wie nehmen wir Einfluss auf eine Umgebung, die bereits statisch geworden, die in der Tat bereits vorhanden ist? Ganz einfach, auf die gleiche Weise, wie wir die jeweilige Umgebung beeinflussten, in der wir einst lebten. Wir beeinflussten diese Umgebungen dadurch, dass wir unser Wissen um unsere Involution mitbrachten. Basierend auf dem, was man als unser Wissen bezeichnet, können wir uns mittels unseres Seelengedächtnisses in diesem Körper auf einen neuen Traum fokussieren, auf eine neue Variante einer Palme, denn wir brauchen eine neue Variante einer Palme. Wir brauchen eine Palme, die im Wasser überlebt. Und wie machen wir das? Alles, was wir zu tun haben, ist, eine solche Pflanze zu entwerfen und sie zu ihrer analogen Position im Punkt Null zu bringen.

Nun, an diesem Punkt wird Gott so bemerkenswert. Die Palme existiert bereits. Jemand, der entschieden hat, dass er eine Palme haben möchte, die wassertauglich und überlebensfähig ist, arbeitet bereits an der Palmvariante. Alles was die Götter nun in ihrer Eigenschaft als Götter — auch wenn sie sich in morbid aussehenden kleinen Körpern befanden — zu tun hatten, alles, was sie zu tun hatten, war, es zu wünschen, es mit solcher Intensität zu wünschen, dass sie als Bewusstsein und Energie, als Urquelle, als Beobachter, die Gesetzgeber in einem Ozean von Energie wurden. Die Palme ist nichts als verdichteter Gedanke, Energie, die sich zu Materie formte und die von dem Gott, der sie erschuf, ihren unverwechselbaren Charakter bekam.

Nun, die Wissenschaft kann in gewisser Weise einiges davon beweisen, indem sie zumindest vermutet, dass es der Beobachter in uns ist, der in den Teilchenfeldern Reaktionen auslöst. Darüber hinaus sagt die Wissenschaft, wenn man ihr Glauben schenken will, dass Energie die Form einer Welle aufweist, die sich nicht nur wellenförmig bewegt, sondern in dem Augenblick, in dem sie beobachtet wird, zur festen Form kollabieren kann. Wenn der Beobachter sich entfernt, löst sich die feste Form auf und beginnt wieder, sich wellenförmig zu bewegen. Wer also ist der Beobachter? Der Beobachter, das seid ihr. Was ist Realität? Ein Feld potenzieller Energie kann, auch wenn diese verdichtet ist, entsprechend einem Gedanken, einem fokussierten Gedanken aufgelöst und neu geformt werden. Nun, alles, was die Wesenheit zu tun hatte, war, eine erweiterte Version der Palme zu erträumen. Und sie brauchte darin nur die saftigen Früchte dahintreiben zu sehen — das war alles, was sie zu tun hatte — und daran intensiv festzuhalten.

Nun, weil er oder sie aber nun in einem langsameren Zeitrahmen reist, wird die Energieveränderung etwas länger dauern, als wenn, sagen wir, die Palme auf der sechsten Ebene existieren würde. Wie viele von euch

[13] Unter analogem Mind versteht man einen fokussierten, tranceähnlichen Geisteszustand, in welchem Gedanken als Wirklichkeit manifestiert werden können.

verstehen das? So sei es. Aber nichtsdestotrotz wird sie sich verändern. Und warum? Weil ein Gott sich ihre Veränderung gewünscht hat. Und wer ist dieser Gott? Nun, dieser Gott ist kein anderer als der Beobachter der Wissenschaft. Wisst ihr, der Beobachter ist derjenige, der die Energie, die sich wild und wellenförmig bewegt, dazu bringen kann, in eine beliebige Form zu kollabieren, in die er sie in seiner Wahrnehmung kollabieren lassen will; Energie ist für die Art und Weise unseres Denkens empfänglich. Das ist wahr.

Es ist also möglich, dass die ursprünglichen Götter, die hierher kamen, bereits eine ganze Evolutionsstufe durchlaufen hatten, ehe ihr euch als Schneeflocken formtet und herabfielt. Und zu der Zeit, als ihr hier ankamt, gab es bereits sehr alte Wälder und es gab in der Tat bereits Tiere, Wildvögel, Flüsse, Samen und Flora voller Schönheit. Es gab bereits tiefe Schluchten und Berge und es gab saftige Früchte als Nahrung. Nun, jemand, der vor euch da war, hat das geschaffen. Und ihr kamt hier herunter, weit draußen, und ihr fielt wie Schneeflocken in den Schoß irgendwelcher primitiven Hominiden, die zufällig in dieser Nacht geschlechtlich miteinander verkehrten. Und so ist euer Energiefeld: Wir haben heute die bekannten Energiefelder studiert, die nichts anderes sind als die entsprechende Reichweite, Tiefe und Breite der sich wellenförmig bewegenden Energie. Also hier (auf der vierten Ebene) haben wir eine kurze Reichweite, hier (auf der dritten Ebene) haben wir eine längere Reichweite und hier (auf der zweiten Ebene) haben wir sogar eine noch längere Reichweite und hier (auf der ersten Ebene) eine nochmals längere Reichweite, und die gesamte Energie reagiert auf uns, denn so haben wir sie erschaffen.

Als wir also hierher kamen und zufällig zu zwei sich leidenschaftlich Liebenden fielen — Gott möge uns helfen, wo sich die befanden — fiel unsere Schneeflocke potenzieller Energie in den Samen/Schoß eines solchen Geschöpfes und wurde zu einem neuen Körper.

Nun seid ihr vielleicht spirituelle Wesenheiten im Infrarot und ihr seid an die Erde gebunden und geistert an diesem Ort herum. Wenn ihr euch so nahe an der Erdebene aufhaltet, besteht das Problem darin, dass ihr kein geeignetes Vehikel für ihren Zeitrahmen habt und weil ihr kein solches habt — was bedeutet, dass ihr nicht über den richtigen Körper für diesen Zeitrahmen verfügt — könnt ihr die Pflanzen nicht riechen und ihr habt in der Tat keine Zunge, um die Pflanzen zu schmecken. Ihr habt keine Augen, um die Farbe Azurblau wahrzunehmen und ihr habt keinen Körper, um Gefühle als Emotion zu erfassen und die Bewegtheit zu spüren, die man empfindet, wenn ein Mitgeschöpf einen umarmt. Ihr streckt also die Hand aus, um nach der Rose zu greifen und eure Hand bewegt sich durch sie hindurch, weil eure Infrarot-Hand schneller schwingt als die langsamer schwingende Rose. Versteht ihr? Wie viele von euch verstehen das?

Um also den letzten Fall zu vollziehen, müsst ihr in einen Körper hineinfallen, der in derselben Frequenz schwingt, wie die Rose. Auf diese Weise könnt ihr die Frucht kosten. Versteht ihr? Ihr könnt das Azurblau sehen und die Umarmung eines dieser Menschen fühlen. Also habt ihr es getan.

Und ihr kamt hier sozusagen in eine schon vorgefertigte Umwelt. Bedeutet aber das Vorhandensein von pflanzlichem Leben und dass die großen Schöpfer vor euch gekommen waren, dass ihr das nicht verändern solltet, was sie in Gang gesetzt hatten? Nein, ihr sollt das verändern, was bereits in Gang gesetzt wurde, weil Energie auf Gedanken reagiert und zu einer höheren Existenzebene weiterentwickelt werden muss. Ihr kamt also hier herunter und fingt an, die Dinge zu verändern. Versteht ihr? Wie viele von euch verstehen das?

Nun, was wusstet ihr? Also, wenn ihr niemals gegen einen Baum gelaufen seid — wenn ihr auf Terra niemals gegen einen Baum gelaufen seid — mit einem menschlichen Körper, wie glaubt ihr wohl könntet ihr je feststellen, was ein Baum ist? Also, ihr kommt hier herunter in einen Körper und könnt Bäume nicht einmal sehen. Wisst ihr, warum ihr sie nicht sehen könnt? Weil sie nicht in eurem Bewusstsein sind. Und warum sind sie nicht in eurem Bewusstsein? Weil ihr nicht diejenigen wart, die sie geschaffen haben. Ihr erlebt dann zum ersten Mal eine Interaktion mit einem echten lebendigen Baum, wenn ihr Amok lauft und gegen etwas rennt. Und dieses Etwas, gegen das ihr gerannt seid, seht ihr zum ersten Mal. Und in dem Augenblick, in dem ihr den ersten Baum seht, seht ihr die übrigen Bäume auch. Wie viele von euch verstehen das?

Wie viel Zeug gab es also hier unten, das ihr niemals kanntet, weil ihr nicht herumranntet und dagegen lieft oder es nicht aßt? Nun, eine ganze Menge, das steht fest. Dass ihr das erste Mal hereinkamt und nicht einmal wusstet was ein Baum ist, das sollte euch sagen, dass eure Weisheit für schöpferisches Tun grob unzureichend war. Versteht ihr? Worum es bei der Evolution im menschlichen Leben also geht, da es kein Element gibt, das niedriger wäre als dieses, ist, dass wir uns in dessen Zeitfluss vorwärtsbewegen müssen. Und um das zu erreichen, müssen wir im menschlichen Körper langsam wachsen und uns daran gewöhnen, die Fähigkeiten des menschlichen Körpers einzusetzen, die zu emotionalem Verständnis führen. Nun, das kann lange Zeit dauern.

Lasst mich euch ein Beispiel geben. Nehmen wir an, ihr kamt hierher, als Tyrannosaurus Rex auf dem Höhepunkt seines Ruhmes war. Habt ihr den Namen schon mal gehört? Er hatte einen sehr schlechten Ruf. Und nehmen wir weiter an, dass ihr nie in eurem Leben einen Tyrannosaurus Rex gesehen habt. Ihr seid also eines Tages draußen und damit beschäftigt, die Früchte zu pflücken, die ihr nur gefunden habt, weil eure Mutter sie euch zeigte. Und ihr seid draußen und esst sie, und plötzlich spürt ihr einen heißen Wind auf eurem Rücken und etwas, das so ähnlich klingt wie in Vulkan, der in der Ferne ausbricht, so ähnlich, aber nicht ganz so. Und ihr dreht euch um, könnt aber nicht ganz erkennen, was ihr da seht, ihr seht nur Zähne hervorstehen und auf euch zeigen. Ihr habt Zähne schon mal gesehen.

Und plötzlich, als ihr erkennt, dass die Zähne in diesem Mund viel· größer sind als die Zähne im Mund eurer Mutter und dass der Atem heiß ist und faulig statt süß, seid ihr einen Augenblick lang nicht wirklich sicher, ob das der Ort ist, an dem ihr sein wollt. Ihr steht also auf und beginnt zu rennen, so schnell euch euer kleiner alter hominider Körper tragen kann. Und ihr rennt. Und als ihr zurückblickt, nun, da beginnt diese Kreatur Gestalt anzunehmen und jedes Mal, wenn ihr zurückblickt, wird sie größer und schlimmer und noch schlimmer. Außerdem holt sie auf.

Nun, ihr habt in eurem Körper so genannte evolutionäre Gene. Mit anderen Worten, der menschliche Körper wird — hört genau zu — durch die genetischen Muster seiner Eltern geschaffen. Nun, wie entwickeln die Eltern ihre eigenen Gene weiter, um Nachwuchs hervorzubringen, der besser ist als sie selbst? Wie machen sie das? Nun, ihr könntet sagen, dass der zufällige Geschlechtsakt diese Gene in eine kohärente und kohäsive Form bringt, die das entstehen lässt, was man als eine Wesenheit bezeichnen könnte, die größer ist als die Gesamtsumme der Eltern. So ist es nicht. So ist es nicht.

Wisst ihr, wie eure Eltern es erreichten, dass ihr besser wurdet als sie es waren? Es geschah, weil jede menschliche Emotion, die eure Eltern jemals hatten, als genetisches Muster auf ihre Gene übertragen wurde. Der alte Spruch, dass ihr die Sünden eurer Väter und Mütter erbt, dass sie auf euch übergehen, bedeutet also nichts Schlechtes. Es bedeutet einfach Begrenzung. Wie viele von euch verstehen das? Nun, es bedeutet, dass ihr einen Körper tragt, der aus der emotionalen Furcht eurer Mutter und der inneren Stärke eures Vaters besteht. Ihr tragt den Körper aus dem Mitgefühl eurer Mutter und der Entschlossenheit eures Vaters. Wenn euer Rücken gerader und stärker ist als der eures Vaters, dann nur deshalb, weil die Entschlossenheit eures Vaters — seine Entschlossenheit — eine Mutation seiner selbst in seinen Genen hervorbrachte, damit die Nachkommen seiner Entschlossenheit einen starken Rücken hätten.

Jeder trägt den Körper seiner Eltern, aber der Körper der Eltern, das sind eigentlich die Einstellungen der Eltern. Habt ihr verstanden? Jedes Mal, wenn ihr Furcht empfindet, beeinflusst diese Furcht den Emotionalkörper. Der Emotionalkörper prägt diese in ein Programm der DNA ein. Jedes Mal, wenn ihr etwas erreicht habt, jedes Mal, wenn ihr einen Wunsch habt — jedes Mal, wenn ihr wünscht, euer Rücken wäre stärker, euer Gehirn klüger, eure Sehkraft besser — jedes Mal, wenn ihr diese Dinge aufrichtig fühlt, beeinflusst ihr durch diese Einstellungen künftige Generationen. Habt ihr verstanden? Wie viele von euch verstehen das? So sei es.

Kehren wir nun zur Jagd zurück. Nun, die kleine Wesenheit rennt einfach mit all ihrer Kraft. Und was ihr bald klar wird, ist, dass sie dieses Rennen an den heißen Atem und die schlimme Mundhöhle verlieren wird. Und der letzte Gedanke, der ihr in den Sinn kommt, ist, dass sie wirklich wünschte, längere Beine zu haben. Habt ihr verstanden? Wie viele von euch verstehen das? Also das ist der letzte Gedanke, als diese riesige Kreatur die Wesenheit hochnimmt, sie ein bisschen weich klopft, ihr das Genick bricht und sie dann mit einer einzigen Zuckung ihren Schlund hinunter und in ihre Verdauungssäfte befördert; Seele und Geist haben sich schon zurückgezogen und sich gesagt, dass es reicht. Wie viele von euch verstehen das? Nun, wir sind noch nicht fertig. Schlaft nicht ein. Diese Wesenheit stirbt eines ziemlich außergewöhnlichen Todes. Und das Sterben ist ihre erste Erfahrung hier unten, und es war gar nicht so schlimm. Am Ende war es ein bisschen haarig. Und was die Wesenheit tut, ist, ins Licht zurückzukehren,[14] wisst ihr, zu diesem mürrischen Wesen, das dort oben auf sie wartet.

Es sagt: „Sehen wir mal, was du getan hast."

Die Wesenheit sagt: „In Ordnung, sehen wir mal." Also spielen sie den Film noch mal ab.

Das Wesen sagt: „Willst du noch immer zurück?"

„Ich will zurückkehren."

„Warum willst du zurückkehren?"

„Weil ich zurückkehren will."

„Was wirst du dort tun?"

„Ich werde es besser machen."

„Warum willst du es besser machen?"

„Weil ich es besser machen will."

„Dann geh. Ich bleibe hier."

„So sei es."

Als nun also diese Wesenheit eine Lebensrückschau hält, ist die letzte Sache in dieser Lebensrückschau ihr Wunsch nach längeren Beinen. Die möchte sie wirklich haben. Nun, solange die Wesenheit fleischlich denkt, was wird ihr nächster Evolutionsschritt sein? Na los. Längere Beine. Wie viele von euch stimmen zu? Nun, während die Wesenheit eine Lebensrückschau hält, jagt dasselbe elende Monster hinter einem anderen Hominiden her, nur ist dieser etwas schlauer. Er ist ziemlich klug. Er hat diesen Kerl vorher schon beobachtet. Als er also zu rennen beginnt, kann er

---

[14] Die dritte Ebene des sichtbaren Lichts ist der Ort, an dem nach dem Tode die Lebensrückschau stattfindet.

den Tyrannosaurus Rex ausmanövrieren und er hat auch ein bisschen längere Beine. Aber, einfach um sicher zu gehen, wünscht er, sie wären noch etwas länger. Aber er schafft es. Er versteckt sich. Er ist klug. Und die dumme Bestie kann ihn nicht sehen, also entkommt er. In dieser Nacht kehrt er, in Angstschweiß gebadet, in seine Hütte zurück und erzählt seiner Frau die wildeste Geschichte, die ihr je gehört habt. Und er erzählt ihr, Schlag auf Schlag, wie er die Bestie heroisch austrickste. Nun, in seiner Glückseligkeit lieben sie einander.

Nun, in der Glückseligkeit des Liebens gibt er in den Schoß seiner Geliebten einen brandneuen Samen und dieser Same, sein Sperma, trägt die Aufregungen des Tages als Code in sich. Und nun beginnt ein Kind in ihr zu wachsen. Das Kind wird eine Weiterentwicklung seiner Eltern sein, die auf der Erfahrung der Eltern beruht. Nun haben wir hier unten (auf der ersten Ebene) einen Geschlechtsverkehr im Gange, haben Lust und wir haben hier oben (auf der dritten Ebene) eine Lebensrückschau. Und wo begegnen sich die beiden? Wo schon, im Bett natürlich, weil diese Wesenheit, die gerade längere Beine wollte, ins Fleisch zurückkehren will. Sie ist ein Gott. So sei es. Sie muss sich die Erfahrung aneignen. Und so wird sie das Kind, der Gott, der das Kind im Schoß übernimmt. Er hat seinen Körper erschaffen. Nun wird er geboren und eines Tages wir er seinen Wettlaufpartner treffen, denn das ist sein Wunsch. Und warum ist das sein Wunsch? Weil er ein Gott ist. Er weiß nicht, dass er ein Gott ist, aber er ist es, und so ist er dafür gerüstet.

Warum sollte er die Bestie wiedertreffen müssen? Weil er, um das Unbekannte bekannt zu machen, sich dieser Widrigkeit stellen und seiner Wettkampftauglichkeit und Vorbereitung darauf gerecht werden muss. Und eines Tages, als er ein junger Bursche ist, groß und schlank, der seine Eltern überragt, rumpelt die Kreatur wieder durch das Dorf und schlachtet alle ab. Und er rennt vor ihr her, die Jagd hat begonnen. Nun, was wird geschehen? Nun, das ist Schicksal, das seinen Lauf nimmt. Der junge Bursche läuft der Bestie davon. Und was glaubt ihr denkt er, als die Bestie stolpert und hinfällt? Gott segne diese meine Beine. So sei es. Nun, wird er sich je wieder vor dem Tyrannosaurus Rex fürchten? Ist er vorbereitet? Ist er es? Nun, welche Art von Nachkommen wird er der Welt schenken? Schlauere Wesenheiten mit längeren Beinen. Erklärt bitte die genetische Evolution in euren eigenen Worten. Ihr könnt anfangen.[15]

Nun, meine Lieben, es gibt Hoffnung. Und die Hoffnung ist die: Die Hoffnung ist, dass ihr nie wieder ein Hominide sein werdet und nur immer besser sein werdet. Ihr werdet nie schlechter werden, denn ihr seid bereits schlechter gewesen. Nun, denkt einen Augenblick über Folgendes nach. Wir

---

[15] Das laute Aussprechen der erlernten Lektionen gegenüber einem Partner oder für sich selbst ist ein wichtiger Aspekt von Ramthas Lehrstil. Diese Technik hilft dabei, die entsprechenden Lehrinhalte zu begreifen und im Gedächtnis zu behalten.

haben auf dieser menschlichen Ebene viele Realitätsstufen, die gleichzeitig existieren. Wusstet ihr das? Wir haben physische Inkarnationen, bei denen jede der aufeinanderfolgenden Generationen besseren Nachwuchs hervorbringt, der dem vorigen überlegen ist. Wir haben hier also das Wirken eines wunderbaren, schönen, kreativen Elements. Wir haben das Heim der Götter, das sich immer weiter fortpflanzt, immer weiter ausdehnt. Und wir, ihr und ich, waren diejenigen, die das alles in Gang gesetzt haben.

Ihr und ich, wir sind in unserem Leben für unsere genetischen Körper, so wie sie waren und sind, verantwortlich. Wir sind verantwortlich, weil der Körper der Tempel eines lebendigen Gottes ist. Der lebendige Gott kennt sieben Stufen des Paradieses, er brachte eine Verwandtschaft zu diesen sieben Stufen mit und verfügt über die Macht seiner Göttlichkeit. Und was ist diese Göttlichkeit? Mind. Dieser Mind steht über der Materie. Und dieser Mind, sei er in seinem schönsten oder in seinem rohen Zustand, verändert jede Umgebung, in der er sich befindet. Das ist das Gesetz. Nun, der Körper, den ihr heute habt, ist das Ergebnis von zehneinhalb Millionen Jahren Evolution, seit ihr auf die Erde fielt. Und wenn ihr in ein Museum geht und einige der echten Fossilien studiert, werdet ihr feststellen, dass sich das menschliche Sein weiterentwickelt hat. Und die dramatischste Weiterentwicklung ist die Größe des Gehirns.

Als ihr das erste Mal herkamt und nicht einmal wusstet, was ein Baum ist, hattet ihr kein großes Gehirn nötig. Ihr brauchtet große Augen und eine harte Stirn. Als ihr aber sehr viel raffinierter wurdet und je mehr ihr euer Gehirn für das Erschaffen von Realität einsetztet, um so größer wurde es, bis zu dem Punkt, dass das Gehirn — mit ein bisschen Unterstützung seitens eurer älteren Brüder, die vor euch herkamen und euch Starthilfe in Sachen Evolution leisteten, indem sie euch ihre genetischen Samen gaben und euch aus dem Dschungel in die Zivilisation führten — zu etwas wurde, das ihr bisher noch nicht ganz gemeistert habt, aber das werdet ihr noch. Der Hohlraum für das Gehirn ist jetzt also viel größer als er zu sein pflegte. Und was bedeutet das? Es bedeutet, dass eure Fähigkeit, auf dieser Ebene zu erschaffen außergewöhnlich ist und dass euer Gott die Fähigkeit hat, dieses Gehirn zu benutzen, um einen Mind hervorzubringen, der das Königreich des Himmels hier auf Erden erschaffen kann, mit anderen Worten, die Erleuchtung. Ihr benutzt weniger als ein Zehntel eures Gehirns, weniger als ein Zehntel. Nun, verwechselt Erleuchtung nicht mit Intellekt, das ist nicht das Gleiche.

Intellekt ist ins Gedächtnis eingeprägte Geschichte, er hat nichts mit Erfahrung zu tun. Erleuchtung ist Erfahrung, weil sie evolutionär und nicht stagnierend ist. Ein nicht erleuchteter Mensch benutzt, auch wenn er intelligent ist, doch nur ein Zehntel seines Gehirns. Was geschieht mit dem Rest? Der wartet darauf, dass etwas passiert. Und was ist dieses Etwas?

Dass der Gott in ihm erwacht und weiß, was es ist, und das Gehirn bereit ist, alle sieben Körper in einem Körper agieren zu lassen.

Die Geschichte der Meisterschaft zur Christusschaft hin handelt von der Entwicklung des menschlichen Gehirns, um Gott in die manifestierte fleischliche Form zu bringen, nicht verborgen, und von der Macht, über Zeit und Raum gebieten zu können, einer Macht, wie wir sie auf der siebten Ebene genossen — als in dem Augenblick, in dem wir den Gedanken hatten, es schon war — damit hier, auf der langsamsten aller Ebenen, ein Gott, der sich einmal in seiner eigenen Fähigkeit verankert hat, seine eigene Macht erwecken kann. Und das Gehirn ist spezialisiert und soweit entwickelt, dass es diese Macht handhaben kann. Wie geht das? Das Gehirn ist mehr als nur eine Vorrichtung, um euer Verdauungssystem und euer kardiovaskuläres System zu steuern, das neurologische Gedächtnis zu speichern und einfach nur eure wankelmütige kleine Persönlichkeit, die eigensinnig ist, zu beherbergen. Es kann einen Gott beherbergen. Und der Teil, den ihr nicht benutzt, ist der Teil, der seine Tätigkeit aufnehmen wird, wenn ihr erwacht und wisst, wer ihr seid.

Wie wird das geschehen? Nun, erinnert euch, ich sagte euch, dass ihr eure Verwandten auf der sechsten Ebene besuchen könnt, auch wenn ihr euch unten auf der fünften befindet?[16] Erinnert ihr euch, dass ich das sagte? Und erinnert ihr euch, dass ich euch sagte, um das zu tun, müsstet ihr den Körper beiseite legen und einen neuen Körper annehmen, erinnert ihr euch? Nun, die Schneeflocken, die vor euch fielen, waren eure weisen Brüder und Schwestern in Gott. Sie sind euch gleich, außer, dass sie schon länger hier sind als ihr. Und als sie euch ihr genetisches Erbe überließen — das genetische Erbe — überließen sie euch eine Fähigkeit, die sie bereits erworben hatten. Welche Fähigkeit war das? Dass sie ein Gehirn erschaffen hatten, das einen Mind der siebten Ebene handhaben konnte, um mit einem Mind der siebten Ebene in der Lage zu sein, in der langsamen Zeit die Zeit der siebten Ebene zu manifestieren. Habt ihr verstanden? Wie viele von euch verstehen das? Mit anderen Worten, anstatt wie eine Kokosnuss zehntausend Jahre zu brauchen, um eine schwimmfähige Schale zu entwickeln, kann ein Meister, ein Gott in einem menschlichen Körper das durch seinen Fokus in der Zeit erschaffen, die er braucht, um das (die Ausrichtung im analogen Mind) zu erreichen. Und dieses Gehirn hat die Fähigkeit dazu. Und das war das Geschenk der Götter, die vor euch kamen, damit ihr diese Fähigkeit haben solltet.

Was bedeutet das wirklich? Es bedeutet, dass ihr in euch das Potenzial für Unsterblichkeit habt, während ihr das Bewusstsein der siebten Ebene aufrecht erhaltet. Wisst ihr nicht, dass Christus mit Gott/Mann und Gott/Frau verwirklicht zu tun hat? Das bedeutet, dass wir einen einfachen

---

[16] Siehe Kapitel 1, Einführung: Die Wirklichkeit ist nur ein Traum.

Menschen nehmen — irgendeinen von euch, ob alt, jung, groß, klein, rückständig, fortschrittlich, das ist unwichtig — und den Gott in ihm erwecken, so dass dieser Gott in ihm zu solch enormer Macht aufsteigen kann, dass das Gehirn mit dem gesamten Mind Gottes agiert. Und in diesem Leben kann, was in linearer genetischer Evolution Millionen von Jahren gedauert hätte, in einem Leben erreicht werden. Und wenn eine Wesenheit der siebten Ebene hier oben lebt und dieses (Gehirn) betätigt, dann ist diese Wesenheit der siebten Ebene dem Nullpunkt näher als ihr mit eurer menschlichen Persönlichkeit, die sich mit dem Faktor Zeit auseinandersetzt, die hier so langsam ist. Wenn der Gott in euch erwacht, hat euer Körper außerdem, als ein Geschenk eurer Vorfahren, die Fähigkeit, nicht nur mit dem Altern aufzuhören, sondern er verfügt in seinem Inneren auch über einen Generator, der jede Zelle eures Körpers über das Gehirn und das Nervensystem veranlasst, so schnell zu schwingen, dass dieser euer Körper, der in der Hertz-Frequenz geboren wurde, tatsächlich die Schwingung und Resonanz der ultravioletten Frequenz annehmen kann. Und ihr braucht nie wieder zu sterben, um diese Erfahrung zu haben. Versteht ihr?

Nun, ein erleuchteter Mensch sagt sich, wisst ihr, ich weiß, dass ich nicht nur ein Leben gelebt habe, denn das erscheint mir nicht logisch. Das würde nur Sinn machen, wenn ich ein Experiment in irgendeinem Labor eines gefühllosen Gottes wäre, der mir nur ein bisschen Leben geben will und mich dann für meine Fehler verflucht. Aber ich glaube nicht, dass das so ist. Ich bin dieses Wesen. Und mir wird klar, dass ich mich nicht an eine Vielzahl von Leben erinnern kann, obwohl ich sie lebte — auch wenn ich mich nicht daran erinnern kann, weiß ich, dass ich sie gelebt habe — und der Grund, warum ich mich nicht erinnern kann, ist der, dass ich versuche, mich mit einem Gehirn zu erinnern, das erst in diesem Leben geboren wurde. Das Gehirn, das ich heute habe, ist nicht das Gehirn, das ich vor fünfhundert Jahren hatte. Und wenn die Erinnerungsfähigkeit des Gehirns mit dem Hypothalamus verbunden ist, der ein spezifisches Neuronennetz in meiner Gehirnwellenfrequenz steuert, dann können die Erinnerungen, die ich vor fünfhundert Jahren hatte, nicht dort oben sein. Aber irgendwo sind sie. Also, obwohl ich mich nicht erinnern kann, weiß ich, dass ich gelebt habe, weil das meinem Leben Sinn und Würde gibt. Und wenn ich das weiß, dann liegt meine Erinnerung irgendwo und ganz sicher ist in mir irgendwo eine Fähigkeit angelegt, die mir ermöglicht, mich daran zu erinnern. Vielleicht ist es mein Unterbewusstsein. Oder vielleicht haben die anderen Recht und ich habe eine Seele. Vielleicht ist die Seele aber nicht so sehr eine göttliche, religiöse Eigenschaft, sondern eher ein Computer, der alles festhält, was ich je getan habe, damit nachvollzogen werden kann, was ich bekannt gemacht und Gott zurückgegeben habe, hm? Sagen wir also, dass meine Seele alle Erinnerungen festhält. Aber wo ist meine Seele? Meine Seele kann nicht in meinem Kopf sein. Sollte sie am Sitz meiner

Zirbeldrüse sein, wenn meine Zirbeldrüse wirklich das Seratonin und das Melatonin steuert und einfach eine Fabrik für chemische Prozesse ist, warum sollte meine Seele dort leben wollen? Sie muss irgendwo anders sein, aber ich weiß, sie ist nahe. Wenn sie nahe ist, warum weiß ich es dann nicht?

Nun, wenn ihr wirklich erleuchtet wärt, dann würdet ihr sagen, wenn Bewusstsein und Energie die Beschaffenheit der Wirklichkeit erschaffen und wenn das, was ich hier oben (im Stirnlappen) als Wunsch festhalte, wirklich die unsichtbare Welt der Energie beeinflusst, dann möchte ich einen Augenblick darüber nachdenken. Mein Leben, so wie ich es bis zu diesem Punkt kannte, war in der Tat genau so, wie ich es erwartete, denn ich habe es erschaffen. Oh, ich habe alles erschaffen. Ich habe gelitten, weil ich leiden wollte und ich habe meine Freunde zu Tyrannen gemacht. Ich tat es. Und ich gebe meiner Mutter die Schuld für meine genetische Beschaffenheit. Aber warum sollte ich meiner Mutter die Schuld für meine genetische Beschaffenheit geben? Entspricht meine genetische Beschaffenheit denn nicht letztendlich meiner spirituellen Evolution? So muss es sein. Also, wisst ihr, ich habe mein ganzes Leben lang wirklich meine Realität geschaffen, und ich habe sie auf der Grundlage meines Glaubenssystems geschaffen. Wenn das also wahr ist, dann ist alles, was ich zu tun habe, mich leidenschaftlich und emotional für einen Traum zu engagieren. Und nehmen wir an, der Traum wäre, meine Seele zu kennen. Wenn ich Gott bin, habe ich nichts weiter zu tun als darüber zu kontemplieren, für mich allein, in Ruhe und voller Leidenschaft. Und wenn ich Gott bin, wird sich mir meine Seele enthüllen und mein Gehirn wird fähig sein, das für mich abzuspielen, was ich niemals wusste. Was es aber einmal weiß, das wird es nie vergessen. Nun, ich möchte niemals sterben, denn ich habe erkannt, dass es beim Trinken der verzauberten Wasser des Todes wirklich darum geht, dass ich irgendwo schon alles kenne. Aber weil dieser mein Körper mich fasziniert und auch dieser Ort, an dem ich bin — und ich weiß, dass sie mich faszinieren, denn ich denke die ganze Zeit an sie — ich denke an das Gesicht meines Geliebten und an seine Lenden. Ich denke an mein Gesicht. Ich denke an meinen Bauch. Ich denke an das, was ich essen werde. Ich denke darüber nach, wie ich aussehen werde. Ich denke darüber nach, wie ich leben werde oder wie ich meinen Lebensunterhalt verdienen werde. Nun, ich verbringe so viel Zeit damit, über diesen Ort nachzudenken, kein Wunder, dass ich keinen anderen Ort habe, an den ich gehen könnte, als diesen. Habt ihr verstanden?

Und wenn ich Gott bin, nun, dann habe ich mich in eine verzwickte Lage gebracht, nicht wahr? Also war es kein Wunder, dass, als mein Körper starb — wisst ihr, all die Millionen Male als ich einen hatte — dass dann dieser Aspekt von mir, der wusste, vergessen musste, als er wieder in einen Körper kam, denn der Körper, in den ich zurückkam, wusste nichts darüber, wer ich einmal war. Und ich kümmerte mich um nichts anderes als um meinen Körper, den nächsten Körper, das nächste Mal im Bett, die nächste Umarmung, das nächste Fest, den nächsten Wein, die nächste Erfolgsgeschichte, die nächste Tasche voll Geld. Dass ist alles, woran ich denke. Also fand ich heraus, dass nicht Gott mich davon abgehalten hatte, mich selbst zu erkennen, sondern es meine eigene Wahl war, dass ich vergaß. Und ich komme immer wieder zurück und werde wieder geboren, und ich werde immer wieder in diese Körper geboren, in denen ich immer wieder das Laufen lernen muss. Ich muss wieder ganz von neuem lernen, mit dem Körper umzugehen. Mein Gott, man sollte meinen, dass ich das mittlerweile intus haben sollte. Aber nein, denn etwas fehlt mir noch. Ich wusste nicht, dass ich niemals hätte sterben brauchen, nun aber beginne ich zu ahnen, dass ich fähig bin weiter zu leben, denn was ich nie wieder tun will, ist sterben und vergessen. Ich möchte niemals sterben und mich dann nicht mehr an euch und mich erinnern und an diesen Augenblick, diesen wunderbaren Sonnenuntergang und die Süße dessen, was wir heute miteinander teilten. Ihr wollt das nie mehr vergessen, sagt ihr. Also liegt es an mir, mich zu erinnern. Aber das Ich, das diesen Wunsch hat, ist ein anderes Ich als das, das der Körper ist, der seine Ruhepausen und sein Essen braucht, der seinen Erfolg und sein Versagen, seine Krankheiten und die Dinge, über die er sich beschweren kann, braucht. Wenn ich also bereits erleuchtet wäre, dann wüsste ich, dass ich, wenn ich die Reise meiner Seele manifestieren könnte, auch die Macht hätte, meine Erinnerung so zu manifestieren, dass sie mich nie wieder verlässt und euch nie wieder vergisst. Und ich habe die Fähigkeit, das zu tun.

Wer auf dieser Ebene könnte sagen, er wüsste genau wie das Gehirn funktioniert? Ich sage euch, so jemanden gibt es nicht; es gibt nur Vermutungen und Wissenschaft. Aber niemand weiß, wo im Gehirn der ruhige Ort ist. Außerdem hat man das Gehirn noch nicht einmal vom Bewusstsein getrennt.

Und dann haben wir da noch das andere kleine Problem, genannt Mind. Ist Mind dasselbe wie Bewusstsein oder gehört der Mind zum Gehirn? Gehört das Gehirn zum Bewusstsein und der Mind steht außerhalb? Wie funktioniert das alles? Vielleicht ist es so: Wenn ihr spirituelle Wesen seid, dann seid ihr das Bewusstsein, das in das Gehirn einfließt, welches genetisch für euch gebaut wurde. Das Einfließen des Bewusstseins ist einem Lichtstrom vergleichbar, der die Zündkerzen zündet. Und die Zündkerzen beginnen nur entsprechend ihrer genetischen Bestimmung zu zünden, so dass alles, was mein Gehirn denkt dann das Phänomen Mind hervorbringt. Also ist mein Mind ein Nebenprodukt von Bewusstsein und Energie, die auf das menschliche Gehirn einwirken und holographische Gedanken erzeugen. Und der Grund dafür liegt darin, dass der holographische Gedanke der

Beobachter ist, der die Energie ins Leben bringt und die Kokosnuss im Ozean schwimmen lässt. Versteht ihr?

Nun, eure Reise — und das möchte ich euch heute Abend beibringen — die Reise des spirituellen Menschen unterscheidet sich ein bisschen von der Reise des körperlichen Menschen. Wenn ihr zu mir kommt und sagt „ich möchte den Herrn und Gott meines Seins kennen und ich möchte in der Tat Gott kennen und Gott lieben und von Gott geliebt werden; ich möchte mehr als alles andere die Macht kennen, die in mir wohnt, das ist das wichtigste in meinem Leben", dann habt ihr das Erste ausgesprochen, was aus dem Mund eines Schülers kommt, nämlich den Wunsch nach dem Großen Werk. Beim Großen Werk geht es nicht darum, euch physisch erfolgreich zu machen, sondern euch zu einem spirituellen Gott zu machen, der ewig ist.

Ich möchte, dass ihr heute Abend darüber nachdenkt, dass ihr Millionen von Leben gelebt habt, nicht nur eins, zwei oder drei, wie euch jemand sagte. Und ihr hattet nicht nur ein spektakuläres Leben, ihr hattet viele. Aber wer ihr heute seid, entspricht nur dem, wie diese in der Vergangenheit waren, und ihr habt noch einen langen Weg vor euch. Was fangt ihr nun damit an? Wenn ihr Gott seid, solltet ihr es besser wissen. Außerdem, wenn ihr Gott seid, dann sollten sich eure Prioritäten ändern. Wenn ihr der Beobachter seid, wie die Wissenschaft es euch sagen will, dann seid ihr ein beeindruckendes Wesen, so beeindruckend, dass ihr einen vollkommen gesunden Körper über Nacht krank machen könnt. Ihr seid so beeindruckend, dass ihr ein Kind in eurem Schoß oder aus euren Lenden empfangen könnt. Ihr seid so beeindruckend, dass ihr in einem Raum voller Pflanzen herumgehen könnt, die kein Wort sprechen und wenn ihr übelster Laune seid, dann könnt ihr deren duftverströmende Blüten zum Verkümmern und Verwelken bringen, weil in eurer Umgebung nichts glücklich sein soll. So mächtig seid ihr.

Vollkommene Spiegel für einander

An einem Ort, und ich werde euch nicht sagen, wo es seinen Anfang nahm, gab es das erste Leben einer Wesenheit aus sich selbst heraus und einer Frau aus sich selbst heraus, die Anfänge ihrer ersten Existenz und die Verlangsamung ihrer kreativen Form, um sich so höher zu entwickeln. Ich werde euch einen Namen nennen. Den Namen gab es einst und es gibt ihn noch heute, sogar bis zu dieser Stunde. Und die Wesenheiten, auf die ich mich beziehe, sind nur zwei aus dem, was man als eine facettenreichen Menge von Tausenden von Wesenheiten bezeichnet, die zu jener Zeit auf dieser Ebene waren, denn fünf Rassen – wie ihr das benennt und beziffert – unterschieden durch Hautfarbe und Kultur, entstanden gleichzeitig. So geschah es in der Tat, dass sie in dem Land ihrer Wahl, dem Land der roten Erde waren.

Nun, der Name der Wesenheit, der genannt wird, lautet Duvall/Debra. Es sind zwei Namen, die die Einheit von einem bezeichnen, der aus einem Hause namens Duvall/Debra Badu hervorging, wobei Badu Gott, die Essenz von Duvall/Debra, bedeutet. In seiner Getrenntheit war Duvall/Debra männlichen Geschlechts, er war das, was man den elektrischen Strom einer von euch nach wissenschaftlichem Verständnis in der Tat als positiv bezeichneten Ladung nennt. Und in diesem Körper hatte er noch nichts hervorgerufen, was damals Brüsten oder einer Gebärmutter ähnelte, aber er hatte das an sich, was man in der Tat als Erektion bezeichnet und verfügte in der Tat über den ungehinderten Fluss des Samens, der in seinem Lendensack lag.

Als der göttliche Same — was alle zu einer künftigen Stunde, an einem anderen Tag lernen werden — der vorgesehene Same war, wurde aus Duvall/Debra vom selben Gott das geschaffen, was wir als Debra/Duvall bezeichnen, was in der Tat das ist, was man Frau nennt — Mensch, der Schoß ist — Frau höheren Seins; die Gebärmutter trug keinen Samen, sondern nur das, was man als Ei bezeichnet, und das, was das Ei perforieren sollte, war der Same, der Schatz in den Lenden des Mannes.

Debra/Duvall war und ist noch immer ausdrücklich die Gefährtin der Wesenheit Duvall/Debra, denn sie ist in der Tat der Schoß des Menschen und hat das, was man in der Tat nach eurem wissenschaftlichen Verständnis als negative Ladung bezeichnet. Nun, ihre Erschaffung war nicht etwas Geringeres als Duvall/Debra selbst, sondern eine vollkommene Erweiterung von ihm.[17]

---

[17] Duvall/Debra und Debra/Duvall waren echte Seelengefährten, die aus einem einzigen Gottesbewusstsein geboren wurden, das sich in eine positive und eine negative elektrische Ladung aufspaltete, um seine Schöpfung zu erfahren. Das ist die Grundlage für die Gleichheit und die Göttlichkeit von Frau und Mann.

Nun, Gott kann nur dann den Samen für Gott geben, wenn Gott sich teilt, um zu werden. Im Leben ihres Seins waren die Dinge für sie leicht zugänglich, denn die Gedankenprozesse, die sie durch ihre Schöpfung hindurch aufrecht erhalten hatten, wurden gemindert, denn in der Verlangsamung geschah dies in der Tat so, und der durch Kontemplation erzeugte Lichtblitz war schwerer und damit schwieriger geworden. Doch noch immer ist etwas von ihrer ersten Gottschaft geblieben, ihrem ersten Leben auf der ersten Terra, so waren sie stets mächtig in ihrem Nähren reinen Gedankens. Duvall/Debra selbst sah Debra/Duvall als ausgesprochene Schönheit an.

Duvall wusste nicht, dass sich die Farbe seiner Augen ständig veränderte. Lasst mich euch von dieser Farbe erzählen. Der runde Augenrand ging in die Tiefen und die Leere eines brillanten Schneeweiß über, dunkelblauer Schimmer mischte sich mit Gelbschimmer und erzeugte die Illusion eines angedeuteten Meeres in einer helleren Schattierung von Haselnussbraun, das sich zu einer vollkommenen Linse verdichtete, der so genannten Pupille des Auges. Er wusste nichts vom spektakulären Mythos seiner Schönheit, bis er Debra erblickte, die die gleichen Augen hatte.

Die Augen, sie sind wunderbarer, wunderbarer, wunderbarer Gedanke, denn sie verfügen über die Fähigkeit, Materie, die sich in einer langsamen Form vervollständigt, einzuschätzen. Sie haben die Fähigkeit, die Vervollständigung des Gedankens auf jedweder Ebene zu beurteilen, durch welche sich die Sicht manifestiert. Was hat es mit der Schönheit und Farbe auf sich? Warum sind die Augen blau, ohne andere Farben? Weil das Blau in sich schon ein großartiger elektrischer Strom ist, denn es strahlt die Farbe des Lichts entsprechend der Farbe seiner elektrischen Ladung ab, um die Farbe Blau sehen und sie sich in ihren Tiefen und Schattierungen vorstellen zu können; seine Abstrahlung bewirkt bei den regulären Gedankenprozessen einen so genannten elektrischen Zylindereffekt. Blau ermöglicht es, einen Gedanken durch seine Abbildung als elektrischer Strom besser einzuschätzen als andere Farben außerhalb des Spektrums, das vom tiefsten Blau bis ins Haselnussbraun, dann ins tiefste Ebenholzbraun und ins tiefste Schwarz reicht. Blau deckt die ganze Bandbreite der fast unbeschreiblichen Einzelheiten eines durch Licht erzeugten Bildes ab und gibt ein schwingungsmäßiges Verständnis von Farbe.

Duvall blickte in die Augen von Debra, damals, bei ihrer ersten Annäherung und er blickte so voller Entzücken und Ehrfurcht auf diese Wesenheit, dass er sich sogar in seinem Zustand der Vollkommenheit keine Schöpfung vorstellen konnte, die lieblicher sein könnte, denn die Augen in ihrer ständigen Veränderung, bei welcher sogar das Blau manchmal in ein Schneeweiß überging, waren wunderbar. Duvall liebte sie, und doch kannte und verstand er den Vorgang der Liebe nicht. Und als er die Blässe des vollendeten Fleisches erblickte, erinnerte er sich an die Blässe und das

Strahlen des Lichts, das man in seinen Schattierungen und seiner sich ausbreitenden Farbe in der Tat als cremefarbig bezeichnet. Ein rosaroter Hauch erschien auf ihrer Stirn und auf ihren Wangen und ihre Lippen wurden taufeucht, voll und scharlachrot.

Und obwohl das Farbenspektrum auf Terra den vollendeten Gedanken nicht erreichen kann und niemals den erhebenden Gedanken, lag darin doch die vorteilhafte Möglichkeit, nur die Farben zur Verfügung zu haben, die im Rahmen der Farb-/Lichtschwingung am schwersten sind, waren sie selbst von nichts anderem eingefangen worden. Als er die festen Augenbrauen betrachtet hatte — die ihm bei seiner Berührung feucht erschienen — und die dicken, wunderbaren Wimpern, die diese schönen Sichtfenster der Augen umrahmten, berührte er sie. Und er blickte auf das Kinn mit seinem Grübchen und auf den Hals, der wie eine starke Säule aus Marmor war, und auf die fein geformten, sich aber doch kühn abzeichnenden Schultern, und auf die Arme, die diesen schmeichelten und von den Schultern ausgingen, ohne die Leichtigkeit oder die Unterbrechung ihrer Bewegung dort, wo sie Teil der Schulter waren. Und er nahm den Arm an sich und führte ihn nach unten zum Handgelenk und er sah seine Bewegung. Er schaute auf die zarten Finger, mit den Falten, bis zu den vollendeten Fingernägeln, wie man sie heute nennt und er sah das Erröten ihrer Wangen in ihren Fingernägeln. Und er fand das superb. Superb.

Duvall schaute auf ihren Körper und fand ihre Brüste warm und weich, erhaben und fest und der zarteste Ansatz von Röte war am höchsten Punkt ihrer Schönheit und er fand sie lieblich. Und dort unter den Brüsten war das, was nahe dem Herzen seiner Seele schlug und er fand es schön, es war die Struktur einer Taille, und die Haut war so um die Struktur dieses Wesens drapiert, dass sie sich dem Auge entzog und es bezauberte. Und er bewunderte die Erschaffung von etwas so Liebenswertem und Sanften von solcher Farbe.

Und er folgte dem weiter bis zu den Beinen und Schenkeln. Und an dem Ort, den man in der Tat als Beginn der Schöpfung bezeichnet, fand er es wundervoll, dass der ganze Schenkel, der von diesem wunderbaren Körper ausging, glatt und makellos war. Und er fand eine Beuge am Bein. Und auf der anderen Seite der Beuge fand er eine Vertiefung. Und er fand, dass die härteste Stelle am Bein dieses geliebten Geschöpfes das Knie war. Und er nahm seine Hand und führte sie nach unten, die Wade entlang, die fein geformt und gerundet war und die in die schlanke Masse dessen überging, was ihr als Knöchel bezeichnet, und fand dort Festigkeit und er bewegte den zarten Fuß auf und ab. Und er blickte auf die Grazie der Knochen, die sich sanft erhoben, um den Fuß richtig zu stützen, und die umkleidet waren von kostbarem Fleisch bis zu den Zehen, wie ihr sie nennt, wo es wieder Nägel gab, mit der Rötung der Wangen.

Als Debra zurückschaute auf den, der sie voller Verwunderung betrachtete, sah sie das Haar von Duvall, das wie der Herbst in seiner Würze war und fand es wunderbar. Und als sie das Haar anschaute, das ihr wie der Herbst vorkam, empfand sie ihre eigene Haarflechte wie den Herbst. Als sie anfing, Duvall zu betrachten, sah sie die Lieblichkeit der gleichen Augen, die sie betrachtete und doch nie zuvor gesehen hatte und sie sah starke Nasenlöcher, die langgezogen und groß waren und der massiven Luft erlaubten, einzuströmen. Und sie sah sie sich aufblähen. Sie blickte in der Tat auf Lippen, die geschwungen und fest, ausdrucksstark und groß waren und sich vollendet in ein Gesicht einfügten, das sich über einer geschwungenen und breiten Kieferlinie erhob und auf einem langgestreckten Hals saß, und sie sah Schultern, die breit und rund und Arme, die dick, schwer und schön waren. Die Arme sahen den gleichen Herbst, der auf dem Haupt war — auf den Armen ringelte sich dieser lieblich in vollkommenen gemusterten Reihen — ihr Blick fiel auf eine Hand, die breit und lang, schön und vollkommen war und die an ihrem Ende durch Fingernägel abgeschlossen wurde, so als hätte etwas Bemerkenswertes sie berührt, als letzten Abschluss der geschaffenen Form. Und die Brust war breit und auf der Brust, dort wo das Herz ruhte, waren die Brustwarzen, die auch sie besaß, abgeflacht, lieblich und schön, und die Brust hob sich durch den Atem, der durch die geblähten Nasenflügel kam und ging über in eine Taille und eine Hüfte, die schmaler war und die an ihrer Spalte eine wundervolle Schöpfung gewann, dort, wo der Schatz der Hoffnung für kommende Jahrhunderte lag. Und sie gewahrte Beine, die muskulös waren und in Knie übergingen, die breit und fest waren, und in Waden, die stark waren, in Füße, die breit und lang waren und der Großartigkeit der Wesenheit Duvall in seiner vollkommenen Form Standfestigkeit verliehen.

Als sie einander anblickten, sahen sie wahrhaftige Abbilder von einander. Und jeder hatte auf seine wunderbare Art und Weise sich selbst nach dem großartigsten Entwurf gestaltet, um den Wechsel der menschlichen Existenz von Gott zum Menschen auf einer Ebene zu ermöglichen, die nach langem Warten nun bereitet war, denn jeder der beiden hatte die Vollkommenheit der Verkörperung, um standzuhalten und aus sich heraus den vollkommenen Samen für eine künftige Abstammungslinie zu schaffen.

Und wo war die Liebe? Man besitzt eine Sache niemals so ohne weiteres, so lange man nicht darüber kontempliert hat, denn Besitz und Ergreifen und Genuss werden niemals wahrhaft erfahren, wenn sie nicht erst durch kontemplatives Denken realisiert wurden. Erst als die beiden also über die Lieblichkeit des anderen und die Schönheit ihrer beider Sein kontempliert hatten, und als die Berührung gefühlt wurde und sicher war, begann das Feuer in den Lenden und im Schoß zu lodern. Und im Schaffen eines Gedankens geschah es, dass aus der unmittelbaren Spiegelung des einen im anderen, der erste fruchtbare Akt zwischen Duvall/Debra und Debra/Duvall hervorging — indem sie zusammenkamen und ihrer üppigen und wunderbaren Kreativität, zu der sie nun durch ihr eigenes vollkommenes Selbst geworden waren, erlaubten — zusammenzukommen, miteinander zu sein, und den Samen aus den kostbaren Lenden ins Sein und in das wunderbare Ei zu bringen, in Debras Nest der künftigen Geschichte.

Leidenschaft, eine Leidenschaft, das zu lieben, was in der Glut geschaffen wurde und an der Essenz dessen festzuhalten, was in glutvollem Gedanken geschaffen wurde, bedeutet den Abläufen zu folgen, durch welche in Liebe Schöpfung erzeugt und durch die Vereinigung ausgeübt wird. Als es zur Empfängnis kam, trat aus dem erigierten Stab von Duvall der wunderbare Same hervor. Und als er sich der äußeren Projektion seiner selbst hingab, wie das so eloquent beschrieben wird, blickte Duvall in die Augen von Debra und sah sich selbst. Und Debra blickte in die Augen von Duvall und liebte ihr Abbild. Und der Same kam hervor und fand in der Tat das Ei, und es wurde das vollkommene Abbild dessen geschaffen, was sie in einander gesehen hatten. Und, seht, aus dem, was man als das Atrium der Konstanten bezeichnet, entstand ein anderer Gott, der darauf gewartet hatte, nun seinerseits mittels Geschlechtsverkehr zu einem gewandten Menschen auf der Ebene von Terra zu werden. Als der Stab von Duvall in seiner Ermattung wieder klar wurde, legte sich Duvall neben seine wunderbare Frau und seine wunderbare Frau legte sich neben ihn. Und als Duvall lernte, sich selbst so sehr zu lieben, liebte er alles, was er in Debra sah und Debra ging es ebenso. Das wurde damals verstanden. So begann die Vereinigung derer, die zueinander gehörten. Und die Lichtkräfte hatten für sich in der Tat das Vergnügen geschaffen, das in der geschaffenen Kraft, genannt Materie, liegt, um ihr Leben neu zu beginnen.

Wettbewerb und Trennung

Als in diesem Leben alle Dinge emsig wurden und als das Denken emsig wurde, aus dem heraus sowohl Debra als auch Duvall schöpferisch waren, wurde die Betriebsamkeit des Landes offenkundig und sie wurde zur Arbeitsweise des Landes. Und als Duvall damit begann, sich an dem gemeinhin als Marktplatz bezeichneten Ort mit dem zu beschäftigen, was man in der Tat Schöpfungsprozesse nennt, wurden die Werte des Austausches unter allen Göttern offenbar und ebenso ihre Getrenntheit, und im Wesentlichen begann so das Leben auf einem Marktplatz der Ideale, die entstanden und untereinander ausgetauscht wurden.

In diesem ersten Leben, in dem zuerst großes Verständnis geherrscht hatte, entstand aus der gesegneten Gebärmutter, dem Nest der Zukunft in Debras Schoß eine Wesenheit namens Arius. Und Arius, der das war, was man in der Tat als positives Geschlecht bezeichnet, entstand, wie es in der Tat geschah, aus sich selbst heraus, in diesem seinem ersten Leben, und aus dem Atrium der Konstanten heraus erlaubte er sich so zu sein. Als er dies tat, war er, durch die Schöpfung des Aktes auf der ersten Ebene, das Größte, das den höheren Brüdern durch das Erschaffen von Liebe, das gegenseitige Erkennen der Essenz des anderen gegeben werden konnte — die Verkörperung eines anderen Gottes. Er war das Tiefempfundene Glück von Debra und Duvall, er kam in ihr Leben und Debra nährte ihn und hielt ihn ihrer Seele nahe. Die Liebe war immer gegenwärtig und sammelte sich in Duvalls stattlichen und wunderbaren Augen und er war erfreut über die Kameradschaft eines weiteren Bruders, eines weiteren Gottes, unter den Gegebenheiten, die man als Frieden bezeichnet.

Als Arius aus sich selbst heraus größer wurde und als auf dem Marktplatz der Handel von untereinander ausgetauschten Ideen en masse betrieben wurde, lebte der Geist des Wettbewerbs der erhabenen Götter in vollem Umfang unter denen, die da waren, und wiederum geschah es bald, dass einer den anderen ausstach. Und bald begann das Licht, das als antreibende Kraft zu bezeichnen ist, sich in der Tat zu einem großen Geschäftsbereich und zu großartiger Wissenschaft zu entwickeln und es wurde auf dieser Ebene regelmäßig für immer wieder stattfindende Reisen verwendet, um ein Objekt zum anderen zu befördern.

Und als dieser Prozess zur damaligen Zeit im Gange war, begann Duvall eine Kameradschaft mit anderen Göttern und ihren Familieneinheiten aufzubauen. Und bald versammelten sie sich, um Handel zu treiben. Und während Duvall dies tat und immer längere Zeiträume von Debra fern war, traten der Wunsch nach mehr Wissen und die Frage in sein Verstehen, wie er eine, diesem seinem Gedanken entsprechende, produktivere Form schaffen konnte, denn andere vermochten dies bereits recht gut. Eine Einstellung der Überlegenheit ging von ihm aus, eine objektive Getrenntheit von Debra, denn er war an dem Ort, den man nun tatsächlich als den ständig geschäftigen Marktplatz bezeichnen kann, zu sehr mit dem Wettbewerb mit seinen geliebten Brüdern beschäftigt und davon ganz gefangen.

Und Debra hatte mit ausgestreckten Armen nach ihm, dem Spiegel ihres Seins gerufen, um ihn lieben, berühren und halten zu können und Teil der Erstheit ihres Ersten sein zu lassen. Und Duvall, gefangen in seinen kreativen Gedanken, war von seiner geliebten Debra getrennt und nahm in sich die Einstellung auf, gewissermaßen eine Autorität im Geben und Nehmen zu sein. Als diese Einstellung einmal zu Tage trat, wurde sie bei allen sichtbar. Und als offenbar alle erkannten, dass sich ihr Status der

Gleichrangigkeit irgendwie von dem der anderen unterschied, kam es in der Tat zu einer großen Getrenntheit, einem schweren Fehler, denn in diesem Leben hatte sich Duvall dem Prozess gewidmet, immer mehr zu werden und er hatte sich von Debras zärtlicher Liebe entfernt, die ihrerseits in der Tat mit der Aufgabe beschäftigt war, die geliebte Wesenheit namens Arius, diesen höchst bemerkenswerten Gott, hervorzubringen, zu erkennen und mit ihm zu teilen.

Und im Verlaufe dieses Geschehens entstand zu dieser besonderen Zeit der Besorgnis eine Einstellung, die, wenngleich sie in ihrer Konzeption rein war, zur Trennung vom geliebten Gleichrangigen geführt hatte und die in der so genannten Zone des Irrtums gefährlich wurde. Und durch Experimentieren mit einem mächtigen Licht bewirkte Duvall, der dieses Licht in einen Reflektor schickte, damit es sich zu einer bestimmten Krümmung ausrichte, die Angleichung seines Spiegels oder Reflektors in einem ungünstigen Winkel, und als das Lichtgeschoss abgegeben und reflektiert wurde, geriet es ihm in den Weg. Und er wurde von diesem Licht schneller und wirksamer durchbohrt, als dies irgendein Schwert oder irgendeine Art von euch bekannter Explosion hätte bewirken können. Und der Körper wurde zum Leichnam, denn er lag in der Tat in den Händen seiner eigenen, ins Sein gebrachten Schöpfung, und nun war er durch seine eigene Schöpfung zu Grunde gegangen, denn er war schwer verletzt.

Die Wesenheit Duvall erlitt ihren ersten Tod auf Terra, und während des Handeltreibens auf dem Markplatz hatte sie irrtümlicherweise vergessen, wie sie ins Sein gelangt war. Und obwohl der Körper von Duvall zu Grunde gegangen war, hatte dies dem, was man den Geist und die Seele seines Seins nennt, die ihm die Aufrichtigkeit seiner flüssigen Augen und die wunderbare Gegenwart seines Seins beschert hatten, nichts anhaben können; sie gerieten in ein Windvakuum. Und dieses führte ihn zu einem bestimmten Ort, wo es nicht aufhörte, sondern ihn entließ und ihn in gelähmtem Zustand in eine geeignete Position legte, die man Nord-Süd-Richtung nennt. Und als er in dieser Position lag, siehe, da blickte er nach oben und sah auf großartige Weise aus seinem Blickwinkel das Atrium der Konstanten. Er sah seine geliebten Brüder, die ihn beobachteten. Und als er sich herumdrehte, um festzustellen, woher er gekommen war, sah er seinen Körper, keinen Körper, und er sah Debra. Und er ging, um seine Arme nach Debra auszustrecken, aber sie kannte ihn nicht. Und er streckte seine Arme nach Arius aus, dessen Lachen den Wind übertönte. Duvall versuchte es immer und immer wieder. Niemand hörte ihn.

Und er erinnerte sich seiner Freunde, er stand aufrecht da und versuchte zu ihnen zu gelangen, aber er konnte es nicht. Und obwohl sie ihn ansahen, zeigten ihre Gesichter weder Kummer noch Mitleid, sie brachten eher eine abschätzende Einstellung zum Ausdruck, würde ich sagen. Und er konnte sie nicht erreichen, denn Debra, die das Sein ihres Seins und ihren

Ehemann, wie er genannt werden wird, liebte, lernte Tränen und Kummer kennen und rief nach ihm: „Sein meines Seins, Blau meines Blaus, Körper meines Körpers, unerfüllter Same, wo bist du Duvall?" Und als sie den körperlichen Tod erkannte, ein höchst schockierendes Element, hielt Debra an ihrem Ideal fest, dass so wie einst, als die Bestien einander verschlungen hatten, der Same immer weitergetragen werden musste, und sie weinte über dem Körper ihres kostbaren Duvall und dachte, dass nur Arius aus seinem Samen hervorgegangen war. Sie wusste nicht Bescheid. Sie war nie zuvor auf dieser Ebene gewesen. So konnte Duvall also weder zu seiner Geliebten sprechen, noch seine versammelten Brüder um Hilfe anrufen. Er war völlig perplex. Er war in der Leere, die nun aus einer überlegenen Einstellung heraus geschaffen war, welche immer hinter der vervollkommneten Einstellung zurückbleiben wird. Und nun konnte er nicht einmal auf die Erdebene gehen, und er konnte auch nicht wieder zur Bruderschaft aufsteigen, denn er hatte Überlegenheit erfahren oder das Denken, bedeutender zu sein, als das was er nun unglücklicherweise in geringeren Begriffen als seine Geliebte bezeichnete.

Eine zweite Chance — Reinkarnation

Durch kontemplatives Denken, eine wundersame Bewegung, überkam ihn die Erkenntnis, was er von sich selbst halten sollte. Vor dem Atrium gab er eine Erklärung ab und bat die anderen, ihm doch bitte die Gelegenheit und die Chance zu geben, erneut zu handeln, damit die Auslöschung in der Leere nicht mehr vorhanden sein möge und damit auch nicht länger Getrenntheit herrsche. Und er rief ihnen zu: „Wartet, wartet mit eurer Schöpfung und kommt nicht zum Licht von Arius. Erlaubt mir den Austausch mit diesem meinem Sohn, damit ich erneut werden möge, damit ich all das, was ich von mir abgetrennt habe, besser machen kann."

Und weil die Götter, die auf die schwierige Art gelernt hatten, gutherzig waren, stimmten sie zu. Und mit dieser Zustimmung wurde der Wille freigesetzt und Duvall wurde zum spektakulären Licht von Arius geliebtem Sohn. Arius, der ins Mannesalter kam, lernte aus der Bewegung seiner Leisten, seiner Lenden und war auf der Suche nach der Schönheit seines Seins, und er fand die, die ihn bezauberte. Die, die ihn bezauberte war in ihrer Lieblichkeit und Blässe wie der Mond, und zeigte ihm nach und nach mehr von ihrer Schönheit. Er war ganz gefangen von dieser Zauberin und sobald er von ihr gefangen war, konnte er es nicht länger ertragen, ohne sie zu sein. Und so fand Arius auf Drängen seines geliebten Vaters das vollkommene Gefäß, die vollkommene Schönheit, die er, Arius, über alles liebte und sich so selbst in seinem Gegenüber liebte.

Zu dieser Stunde werde ich euch nicht von der Großartigkeit dieser Zauberin erzählen. Das werde ich ein andermal tun. Aber die Frauen haben ihre Schönheit vergessen, sie haben ihr betörendes Wesen vergessen. Und die Frauen haben ihre reine Schönheit vergessen. Aus diesem Grunde, schaut vor allen Dingen des Nachts in die Luft hinauf, wenn der Mond in seiner vollen Glorie hervorkommt und diese Zauberin an eurem Himmel in ihrer Blässe und ihrem wundervollen Licht erstrahlt. Immer dann, wenn sie euch verlassen muss, werdet ihr Wasser dort finden. Es sind die Tränen der Zauberin. Niemand möchte seine Schönheit aufgeben und doch müssen alle im Glanz eines noch größeren künftigen Lichtes leben. So geschah es mit der Zauberin und Arius. Sie kamen zueinander und Arius tat kund, dass die Zauberin von allen Dingen sein größter Wunsch und dass sie für ihn die vollendete Schöpfung war. Und durch den gleichen Akt, den Duvall und Debra vollzogen hatten, entdeckten sie einander und ihre wunderbare Schönheit des Seins und brachten diese zum Ausdruck. Und der Gedanke wurde zum fruchtbaren Wesen, das in seiner unbegrenzten Form empfangen wurde, damit der, der mit dem Namen Duvall bezeichnet wird, werden konnte.

Duvall war niemals ein Kind gewesen. Duvall war nicht empfangen worden. Duvall erfreute sich in hohem Maße daran, Teil der von einem anderen geschaffenen Form und dessen geformter Essenz zu werden, und so erlernte er die Bedeutung des Teilens, so erlernte er die Bedeutung gemeinsamer Schöpfung. Er wurde zum Kind. Und als die Zauberin ihr Licht hinwegnahm und nicht mehr war, schwoll der Bauch mächtig vom Samen und von der Frucht. Und als sie wieder einen schmalen Streifen ihres Lichtes sandte, kam nach und nach mehr. Durch das, was man in der Tat als Geburt bezeichnet, kam Duvall in einem wunderbaren Körper aus der Zauberin hervor. Und, Meister, er kam zu dem Zweck hervor, um dem anzugehören, was er liebend gern neu gestalten wollte, damit er sich nicht nochmals abspalten würde, um anders zu sein als die anderen oder von ihnen getrennt, sondern um ein Teil von ihnen zu sein. Und er kam hervor aus dem Schoß der Zauberin, als ein junger Mann.

Nach eurem Verständnis hatte dieser junge Mann nun eine Großmutter namens Debra. Und der kleine Junge liebte seine Großmutter, er liebte seine Mutter, die Zauberin, und er liebte Arius, seinen wunderbaren Sohn/Vater. Und er ließ ihnen allen gleichermaßen Gleichrangigkeit angedeihen. Er liebte seine Großmutter und respektierte sie, und doch wusste diese nicht, dass er Duvall war. Und er gab ihr ihre Freundlichkeit, ihre Freude und ein jubilierendes Herz zurück, er hörte in Dingen des Marktplatzes und der Schöpfung immer auf ihre Weisheit und lernte bereitwillig von ihr.

Und als die Großmutter nicht mehr auf dieser Ebene war, wuchs er in sein Leben hinein und wurde gleichsam in der Tat ein Teil einer fleißigen Wesenheit, die Fairness und Gerechtigkeit in allem Austausch sah, und das war teilweise in der Tat das, was man Ausgewogenheit nennt. Er, der für seine Haltung der Ausgewogenheit bekannt war, lebte lange an Jahren und in all den langen Jahren seines Lebens hatte er keine andere genommen, die sein Bett teilen sollte und keine andere, die ihm tief in die Augen blicken sollte, um sich selbst zu sehen, denn nunmehr war Ausgewogenheit sein Anliegen.

Wiedergewonnene erste Liebe und die Geburt der Eifersucht

Es kam ein Tag, an dem Duvall das, was man in der Tat als Collectum (*Gesammeltes*) bezeichnet, auf dem Marktplatz zurückgab, denn alles geschah, um die Ideale von Vollkommenheit zu würdigen und, wie es in der Tat geschah, die Gelegenheit zu bieten, den Tausch und den wechselseitigen Austausch mit noch großartigeren Ideen zu vollziehen. Er begegnete einer liebenswerten Wesenheit. Und diese liebenswerte Wesenheit, die nach euren heutigen Begriffen ein junges Mädchen von vierzehn Jahren war, ging auf den Platz, um die Idee und den Gedanken an eine künftige Verheiratung ihres Körpers mit jemandem zu würdigen, der für ihr Sein vollkommen sein würde. Der Gedanke wurde gewürdigt.

Als er sie in der Tat erblickte, schaute er in seine Augen und sah in ihren Augen die seinen. Und die junge Frau, die nicht mehr die Haare aus Herbst und Gewürzen hatte, sondern Haare aus Sonne, erwiderte den Blick, sie schaute in die Augen von Duvall und sah sich selbst. Und, siehe, seine geliebte Debra war wiedergekehrt und doch wusste er nicht, woher sie gekommen war. Gemeinsam fanden sie durch das, was man als den Gedankenprozess von Debra bezeichnen kann, zueinander und kamen wieder einmal in einem Leben zusammen. Und als sie in der Tat das, was man die Pracht von Vereinigung und Liebe nennt, hervorbrachten, ging aus ihnen eine Tochter hervor, ein wunderbares Geschöpf, ein Licht voller Schönheit. Und Duvall war gefangen im Spiegel seiner Liebe zu Debra, zu dem, was sie als Abbild hervorgebracht hatten.

Sie war noch wunderbarer als die Zauberin. Sie war noch wunderbarer als Debra. Sie war eine Schöpfung, entstanden aus dem Höhepunkt vollendeter Liebe, die sich selbst erneut sucht. Das kleine Mädchen hatte Haare, die dunkler waren als die Farbpalette der Mitternacht und wenn sie sie offen trug, waren die Locken wild, beweglich und frei und die Haare waren wie Seide. Und wenn sie ihren wundervollen Kopf hob, fielen sie graziös auf ihre marmorfarbenen Schultern. Und die Augen dieser Wesenheit hatten die Farbschattierung der Meere, wie ihr sie zur heutigen Zeit nicht mehr sehen könnt, sie waren von einem sehr tiefen Blau, es war wunderbar in sie zu blicken, man war ganz davon gefangen und sah kaum noch etwas anderes.

Und das kleine Mädchen, das nun zu einer herrlichen Frau geworden war, war in den Augen ihres Vaters vollkommen. Und er schwelgte in der Vollkommenheit seiner süßen Tochter und er liebte sie für das, was sie war und er liebte Debra für das, was sie war und war froh über das ständige Wachstum dieses seines prächtigen Geschöpfes. Und als sie das Alter erreicht hatte, das man in der Tat als das Alter von vierzehn Jahren bezeichnet, kam mit der ersten Zeit des Blutes ihre Zeit als Frau. Ihre Brüste waren herangereift, ihre Wangen leuchteten, ihre Augen waren erfüllt von Wunder und Abenteuer und Duvall wusste, dass für seine geliebte Tochter die Zeit gekommen war, sich durch Gedanken an den Gatten ihres Seins selbst zu würdigen. Und als er kam, hatte Duvall die Leiden der Eifersucht noch nicht erlebt, was er nun tat. Und als er dies nun in der Tat erlebte, wurde er zum Bewacher seiner Tochter, er wünschte, sie möge nicht heiraten, er wünschte, sie möge nur ein Teil der Unmäßigkeit von ihm und Debra sein. Und die Tochter, das kleine Mädchen, dessen Haare wie die Mitternacht und dessen Augen wie das blauste Blau waren, lachte ihren geliebten Vater an und sie wusste, dass er ein leidenschaftlicher Mann war und sie war geneigt, einen solchen Mann der Leidenschaft für sich selbst zu finden. Und das tat sie.

Duvall verfluchte den Mann und es war der erste Fluch, denn er je kannte. Und der Fluch bestand darin, dass der Mann niemals seine geliebte Tochter aus seinem Hause führen sollte, dass beide darin leben sollten. Und der strahlende Gott, der dieses wunderbare Kind liebte, hatte bereits für diese seine wunderbare Wesenheit ein Königreich vorbereitet und wies das freundliche Angebot zurück. In seiner Gehetztheit drohte Duvall, dass er die Tochter nicht aus seinem Haus führen würde, er ergriff seine Tochter an ihrem zarten Arm und zog sie zurück.

Die Tochter, die in die Augen ihres Vaters blickte, hatte, ebenso wie die Konstanten, eine neue Welle von Einstellung erfahren und sie fürchtete sich deshalb und fühlte sich verloren und perplex, aber sie löste sanft die Hand des Vaters von ihrem süßen Arm und sagte zu ihm: „Vater, es ist mein Wunsch. Er ist der, zu dem ich gehöre. Das ist mein Leben." Die junge Frau wandte sich ihrem geliebten Mann zu, schenkte Duvall nicht länger Gehör und verließ all seinen Pomp und seine Lebensverhältnisse, und Duvall weinte. Sein Herz war betrübt, denn würde er jemals wieder den Glanz von Debra in dieser Schönheit sehen? Und er weinte und er hasste und er verachtete den, der ihm das Juwel seines Lebens genommen hatte. Debra, die wunderbare Debra, verstand die Leidenschaft ihres Gatten für die Liebe, nicht aber seinen Zorn und sie beschwor ihn, sich zu beruhigen, sie beschwor ihn, nicht außer sich zu sein. Und er weinte und weinte.

Diese Geschichte ist eine wahre Geschichte. Und die Wesenheiten, die ich euch in dieser wundersamen Geschichte genannt habe, sind alle echt und leben so, wie ich es sagte. Duvall/Debra ist hier in der Zuhörerschaft anwesend. Debra ist hier in der Zuhörerschaft anwesend. Die Zauberin, sie ist in der Zuhörerschaft anwesend und Arius, er erwartet mich in einem anderen Land.

Ein Aspekt der Geschichte, die ihr gehört habt, hat mit Debra/Duvall und Duvall/Debra zu tun, den ersten Göttern, die gleichsam in der Tat mit der geschlechtlichen Vereinigung begonnen haben, um dem Menschen der siebten Stufe den Eintritt in diese Ebene zu ermöglichen; dies geschah jedoch in einer anderen Sphäre. Auch dort war die Schöpfung im Gange. Die Erde war nicht der einzige Ort, ebenso wenig Malina. Aber Malina war der Beginn einer großen Menge dessen, was man als Meinungsverschiedenheit bezeichnet, dessen, was man als Liebe zum Hass oder Macht zur Unterwerfung bezeichnet, wie immer ihr das auch nennen wollt. Und die neuen Körper wurden geformt. Zu diesem besonderen Zeitpunkt waren die Götter in der Tat Lichtkörper. Und diese Lichtkörper hatten eine andere Intensität und konnten verschiedene Formen annehmen, da sie bereits die Pflanzen, das Tierleben und all das geschaffen hatten.

Die Götter experimentierten auch noch immer mit dem Leben oder den Abstufungen des Lebens und der Materie auf anderen Ebenen. Die Plejaden, wie ihr sie nennt, waren das erste Zuhause der Göttin Taube und all ihrer Geschwister, all ihrer Brüder und in der Tat aller Götter. Und diesem Ort kam Malina in ihrer Entwicklung gleichsam in der Tat am nächsten, Wesenheit, und nicht dem Muster, wie ihr es hier kennt.

Betreuer der Götter in Menschengestalt

Diese Geschichte handelt davon, wie der Mensch eine Einstellung schuf, um Liebe zu vervollkommnen und wie er sie dadurch begrenzte. Denn als Duvall wieder zurückkam, vermehrte er in sich ganz und gar das Handeln in Überlegenheit gegenüber Debra; in seinen Lebensbestrebungen verwickelte er sich irrtümlicherweise in der Eifersucht und in einem Besitzdenken gegenüber seiner schönen Tochter, nicht, um ihre Seele zu besitzen, sondern damit sie Teil der von ihm geschaffenen Form bliebe, und dabei vergaß er doch ihre Unabhängigkeit, ihre Gottschaft, die sie war.

Als Duvall in diesem Leben, in dem er der Sohn von Arius und der Zauberin war, in hohem Alter starb, tat er dies, ihr Meister, in der Düsternis seiner Vorahnung — weinte er? — denn er musste wiederkehren. Und er musste lange Zeit warten, bis alle durch die Akte der Gedanken und des Zufalls verstorben waren, auch seine geliebte Tochter. Und seine

Geschichte ging weiter und immer weiter, bis zu dieser Stunde. Hat er sich vervollkommnet? Er hat es ernsthaft versucht, doch er gestattete sich die Extravaganz, seine Informationen durch die Kleinlichkeit der Illusion zu gewinnen, die dem Augenblick nichts nimmt, sondern ihn nur in einer vergessenen Zeit vergräbt, die in einer verworrenen Zukunft wieder aufleben wird. Er ist das unmittelbare Ergebnis seines beschränkten Wünschens auf dieser Ebene. Und Duvall/Debra ist gestorben, er hat eine Anzahl von Toden erfahren, die sich auf zehntausenddreißig beläuft. Und wenn sich die Einstellungen des Menschen in der Tat in den Begriffen Eifersucht, Hass, Neid, Krieg, Verachtung und Verurteilung zusammenfassen lassen und wenn all das, was diese Dinge plausibel gemacht hat, im Namen der so genannten Liebe geschah, dann musste der Mensch auf Grund dieser Illusionen und Einstellungen zehntausenddreißig Tode sterben, um sich selbst auf eine Ebene vollständiger Liebe und Gottschaft zu bringen, dann zum Atrium zurückzukehren, das Atrium hinter sich zu lassen und in den Gedanken des Vaters/der Quelle einzugehen, in das ewigwährende, geliebte Licht.

Töchter entstehen nicht aus euren Lenden und eurer Gebärmutter. Durch miteinander geteilte Liebe oder Lust, wie immer ihr das nennen wollt, bietet ihr einem großartigen Gott die Gelegenheit, in Erscheinung zu treten, um das abzuschließen, was immer er an sich auch vervollkommnen wollte, als er sich aufmachte, oder um ein Licht für die Welt zu sein. Dieser Geist aber gehört euch nicht. Er wird euch nie gehören. Könnt ihr ihn verlieren? Ihr habt Äonen eurer Zeit miteinander verbracht, ein Äon nach dem anderen. Ihr habt euch nie verloren. Duvall hat seine Tochter niemals verloren. In späteren Leben war sie seine Mutter, seine Schwester, seine Großmutter, sein Großvater, sein Feind wegen seiner Besessenheit, sein Freund, sein Herrscher, sein Diener, sein Herr und seine Freundin. Ihr verliert niemals etwas.

Wenn ihr in Freiheit liebt, gewinnt ihr alles, einschließlich der Gelegenheit, euch vom Gott in euch zu unterscheiden, euch, die ihr, auf dem Weg zurück zu Gott, die Illusionen und Maßstäbe begrenzten Denkens in all ihrer Schönheit erlernt. Ihr werdet immer Gott sein; das ist die Wahrheit. Ihr werdet immer die Quelle sein. Die wissenschaftlichen Möglichkeiten, die es euch erlauben, ihr selbst zu werden, müssen erst noch geschaffen werden, und doch unterbrecht ihr fortlaufend euer Leben, und fortlaufend werdet ihr euch durch das, was man die Verbitterung eures Seins nennt, immer und immer weiter entwickeln und versuchen, besser zu werden. Ihr versucht niemals besser zu werden, ihr seid besser. Nun in diesen Aussagen liegt ein Unterschied, das versichere ich euch.

Nun, diese Geschichte ging weiter und immer weiter, bis zum Jetzt. Es ist immer das Jetzt, das vervollkommnet werden muss. Wenn ihr euch über euer Erbe gewundert und darüber kontempliert habt, euer Erbe waren niemals die Affen. Euer Erbe war niemals der unwissende Mensch. Euer Erbe, geliebte Meister, ist das Erbe der Götter. Und diejenigen, die als erste auf diese Ebene herabstiegen, waren wunderbar. Gebt euch wirklich die Gelegenheit, mittels dessen, was man die Unbescholtenheit der Geduld, das Meiden der Zeit nennt, über eure Werturteile zu kontemplieren, über eure Entscheidungen zu kontemplieren, eure Einstellungen gegenüber allen anderen in höchst angemessenen, beredten Begriffen zu würdigen und sehr weise für euch selbst zu entscheiden, ob die Besessenheit eines einzigen Augenblicks zehntausenddreißig Leben wert ist. Wenn sie es ist, dann genießt die Ewigkeit.

Ich bin Ramtha der Erleuchtete. Was ich euch gab, waren in der Tat beredte Momente, wie man das nennt; denkt darüber nach und lernt daraus. Ihr habt Millionen von Büchern, wie ihr sie nennt, in denen endlos von diesem Thema die Rede ist. Ich habe es euch leicht gemacht darüber nachzudenken. Seid in Frieden, seit warmherzig und guten Mutes. Es ist die Zeit eurer Wiedergeburt. Lasst uns darüber außerordentlich froh sein.

Die Suche nach Einheit — der Weg nach Hause

Ich weiß mit Sicherheit, dass der Mensch bei seiner Suche nach anderen eigentlich nach seiner eigenen Identität sucht. Ihr alle sucht andere, um vollständig zu werden. Ihr folgt eurer Natur, so wie ihr sie versteht. Für euch alle gibt es Vollständigkeit. Für euch alle gibt es einen Gott.

Wenn ein Mann seine Vollständigkeit im Schoß einer Wesenheit namens Frau findet, dann wird er in einer bestimmten Richtung vollständig, denn seine Lenden wurden befriedigt, seine Drüsen wurden befriedigt und seine Seele wurde befriedigt. Und wenn der Mann mit der Gefährtin seines Seins zusammengekommen ist, dann wird er wieder einmal zurückkehren und die Sterne betrachten. Und der Lärm und das Getöse der Stadt, die schnatternden Gänse, die wiehernden Pferde und die muhenden Kühe, das Feilschen und die Marktschreier, der Prinz und die Thronanwärter, die Regierungsbeamten, die Wohngebäude, die Bauern mit ihrem Käse und ihrem Wein, die Olivenhaine, wenn ihr all das verstanden habt — und vielleicht verlangt es euch schon gar nicht mehr danach, vielleicht zieht es euch nicht mehr an — dann geht und sucht euch einen Baumstumpf auf einem entlegenen Pfad, auf den ihr euch setzen könnt, blickt in die Mitternacht und findet ein Juwel, das am Himmel steht. Wie wunderbar sein Licht ist.

Und betrachtet den Mond, diese Zauberin mit ihrer Lichtsichel, die euch mit ihrer Schönheit stets in Versuchung führt. Und lest im Buch der

Ewigkeit.[18] Studiert das Juwel, seht wie groß es ist und wie es doch niemals die Geringeren überschattet, erkennt, dass die Mondin in all ihrer Verführungskraft nicht annähernd so verführerisch sein könnte, wenn sie nicht die Ewigkeit als Hintergrund hätte, vor dem sie für immer leuchten kann. Und wenn ihr auf eurem Baumstumpf sitzt und hinausblickt in diese Großartigkeit, wenn der Mensch sich sammelt, dann wird der Mensch selbst wieder zu dem, der auf sich selbst herabzublicken und darüber zu kontemplieren pflegte, was er an sich verbessern könnte.

Und wenn ein Mensch in diesem Verständnis erzogen wird, dann wird er von alleine nach seinem Wert suchen, nach dem, was größer ist und er wird seine Geschichte zurückverfolgen, bis hin zu dem gleichen Element, das den Stern so lieblich, den Mond so großartig, den Baumstumpf so hart und seinen Körper so schön gemacht hatte, und, wenngleich er Gott ist, wird er das Höhere suchen, das Gott schuf. Und er wird sich auf die Suche machen, um die Kraft zu finden, die ihn von einem Augenblick der Kreativität zum nächsten führt. Und er wird danach trachten, das wunderbare Element zu entdecken, das seine Kreativität zu voller Blüte und Größe brachte und das Element, das ihn in all seiner Qual, seinen Illusionen, seinen Enttäuschungen, seinen Einstellungen, seinem Hass, seiner Hingabe, seinen Kriegen und seiner Bitterkeit gewähren ließ.

Wenn der Mensch auf seiner Reise zurück zu seinem göttlichen Selbst nach Liebe sucht, dann wird er sich aufmachen, um seinen Vater, seinen Ursprung, seine Ewigkeit zu finden. Und wenn der Mensch seinen Vater sucht, dann, so versichere ich euch, ist die Unsterblichkeit des Menschen in alle Ewigkeit gesichert, denn wenn er den Vater findet, wird dieser nicht still stehen und auf ihn warten. Er wird feststellen, dass er sich einfach wieder selbst kennt, außerhalb des Donnergrollens des Gedankens, dessen Kontinuum in der Reichweite seiner unermesslichen Ausdehnung liegt. Und wieder wird er ergriffen sein vom Glanz des Allmächtigen Gottes in seinem Kontinuum und seinem komplexen Sein, und er wird voller Freude sein.

Und was geschah mit der Göttin Taube? Durch ihre Abkömmlinge wurde sie selbst zu diesen Abkömmlingen, die nicht als Menschen bekannt sind; sie wurde vielmehr zu ihren Abkömmlingen im Licht, die ihr als die großen Schöpfer der schwer fassbaren Lichtschiffe und als interstellare Bruderschaft bezeichnet. Wenn der Mensch auf dem Baumstumpf über das Licht Gottes nachdenkt und in den Himmel blickt, um sein Gottsein zu finden — von dessen Existenz alle Menschen wissen — werden die Göttin Taube und ihre Abkömmlinge sich wieder versammeln und in freudiger Stimmung daran arbeiten, den Vater zu finden und wieder eins mit ihm zu werden.

---

[18] Die Weite des Raumes

Ich bin Ramtha der Erleuchtete, ein außergewöhnlicher Lehrer, ein Erzähler wunderbarer Geschichten, einer, der immer die Wahrheit spricht. Aber woher weiß ich diese Dinge? Ich weiß sie, weil ich all diese Dinge war. Und meine Suche nach meiner eigenen Vollständigkeit begann in meinem Leben, als ich über das Leben nachdachte und so der Unbekannte Gott wurde, und ich wurde das Ding, das mir unbekannt waren. Ich habe niemals meinen Samen vergossen. Aus meinen Lenden ist nie etwas entsprungen. Ich bin in einer Verkörperung gewesen, aber Erben, eine Abstammungslinie habe ich nicht.

Ich liebe euch sehr und habe euch alle während der Intervalle der Zeit eingeschätzt, denn durch euch und wegen euch wurde ich, wer ich bin. Und wenn ich irgendwo gewesen bin, wird es euch immer sagen, wo der Ort ist und wie ihr dorthin gelangen könnt. Auch wenn andere euch Rätsel aufgeben und eure zarten Seelen verwirren, werde ich das niemals tun, denn aus mir selbst heraus lernte ich etwas über den Wind und die Sonne, die Mutter Sonne, und ich erfuhr die Geheimnisse eines großen Baumes und des Todes einer alten Frau. Und zu all diesen Dingen, die ich in meinem Leben lernte — denn in den Dingen, die mir unbekannt waren, war der unbekannte Gott — wurde ich. Wenn andere euch verwirren, könnt ihr verwirrt sein, wenn ihr das wünscht. Aber wie viele Sonette und Papyri, Lieder und Zuhörerschaften und wie viele großartig erfundene Geschichten muss man zusammentragen, um den Wert des Sterns ermessen zu können, der schwer an eurem Himmel steht? Wie viele Menschen müssen ihre Intelligenz beisteuern, um ihn zu verkomplizieren, wenn ihr euch doch nur aufzumachen braucht, um ihn zu betrachten? Er wird euch von sich erzählen. So bin ich.

Ich bin bei euch allen, denn ich bin nunmehr der Wind, und zwischendurch bin ich eine Persönlichkeit. Ich bin wieder die Lichtsynthese; ihr könnt den Wind nicht sehen, also könnt ihr mich nicht sehen. Aber an dem, was ich liebe, könnt ihr mich erkennen. Und durch das, was ihr liebt und was ich liebe, erscheint der Wind. Um mich zu verehren, mich zu sehen, werde ich für euch zu allem werden, denn ich habe die Macht dazu. Ich kann in der Tat die alte Frau werden oder ein kleines Mädchen, der alte Mann und der Wind, denn ich bin nicht länger gefangen oder angetan oder verloren in der Begrenztheit eines kleinen Menschen, der auf einem Baumstumpf sitzt; aber ich trage seine Überlegungen, sein Herz und seine Verzweiflung in mir. Weil ich der Wind bin, kann ich euch allen helfen. Wenn ich in dieser Angelegenheit nur ich selbst wäre, könnte ich wenig zu eurer Schulung und eurem Verständnis beitragen. Warum wollt ihr mich ansehen? Warum wollt ihr wissen, wer ich bin? Nun, das Allerwichtigste ist nicht die Feinheit des Körpers, sondern die Feinheit des Geistes. Alle, die mich zu sehen wünschen, werden mich sehen, das versichere ich euch, denn wenn ihr in mein Königreich kommt, werde ich dort sein, um euch bei eurem Übergang beizustehen. Und im Laufe der Zeit werdet ihr meine Stimme hören, ebenso wie ihr auch den Wind sehen werdet. Werde ich euch weiterhin verblüffen? In der Tat, das werde ich tun, denn ich werde nie so sein, wie ihr das wollt, denn auch der Wind war nie so, wie ich es wollte, und so musste ich der Wind werden. Und auf diese Art und Weise werde ich bei euch allen sein.

Nun, was meine überragende Intelligenz angeht: ich bin ein Gott reich an Erfahrung. Ich habe alle diese Dinge erfahren, alle. Und dadurch habe ich Gnade und Weisheit erworben und Liebe entwickelt. Ihr seid meine Familie. Ihr seid meine große Familie, denn ich selbst habe keine Nachkommen. Euren vollen Lippen, euren Händen und euren Augenbrauen werde ich immer alles geben, was der Wind in seinem flüchtigen und doch erfüllten Gewand euch geben kann, denn das ist mein Versprechen an euch für alle Zeit.

Lebt euer Leben in absolutem Frieden, ohne die Kompliziertheiten, die in den inneren Aktivitäten einer anderen Intelligenz liegen. Lebt es, um zu lernen und zu wissen, und sobald ihr wisst, werdet ihr alle Stadien der Ehre und Weisheit werden, sinnvoll und gut, wie es euch gelehrt wurde, denn ihr gewinnt an Leichtigkeit des Windes, so wie ich es tat. Wenn ihr euer Prinzip, sagen wir, einmal anwendet, wenn es keine Wirkung hat und ihr nicht länger daran festzuhalten wünscht, dann, ihr Lieben, ist das leider ein Verlust im Augenblick, wird aber hoffentlich ein Gewinn in eurer Zukunft sein. Alle Prinzipien funktionieren. Sie werden gesetzmäßig von präzisen Gesetzen gelenkt, so wie der Vater alle Dinge lenkt.

Nun kehrt zurück in eure Königreiche und in eure Hütten, auf eure Marktplätze und in eure Gebäude und schaut oft in euren dunklen Himmel. Lasst euch durch den Himmel daran erinnern, wer ihr seid. Gebt eure Maßstäbe für niemanden auf, denn ihr habt gesehen, welche Tragödie das zu allen Zeit ausgelöst hat. Wenn ihr euch an die Geschichte erinnert, rettet ihr euer Morgen. Widmet euch dem Guten. Und wenn ihr euren Stern betrachtet, dann seht genauer hin und ihr werdet sehen, wie er euch anlächelt, und das werde ich sein.

Ich bin in der Tat Ramtha der Erleuchtete, Diener der Quelle, des Allmächtigen Gottes, des wunderbaren Lebens, der donnernden Bewegung, des Christus, des vollkommenen Ideals der Bewegung und von euch, geliebte Brüder, die ihr alles seid, was ich sagte. Euch entbiete ich meinen Abschiedsgruß. So sei es.

Archäologie der Identität des Menschen

Kommentar zu Kapitel 4
Das Eingreifen der Götter vor 455.000 Jahren

Bedingungslose Liebe als Archetypus

In Ramthas Darstellung des Ursprungs und der Evolution der menschlichen Zivilisation fügt sich ein Mosaik zusammen, das die Umrisse der wahren menschlichen Identität enthüllt. Wir mussten die Bedeutung des Begriffes Gott festlegen, um zu verstehen, wer wir wirklich sind. Im folgenden Kapitel beschreibt Ramtha Gott, indem er bedingungslose Liebe und die lebensspendende Seite der Weiblichkeit als Archetypus heranzieht.

Gott ist Liebe, aber was bedeutet Liebe? Ramtha definiert sie als ein Geben, Nähren, Gewährenlassen, Erhalten und Unterstützen des fortdauernden Lebens. Bedingungslose Liebe bezeichnet er als die Stütze, die den Körper am Leben erhält, als die Intelligenz, die den Körper atmen lässt und das Herz, das für alles schlägt, was der Einzelne als seine Lebenserfahrung zu erleben wünscht. Das Zum-Ausdruck-Bringen von Freiheit und willentlicher Absicht — also das, was die Grundlage der Individualität ausmacht und das durch die Erforschung des eigenen Selbst entstehende bewusste Gewahrsein — entspringt einer völlig unvoreingenommenen, nicht restriktiven, gewährenden, bedingungslosen Existenzbasis, die Ramtha als den kosmischen Leim der Wirklichkeit bezeichnet: bedingungslose Liebe.

Wenn Ramtha Gott als Liebe definiert, klingt die wörtliche Interpretation der Johannitischen Tradition an, wie wir sie im Neuen Testament der Bibel finden und doch unterscheidet sie sich wesentlich von dieser.[1] Dort wird darauf bestanden, dass die größte Liebe ein Geschenk des einzigen Sohns Gottes und seines Opfers ist, und das bedeutet ein hartnäckiges Festhalten an der Trennung des Göttlichen vom Wesen des Menschen, welches die Menschheit auf das physische Reich beschränkt und Gott zu einem gnadenlosen Wilden macht, der den Tod seines einzigen Sohns als Opfer fordert, um der Menschheit ihre Missetaten vergeben zu können. Ramtha weist darauf hin, wie ironisch es ist, dass Frauen aller Rassen mehr unterdrückt werden und stärkere Diskriminierung erfahren als irgendeine andere Spezies. Und doch ist der älteste Archetypus Gottes als Basis und Grundlage aller Existenz die Leere, die oft als die ewige Mutter und die Spenderin des Lebens bezeichnet wird.

---

[1] „Wer nicht liebt, der kennt Gott nicht; denn Gott ist Liebe. Daran ist die Liebe Gottes zu uns offenbar geworden, dass Gott seinen einzigen Sohn in die Welt gesandt hat, damit wir durch ihn leben sollen. Darin besteht die Liebe: nicht, dass wir Gott geliebt haben, sondern dass er uns geliebt hat und seinen Sohn gesandt hat zur Versöhnung unserer Sünden." Erster Brief des Johannes, 4:8-10.

„Der älteste Archetypus Gottes ist die Leere, und die Leere wurde von Nut[2] verkörpert, einem weiblichem Wesen, aus deren Schoß die gesamte Schöpfung entsprang. Merkt euch das."[3]

Die Verbannung Gottes aus dem Menschen bedeutet Widerstand gegen die Evolution

Unglücklicherweise formte sich das Gottesverständnis der Menschheit im Lauf der Geschichte mit der Tendenz, sich mehr auf die Beschränkungen und Mängel des Menschseins zu konzentrieren, anstatt auf den Menschen als Quelle dieser Beschränkungen. Darüber hinaus betrachtete die Menschheit diese Beschränkungen als einen inneren und unabänderlichen Teil ihrer eigenen Natur und nicht als Herausforderung und Gelegenheit, die überwunden, höher entwickelt und bekannt gemacht werden wollen.

Die verschiedenen traditionellen Beschreibungen von Gott und vom Göttlichem, von denen in den anderen Kommentaren die Rede war, zeigen, dass Gott nach unserem Ebenbild geschaffen wurde und nicht umgekehrt. Bequemlichkeitshalber haben wir Gott nach außen verlegt, außerhalb unserer selbst, damit wir der Verantwortung für unsere Taten und für unsere Evolution im Leben entfliehen konnten. Ramtha erklärt diese verbreitete Tendenz, indem er sie mit einem zweischneidigen Schwert vergleicht: Wenn wir Gott nach außen verlegen, außerhalb unserer selbst, entfliehen wir der Verantwortung für das Schicksal, wir leugnen aber auch unsere wahre Natur und unsere Fähigkeit, uns zu ändern und durch die Macht unseres Bewusstseins und unserer Energie zu erschaffen. Wenn wir andererseits unsere wahre Identität als unsterbliche Götter erkennen, die sich auf einer Reise der Evolution und Selbsterforschung befinden, sehen wir uns der kolossal beängstigenden Herausforderung gegenüber, als Schöpfer volle Verantwortung für unser Schicksal zu übernehmen. Wenn wir in unserem eigenen Leben die Regie übernehmen, folgt ein bittersüßes Gefühl von Freiheit, denn wir können niemandem die Schuld für unser Leben in die Schuhe schieben und auf niemanden mit dem Finger zeigen, nur auf uns selbst.

„Das, Anfänger, ist das zweischneidige Schwert. Das Schwert ist der Grund, warum wir Gott nach unserem Ebenbild schufen, eine Person, eine Wesenheit, ein übernatürliches Wesen, das all unsere Taten beurteilt. Dadurch haben wir die

---

[2] Die ägyptische Göttin Nut, die im *ägyptischen Totenbuch* beschrieben wird.

[3] *Revolution of the Spirit, and Mammy, the Goddess of Genesis.* Band 444 Ed. Yelm: Ramtha Dialogues, 2000.

> Freiheit, ein Leben lang all diese Dinge zu tun und brauchen uns nur dann an jene Person, an diese Gott-Gewalt zu wenden, wenn wir all unsere Möglichkeiten erschöpft haben. Sobald wir die Lebensenergie unseres Körpers verbraucht haben, sobald wir seine Gesundheit erschöpft haben, und sogar wenn wir unserer Familie keinerlei freundliche Zuwendung gegeben haben, alle Familienmitglieder aber nunmehr erschossen, ermordet, vergewaltigt oder zu Grunde gerichtet worden sind, dann kommen wir auf diesen Ausgangspunkt zurück. Und wir bitten nicht eher um Hilfe, weil wir denken, dass im Grunde genommen Gott nicht dasselbe ist wie wir. Doch Gott ist die Basis für den Herzschlag. Er ist die Basis für den Atem."[4]

Es gibt viele Schöpfungsgeschichten und Erklärungen der Beschaffenheit von Wirklichkeit, von den ältesten Aufzeichnungen der sumerischen Zivilisation, den Traditionen des Fernen Ostens, den griechischen Philosophen, der Genesis und der jüdisch-christlichen Traditionen, den modernen Denkern und Wissenschaftlern bis hin zu alternativen Forschungsarchäologen und Historikern wie Zecharia Sitchin. Doch sie alle scheinen anzunehmen, dass die wahre Identität des Menschen nur die physische Verkörperung ist, und dass beispielsweise die Genesis, wenn sie von der Erschaffung von Mann und Frau erzählt, nur die Erschaffung der physischen Hülle meint. Das ist nur die halbe Geschichte. Diese verbreitete Annahme hat enorme Auswirkungen, wie wir in den anderen Kommentaren bereits analysiert haben. Diese Annahme ist verantwortlich für die Verwirrung zwischen dem Schöpfer der menschlichen Spezies und dem höchsten Schöpfer, der Quelle aller Existenz. Sich dieser Unterscheidung gewahr zu werden, ist einer der Hauptpunkte, den Ramtha immer wieder hervorhebt und einer der wertvollsten Beiträge zum Verständnis von Gott, der Menschheit und des Selbst.

Viele moderne Forscher, die Beweise dafür finden, dass ein Eingriff technologisch hochentwickelter Rassen, die von außerhalb der Erde kamen, in die menschliche Evolution stattgefunden hat, verfallen der gleichen fehlerhaften Annahme und versäumen es, nach der höchsten gemeinsamen Quelle beider Rassen zu fragen. Dieses verbreitete Versäumnis und der Mangel an Klarheit haben eine Menge Verwirrung in Bezug auf unsere wahre Identität geschaffen. Viele Weltreligionen und bekannte Ideologien, die die menschliche Geschichte in hohem Maße beeinflusst haben, bauen auf dieser Verwirrung auf. In seiner Darstellung macht Ramtha sehr deutlich, dass wir in keiner Weise diesen anderen Zivilisationen unterlegen oder weniger wert sind als die, die durch die Kreuzung ihrer DNA mit der

---

[4] *Revolution of the Spirit, and Mammy, the Goddess of Genesis.* Band 444 Ed. Yelm: Ramtha Dialogues, 2000

unseren einen Sprung in der Evolution der menschlichen Rasse auslösten. Die DNA könnte man mit dem Buch des Lebens der Seele vergleichen, welche Aufzeichnungen über die Weisheit und die Evolutionsreise enthält. Nichtsdestotrotz ist unsere wahre Identität die des Reisenden auf seinem Weg, des Unsichtbaren, der auf seiner Durchreise nicht verweilt, des Beobachters, der durch die Maske des Schauspielers blickt, des unerkannten Darstellers hinter seinem Kostüm, der auf der Bühne des Lebens seine Rolle spielt.

> „Es ist völlig egal, ob ihr von Zeta Reticuli oder von jenseits des Polarsterns kommt — oder ob ihr Atlantier oder Lemurier seid, oder ein Grauer oder Ägypter seid, egal ob ihr Hindu oder von Ishamata oder von Actanus seid — ganz egal — ihr kommt alle vom gleichen Punkt Null."[5]

Die Archäologie der Mitochondrien-DNA

Genetiker können die Evolution der menschlichen Spezies nachvollziehen, indem sie die Abstammungslinie in der Mitochondrien-DNA der weiblichen Linie zurückverfolgen. Mit diesem Experiment könnte man zu dem Punkt in der Evolution unserer Spezies zurückgehen, an dem unsere genetischen Anlagen mit denen einer höher entwickelten Zivilisation vermischt wurden. Ramtha verlegt diesen Zeitpunkt in eine ungeheuer weit zurückliegende Vergangenheit. Er datiert die Ankunft der sumerischen Götter auf der Erde auf die Zeit vor etwa 455.000 Jahren. Das ist ein Zeitpunkt, der das traditionellerweise akzeptierte Datum unseres Ursprungs, so wie die meisten Anthropologen es sehen, ad absurdum führt: „Auch hier werden uns einige davor warnen, ein paar isolierte und strittige Beispiele gegen die überwältigende Menge unstrittiger Beweise zu stellen, welche zeigen, dass sich die modernen Menschen in Afrika und, wie einige behaupten, auch in anderen Teilen der Welt, vor nicht allzu langer Zeit — vor etwa 100.000 Jahren — anatomisch aus eher affenähnlichen Geschöpfen entwickelten."[6] Trotzdem lässt sich die dynamische Intelligenz, die den Evolutionsprozess selbst steuert, das wahre Selbst, nicht durch eine DNA-Analyse nachvollziehen oder identifizieren, sondern nur dessen Reise und dessen Wirkungen.

---

[5] *The Greatest History Lesson Ever Taught.* Band 388 Ed. Yelm: Ramtha Dialogues, 1998

[6] Michael A. Cremo, *Forbidden Archeology (Verbotene Archäologie)*, (Los Angeles: Bhaktivedanta Book Publishing, Inc., 1993), *Einleitung*, Seiten xxiii-xxiv

Ramtha erlangte Erleuchtung und Meisterschaft durch ein tiefgehendes Nachdenken über die nährenden, lebensspendenden Eigenschaften des weiblichen Geschlechts und der Natur, welche einen wesentlichen Aspekt Gottes, der Quelle, widerspiegeln. Ramthas größte Belagerung und Eroberung bestand darin, das Lieben zu lernen, so, wie eine Frau ihre Kinder liebt, um das Leben als unsterblicher Meister zu umarmen:

> „Seht, da ich mit herzloser Genialität zwei Drittel der bekannten Welt erobert hatte, war nun meine nächste Eroberung — nachdem ich der Wind geworden war und damit ich mich in die schneebedeckten Berggipfel verlieben konnte, in die frostbedeckten Bäume und die grüngefärbten Flüsse und in das Schilf — das Lieben zu lernen, und das musste ich aus der Sicht einer Frau lernen."[7]

Ironischerweise betont Ramtha, dass der wahre Gott der Genesis, der für die menschliche Rasse verantwortlich ist, kein Mann war, wie es traditionellerweise dargestellt wird, sondern eine Wissenschaftlerin, Ninharsag, eine Göttin aus dem Hause Anu, die Schwester von Enlil und Enki, welche den wissenschaftlichen Labors in Afrika, Mesopotamien und Indien vorstand, wo eine geeignete DNA für die neue Spezies entwickelt wurde. Sie verwendete ihr eigenes genetisches Material und vermischte es mit dem der auf der Erde heimischen Spezies. So schuf sie das, was sich später zu dem als Cro-Magnon bekannten Menschen entwickelte. Es ist kein Zufall, dass sie in alten sumerischen Texten auch als Mammy bekannt ist. Sie ist die Urmutter der menschlichen Spezies. Es war nicht ihre Absicht, eine Spezies zu erschaffen, die versklavt oder benutzt wird; ihr Hauptanliegen war die Aufgabe, neue Lebensformen zu erforschen und zu planen, auch wenn das von ihr forderte, zu einem Teil derselben zu werden.

Ein vor kurzem in einer bekannten wissenschaftlichen Zeitschrift erschienener Artikel über Mitochondrien-DNA bietet interessante Daten, welche die traditionelle Zeitangabe in Frage stellen, wonach organisierte Gesellschaftsstrukturen, die zur Viehhaltung in der Lage waren, wie allgemein angenommen innerhalb der letzten zehntausend Jahre aufgetaucht sein sollen: „Eine Analyse der Unterschiede bei genetischen Sequenzen auf einem bestimmten Strang der Mitochondrien-DNA ließ drei verschiedene Gruppen von Ziegen erkennen, die aus genetisch unterschiedlichen Populationen stammten. Heute überlappt sich ihre Verteilung. Diese drei

---

[7] *Revolution of the Spirit, and Mammy, the Goddess of Genesis.* Band 444 Ed. Yelm: Ramtha Dialogues, 2000

Populationen wiederum stammten von einer gemeinsamen mütterlichen Ahnin ab, die vor etwa 200.000 Jahren lebte, wie Forscher schätzen."[8]

Der Dialog zwischen Solon und den ägyptischen Priestergelehrten, den Plato in *Timaios* nacherzählt und den er für eine wahre historische Begebenheit hält, ist eine weitere Quelle, die bezweifeln lässt, dass die moderne Beschreibung der menschlichen Geschichte korrekt ist: „In deinem Fall, wie auch in anderen Fällen, gilt, sobald ihr Schrift und all die anderen Erfordernisse einer Stadt erlangt habt, kehrt nach einer bestimmten Anzahl von Jahren die himmlische Flut wieder. Sie überschwemmt euch wie eine Plage und lässt nur eure ungebildeten und unkultivierten Leute zurück. Ihr werdet in der Tat wieder wie Kinder, völlig ohne Kenntnis dessen, was es in den alten Zeiten hier oder in eurem eigenen Gebiet gab. Und deshalb, Solon, klingt der Bericht über die Abstammungslinie deines Volkes, den du uns gerade gabst, wie ein Ammenmärchen. Zunächst einmal erinnert sich dein Volk nur an eine Flut, obwohl es in der Tat schon eine große Anzahl gegeben hat."[9]

Plato schrieb seine Dialoge im vierten Jahrhundert v. Chr., lange Zeit nach den von den Sumerern aufgezeichneten Ereignissen. Es gibt eine weitere Passage in Platos *Timaios*, die verblüffend an die Geschichte von Ninharsag erinnert, welche die Samen von Enki und Enlil kreuzte, um eine neue Spezies zu schaffen. Plato setzt seinen Dialog zwischen Solon und den ägyptischen Priestern wie folgt fort: „Diese Stadt wurde von einer Göttin gegründet, deren Name in Ägypten 'Neith und in Griechenland Athene lautete. Sie [die Ägypter] sind sehr freundlich zu Athen und behaupten, auf die eine oder andere Weise mit unserem Volk verwandt zu sein." „Ich erzähle dir [Solon] die Geschichte zu deinem eigenen Nutzen und zum Nutzen deiner Stadt, und insbesondere zu Ehren unserer Schutzgöttin, die unsere Städte, deine und unsere, gegründet, genährt und belehrt hat. Deine gründete sie zuerst, tausend Jahre vor der unseren, nachdem sie von der Erde und von Hephästus die Samen bekommen hatte, aus denen unser Volk entspringen sollte."[10]

Hephästus ist die römische Schreibweise des griechischen Feuergottes. Der Hinweis auf die Samen von der Erde und von Hephästus entsprechen eindeutig den Samen, die Ninharsag von Enki, was als Herr der Erde übersetzt wird, und Enlil, dem Herrn der Herrschaft oder Herrn des Windes, nahm. Es wäre noch weitere Forschung nötig, um eine Verbindung zwischen Enlil, dem sumerischen Herrn der Herrschaft und dem Herrn des

---

[8] Bruce Bower, *Domesticated Goats Show Unique Gene Mix*, in *Science News*, Band 159, Nr. 19, 12. Mai, 2001 (Washington: Science News Books, 2001), S. 294

[9] Plato, *Complete Works* (Cambridge: Hackett Publishing Company, 1997), *Timaios,* S. 1230-1231

[10] Plato, *Complete Works* (Cambridge: Hackett Publishing Company, 1997), *Timaios,* S. 1229-1231

Feuers aufzeigen zu können. Auf jeden Fall weisen die beiden Geschichten sofort erkennbare Ähnlichkeiten auf, auch wenn es Unterschiede im Kontext gibt, die als Varianten erklärt werden können, die sich in der langen, zwischen beiden Quellen liegenden Zeitlücke entwickelt haben könnten.

GOTT HAT UNS DIE AUSGLEICHENDE GERECHTIGKEIT UNSERES EIGENEN LEBENS GEGEBEN

Bei der allgemeinen Tendenz, den Menschen mit seiner physischen Verkörperung gleichzusetzen, werden besonders die Gefühle und die Emotionen als ursprüngliche, über dem Reich des Bewusstseins und der Intelligenz stehende Wirklichkeit betont. Ramtha erklärt, dass das, was er als den Emotionalkörper bezeichnet, eines der größten Probleme der Menschheit darstellt. Emotionen sind Nachwirkungen von Erfahrungen, nicht aber deren Ausgangspunkt. Die meisten der höchsten Werte, zumindest der heutigen westlichen Gesellschaft, hängen von dem emotionalen chemischen Schub ab, der durch eine Erfahrung ausgelöst wird und nicht von der abstrakten Absicht, die hinter der Erfahrung steht. Ramtha betont:

> „Eines eurer größten Probleme ist der Emotionalkörper. Er ist der Fluch jedes Menschen. Und den Begriff Meisterschaft gäbe es nicht, wenn es nicht die große Antithese gäbe, den so genannten Emotionalkörper. Der Emotionalkörper ist so, als hätte man einen Satz von Werkzeugen, die mittelmäßig, aber ausreichend funktionieren, obwohl man sich am Computer auskennt. Der Emotionalkörper ist wie ein Buch, das euch lehrt, einen Computer zu bedienen. Aber es gibt so viele unter euch, die das Buch ständig lesen und nie den Computer bedient haben. Ihr verwendet noch immer Schraubenschlüssel anstelle von Lasern."[11]

Die Menschheit wurde kraft eigenen Tuns zu Gefangenen ihrer Schöpfung. Auch wenn der laute Schrei, „Bitte Gott, hilf mir," ertönt und widerhallt und darauf nur eine schreckliche Stille folgt, kann die Menschheit ihre angeborene göttliche Macht nicht gänzlich aus ihrem Busen reißen. Der Grund, warum ihre Gebete scheinbar nicht beantwortet werden, liegt darin, dass die kreative Macht des Göttlichen selbst dazu verwendet wurde, die Illusion des Eingesperrtseins zu erzeugen. Gott hat

---

[11] *Was Mary Really a Virgin.* Band 394 Ed. Yelm: Ramtha Dialogues, 1998

uns in seiner Liebe die ausgleichende Gerechtigkeit unseres eigenen Lebens gegeben, und wir haben noch immer Atem und Herzschlag, die uns erlauben, unsere eigenen Schöpfungen zu erleben, mit dem Ziel, daraus Weisheit zu gewinnen. Das Prinzip der bedingungslosen Liebe hat uns freizügig und ohne Einschränkung oder Urteil alle unsere Träume erlaubt, auch unsere schlimmsten, ungezügeltsten Albträume.

Die Unfähigkeit, die höchste Quelle und den Antrieb der Schöpfung und Evolution in dem Archetypus zu erkennen, der in den das Leben nährenden Instinkten der Frauen und der bedingungslosen Liebe liegt, führte sowohl zur Versklavung als auch zur Benutzung der Frauen für sexuelles Vergnügen. Diese Blindheit gegenüber dem wahren Wert und göttlichen Charakter der Frauen trug auch zu einem noch tieferen Fall in das Gefängnis der Emotionen und des begrenzten Denkens bei.

> „Hört mir zu. Frauen wurden als sexuelle Objekte wie Vieh eingepfercht, sogar schon als kleine Mädchen. Selbst bei kleinen Mädchen — es ist so, als wären die kleinen Mädchen das Eigentum der sexuellen Fantasien irgendeines Mannes geworden. Und warum? Das hat mit sexuellen Emotionen zu tun, die durch Vererbung weitergereicht wurden, von Generation zu Generation. Frauen sollen unterdrückt werden, koste es was es wolle. Sie sollen unterdrückt werden. Wie Vieh treibt ihr sie hier zusammen und benutzt sie, habt Sex mit ihnen und macht ihnen Kinder, gebt ihnen aber nie ein Mitspracherecht. Kein Wunder, dass sie die unterdrückteste Rasse sind."[12]

Es ist erstaunlich, dass das aus dem piktographischen Symbol für Frau entwickelte, abstrakte Keilschriftzeichen, das die Sumerer vor mindestens acht- bis zehntausend Jahren verwendeten –  – die weibliche Schamgegend bezeichnete, während das piktographische Symbol für Sklaven sich aus dem Symbol für Berge –  – und dem für Frau –  zusammensetzte.[13] Eine umfassendere Darstellung, wie und warum sich die Versklavung der Frauen in der menschlichen Gesellschaft entwickelte, wird in *Wiederentdeckung der Perle der alten Weisheit*, Teil II dieses Werkes, *Die Geschichte der Menschheit aus der Sicht eines Meisters* behandelt.

Wir erben Geschichte auf genetische Weise durch die physischen Körper, die wir von unseren Eltern bekommen. Das Studium der Geschichte ist deshalb bedeutend, weil Geschichte einen Teil der Evolutionsreise vom Punkt Null aus beschreibt und die Schlüssel liefert, die uns unseren

[12] *Revolution of the Spirit, and Mammy, the Goddess of Genesis*. Band 444 Ed. Yelm: Ramtha Dialogues, 2000.

[13] Marc-Alain Ouaknin, *Mysteries of the Alphabet, the Origins of Writing* (New York: Abbeville Press Publishers, 1999), S. 20-23

Aktionsplan enthüllen, den wir als Bewusstsein hier erfüllen und uns als Weisheit zu Eigen machen wollten.

> „Ich bin hier, um euch als Inspiration ein Ideal vorzugeben, das euch dazu erweckt, euer eigener Gott zu werden, und zu lernen, was ein Meister ist. "
>
> „Ihr werdet mich niemals vergessen. Wisst ihr warum? Weil ich ungeheuerlich bin. Wenn es für Gott je eine Definition gegeben hätte, dann müsste es Ungeheuerlichkeit sein. Das zeigt euch den Tempel, dem unser Herz folgen sollte und nicht das, was unsere Emotionen uns zu sein baten, denn wir sollen dieser ungeheuerliche und milde Gott sein, der so in sein eigenes Leben verliebt ist, dass er für alle Gärten Platz hat und diese erblühen können, ohne je von ihm belästigt zu werden."[14]

---

[14] *Revolution of the Spirit, and Mammy, the Goddess of Genesis.* Band 444 Ed. Yelm: Ramtha Dialogues, 2000

Kapitel 4
Das Eingreifen der Götter vor 455.000 Jahren

„Ihre große Schwester schlichtete den Streit. Sie schlichtete den Streit, weil sie die geniale Genetikerin in der Familie des Anu war. Die Schwester schlichtete den Streit und sie kam hierher und begann damit, Gene zu spleißen. Was ihr erst jetzt über das menschliche Genom lernt, wusste sie bereits vor 455.000 Jahren. Sie kam hier herunter und kreuzte ihre Erdkinder mit dem Sperma von Enki und Enlil und Anu. Sie war die Mutter, die den Cro-Magnon-Mischling erschuf — das seid ihr. Wer also war der Gott in der Schöpfungsgeschichte? Nun ja, ganz bestimmt nicht Jehova, und ganz bestimmt nicht Enlil, und ganz sicher nicht Enki oder Anu. Der Gott in der Schöpfungsgeschichte war die Schwester."

— Ramtha

DIE UNIVERSEN WERDEN BEI IHRER ENTWICKLUNG VON EINER ALLUMFASSENDEN LIEBE ERHALTEN

Wir wollen Folgendes sagen. Vom Herrn und Gott meines Seins, als Ramtha, Herr des Windes sage ich also zu euch: in der Schule besteht Meisterschaft darin, seine Wurzeln im Himmel zu schlagen — wir werfen unseren Anker nach oben und nicht nach unten — ich grüße euch und heiße euch willkommen. Ihr habt euren Weg zu dieser wunderbaren Schule gefunden, die in der ganzen Welt einzigartig ist. Und in der Tat, wenn ihr auf Grund der Schule nur dadurch entschädigt werdet, dass ihr Freundlichkeit und Mitgefühl aufbringen könnt, da ihr die eigene innere Liebe zu eurem Gott versteht — wenn das äußerlich zu sehen ist und wenn sich in der Tat euer Leben auch nur im geringsten verändert, dann war es die Reise wert. Denn wenn wir auf Grund unserer Erfahrungen wachsen, wird dadurch unser Leben ganz gewiss aufgerüttelt und verändert, da unser Mitgefühl, unsere Liebe und unsere Weisheit gewachsen sind und sich die Distanz zu Gott verringert hat; und das werden wir zweifelsfrei wissen. Schließlich werden wir nie sterben. Wir sind nie gestorben. Durch die Elemente von Divination[1] und Erfahrung können wir nicht anders als weiterleben. Gott segne euch dafür, dass ihr den Weg zu unserer wunderbaren Schule gefunden habt. So sei es. Aufs Leben.

Nichts was ihr getan habt, war jemals dermaßen schlimm, und ihr könnt auch nie dermaßen deprimiert sein oder mit euren Gedanken dermaßen fehlliegen — und ihr seid auch nicht wichtig genug, obwohl ihr findet, dass ihr ja so schlecht seid — dass das für Gott Grund genug wäre, euch nicht mehr zu lieben. Es ist wichtig, dass ihr das wisst, und daran solltet ihr ständig erinnert werden.

Als allererstes: wir sollten uns selbst nie und nimmer im allerbesten Licht sehen. Seht ihr, ihr denkt, dass Arroganz und Christus gleichbedeutend sind, doch da liegt ihr völlig schief, denn ein Christus ist nicht arrogant; arrogant sind diejenigen, die die Botschaft nicht hören. Da finden wir Arroganz. Und dann gibt es da die Verkörperung eines wunderbaren Schülers, der so bescheiden ist, dass er sich dafür entscheidet, sich so lange zu verändern, bis er von seinen arroganten Anfängen, als er noch nicht einmal hörte, was eigentlich gesagt wurde, zu einer neuen Betrachtungsweise gekommen ist. Oder wenn ihr findet, eure Probleme seien so überwältigend und so schlimm und ihr wärt ja so wichtig, da ihr dermaßen schlimm seid, dass noch nicht einmal Gott an euch interessiert sei

---

[1] Divination bezieht sich hier auf den Vorgang des inneren Wissens und nicht auf Hellseherei oder prophetische Praktiken und Rituale.

— im Ernst, das ist doch eine Opferhaltung wie sie im Buche steht, nicht wahr?

Also, wir messen bedingungslose Liebe daran, dass unser Herz immer noch schlägt und dass wir immer noch atmen und dass wir, soweit wir es feststellen können, immer noch am Leben sind, und dass etwas uns am Leben erhält — trotz unserer Weltuntergangsstimmung und trotz unserer Opferhaltung. Keiner hier ist mit seiner selbst auferlegten Unterdrückung so wichtig, dass seinetwegen, weil er ja ach so großartig ist, die Sterne nicht mehr funkeln, der Mond nicht mehr zu- oder abnimmt, morgens die Sonne nicht mehr aufgeht mit all den Farben und den geheimnisvollen mystischen Nebeln und dem Gesang der Vögel. Das ist der wahre Grund, warum alle, die traurig sind, so wütend werden: der Morgen graut und sie sind immer noch stinksauer. Solange die Vögel noch singen, das ist uns klar, haben wir den Tiefpunkt unserer selbst auferlegten bösartigen Arroganz noch nicht erreicht.

Und erreichen wir tatsächlich je den Tiefstand? Nie, niemals, denn der Gedanke, der euch und mich am Leben erhält, stellt keinerlei Bedingungen. Warum ist er bedingungslos? Weshalb habt ihr all diese Probleme und weshalb denkt ihr, außer euch gäbe es niemanden auf der ganzen Welt, der derartige Probleme hat? Weshalb denkt ihr, ihr seid so wichtig? Ich finde das nicht, denn umso mehr wir von unserer selbst auferlegten Selbst-Aufgeblasenheit überzeugt sind, umso lauter singen am Morgen die Vögel. Es ist wirklich erstaunlich: Etwas liebt uns und sorgt dafür, dass unser Herz im Rhythmus schlägt, dass wir atmen, dass wir urinieren und verdauen. Sogar in der schrecklich, schrecklich dunklen Nacht der Seele werden wir noch geliebt. Kann es wirklich so schlimm sein, wenn die Vögel singen? Ich habe mich das immer gefragt: kann es wirklich so schlimm sein? Ich meine nicht.

Nun, ihr Anfänger,[2] warum verdienen es eure Probleme nicht, dass ihretwegen die ganze Welt zum Stillstand kommt? Weil ihr nie euren Körper verlassen habt, im Weltall andere Perspektiven erkundet und die Billionen und Aberbillionen Planeten erforscht habt, die im Weltall existieren oder entstehen. In einem einzigen Augenblick entstehen in Sternensystemen Milliarden von Planeten. Ich habe eine Frage an euch: Glaubt ihr, dass ihr mit eurer Traurigkeit und eurem selbst auferlegten Rückzug aus dem Leben das Leben beschummelt oder beschummelt ihr damit etwa nur euch selbst? Unser Gott liebt uns, weil er offensichtlich viel, viel größer ist als wir, und außerdem sind wir in seiner Unermesslichkeit ein Aspekt dieser Unermesslichkeit. Wir bestehen darauf, klein zu sein und das macht uns klein und so klein-kariert, dass das Leben an sich schrecklich und zur Qual für uns wird. Es ist zum Heulen.

---

[2] Dieses Teaching richtete sich an eine Gruppe von Schülern, die ihr Studium an Ramthas Schule der Erleuchtung begonnen hatten.

Also, Anfänger, ihr könnt nichts sagen oder tun oder denken, was die Sonne am Aufgehen hindern könnte. Wie schlimm ist es denn dann? Dadurch hindert ihr euch daran, am Morgen den Singvögeln zuzuhören und die durch euer Fenster dringenden goldenen Strahlen auf euren Lidern zu spüren. Ihr, ihr allein sperrt die Lebenskraft aus. Doch ihr seid nicht stark genug, um das Leben anzuhalten. Und wenn ihr euch das Leben nehmt, dann seid ihr ein Narr, denn ihr gehört der Ewigkeit an.

Nun, ihr Anfänger, wenn wir das verstanden haben, dann verstehen wir, dass im Kleinhirn — so habt ihr es bei eurem Studium über das Gehirn gelernt — sich Gottes Mind befindet; ganz hier hinten. Alle Viren, alle Amöben, alle Bakterien, jedes Wesen, in welchem Entwicklungsstadium es sich auch befinden mag, alle kosmischen Körper auf allen sieben Stufen, jede Erfahrung, sie alle waren dazu da, um das Unbekannte bekannt zu machen. Das ist für uns die Reise. Und somit ist Gott diese enorm wachstumsfreudige Wolke, die aus all den Leben besteht, die wir gelebt haben und alles andere, und diese Wolke, Mind genannt, wird auf Grund der Erfahrungen mit den Perlen der Weisheit geschmückt; und uns allen ist dieser Mind gegeben. Es gibt keinen, der ihn nicht hat. So speziell seid ihr nicht; so gut seid ihr nicht.

Wenn ihr das versteht — wenigstens wollen wir davon ausgehen, dass ihr es versteht — wenn ihr das verstanden habt, was ist dann bedingungslose Liebe? Sie ist genau der Aspekt, der so viel bedeutender ist als diese kleinliche Betrachtungsweise, mit der wir uns unsere Boshaftigkeit vor Augen halten, unsere Depression, unseren Mangel und diese Unsicherheit, die ihr habt; und all die Beachtung, die wir Ungeschicktheit, Schuld und Scham schenken. Die Liste kann bis ins Unendliche fortgesetzt werden. Diese Adjektive beschreiben die Abtrennung von der Lebenskraft. Das macht euch zu Menschen.

Wie viele Leben lang müsst ihr Mensch sein, bis ihr endlich erkennt, dass ihr Mensch genug gewesen seid? Wieviele Tage voller Depression, wieviele Tage ekstatischer Höhe, die tief in die Abgründe der Depression führen, braucht ihr? Wieviele Erfahrungen habt ihr unzählige Male wiederholt, so dass ihr jetzt nach ihnen süchtig seid? Was müsst ihr alles vorzeigen, um zu beweisen, dass ihr ein Mensch gewesen seid? Wieviel mehr braucht ihr noch? Das ist der Aspekt, mit dem wir im Neuronennetz zu kämpfen haben. Das sind die Eigenschaften des Menschen.

Worum geht es in der Schule? In dieser Schule geht es darum, das Göttliche in euch zu erreichen und euch zu zeigen, dass es existiert, im Gegensatz zur Kirche und allen Religionen, allen ethnischen Gruppen, allen Hautfarben, die der Meinung sind, sie hätten den einzig wahren Weg. Was für eine Farce. Keiner von ihnen kann die Sonne am Aufgehen hindern.

Wie glaubt ihr, sieht ein Meister-Lehrer aus? Wie denkt ihr, sehen sie aus? Was denkt ihr, wie sie sich benehmen? Ihr habt eine Vorstellung erschaffen, wie ein Meister-Lehrer zu sein hat, und schaut euch doch mal die Sachen an, die ihr erschafft. Mit anderen Worten: ihr habt Gott nach eurem eigenen Bildnis erschaffen. Das habt ihr. Euer Image ist es, das Gott erschafft. Gott ist die höchste Instanz, die eure Ausschweifungen bestraft. Hört ihr, was ich sage? Bitte wiederholt in euren eigenen Worten, was ich gerade gesagt habe.

He! He! Das ist ein wichtiger Punkt. Anfänger, ihr wart es, die Gott erschaffen haben, wisst ihr das denn nicht? Ihr habt ihn vielleicht mit Hilfe eurer Konfessionskirchen geschaffen. Ihr habt ihn vielleicht mit Hilfe von Jesus Christus geschaffen. Ihr habt ihn vielleicht mit Hilfe von Buddha geschaffen. Vielleicht habt ihr ihn mit Hilfe von Zoroaster geschaffen. Vielleicht habt ihr ihn mit Hilfe von Shakespeare geschaffen. Vielleicht habt ihr ihn mit Hilfe von Apollonius geschaffen. Vielleicht habt ihr ihn mit Hilfe von Cicero geschaffen. Vielleicht habt ihr ihn mit Hilfe von Bill Clinton geschaffen. Vielleicht habt ihr Meister geschaffen mit Hilfe von Büchern oder mit Hilfe der Texte über die Meister des Fernen Ostens, das ist meine Empfehlung. Das waren die ersten Bücher, die ich meinem Channel zu lesen empfohlen habe. Also sage ich auch euch, dass ihr sie lesen sollt. Der Titel ist: *Leben und Lehren der Meister im Fernen Osten.*[3] Ich möchte, dass ihr alle Bände lest. Ihr sollt sie lesen, weil dadurch die Erwartungshaltung in eurem Gehirn entfernt wird, das so schwer zu durchdringen ist.

Wer seid ihr denn, dass ihr mit eurem Affenverstand festlegt, was Gott ist? Seid ihr etwa die Richter Gottes? Wie bitte, ihr habt Gott erschaffen? Ich werde euch sagen, warum ihr Gott erschaffen habt. Gott wurde von euch als Antithese zu den Dingen in euch erschaffen, die ihr nun mal seid. Gott kann nicht so sein wie ihr, er muss daher anders sein. Woher rühren also eure Schuldgefühle und Gewissensbisse? Von der Identität, die ihr Gott gegeben habt. Wisst ihr denn nicht, dass ihr derjenige seid, der sich selbst bestraft? Bitte wiederholt das jetzt in euren eigenen Worten. Macht das bitte jetzt gleich.

Wisst ihr, wie ein Meister aussieht? Habt ihr jemals einen getroffen? Jetzt habt ihr einen getroffen. Jetzt. Ja, jetzt. Ja, ja, ich weiß, das schöne Gesicht und das blonde Haar und der weibliche Körper lenken etwas davon ab. Aber das will ich so. Wisst ihr warum? Weil — als ich ein Mann und ein Mensch war, hatte ich nie Geschlechtsverkehr mit einer Frau, doch ich hatte mehr als hundert Kinder. Ich liebte den Krieg und das Erobern, und ein Mann, der die Macht liebt, hat kein reges Sexualleben, hat weniger sexuelle Erfahrungen und ist mehr auf Eroberungen eingestellt. Darin findet er Befriedigung. So war es in meinem Leben. Und für die Damen: wisst ihr, dass es bis zum heutigen Tag niemals eine Frau gegeben hat, die als wahrer

[3] Baird T. Spalding, *Leben und Lehren der Meister im Fernen Osten.* Drei Eichen Verlag

Christus und wahrer Meister anerkannt worden ist, da Frauen immer wie Vieh in sexuelle Pferche getrieben wurden? Sie konnten nur überleben, indem sie den Launen und Wünschen eines Mannes folgten. So war das herrschende Gesetz.

Warum bin ich eine Frau? Nun ja, in erster Linie, weil bei Frauen leicht — sehr leicht — eine Verbindung zum Meistersein hergestellt werden kann, da sich ihre Energie nicht im ersten Siegel befindet, es sei denn, sie begeben sich dorthin aus Liebe und aus Überlebensgründen. Sie stehen etwas über diesem Siegel. Sie befinden sich im zweiten oder dritten Siegel. Bei ihnen geht es um Kontrolle, Macht und Überleben. Hört ihr mir zu?

Also was habt ihr erwartet, als ihr zu mir gekommen seid? Im Ernst, was habt ihr da erwartet? Nun, ich möchte euch, den Menschen mit dunkler Haut, etwas sagen. Ich bin ein Gott mit dunkler Haut. Meine Haut ist zimtfarben und ich habe pechschwarzes Haar und tiefschwarze Augen. Wenn ich heutzutage leben würde, wäre ich wohl ein Basketballstar. Eigentlich würde ich sogar über den Korb hinausragen. „Wie bitte, ich hab da Zwerge, die geben mir den Ball und ich soll ihn in den Korb versenken? Das ist alles? Mehr brauche ich nicht zu tun? Liebling, ich hab ’nen Korb geschossen!“ Ich bin also keine blonde Schönheit mit blauen Augen. Ich bin ein Wesen mit schwarzen Augen, Haut wie Zimt, schwarzem Haar und ich bin sieben Fuß (2,15 m) groß, ganz hier oben. Und es sieht nur so aus, als ob ich etwas über sieben Fuß groß bin, weil dort, wo ich erscheinen muss, die Zimmerdecken nur eine bestimmte Höhe haben. Folglich muss mich oft ein wenig bücken.

Warum habe ich eine Frau ausgesucht? Nun, meine Damen, ihr wunderschönen Anfängerinnen, ich weiß schon, was eure Misere ist. Ich kenne sie bereits. Ich weiß, welche Kompromisse ihr für eure eigene Sicherheit und die Sicherheit eurer Kinder eingehen müsst. Und für euch hört sehr oft die Arbeit nie auf. Das ist die unumstößliche Wahrheit. Vom Morgengrauen bis zur Abenddämmerung — für euch hört die Arbeit nie auf. Unter allen Arten seid ihr diejenige, die am wenigsten geachtet wird.

Nun, in der Welt gibt es eine Bewegung, die für die Gleichberechtigung von Schwarz und Weiß eintritt. Würde es das Problem der Diskriminierung auf Grund von Hautfarbe nicht geben, gäbe es auch diese Bewegung nicht. Meiner Ansicht nach besteht die größte Ironie darin, dass Weiße an den Äquator fahren, um braun zu werden und sie trotzdem Vorurteile gegen dunkelhäutige Menschen haben. Das wundert mich. Es wundert mich wirklich, weil sie trotz ihrer Vorstellung von der Unzulänglichkeit — und unter den fortgeschrittenen Schülern könnte ich euch einige zeigen, die genauso denken — Mexikaner und Neger einstellen, die für sie die Sklavenarbeit tun. Und da sie blond sind und blaue Augen haben, finden sie, sie seien eine besonders erfolgreiche Spezies. Und sie sind es dann, die an den Äquator fahren, um genauso braun zu werden wie die Leute, die sie in ihrem Dienst versklaven. Das soll mal einer verstehen. Das soll mal einer verstehen. Das soll mal einer verstehen. Nun, da ich jedoch von gleicher Abstammung bin, nehme ich an dieser Arier-Philosphie der weißen Rasse etwas Anstoß. Jeder, der das Braun-Werden unterstützt, ist ein Heuchler.

Aber wisst ihr, auch Menschen mit dunkler Haut finden, dass sie es schwer haben. Nun, ich werde euch sagen, wer es unter allen Menschen am schwersten hat — Frauen jeglicher Hautfarbe. Sie haben es am schwersten. Und deshalb gab es nie einen Christus, der je eine Frau gewesen ist. Hat es nie gegeben. Ich will damit sagen, Gott — es hat nie einen Gott gegeben, der gesagt hätte: „Dies ist meine geliebte Tochter, auf die ich sehr stolz bin.“[4] Wie schade. Der Schoß der Schöpfung wurde von Gott nie anerkannt, und die einzige Frau, die je anerkannt wurde, war eine vierzehnjährige Teenagerin, die keine Ahnung hatte und dem Erzengel Gabriel erlaubte, ihr den Samen Jesu zu geben?! Im Ernst, wer von euch Eltern würde es erlauben, dass eure Tochter von einem Gott weggenommen und im Alter von vierzehn Jahren geschwängert wird?

Oh nein. Nun, hört zu. Ihr müsst hier zuhören. Wir kommen nun zum Kern der Dinge. Ihr mögt wohl eine wirklich schöne Frau vor euch haben, eine Frau, die ein halbes Jahrhundert alt ist — sie ist ein halbes Jahrhundert alt — aber ihr habt auch einen Gott und Meister vor euch, der durch sie hindurchkommt. Und weshalb habe ich sie und nicht einen Mann gewählt? Weil es niemals ein Schriftstück gab, in dem je über eine Meisterin geschrieben wurde, und es an der Zeit ist, dass das geschieht — es ist wirklich an der Zeit.

Der älteste Archetyp Gottes ist die Leere, und die Leere wurde von Nut[5] verkörpert, einem weiblichen Wesen, aus deren Schoß die ganze Schöpfung entsprang. Merkt euch das. Wisst ihr wirklich, was ihr für einen Meister haltet? Im Ernst, ihr könntet auf der Straße an diesem Körper vorbeigehen und, sofern meine Tochter nicht auf euch aufmerksam wird, würdet ihr nie wissen, dass diese Frau viel weiß. Ich bin also in einem Frauenkörper, weil Frauen die Menschenrasse bilden, die am meisten Vorurteilen ausgesetzt ist. Wir wollen mal die Gleichberechtigungsbewegung beiseite lassen. Lasst uns über Frauen mit unterschiedlichen Erfahrungswerten, aus allen ethnischen Gruppen rund um den Globus sprechen: selbst heute noch werden in meinem heiligen Land Indien einige der Frauen von ihren Ehemännern verbrannt, weil ihre Mitgift

---

[4] In den Evangelien des Neuen Testaments wird berichtet, dass eine Stimme vom Himmel erklang, als Jesus von Johannes dem Täufer im Jordan getauft wurde, die sagte: „Das ist mein geliebter Sohn, an dem ich meine Freude habe.“ Matthäus 3:17, Markus 1:11, Lukas 3:22, Johannes 1:34

[5] Nut, ägyptische Göttin, die im *Ägyptischen Totenbuch* beschrieben wird. Siehe Abbildung aus *Book of the Dead of Nesitanebtasheru*, 21. Dynastie am Anfang des 4. Kapitels.

aufgebraucht ist. Na, warum um Himmelswillen wollt ihr in das Mutterland, wo die Frauen verbrannt werden? Also wirklich!

Anfänger, wie sieht eurer Meinung nach ein Meister aus? Ich denke, dass ihr Meister als Erweiterung eurer selbst erschaffen habt. Ihr seid es, die die Sünden und die schlechten Taten begehen und sich um Erlösung bemühen. Doch ein wahrer Meister wird immer als Mann und niemals als eine Frau in Erscheinung treten. Es wird keine Frau sein, denn unglücklicherweise ist der Archetypus eines Meisters nicht weiblich. Wie integriere ich mich hier? Ich bin ein dunkelhäutiges Wesen, 35.000 Jahre alt; und ich spreche durch eine Frau mit blonden Haaren und blauen Augen. Ich verbinde alle Möglichkeiten, wodurch Wissen entsteht. Ich verbinde beides in einem, das Männliche und das Weibliche zugleich.

Nun, da das nun geklärt ist — unter meinen Anfängern sind schließlich viele Frauen. Denkt ihr etwa, sie würden hierher kommen und einen anderen Lehrer lieben, einen Mann, der kleine Jungen mit ins Hinterzimmer nimmt und diese dazu bringt, ihn sexuell zu befriedigen?[6] Das passiert hier nicht. Ich liebe Frauen, den Schoß des Lebens. Und diesem Geschlecht gab Gott den Schoß des Lebens und es ist ihrem Ermessen überlassen, ob Leben daraus hervorgeht oder nicht. Das ist wirkliche Macht. Ich bin also deshalb eine Frau, weil ich dadurch den kleinsten gemeinsamen Nenner auf der ganzen Welt anspreche, und das ist das weibliche Geschlecht.

Denkt ihr etwa, ihr habt Probleme? Ihr habt keine Probleme; ihr habt ein Neuronennetz — das ist alles. Ihr denkt, ihr habt ein Problem? Ihr habt einen Emotionalkörper; das ist alles. Wisst ihr denn nicht, dass es noch vier andere Siegel gibt, die noch nie aktiviert wurden? Ihr denkt, ihr habt ein Problem? Ihr habt einen kleinen Tumor im Gehirn. Und der sieht so aus: der Tumor ist eine kleine Gruppe von Neuronen. Und wisst ihr, wozu sie einzig und allein gut sind? Es gibt sie, weil ihr emotionale Wesen seid und weil ihr wollt, dass es sich für euch gut anfühlt. Es muss sich gut für euch anfühlen.

Nun gut, Gefühle. Wisst ihr, was Gefühle sind? Wisst ihr, was Gefühle in Wirklichkeit sind? Gefühle sind nichts Spirituelles. Gefühle sind reine Chemie. Sie sind chemische Verbindungen. Wo fangen sie an? Im Gehirn, in den Sinnesorganen, und sie haben ihre eigene kleine Schnellstraße. Wisst ihr, so wie ihr eine Schnellstraße habt, auf der ihr nach Hause fahrt, hat jede dieser Emotionen ein Zuhause. Und ihr seid süchtig nach Emotionen. Ihr seid süchtig nach Sex. Ihr seid süchtig danach, ein Opfer zu sein. Ihr seid süchtig nach eurer Armut. Ihr seid süchtig nach eurem Mangel. Ihr seid süchtig nach euren Kopfschmerzen. Ihr seid süchtig nach euren Allergien. Ihr seid süchtig nach eurem Elend. Ihr seid süchtig nach dem Glücklichsein. Ihr seid süchtig nach eurer Einsamkeit. Ihr seid süchtig nach eurem

---

[6] Berichten zufolge benutzen einige der populären indischen Gurus Knaben, die ihnen — als Teil ihrer spirituellen Aktivitäten — durch oralen Verkehr sexuelle Befriedigung verschaffen.

Selbstmitleid. Ihr seid süchtig nach eurer Schuld. Ihr seid süchtig nach eurer Entfremdung von Gott.

Also, seht euch bitte an, was hier vor euch steht. Es ist genau das, was euch die ganze Woche hindurch gelehrt hat. Ich habe das Feld[7] erschaffen. Ich habe das Labyrinth[8] erschaffen. Ich war es, der sie im Laufe der Geschichte erschaffen hat. Senden und Empfangen, null Problemo. Alles ist Bewusstsein und Energie. Alles ist bekannt; und um alles zu wissen, brauchen wir uns nur von unserem emotionalen Neuronennetz zu lösen. Wenn wir mit dem Neuronennetz verbunden sind, verkörpern wir Unsicherheit, Versagen und Mangel, und wir werden nichts anderes als die damit verbundenen Emotionen kennen lernen, und sie sind die Themen und Erfahrungen aus der Vergangenheit. Wenn wir uns allerdings davon lösen, genießen wir absolute Handlungs- und Bewegungsfreiheit. Wir können alles und jedes wissen. Das ist die Herrlichkeit Gottes.

Wie meint ihr, könnt ihr sonst den Tod überleben? Wisst ihr, ihr werdet sterben. Was meint ihr, wird den Tod überleben? In eurem Heiligen Geist wird die Ansammlung des in eurem Neuronennetz Gespeicherten überleben. Das ist dann die Person, die nach all dem süchtig ist und die eine Lichtrückschau braucht — ein überaus peinlicher und schrecklicher Rückblick auf all die Gedanken, die ihr je gedacht habt und die sich keiner je angehört hat. Aber das hier (das Unterbewusstsein) hört alles und wird die Bänder zurückdrehen und ihr werdet euch alles anschauen und sehen, was ihr mit diesem Geschenk namens Leben gemacht habt.

Göttlichkeit hat ihren Preis — sie ist wie ein zweischneidiges Schwert

Was habt ihr aus eurem Leben gemacht? Was habt ihr heute daraus gemacht? Was habt ihr mit eurem Leben gemacht, bevor ihr zu mir gekommen seid? Habt ihr euer Leben nur damit verbracht zu überleben? Habt ihr es nur damit verbracht, Geld zu verdienen, damit ihr Sex haben könnt, damit ihr viel essen könnt, damit ihr euch vollstopfen könnt oder um zu hungern, oder um euch fit zu halten, oder um schön zu sein, oder um wichtig zu sein? Was habt ihr mit all dem Geld gemacht, das ihr in einem achtstündigen Arbeitstag verdient habt? Acht Stunden, das ist ein Drittel eurer täglichen Wachzeit. Was habt ihr mit dem Geld gemacht? Ihr kauft Essen ein, bezahlt für das Dach überm Kopf und geht aus und feiert Parties;

---

[7] Fieldwork™: eine Disziplin, die in Ramthas Schule der Erleuchtung praktiziert wird.

[8] Tank™ (Labyrinth): eine Disziplin, die in Ramthas Schule der Erleuchtung praktiziert wird.

ihr gebt es für Unterhaltung aus, für Kleidung und dafür, dass ihr wie alle anderen ausseht und akzeptiert werdet. Was habt ihr aus eurem Leben gemacht? Es ist ein Geschenk. Es ist ein Geschenk. Ermöglicht euch eure Arbeit, kreativ zu sein, damit ihr nicht den Teil in eurem Leben verpasst, in dem ihr mit dem Mind vollkommen achtbar kreiert? Bestehlt ihr euren Arbeitgeber? Schummelt ihr auf eurer Stempelkarte? Seid nicht so schnell dabei mit der Antwort, denn die Schuldigen sind immer die ersten, die gestehen. Im Licht werdet ihr das sehen.

Was tut ihr? Glaubt ihr, dass Arbeit nicht zum spirituellen Leben gehört? Denkt ihr, dass die acht Stunden Arbeit nichts mit dem Geschenk eures Lebens zu tun haben? Jeder Atemzug, jeder Herzschlag ist ein Geschenk Gottes. Was tut ihr damit? Was tut ihr damit? In den acht Stunden, arbeitet ihr da und schummelt und tut sowenig wie nur möglich? Was macht ihr mit dem Geld, das ihr verdient? Ihr bezahlt Rechnungen. Was sind das für Rechnungen? Die Rechungen sind alle fürs Image. Die Rechungen sind fürs Essen. Die Rechnungen sind für die Sklaven. Die Rechungen sind für das Land, auf dem ihr wohnt. Die Rechnungen sind für eure Autos. Und mit dem Geld, das übrig bleibt, geht ihr aus und auf Parties, weil ihr das ja verdient habt. Ach ja?

Für Gott bleiben also nur euer Kummer und eure Gewissensbisse übrig? Ist der einzige Grund, aus dem ihr euch an euren Gott wendet, dass ihr nicht genug Geld habt, um die Rechnungen zu bezahlen und dass ihr mit euren Investitionen, euren Verlusten und euren Beziehungen nicht zufrieden seid? Läuft es darauf für euch hinaus? Ja, es ist wahr; so ist es für euch. Daran ist nichts falsch. Ihr werdet nicht bis in alle Ewigkeit dafür verdammt. Falls ihr Gott seid und ihr Willensfreiheit habt, seid ihr es, die die Führung innehaben. Ihr seid der Wind in eurem Segel, der den Kurs bestimmt, und somit liegt letztendlich die Verantwortung immer bei euch. Wenn wir göttlich sind, dann ist diese Göttlichkeit wie ein zweischneidiges Schwert. Es ist ein Schwert, das bis in den Kern der Sache vordringt. Wir haben den Überlebenskampf, und dann hassen wir, dass wir überleben müssen. Folglich müssen wir das mit Parties ausgleichen. Wir gleichen es mit unserer Sexualität aus. Womöglich arbeiten wir eine ganze Woche für ein Kleidungsstück. Wir arbeiten vielleicht sogar eine ganze Woche für ein Facelifting. Womöglich arbeiten wir eine Woche lang, nur dafür. Warum? Damit wir vierzig Jahre später gut aussehen und Sex haben können? Ist es das? Etwas Besseres könnt ihr mit eurem Leben nicht anfangen? Ist das alles?

Also, der grundlegende Gedanke in der Schule ist der, Gott neu zu definieren. Seht ihr, es ist nicht so, als ob ihr die Wahrheit gefunden hättet. Es ist — und das habt ihr schon immer gewusst — es ist einfach so: bei den Entscheidungen, die ihr in eurem Leben getroffen habt, war es bequemer, Gott da draußen zu haben, damit ihr sündigen, sündigen, sündigen,

sündigen, sündigen konntet, um es so zu haben, wie ihr es wolltet, ohne Verantwortungsbewusstsein für das eigene Leben. Und ich sage euch, dass ist die eine Seite der Schwertschneide.

Hier in der Schule nehmen wir z.B. Gott und sagen: „Mein Herzschlag, mein Atem, die virtuellen Gedanken in meinem holographischen Gehirn und all die anderen bisher unerreichten Grenzen im Gehirn, all das ist mein Leben. Und wenn ich für mein tägliches Brot arbeiten muss, dann Gott, lass mich bitte in den acht Stunden ein Schöpfer sein, damit meine Arbeit nicht einfach nur ein Job ist, mit dem ich für Kleidung, für Kosmetikartikel, für Essen, Sex, für Wein und Spirituosen und für Diskos zahlen kann. Wenn das Ende meiner Arbeitswoche mit ihren acht Stunden pro Tag so aussieht, dann ist es auch kein Wunder, wenn ich mich frage, wozu das Ganze?" Denn man braucht nur eine einzige Erfahrung in diesen Wirklichkeitsbereichen, um die Dinge in Frage zu stellen und sich im Innern des Problems bewusst zu werden, dass wir auf unserem Weg etwas verpasst haben. Täglich acht Stunden, das sollte nicht Arbeit, sondern Schöpfung sein. Schöpfung sollte es sein. Und Diebstahl sollte nicht das Mittel sein, mit dem ihr euch, die ihr euch für arm haltet, etwas verschafft. Ihr habt doch alles in euch, um durch euren Fokus eine bestimmte Wirklichkeit hervorzubringen, und in der solltet ihr dann auch sein.

Und die andere Schneide vom Schwert ist, dass es weh tut, Verantwortung für unser Leben zu übernehmen. Wisst ihr, weshalb ihr Opfer seid? Wisst ihr, warum ihr krank seid? He! Wisst ihr, warum ihr lausige Beziehungen habt? Weil ihr die Schuld für eure Probleme allen anderen zuschiebt und ihr nicht Verantwortung für eure eigene Wahrheit übernehmt, die sich hinter dem von euch gemalten Image versteckt. Gesichter, die lächeln, lügen in Wirklichkeit. Ihr lügt und übernehmt keine Verantwortung für euer inneres Wissen oder in der Tat für eure eigene Wahrheit, die sich hinter eurem lächelnden Gesicht verbirgt.

Und was wäre, wenn ihr eine Welt aus einer Wahrheit, die ihr wirklich kennt, erschaffen würdet anstatt aus einer, mit der ihr gerade mal so bis Freitagabend durchkommt? Ist das Leben Knechtschaft oder ist es ein Geschenk? Bedeutet es Opfer oder ist es eine Wahl? Ganz genau. Ganz genau. Unser tägliches Brot — wenn wir nicht bereit sind, nach draußen aufs Feld zu gehen, es zu bearbeiten und für das Mehl Samen zu säen, für den Weizen, wenn wir dazu nicht bereit sind, dann sollten wir eine andere Arbeit tun, mit der wir Geld verdienen, um von denen Brot kaufen zu können, die das getan haben. Doch wenn wir schon Opfer bringen müssen, nachdem wir anderen jene Möglichkeit gegeben haben, dann wollen wir wiederum unser Leben auf eine Weise unserer Arbeit widmen, so dass sie nicht ein Opfer, sondern ein Dominoeffekt ist, der bis zu dem Bauern auf dem Feld reicht. Wir wollen, dass unsere Arbeit so ehrenhaft und tadellos ist, dass wir damit gleichermaßen alles honorieren und alles verdient haben.

Das, Anfänger, ist das zweischneidige Schwert. Das Schwert ist der Grund, warum wir Gott nach unserem Ebenbild schufen, eine Person, eine Wesenheit, ein übernatürliches Wesen, das all unsere Taten beurteilt. Dadurch haben wir die Freiheit, ein Leben lang all diese Dinge zu tun und brauchen uns nur dann an jene Person, an diese Gott-Gewalt zu wenden, wenn wir all unsere Möglichkeiten erschöpft haben. Sobald wir die Lebensenergie unseres Körpers verbraucht haben, sobald wir seine Gesundheit erschöpft haben, und sogar wenn wir unserer Familie keinerlei freundliche Zuwendung gegeben haben, alle Familienmitglieder aber nunmehr erschossen, ermordet, vergewaltigt oder zu Grunde gerichtet worden sind, dann kommen wir auf diesen Ausgangspunkt zurück. Und wir bitten nicht eher um Hilfe, weil wir denken, dass im Grunde genommen Gott nicht dasselbe ist wie wir. Doch Gott ist die Basis für den Herzschlag. Er ist die Basis für den Atem. Wieso sollte er dann nicht auch das Bewusstsein sein, das unserem Tun, unserer Inkarnation zu Grunde liegt, und die Basis dafür, wie wir mit unserer Bestimmung vorankommen?

Ihr alle seid von der Ebene der Glückseligkeit gekommen. Ihr seid aus einem Leben wiedergeboren, in dem ihr gestorben und zum Licht gegangen seid, eine Lichtrückschau hattet, woraufhin ihr auf der Ebene der Glückseligkeit gelandet seid, wo ihr das Leben neu aufbauen konntet, denn ihr hattet euch diese Welt und diesen Körper nicht zu Eigen gemacht. Ihr habt euch das Gehirn nicht zu Eigen gemacht. Wieso sollten wir das Unbekannte da draußen wollen, wenn das Unbekannte in uns existiert? Und solange diese Grenzen nicht erobert sind, werden wir auch nicht wirklich verstehen, was das Unbekannte ist. Wir kehren immer und immer wieder zurück, bis wir zu guter Letzt das kosmische Neuronennetz im emotionalen Teil des Gehirns verabschiedet haben; wir denken noch nicht einmal mehr; wir haben eine Art Knie-Reflex, auf den wir einfach nur reagieren. Unsere Aufgabe ist es, das automatische Neuronennetz zu verabschieden, es aufzulösen und zu zerstreuen und in jeder Inkarnation das Unbekannte bekannt zu machen. Wir sollten nicht nach emotionaler Erfahrung süchtig sein. Es geht um Weisheit, die uns in der Welt erkennen lässt, dass wir das nicht mehr tun müssen und wir hier sind, um zu sehen und zu verstehen. In Gottes Namen! Wir haben doch den Mind Gottes, um das zu verstehen. Und wir haben in der Tat ein Gehirn, wie man es so nennt, und den Mind Gottes, um damit neue Wirklichkeiten zu erschaffen. Dann finden wir uns nicht einer Lage gegenübergestellt, in der wir entweder mehrere Sexualpartner oder gar keinen haben, und wir stimmen den Tag nicht mit Emotionen, sondern mit dem Paradigma eines neuen Gedankens an, da wir wissen, dass die nächste Erfahrung uns eine neue Emotion vermittelt, die weit über diese Suchtemotion hinausgeht, um deretwillen wir acht oder vierzehn Stunden am Tag arbeiten müssen, nur damit wir in der Lage sind, sie in dem sechsstündigen Zeitraum vor dem Schlafengehen aufrechtzuerhalten.

Woher kommen bedingungslose Liebe und Fürsorge?

Ich will euch etwas über euch in der Zeit vor eurer Reinkarnation erzählen. Jeder, der zu dieser Schule kommt — und das sollte eine historische Beschreibung von Reinkarnation und der Reise hierher sein, an diesen Ort auf der Karte eurer Bestimmung — jeder war in seinem vergangenem Leben unersättlich. Unersättlich. Ihr wart unersättlich und/oder ihr habt in einer Schlacht um euer Leben gekämpft und im Augenblick des Todes habt ihr euch Folgendes gefragt: Die erste Frage, die ihr euch gestellt habt, war die, wo eure Mutter ist. Jeder Soldat, jeder Krieger ruft im Augenblick des Todes instinktiv nach seiner Mutter. Das ist immer so. Das ist eine absolute Tatsache. Ich habe es miterlebt. Warum sie das tun? Ich wollte euch Folgendes fragen: Was meint ihr — ihr denkt, das ist albern? — warum ruft jeder Krieger im Augenblick des Todes nach seiner Mutter? Denkt bitte einen Augenblick darüber nach, warum das eurer Meinung nach so ist.

Nun ja, hier ist die Antwort auf diese Frage: Weil in eurer Kindheit der wichtigste Aspekt des Umsorgtseins und Geliebtwerdens nicht von eurem Vater kam; er kam immer von eurer Mutter. Jedesmal wenn ihr euch wehgetan hattet, wenn ihr einen blauen Fleck und euch gestoßen hattet, seid ihr zu eurer Mutter gegangen, und sie machte alles wieder gut. Wenn Soldaten die Eingeweide herausgeschossen werden und ihnen fast der halbe Körper fehlt, ist die Einzige, nach der sie rufen, ihre Mutter. Seit alters her war das schon immer so. Warum? Sie rufen nach ihrer Mutter, weil sie ihnen helfen soll — der einzige Mensch in ihrem Leben, der ihnen helfen kann. Und das andere Wesen, nach dem sie rufen ist: „Gott, hilf mir“. Und dann sterben sie.

Nun, wie göttlich sind die Mütter in dieser Zusammenkunft? Wie göttlich sind sie? Wie göttlich sind Frauen? Wer von euch versteht die Frage? Wie göttlich sind unsere Frauen? Jeder kleine Junge weiß, wenn er sich die Knie geschürft oder den Kiefer gebrochen hat, dass seine Mutter sich um ihn kümmern und ihn lieben und ihn an ihre Brust oder ihren Busen drücken wird. Und allein dadurch wird alles besser, stimmt’s? Ganz gleich wie alt sie werden, so denken sie. Deshalb sind sie auch so in die Brüste von Frauen vernarrt; sie wollen wieder bemuttert werden. Versteht ihr das?

Nun, bleibt bitte bei der Sache. Ich will damit auf etwas hinaus. Das ist so, weil ihre Mutter sie immer während all ihrer Abenteuer gebeten hat, auf sich aufzupassen und vorsichtig zu sein, doch sie waren widerspenstige Söhne und machten sich auf und taten es trotzdem. Doch wenn sie verletzt waren, kümmerten sich dann die Leute, gegen die sie rebelliert hatten, um sie? Nein. Zu wem gingen sie also? Zu Mama, der guten Erde. Der guten Erde. Deshalb sind Frauen keine Männer. Männer stecken voller

Abenteuerdrang, sie sind unüberlegt und schwängern jedes Loch, das sie sehen. Auf der anderen Seite bleibt die Verantwortung für das, was dann aus dem Loch herauskommt der Fürsorge der Frauen überlassen.

Und warum sind wir zu diesem Thema abgeschweift? Weil es für meine Anfänger angemessen ist. Also, was ist nun mit den Frauen? Nun ja, Frauen geben sich meistens den Männern hin. Und wenn sie keine Hure oder Hetäre sind, dann sind sie wirklich sehr darum bemüht, ihre Ehemänner, Geliebten und Männer zufrieden zu stellen. Wenn sie allerdings schwanger werden, dann richtet sich der Finger Gottes nicht auf den Vater, sondern auf sie. Und folglich sind es die Frauen, die mit dem Körper fertig werden müssen, mit dem, was in ihrer Gebärmutter heranwächst: Sie müssen das Kind verkraften, und sie sind es, die ununterbrochen für es da sind. Soldaten rufen nie oder nur selten auf dem Feld nach ihrem Vater. Ich habe sie beobachtet; und das trifft sogar auf die Kriege in jüngster Vergangenheit zu. Sie rufen nach ihrer Mutter. Sie fragen nicht nach ihrem Vater. Findet ihr das nicht interessant?

Woher kommen nun bedingungslose Liebe und Fürsorge? Von den Müttern. Doch. Wirklich. Und die Männer rufen laut nach ihrer Mutter, doch ihre Mutter ist weit weg, und sie weinen und dann sind ihre Schmerzen vorbei; sie sind für immer vorbei. Sie werden nie wieder mit ihrer Mutter zusammen sein. Das ist eine sehr tragische Situation. Das ist der Teil des Menschseins, über den keine Lobgesänge erklingen. Und aus diesem Grund bin ich eine Frau— um des gänzlich teilnahmsvollen Verständnisses willen, was es bedeutet, den Samen des Mannes, den man liebt, in sich aufzunehmen, und dann diesen Samen mit allem zu versorgen, ihn zu nähren und im eigenen Körper wachsen zu lassen; das Kind wächst in euch.

Väter. Väter: Manche sind gute Väter. Manche sind schlechte Väter. Manche Väter denken, dass die Frauen die Verantwortung haben, und sie heißen die Verantwortung, für ihre eigenen Kinder zu sorgen, nicht willkommen. Sie bleiben dann bei der Mutter, und nach der rufen sie dann. Ich habe es miterlebt. Zu meiner Zeit waren die Söhne von Müttern auf dem Schlachtfeld — nicht die Söhne von Vätern. Angesichts der Ewigkeit, wo kann man absolute Liebe und Beschütztwerden finden? Im Weiblichen, dem Teil, der am meisten gefährdet ist. Denn eine Frau kann die ganze Welt lieben. Wenn eine Frau alle Kinder hervorbringen würde und wenn alle Kinder in der ganzen Welt ihre Enkel wären, dann würde es nie Krieg geben. Doch wenn Liebhaber die Szene betreten, wird es immer Krieg geben.

Wenn in offener Schlacht die Sterbenden nach ihrer Mutter schreien — starke Männer, angesehene Krieger — wer sollte da der nächste Lehrer für die Menschheit sein? Eine Frau, die das Leiden versüßt, die in der Angst Trost spendet, die Liebe und Freude mit sich bringt: genau das Idol und

Ideal, nach dem Männer in offener Schlacht rufen, wenn sich ihre Eingeweide um sie herum ergießen und sie im Sterben liegen und ihr Herz den letzten Tropfen Blut und das letzte bisschen Lebenskraft auspumpt. Wer also sollte der nächste Lehrer für die kommende Generation sein? Da habt ihr's.

Ich will, dass ihr versteht, warum ihr einen Meister nicht erkennen würdet. Seht, da ich mit herzloser Genialität zwei Drittel der bekannten Welt erobert hatte, war nun meine nächste Eroberung — nachdem ich der Wind geworden war und damit mich in die schneebedeckten Berggipfel verlieben konnte, in die frostbedeckten Bäume und die grüngefärbten Flüsse und in das Schilf — Liebe zu lernen, und die musste ich aus der Sicht einer Frau lernen. Frauen sind Gott näher, da sie auf Grund ihrer Natur nicht im ersten Siegel verhaftet sind. Die Frauen stehen nicht dort, wo die Männer im Augenblick stehen. Sie verkörpern die nährenden Eigenschaften der Erde. Deshalb wird die Natur „Mutter" genannt. Sie ist langmütig. Ihre Liebe ist von Dauer. Doch sie ist grausam, denn sie wird jede Form von Schwäche beseitigen und wird die Starken mit all ihren Genomen, ihrer biologischen Entwicklung unterstützen.

Also, ich habe festgestellt, dass die weiblichen Qualitäten der Frauen von den Mächtigen, in der Tat von Kirche und Königreichen in der Tat gehasst werden, da Frauen ein für sie völlig natürliches Mitgefühl besitzen. Das ist eine Begleiterscheinung des Kinderkriegens. Es ist eine natürliche Anteilnahme. Sie haben eine natürliche Liebe. Wenn einer Frau der Thron eines Fürstentums gegeben wird und man sie dazu anregt, alle in ihrem Fürstentum als ihre eigenen Kinder anzusehen, wird sie zum erbittertsten Krieger werden, den es je gab, und sie wird jedes ihrer Kinder beschützen. Ganz sicher. Das ist der Grund, warum so wenige Frauen den Thron bestiegen haben.

Also ja, es bedarf einiger Anstrengung, um eine Frau anzutörnen. Doch die Frauen von heute sind künstliche Frauen. Sie sind wie kleine Kinder, die darauf programmiert sind, Erste-Siegel-Kinder ohne irgendeine eigene Meinung zu sein. Sie wollen einfach nur schön sein und angebetet werden. Das ist der Zusammenbruch des Bewusstseins. Es ist der Zusammenbruch. Doch Frauen besitzen eine Tugend und diese Tugend ist — nach wem riefen all meine Krieger, als sie im Sterben lagen? Nach ihrer Mutter, nach Frauen, die ich nie gekannt habe, Frauen, und das konnte ich mir gut vorstellen, die bei der Nachricht über ihren Sohn — ihr stolzer, wunderbarer Sohn auf dem Feld geschlachtet — aufschrien und weinten und für eine lange Zeit Trauer trugen. Ich habe niemals einen Vater gekannt, der das tat; doch Frauen tun das. So tief ist ihre Liebe. Dann werden sie zur Beute und sind verschrien. Sie sind eine wertvolle Ware in der Welt. Sie werden wie Vieh zusammengetrieben und wie Sexualobjekte behandelt, da sie keine Rechte haben. In den meisten Ländern haben sie kein Wahlrecht — sie haben kein Recht darauf, die Ehe anzufechten. Sie haben keinerlei Rechte. Eine bösartige Frau ist nur eine Frau, der man ihre natürliche Liebe versagt hat, nichts anderes.

Tatsache ist, dass die katholische Kirche Marias Schoß als anbetungswürdig aufwertete, damit sie zwischen ihrem Sohn und den Sünden derer, die zur Beichte kamen, vermittelt. Eine Frau als Vermittlerin. Warum sollte eine Frau der Vermittler sein? Warum sollte sie denn andere nicht mit dem beschenken, was sie ist? Sie steht auf der sieben-stufigen Leiter weiter oben. Wenn wir die Stufen vom Hertz-Bereich bis zum Unendlichen Unbekannten zählen, dann gibt es nur sieben Stufen. Es gibt nur sieben Bewusstseinsstufen. Selbstverständlich gibt es in der Quantenwelt der drei Ebenen (dreidimensionale Wirklichkeit) einen Sektor mit absoluten Potenzialen. Woher wissen wir das? Das habe heute Abend meine Kameraden gelehrt. Denkt ihr, ihr wisst alles? Schaut heute Abend in den mitternächtlichen Himmel und stellt euch vor, wieviele Sterne ihr nicht sehen könnt. Und wenn sie alle wirklich und wahrlich den ersten drei Siegeln angehören, dann erlaubt mir, euch diese Frage zu stellen: Wieviele Abenteuer habt ihr wirklich in den ersten drei Siegeln schon gehabt? Seid ihr je weiter als bis zu eurem Bett, eurem Kühlschrank oder eurem Herd gegangen? Habt ihr euch je über euren Penis, eure Vagina oder eure Brüste oder euer Gesicht hinausgewagt? Seid ihr je über all das hinausgegangen, um die ungeahnten Möglichkeiten zu sehen, die selbst in dieser dreidimensionalen Welt der Weltraum für euch bereithält? Wie könnte das je zu klein für euch werden?

Ist Gott so einfach wie sieben Stufen? Ja. Sind Gottes Königreich und Gottes Abenteuer größer als diese sieben Stufen? Absolut. Auf Grund ihrer Natur sind Frauen Gott näher. Sie haben ein eher künstliches Verhältnis zu ihren Geliebten, doch ihr Verhältnis zu ihrem eigenen Gott des Mitgefühls und der Liebe, des Verstehens und der Fürsorge ist natürlicher. Darum bin ich eine Frau.

NINHARSAG — DIE WAHRE GÖTTIN DER SCHÖPFUNGSGESCHICHTE

Diese Frau hat eine Macht, die ihr nicht habt; sie ist reines Bewusstsein und ist allmächtig.[9] Sie mag zwar in einem Frauenkörper sein, doch das trägt zur Verherrlichung der Frauen, zur Verherrlichung der Schätze in eurem Leben, zur Verherrlichung von Rechtschaffenheit und Wahrheit in eurem Leben bei. Jeder Mann braucht die Veredelung durch eine Frau. Wenn er das nicht hat, wird er nie König sein. Er wird nie ein Adliger sein, denn es gibt eine Erbanlage, die königliches Blut ausmacht: Königliche Abstammung wird nicht durch den männlichen Samen bestimmt, sondern durch die weibliche Eizelle. Königshäuser lassen sich mitttels der weiblichen genetischen Linie zurückverfolgen.

Also, hört zu, vermutlich müsst ihr Genetiker werden um zu verstehen, dass es die mütterliche Linie ist, die sich bis auf Eva zurückführen lässt.[10] Die Weiterführung einer genetischen Linie erfolgt durch die weibliche und nicht die männliche Seite. Auch Männer tragen diese Linie in sich, sie erhalten sie jedoch nicht von der väterlichen Seite. Sie wird mütterlicherseits weitergegeben. Diese Frau, die hier sitzt und all ihr Männer und Frauen im Publikum, ihr alle könnt die von der weiblichen Seite weitergegebenen Erbanlagen ganz bis zu den Göttern, die euch erschaffen haben, zurückverfolgen. Und der bedeutendste Gott, der euch erschuf, war eine Frau. Es war eine Frau.

Na, wie sind denn nun Männer? Heiß, schwer und mit dem Bedürfnis, sich jeden Tag auszudrücken, doch sie sind die Ersten, die im Angesicht des Todes nach ihrer Mutter rufen.

Ich will nicht, dass ich auf Grund meines Aussehens im Wert für euch herabsinke. Ich habe auch einen Körper, und mein Körper sieht ganz anders als dieser Körper aus. Wie lautet die Botschaft im 21. Jahrhundert? Es geht darum, dass Frauen Gott sind und sie auf Grund ihres Mitgefühls, ihrer Liebe, ihrer Bereitschaft zu vergeben, ihres Verständnisses, ihrer Fürsorge Gott näher sind als die Männer, die ihrem eigenen Samen gegenüber leidenschaftslos sind. Was geben wir dem 21. Jahrhundert mit dieser neuen Gruppe und dieser neuen Lehre? Frauen in großer Zahl, die endlich göttlich und wichtig sein dürfen, Qualitäten, die sie immer versteckt hielten, weil sie von der Gesellschaft nicht akzeptiert wurden.

Nun, ich bin sicher, ihr alle kennt die Schöpfungsgeschichte, ein Paradebeispiel eines betrügerischen Skandalblättchens. Die Juden haben

---

[9] Das Bewusstsein Ramthas, der ein aufgestiegener Meister ist.

[10] Der Verlauf einer genetischen Linie kann mittels der Mitochondrien-DNA mütterlicherseits zurückverfolgt werden.

einfach alte Schriften[11] kopiert, die sich bis auf die Sumerer und deren Geschichte zurückdatieren lassen, ihrer Geschichte von Terra. Terra war der Name, den die Götter der Erde gaben.

Nun, wusstet ihr, dass sie, d.h. Enki und Enlil, vor 455.000 Jahren hierher kamen? Aber erst vor 25.000 Jahren kamen sie so richtig in die Gänge. Was haben sie hier zwischen damals und heute gemacht? Sich gestritten; sie haben sich gestritten.Und wisst ihr, wer den Streit geschlichtet hat? Ihre große Schwester schlichtete den Streit. Sie schlichtete den Streit, da sie die geniale Genetikerin in der Familie des Anu war. Die Schwester schlichtete den Streit und sie kam hierher und begann damit, Gene zu spleißen. Was ihr erst jetzt über das menschliche Genom lernt, wusste sie bereits vor 455.000 Jahren. Sie kam hier herunter und kreuzte ihre Erdkinder mit dem Sperma von Enki und Enlil und Anu. Sie war die Mutter, die den Cro-Magnon-Mischling erschuf — das seid ihr. Wer also war der Gott in der Schöpfungsgeschichte? Nun ja, ganz bestimmt nicht Jehova, und auch ganz bestimmt nicht Enlil, und ganz sicher nicht Enki oder Anu. Der Gott in der Schöpfungsgeschichte war die Schwester. Wiederholt das bitte schnurstracks, bevor ihr es vergesst.

So, der Gott in der Schöpfungsgeschichte war eine Göttin. Sie wurde Nisgal oder Ninharsag genannt. Ihr Name wurde auch abgekürzt und man nannte sie Mammy; daher das Wort Mutter. Ihr glaubt mir nicht? Es ist wahr. Die Schriften der Sumerer — derartige Schriften könnt ihr überall auf der Welt in jedem erstklassigen Museum finden — sie werden euch zeigen, wer der Gott in der Genesis war. Es war die Schwester zweier rivalisierender Brüder. Wer kam und machte die Arbeit? Die Schwester. Deshalb wurde sie Mammy genannt.

Und daher rufen wir tief im Herzen und tief in der Seele nach unserer Mutter, wenn uns der Körper verlässt oder uns der letzte Atemzug entweicht und sich das Blut auf die Erde ergießt. Wir rufen nach der Ur-Mutter, der Göttin, die uns erschuf. Sie war es, die sagte: „Erlaubt meinen Kindern das zu sein, was sie sind" und es war das Bestreben ihrer Brüder, die Kinder voneinander zu trennen, zu missbrauchen und den ihnen zugefügten Missbrauch aufrechtzuerhalten. Männer sind Kriegsherren. Mütter sind Liebe und Mitgefühl. Und wem ist das Überleben der Menschheit auf der Erde zuzuschreiben? Mammy.

---

[11] Die Schöpfungsgeschichte in der Genesis hat verblüffende Ähnlichkeit mit der älteren Schöpfungsgeschichte *Enuma Elisch* aus der Sumer-Literatur. Über Tausend Jahre lang war dieser sumerische Text der am meisten verehrte Ritualtext Babylons. Es kann kein Zweifel daran bestehen, dass dieser Text den Israeliten bereits in ihren Anfängen vertraut war, da Abraham ein in der Stadt Ur geborener Babylonier war und eine Verbindung zwischen seiner Familie und der dortigen Priesterschaft bestand.

Wahrheit ist immer erstaunlich. Jetzt wissen wir mehr als wir jemals gewusst haben; im Tod aber werden wir immer die Wahrheit wissen. Und es ist die Mutter, nach der wir rufen. Auf die große Göttin also, die Affen und Götter miteinander kreuzte und den Cro-Magnon-Menschen erschuf! Zu ihr können die großartigsten Erbanlagen von euch zurückverfolgt werden. Genetisch können sie bis in ihr Labor zurückverfolgt werden. Man hat es bereits getan und der Beweis ist bereits erbracht. Warum also werden Frauen unterdrückt? Weil Männer den Krieg wollen. Und was wollen die Frauen? Liebe, Mitgefühl und Frieden. Nirgendwo sonst ist Gott so stark wie in Frauen. Frauen sind brillante Wissenschaftlerinnen. Die Schöpfung zu verstehen liegt ihnen im Blut. Wer von euch versteht das? So sei es.

Also, ihr Anfänger, versteht ihr jetzt, warum ich eine Frau gewählt habe? Wurde dadurch eure Idealvorstellung vom Erscheinungsbild eines Meisters zerstört? Und ob! Wieso? Wegen meiner Frauen hier. Und eure Mütter haben so viel in Kauf genommen, um euch Leben zu geben. Jehova konnte seiner Ururgroßmutter[12] nicht das Wasser reichen. Auf gar keinen Fall.

Und darum hat die allerälteste Religion der Menschheit — warum verfolgt ihr das nicht zurück? Ihr wisst ja, was ich weiß: ich weiß, dass ihr mit Geschichte nichts am Hut habt. Ihr seid mehr an Sexualität und an euren Problemen interessiert; daher habt ihr ein Glaubenssystem, das sich auf den Emotionalkörper gründet. Völlig falscher Dampfer! Und wenn ihr anstelle des Penis euer Gehirn benutzen würdet, würdet ihr begreifen, dass sich eure Vererbungsgeschichte bis auf die Zeit in Afrika zum Haus des Lebensatems zurückführen lässt. Und wer war die Wissenschaftlerin, wer hatte die Leitung? Mammy. Bis dahin geht es zurück, nach Afrika, der Wiege der Zivilisation. Wohin brachte man ihre Kinder? In das Land zwischen Euphrat und Tigris. Man verteilte sie überall in der Welt. Sie sollten die neuen Sklavenarbeiter für die Götter werden. Liebte Mammy ihre Kinder? Selbstverständlich.

Das hier ist euer Bildungsunterricht und das sind eure Hausaufgaben, bis ihr mich das nächste Mal wiederseht, damit ihr, wenn ihr die Möglichkeit habt zu beweisen, dass ich Unrecht habe — euch stehen die Bibliotheken der Welt offen — dies dann tun kkönnt. Die älteste Religion auf der Welt ist ein Sinnbild der Göttin; und die Göttin wird geliebt.[13] Die älteste Religion auf der Welt ist Mammy gewidmet, der großen Mutter.

Schüler, könnt ihr mir folgen? Ihr glaubt mir nicht? Dann macht euch auf die Reise. Das Wissen könnt ihr in euren Biliotheken und Museen finden. Nichts wie ran! Dann kommt ihr zu mir zurück und wenn ihr beweisen könnt, dass ich Unrecht habe, werde ich euch gerne zuhören. Doch bis dahin — wohl kaum.

---

[12] Ninharsag

[13] Die ägyptische Göttin Nut

Wer von euch hat etwas gelernt? Mammy ist also der Grund, warum ihr heute am Leben seid. Und so wie die Männer dazu neigen, sich nicht sonderlich um ihre Nachkommen zu kümmern und sie als Bürde zu betrachten, so war der Schöpfer und Wegbereiter eures Lebens eine Frau, eine Göttin, die eine brillante Wissenschaftlerin war: Mammy. Und sie lebt. Sie lebt in euch allen, denn ihr alle habt ihre Gene in euch. Ja, das habt ihr. Was ist das Beste daran? Wenn wir zwei Elternteile haben, die die Ahnen für die Gesamtheit der Menschheit sind, wer ist dann der bessere Elternteil? Die Frau sollte der bessere Elternteil sein, da sie immer für ihre Kinder sorgen wird. Versteht ihr? Selbst eure Mutter würde gut auf euch aufpassen. Wieviele von euch verstehen das? Also, warum bin ich in einem Frauenkörper? Mammy, meine Mammy, meine Mammy.

Starthilfe für die Evolution

Vor 455.000 Jahren siedelte sich die erste Kolonie von Niburu an. Vor 455.000 Jahren, vor der Landung der weiter fortgeschrittenen Götter waren Homo erectus, der Neandertaler und der Homo sapiens sapiens immer noch nicht voll entwickelt. Sie kamen hierher und erschufen im Nahen Osten Flüsse und Kanäle. Der Nil ist ein künstlicher Fluss. Der Nil ist kein natürlicher Strom.

Der Nahe Osten war ein Garten Eden. Euphrat und Tigris und der Nil sind alle künstlich geschaffen. Das Land war keine Wüste. Jedes Sandkorn, das ihr heute seht, ist die Folge von Erosion des einst fruchtbarsten Landes der ganzen Welt. Sie kamen hierher, zwei bedeutende Brüder.[14] Das habt ihr ja schon gehört. So steht es im *Enuma Elish,* und was auf den in Sumer ausgegrabenen so genannten Tontafeln steht, entspricht der Wahrheit. Sie kamen hierher und erschufen eine Landmasse, die für jene nutzbar war, die hier ein und aus gingen. Die Götter hatten alle zimtfarbene Haut; sie waren schön und muskulös. Die Göttinnen waren genauso groß und stattlich und schön, und als sie hier ankamen, waren sie schon Tausende von Jahren alt. Das ist die Wahrheit.

Das wunderbare Elixier der Götter,[15] das seit Millionen von Jahren konserviert worden war, wurde vor 450.000 Jahren auf diesen Planeten gebracht. Der erste Weingarten der Erde wurde in einem Tal zwischen Euphrat und Tigris gepflanzt. Reben wurden von dort an einen Ort namens Argentinien gebracht, dann nach Südamerika, dann Nordamerika, in die Steppen Russlands und überallhin in Europa. Wer pflanzte die Weingärten an? Die Götter, auf heiliger Erde. Wusstet ihr, dass Weingärten nur auf

[14] Enlil und Enki, Söhne des Anu
[15] Rotwein

Böden angebaut werden, die einst unter dem Meer lagen? Und daher ist der aus dem Schoß des Meeres geborene Boden der unübertroffen beste Boden und seine Krönung ist ein Weingarten.

Warum ist das wichtig? Weil Land, das aus dem Ozean hervorkommt, wie ein Kind ist, das aus dem Schoß geboren wird. Das Land ist das Ergebnis von Chaos und Veränderung. Und die besten Weingärten, die jemals gepflanzt wurden, wurden auf derartigen Böden gepflanzt; sie wachsen und gedeihen sogar noch heute. Viele der alten Weingärten wachsen und gedeihen heute nicht mehr auf Grund der Erdveränderungen und der Zerstörungswut der Götter, d.h. jener Götter, die hierher kamen, und jener Götter, die die Menschen, die Ureinwohner der Erde, manipulierten. Die letzten dieser herrlichen Weingärten, die überlebt haben, wachsen auf Böden, die einst unter dem Meer begraben waren. Das ist ein Symbol. Es ist der krönende Aspekt einer Auferstehung. Land ist immer eine Wiederauferstehung aus einem Schoß. Erde ist das göttliche Geschenk Gottes. Daher pflanzten sie Wein in einem für ihn sehr förderlichen Umfeld, und sie lehrten den Menschen die Bedeutung und den Nutzen des Weines.

Getreide stammt nicht von der Erde. Getreide wurde von irgendwo hierher gebracht. Weizen ist keine auf der Erde einheimische Pflanze. Er wurde von einem anderen Sternensystem hierher gebracht. Weizen weist noch immer die von den Göttern durchgeführte Genmanipulation auf. Sie brachten ihn hierher, und dank ihrer Manipulation konnte er auf der Erde in genau dieser Entfernung von der Sonne wachsen.

Warum gab es so viele Ziegenherden und Ziegenhirten? Weil wir Ziegen melken, deren Milch ihrem Kitz Sättigung bringt — die einzige Nahrung, die sein Wachstum möglich macht. Wie wird aus einem Kitz eine ausgewachsene Ziege? Ein Kitz wächst, wenn ihm Nährstoffe zur Verfügung stehen, die seine Gehirnzellen und sein Wachstum anregen. Worauf beruht der anregende Effekt im Käse? Auf Calcium. Calcium ist dieses großartige Molekül, welches, wenn ihr so wollt, die Tür zur Zelle öffnet und der DNA die Aufnahme von Nährstoffen ermöglicht. Darum brauchen kleine Babys nur Milch zum Leben und nichts anderes, weil der darin enthaltene Calciumanteil jede einzelne Zelle aufschließt und hierdurch alle Nährstoffe eintreten können, die die Zelle stimulieren und dem Wachstum förderlich sind.

Vor 455.000 Jahren wurde dieser Planet von hochentwickelten Kulturen besiedelt: die eine Gruppe waren die Lemurier und die andere waren die Atlantier. Die Götter Sumers waren die so genannten direkten Vorfahren derer, die später die Atlantier werden sollten. Die Atlantier sollten — das geht auf die Zeit von vor 450.000 Jahren zurück — die Rasse werden, die von den Göttern durch DNA-Kreuzungen mit den damals intelligentesten lebenden Humanoiden geschaffen worden war. Es dauerte mehr als 125 Jahre, bis ein perfekter DNA-Strang entwickelt wurde, der es möglich machte, dass das Wesen seiner Erscheinung nach den Göttern mit ihrem großen Gehirn glich. Sie erbten von ihnen das gelbe Gehirn. Sie sollten all ihre Fähigkeiten haben. Sie sollten genauso groß sein. Sie sollten genauso schön sein. Aber sie sollten Sklaven sein.

Nun, über die Existenz von DNA-Laboratorien in Afrika sind viele Vermutungen angestellt worden. Es gab sie. Aber es gab sie auch in Indien, denn oft hat diese Abwanderung zurück nach Indien ihren Ursprung in einer tiefverwurzelten genetischen Erinnerung: Die Rückkehr an den Ort der Empfängnis.

Und während dieser Zeit gab es eine weitere Gruppe, die von jenseits des Polarsterns kam, die großen Lemurier, deren Raumschiffe im Grunde genommen biologische Wesen waren. Sie hatten diese Fähigkeit. Die Lemurier kamen von jenseits des Polarsterns durch ein Wurmloch, das die Verbindung zu einer so genannten anderen Wirklichkeit darstellte. Sie waren Riesen. Ihre Raumschiffe und UFOs waren biologische Wesen, die sie durch Fokus und ihr Nervensystem lenken konnten. Ihr Schiff konnte zu jedem Traum werden, den sie hatten. Das ist eine Tatsache.

Zur Zeit ihrer Landung gab es noch Dinosaurier, und dank ihrer Kenntnisse über biologische Strahlung hatten sie vor ihnen überhaupt keine Angst, weil ihr Schiff genauso erschaffen worden war. Es war gewachsen — wie soll ich das sagen? — ihre Schiffe wuchsen in einem Garten. Fantasie? Wieso denkt ihr, das sei Fantasie? Ihr nutzt nicht einmal vier Prozent eurer DNA. Was geschieht mit dem Rest? Vielleicht habt ihr Flügel in eurer DNA. Vielleicht gibt es Schuppen in eurer DNA. Und vielleicht gibt es sogar eine DNA mit Antischwerkraft, einer Projektion des Einheitsfeldes. Vielleicht gibt es die schon. Wie könnt ihr behaupten, dass es so etwas nicht gibt? Zeigt doch eure Unwissenheit nicht so. Denkt nicht mal im Rahmen eurer Unwissenheit.

Es gibt Organismen, die im Weltraum leben. Diese Organismen müssen Antischwerkraft in ihrer DNA haben. Sie brauchen die Gewissheit, dass sie da draußen leben können und nicht durch die kreisförmige Rotation irgendeines Himmelkörpers gefangen werden. Sie kamen hierher und besiedelten den so genannten Nordpazifik bis zum Äquator hinunter, den es zu ihren Zeiten nicht gab. Und dort geschah es dann, dass sie an Lebensformen Veränderungen vornahmen und sie abwandelten. Sie kamen um zu forschen und mit ihren Nachkommen — mit den Kindern ihrer Kindeskinder — da kam ich. Ich lebte vor 35.000 Jahren — das war vor Jehova.

Die Lemurier hatten sich kaum mit anderen Rassen vermischt. Auf Grund körperlich ganz eindeutiger Unterschiede blieb ihre ganze Nachkommenschaft unvermischt, bis sie anfingen, sich mit den Atlantiern und Ioniern, den Ur-Griechen, zu mischen. Die Ionier aus der ursprünglichen griechischen Literatur sind die heutigen Norweger. Die im mediterranen Becken lebenden heutigen Griechen haben gemischtes Blut, das auf das türkische Reich zurückgeht. Die wahren Griechen sind Norweger, ein Volk mit heller Haut, hellen Augen und blondem Haar. Das waren die Ionier.

Als vor 450.000 Jahren die Götter erschienen, existierten bereits menschliche Wesen in primitiver Form, die sich entwickelten und das Unbekannte bekannt machten. Ihre Weiterentwicklung durch die Götter war bemerkenswerte evolutionäre Starthilfe. Ohne jegliche Vorbereitung erhielten sie von den Göttern einen Mechanismus, der ihnen das Denken und Sein ermöglichte und ihnen die Fähigkeit verlieh, über komplexe Probleme intensiv nachzudenken. Also, sie machten sie zu Sklaven und ließen sie in den Minen arbeiten, wobei ein großer Teil der Minen der Förderung von Gold diente. Was machten sie mit dem Gold? Sie nutzten das Gold zur Anreicherung ihrer Atmosphäre, da ihr Planet keine Sonne hatte. Und Gold ist ein ausgezeichneter Leiter für Licht. Darüber hinaus wurde Gold als Nahrung, als Brot verwendet.

Die Götter wussten, wie sie mittels alchemistischer und metallurgischer Prozesse Gold in seine schnellste Kernspin-Rotation versetzen konnten. Das daraus resultierende Produkt war ein weißer Puder mit einem radioaktiven Feld. Daraus machten sie Brot und aßen es, und wenn sie es aßen, leuchtete ihr spiritueller Körper. Es verlieh ihnen Unsterblichkeit. Und aus diesem Grund wird seitdem jeder Mensch, der durch den Thron zum Herrscher wird, mit einem goldenen Helm und Brustplatten aus Gold geschmückt, denn Gold war ein Sinnbild der Fähigkeiten, die den Göttern zu Eigen waren, denen sie in längst vergangenen Zeiten gedient hatten.

Also, eurer Evolution wurde also eine Starthilfe gegeben. Ihr wart zur rechten Zeit am rechten Ort. Das heißt, als alle in der Leere vom Punkt Null kamen, glich der Punkt Null dem größten Stern, den es je gab. Und doch war er im Vergleich zu dem, was ihr heute groß nennt, das kleinste Teilchen, das es je gab oder heute gibt. In dem Augenblick jedoch war er das größte System in der Leere. Und die von ihm ausgehenden Strahlen waren ohne Zahl, denn er war der Motor, der das Bewusstsein mittels seiner Selbstbetrachtung weiter fortsetzte. Und daher seid ihr jetzt hier.

Konzentriert euch. Da war also der Punkt Null. Stellt euch das Teilchen als einen Diamanten mit vielen Facetten vor, der, sobald er vom Licht getroffen wird, funkelt und blitzt. Und wir können nicht zählen, wieviel Lichtstrahlen es gibt, denn sobald ein Strahl entschwindet, taucht ein neuer auf. Nun ja, stellt es euch so vor: mit den vom Punkt Null ausgehenden gleißenden Strahlen war es so, dass sie sich nach ihrem plötzlichen Auftreten immer weiter fortsetzten, und die neue Strahlen wurden ersetzt, und wurden ersetzt und wurden ersetzt. Man kann es mit dem Sonnenwind der Sonne vergleichen. Die Sonnenwinde bestehen anscheinend immer. Wir erfreuen uns zwar nicht der gleichen hohen Temperaturen, die es vor

450.000 Jahren gab, doch die Sonne erzeugt sie immer noch. Und ebenso erzeugt der Punkt Null immer noch Strahlen. Und ihr alle, d.h. jeder, den es je gab oder je geben wird — ihr alle seid Punkt Null, ein mit aller Macht ausgestatteter Strahl und ihr alle seid mit demselben Gott verbunden.

Es ist so, als ob wir mit dem Punkt Null das hier machen,[16] dann seid ihr, obwohl jeder Strahl sein eigenes Spiegelbewusstsein erzeugt, dennoch alle eins. Es ist völlig egal, ob ihr von Zeta Reticuli oder von jenseits des Polarsterns kommt — oder ob ihr Atlantier oder Lemurier seid, oder ein Grauer oder Ägypter, egal ob ihr Hindu oder von Ishamata oder von Actanus seid — ganz egal — ihr kommt alle vom gleichen Punkt Null.

Ihr erhaltet den besten Geschichtsunterricht, den es je gab. Also, wir wollen mal annehmen, dass ihr noch nicht einmal „ausgestrahlt" worden seid, die Götter von vor 450.000 Jahren aber schon hinuntergestiegen sind und bereits Dinge erschaffen. Sie haben sich im technischen Bereich bereits weiterentwickelt, und da sind sie nun, auf der Erde, auf Terra. Und hier kommt ihr daher, ein klitzekleiner Strahl auf seinem Weg nach unten durch die Zeit. Wisst ihr, schließlich fallt ihr immer tiefer, und ihr fielt bereits, bevor sie hier ankamen. Ihr habt in diesem Körper nicht solange gewohnt wie sie. Wenn es um Schöpfung geht, verfolgt jeder seine eigenen Vorstellungen und Ziele. Versteht ihr?

Ihr könnt euch genauso gut an die Vorstellung gewöhnen, dass ihr Seite an Seite mit anderen Lebewesen lebt, die sehr hoch entwickelt sind. Also, manche von euch waren Homo sapiens. Manche waren Homo sapiens sapiens. Manche waren Homo erectus und wieder andere waren Neandertaler, je nach Grad eurer Akzeptanz. Keiner von euch — um jeglichen Fanatismus im Keim zu ersticken — war einer der Götter.[17]

Wussten die Götter, dass es Weisheitsschulen gab? Ja. Gab es Götter, die voller Mitgefühl das Wunderbare vollbrachten? Ja, sonst hätte es nie diese alten Schulen gegeben. Wissen wurde an speziell ausgesuchte Menschen weitergegeben — die Nachkommen der Götter. An sie wurde das Wissen weitergereicht und diejenigen, die es verstanden, wurden Götter. Sie wurden unsterblich.

Unsterblichkeit hat mit geistiger Aufgeschlossenheit zu tun und damit, wie sich die DNA in der Zelle verdoppelt. Unsterblichkeit hat mit innerem Wissen und Wahrheit zu tun. Eines eurer größten Probleme ist der Emotionalkörper. Er ist der Fluch jedes Menschen. Und den Begriff

---

[16] Wenn der als einziger bestehende Punkt Null sich in sich kehrt, er sich selbst betrachtet und sich selbst beobachtet, entsteht hierdurch eine offensichtliche Abtrennung und Teilung des Punkt Null. Diese durch virtuelle Trennung entstandene Spiegelung eröffnet für den Punkt Null eine Möglichkeit zur Selbsterforschung und Selbsterkenntnis.

[17] Die Götter, die die Erde kolonisierten und regierten. Die Schriften der Sumerer enthalten Aufzeichnungen über sie.

Meisterschaft gäbe es nicht, wenn es nicht die große Antithese gäbe, den so genannten Emotionalkörper. Der Emotionalkörper ist so, als hätte man einen Satz von Werkzeugen, die mittelmäßig, aber ausreichend funktionieren, obwohl man sich am Computer auskennt. Der Emotionalkörper ist wie ein Buch, das euch lehrt, einen Computer zu bedienen. Aber es gibt so viele unter euch, die das Buch ständig lesen und nie den Computer bedient haben. Ihr verwendet noch immer Schraubenschlüssel anstelle von Lasern.

Ihr seid emotionale Wesen. Ihr lebt von euren und durch eure Emotionen, weil euch gelehrt wurde, dass Gefühl gleich Wahrheit ist. Gefühl ist nicht gleich Wahrheit. Was sind Gefühle? Gefühle sind rein chemisch. Woher kommen sie? Aus eurem Gehirn. Woher kommt das? Von eurer Denkweise. Ihr habt emotionale Probleme, weil ihr unausgefüllt seid, aber viel wisst. Und ihr geht von Annahmen aus, die aus eurer begrenzten Denkweise resultieren. Was für eine Arroganz! Und ihr denkt, sie seien wichtig, dabei sind sie es nicht. Ihr denkt, eure Religion sei wichtig. Sie ist nicht wichtig. Ihr seid mit mir zusammen — ich bin 35.000 Jahre alt. Eigentlich dürfte es mich überhaupt nicht geben, aber es gibt mich doch!

Denkt ihr immer noch, ich sei ein Schwindel? Die besten Wissenschaftler der Welt sind gekommen und haben diesen Körper Tests unterzogen.[18] Ich bin besser als jeder Guru, den es je auf dieser Erde gab. Das ist wissenschaftlich bewiesen. Was fangt ihr damit an? Also, was bin ich? Vielleicht gibt es mich ja wirklich. Vielleicht habt ihr eine vollkommen falsche Vorstellung von der Wirklichkeit. Ja, habt ihr. Vielleicht, ganz vielleicht, legt ihr einfach zuviel Betonung auf Emotionen, seht ihr, denn Emotionen sind nicht anderes als die Hefe im Körper, eine Aktivität des aus der Gesamtheit eurer Gedanken geformten Neuronennetzes. Nichts anderes. Und durch unsere Emotionen zu leben heißt, dass wir noch nicht einmal mehr denken, sondern nur für das High leben oder für Leid oder Qual oder Schmerz und Pein oder für die Vergangenheit.

Das Großartige ist, dass Gott nicht in den Plejaden lebt. Gott sei Dank! Bis dorthin ist es ganz schön weit. Und Gott wäre wirklich schrecklich gelangweilt, wenn es in seinem Himmel als einzig Anwesende nur seine Engel, genügsame Heilige und ihn als Mann gäbe. Wenn Gott nur Himmel und Erde erschaffen hätte — die Erde. Was ist schon eine Erde im

---

[18] Im Jahre 1996 wurde von einer Gruppe zwölf anerkannter Gelehrten aus Wissenschaft, Psychologie, Soziologie, und Religionsexperten an JZ Knight eine Reihe von spezifischen Untersuchungen durchgeführt in der Zeit vor, während und nach dem Channeln von Ramtha. Auf der Konferenz *In Search of the Self: The Role of Consciousness in the Construction of Reality, a Conference on Contemporary Spirituality. 8. – 9. Februar, 1997, Yelm, Washington,* Video ed. (Yelm: JZK Publishing, ein Unternehmensbereich von JZK, Inc., 1997) wurde das Ergebnis dieser wissenschaftlichen Studie vorgelegt.

Vergleich zur Milchstraße? In der Milchstraße gibt es elf Milliarden Planeten wie die Erde. Warum glaubt ihr, dass es nur die Erde gibt? Nun ja, das wäre ein Zeichen von Unwissenheit, denn das würde all den wirklich Weisen nur beweisen, dass ihr die Einzigen seid, die einzig und allein immer nur hier waren. Wenn ihr meint, dass es lediglich die Erde und nichts anderes gibt, dann seid ihr auch nirgendwo anders gewesen. Nirgendwo sonst. In diesem Quadranten der Milchstraße gibt es elf Milliarden Planeten, die ganz genauso sind wie die Erde, nur haben viele von ihnen eine blaue Sonne statt einer gelben. Die Sonne ist gelb, da sie durch Strahlung verunreinigt ist. Blaue Sonnen kennen dieses Problem nicht.

Oh, jetzt stecken wir wirklich mitten drin. Das heißt dann auch, besonders für diejenigen, die auf Abstammung, Kultur und Hautfarbe soviel Wert legen, dass es nicht wirklich darum geht, weiß oder braun zu sein. Ein Blauer zu sein, das ist der springende Punkt. Kein Wunder also, dass Königshäuser im Zusammenhang mit Abstammung von blauem Blut sprachen. Der Grund dafür ist, dass in diesem Quadranten die bedeutendsten Wesen blau waren, nicht schwarz, weiß, grün oder gelb; sie waren blau. Gut. Da wir nun dieses Quäntchen Wissen haben, wäre es nicht gut für uns, wenn wir überall unsere Unwissenheit offenbarten, indem wir eine Kampagne für Kultur und zur Akzeptanz von Hautfarbe ins Leben riefen. Diese Männer und Frauen mit ihrer Intoleranz gegenüber Dunkelhäutigen, die aber selbst einfach nicht leben können ohne schön braun zu sein, sind verabscheuenswert. Ihr solltet euch schämen. Die Welt sollte sich schämen.

Elf Milliarden Planeten. Nun ja, also ihr seid halt noch nie irgendwo gewesen, nicht wahr? Nein; wart ihr nicht. Und solltet ihr mir nicht glauben, schaut euch die Milchstraße durch ein Teleskop an. Es dauert länger als nur eine Nacht, um die unermessliche Weite all dessen zu betrachten, was ihr nicht seid und wie armselig eure derzeitige Position ist, bis ihr erkennt, was ihr nicht seid und warum ihr hier seid. Habe ich das klar genug ausgedrückt?

Was lehrt uns das über die Götter? Was sagt das über uns aus? Die Götter sind eure wunderbaren Eltern. Falls ihr die Götter wärt, was hieße das? Das hieße, das Unbekannte bekannt zu machen und dann wegzugehen. Elf Milliarden Planeten wie die Erde gibt es in der Milchstraße. Warum sollten wir da länger als vierhundert tausend Jahre hier bleiben wollen? Es gibt noch andere Orte, die man besuchen kann. Erklärt das bitte mit euren eigenen Worten.

Eine im genetischen Gedächtnis tiefverwurzelte Unterdrückung

Nun also, meine wunderbaren Meister, und besonders meine Frauen, gegen die es die meisten Vorurteile gibt, wir wollen jetzt — nachdem ich all diese ungeheuerlichen Behauptungen aufgestellt habe, und wahr sind sie alle — wir wollen nun wieder zur Domäne der Frauen zurückkehren. Die Domäne der Frauen wurde wegen der größten Göttinnen, die je auf der Erde lebten, derart unterdrückt — Terra ist eine Göttin, kein Mann, denn die Erde ist wie ein gewaltiger Schoß. Der Schoß für Wirklichkeit ist Energie.

Die Göttin also — der größte Gott, der jemals hier war, war kein männlicher Gott. Es war eine Göttin. Die besten Wissenschaftler, die je gelebt haben, die großen Wissenschaftler, waren Frauen. Wenn Einstein eine Frau gewesen wäre, hätte er die einheitliche Feldtheorie öffentlich anerkannt und wäre darüber hinausgegangen. Es war seine männliche Seite, die ihn dazu veranlasste, die Quantenmechanik öffentlich als Teil der Quantentheorie zu verwerfen. Seine weibliche Seite hätte diese Theorie leicht verstanden.

Warum gibt es dieses Problem? Das Problem gibt es, weil die eigentliche Verantwortung für die Kreuzung zwischen Homo erectus und dem Samen der Götter und den Eizellen der Göttinnen bei einer großartigen Schöpferin lag, der größten Göttin, die je hier war. Es war eine Frau. Es war kein Mann. Eine Frau. Die Männer waren diejenigen, die nur an Sklaven denken konnten, bei der Wissenschaft einer Frau hingegen geht es um Schöpfung. Bei den Männern geht es um Unterdrückung. Das müsst ihr verstehen. Das müsst ihr verstehen.

Also, es ist kein Wunder, dass wir im Zusammenhang mit dem Mond von einer Zauberin sprechen. Als ich lebte, habe ich das gemacht. Der Mond war eine Frau. Er ist ganz eindeutig eine Frau. Denkt mal darüber nach. Sie blickt euch an. Ihr blickt sie an. Ihr seht nur ihre Umrisse. Wenn ihr nicht aufhört sie anzusehen, zeigt sie nach und nach mehr von sich und dann noch mehr. Und ist sie erst voll und ihr seid von ihr berauscht, dann seid ihr trunken von den Strahlen des Mondes. Und dann läuft sie davon. Es ist eine Frau. Der Mond ist ganz klar eine Frau. Die Erde ist eindeutig eine Frau. Die Erde ist kein Mann. Die Erde ist ein einziger riesiger Schoß. Männer sind auf dem Schoß die Ameisen. Stellt euch ein Ei vor, so groß ist die Erde. Die Erde ist reine Natur. Natur ist Wahrheit.

Also, zunächst sehen wir die Unterdrückung einer von Männern beherrschten Gesellschaft. Die Göttin hatte ihre Kinder nicht mit der Absicht erschaffen, sie zu versklaven oder auszunutzen. Nur die Männer, die männlichen Götter, missbrauchten sie. Weibliche Götter taten das nicht. Das ist der fürsorgende Aspekt von Gottes Geist. Als nächstes sehen wir, wie nach Abreise der Götter der gesamte weibliche Aspekt der göttlichen

Mutter allmählich von der strengen Kontrolle eines Priesters ersetzt wurde, oder eines Mentor, der zu seinen Schülern spricht. Sie sind die Brücke zu Gott. Und so kommen wir zu dem Schluss, dass alle, die zurückgelassen wurden, kein Wissen hatten. Auch sie waren nichts anderes als Sklaven, die zum Dienst antraten und keinerlei Wissen hatten. Sie waren nur Diener. Und nachdem sie zurückgelassen worden waren, verwandelten sie, da ihnen das Wissen fehlte, ihre Pflichten in eine Religion.

Hört mir zu. Frauen wurden als sexuelle Objekte wie Vieh eingepfercht, sogar schon als kleine Mädchen. Selbst bei kleinen Mädchen — es ist so, als wären die kleinen Mädchen das Eigentum der sexuellen Fantasien irgendeines Mannes geworden. Und warum? Das hat mit sexuellen Emotionen zu tun, die durch Vererbung weitergereicht wurden, von Generation zu Generation. Frauen sollen unterdrückt werden, koste es was es wolle. Sie sollen unterdrückt werden. Wie Vieh treibt ihr sie hier zusammen und benutzt sie, habt Sex mit ihnen und macht ihnen Kinder, gebt ihnen aber nie ein Mitspracherecht. Kein Wunder, dass sie die unterdrückteste Rasse sind.

Nun ja, wisst ihr, die eigentliche Heldin in der ganzen Familie war die Schwester aus der berühmten Familie des Anu. Sie ist die Frau, die sich der ernsthaften Aufgabe der Verbreitung von Leben da draußen im All gewidmet hatte. Auch wenn keines der Kinder je von ihr selbst geboren wurde, so wurden doch von ihr verschiedene Samen- und Eizellen miteinander gekreuzt, bis sie schließlich, dank ihrer liebenden Sorgfalt, den perfekten Adam erschuf. Sie erschuf den perfekten Adam. Denkt ihr, sie hätte diesen kleinen Jungen nicht geliebt? Sie liebte den kleinen Jungen. Und ihrer Fürsorge verdankten die Kinder es, dass sie nackt sein konnten. Frauen belästigen nackte Kinder nicht, Männer schon. Sie war es, die ihnen erlaubte, in ihrer Gegenwart nackt zu sein; und sie liebte sie. Als aber die Auseinandersetzung zwischen ihren Brüdern begann, wurde alles anders.

In Bezug auf die monumentalen Weltveränderungen — in der südlichen Hemisphäre finden sie bereits statt und letztendlich werden sie den Äquator und die nördliche Hemisphäre erreichen — möchte ich Folgendes sagen: Die Lehren der letzten Tage haben ihren Ursprung in den Lehren Christi, ja, denn ich kenne all die Dinge, in die dieser Lehrer eingeweiht wurde, weil ich das Programm für ihn mitentworfen habe. Und ich komme durch den Körper einer Frau — einer Frau — die Gruppe, die in der heutigen Welt der größten Diffamierung ausgesetzt ist, weil sie ihrer Natur nach keine vom Sex bestimmte Wesen sind. Sie sind Schöpferinnen. Das sind sie. Und weil sie Schöpferinnen sind und Dinge erschaffen, lieben sie. Und was sie erschaffen, ist ein Teil von ihnen. Daher ist ihre Liebe zu ihren Kinder so stark.

Männer stehen ihnen nicht so nah. Da für den Mann die Reise nach oben umso weiter ist, muss er auf dem Weg nach oben an den Frauen vorbei; um nach oben steigen zu können, muss er das Weibliche in sich aufgenommen haben. Er muss ihr Mitgefühl, ihre Liebe, ihre Offenheit haben und so nach oben steigen. Er muss wie die Frauen verstehen, dass nicht jeder Sexualakt der Frau Vergnügen bringt. Meist dient er dem Vergnügen ihres Liebhabers und dazu, ihn zu beschäftigen. Ist der Mann eine Frau gewesen, dann weiss er, wie er einer Frau Freude bereitet. Die natürliche Konsequenz des Aktes ist für die Frau, ein Kind in sich zu tragen und die damit verbundene Verantwortung zu übernehmen. Und wenn sie das getan hat, wird sie nie wieder seine Geliebte sein. Ihre Liebe gilt dann wieder ihrem Kind.

Deshalb wird in so vielen Ehen Ehebruch begangen. Hat die Frau erst einmal Kinder, geht der Mann aus und vögelt mit anderen Frauen, die ihn liebend gerne dieser häuslichen Frau, die sie selbst noch nicht sind, wegnehmen — einer Frau, deren Liebe ihren Kindern gilt. Genauso wie ihr die Frucht aus dem Schoß eurer Mutter seid und genau wie eure Mutter alles für euch getan hat — alles — und ihr der Mittelpunkt in ihrem Leben wart. Und nebenbei muss sie noch eine wackelige Ehe und einen unzuverlässigen Ehemann darin miteinbeziehen; die Verpflichtung gegenüber den Kindern, ihre hingebungsvolle Liebe für sie; und sie muss ins erste Siegel abgleiten, nur damit der Mann zufrieden ist und auch weiterhin für sie und ihre Kinder sorgt. Eine Frau würde verhungern, nur damit ihre Kinder Milch haben. Das ist Mutterliebe. Nur wenige Männer haben solche Qualitäten. Daher schreien die auf dem Schlachtfeld sterbenden Männer nicht nach ihrem Vater. Und wenn ihre Eltern sterben, ist die Mutter meistens diejenige, die ihnen erscheint.

Ich möchte, dass ihr erkennt, was für einen lieblichen und schützenden Einfluss ihr in eurem Leben habt. Alle Männer hier im Publikum sind nur dank Mammy hier. Wirklich, das ist der Grund. Auf die großartige Göttin! Vermutlich reicht das für euch aus, um der Schule den Rücken zu kehren und nie wieder zurückzukommen. Na ja. Wir haben es so gut wie möglich gemacht.

Also, Anfänger, wieviele Frauen sind unter euch? Hebt den Arm. Gott segne euch. Gott segne euch. So sei es. Wer stammt alles von einer Frau ab? Gott segne euch. Nun, dank einer großartigen Frau aus einem anderen Sternensystem sind wir also heute alle gesund und munter. Sie wusste, wie sie vor 35.000 Jahren uns, mir eingeschlossen, zu einem Quantensprung verhelfen konnte. Denkt daran, die Götter waren vor 455.000 Jahren hier. Der Cro-Magnon-Mensch tauchte vor 35.000 zum ersten Mal auf. Dank ihrer Anstrengung und ihrer wissenschaftlichen Leistungen im biologischen Bereich wurde ein mit Verstand, Emotion und Moral versehenes Wesen zur Inkarnation für alle Geistwesen bereitgestellt, die vom blauen Feld ins Licht und dann in den Körper kamen. Mein Körper konnte bis zu dieser ganz bestimmten Göttin zurückverfolgt werden.

Warum haben Religionen als Gott nur männliche Wesen? Weil die einzigen, die jemals in der Geschichte auftauchten, verzogene Götter waren. Jehova, der Gott Moses, war ein verzogener Balg. Er hasste seine Schwester. Er hasste Frauen. Er war homosexuell wie nur was. Er war ganz wild auf Blut und Pein. Er war ein Masochist. Ihr braucht nur die Geschichte im Alten Testament zu lesen, und dank seiner Diener seht ihr überall nur Blut und Gemetzel. Nach meinen Begriffen ist er ein Unhold, eine miserable Darstellung Gottes.

Warum dauerte es 40 Jahre, bis der Gott mit der Rauchsäule und mit nächtlichem Feuer an seinem Ziel ankam?[19] Hatte er etwa Schwierigkeiten? Wieso brauchte Gott so lange? Weil er vermutlich den Weg nicht wusste. Und außerdem war er viel zu sehr damit beschäftigt, aus jeder Familie den Erstgeborenen, den erstgeborenen Sohn zu fordern und dafür zu sorgen, dass ihm die Kehle durchgeschnitten, das Herz herausgenommen und ihm als Opfer dargebracht wurde. Meiner Ansicht nach mussten sie ihm 40 Jahre lang ihr sexuelles Verlangen und ihre erstgeborenen Söhne opfern, um ihre Liebe zu ihm hinreichend zu beweisen. Das ist eine Tatsache. Das ist der Gott Moses. Kein erfreulicher Anblick.

Und was war das Gelobte Land? Anfänger, was war das Gelobte Land? Ihr wisst schon, wo Milch und Honig flossen und die Trauben so groß wie Honigmelonen waren. Warum? Tja, es wurde von den Palästinensern bewohnt. Und er sagte: „Ihr könnt dieses Land haben, aber ihr müsst dort einmarschieren und alle töten, jede Mutter, jeden Vater, jeden Sohn und jede Tochter. Und wenn ihr das tut, dann gebe ich es euch." Und sie zogen los und ermordeten alle in jenem Land. Kleinen Kindern wurde der Kopf abgeschlagen und man schlachtete sie ab, nur damit der Wüstenstamm Jehovas einmarschieren und das Land für sich beanspruchen konnte. Und das ist heute das Grundproblem im Nahen Osten. Wer hat Recht, die Juden oder die Palästinenser? Hat nicht jeder seine eigene Version?

Es dauerte also 40 Jahre. Er verheizte drei Generationen von Kindern als Opferlämmer, bis es ihm endlich zu langweilig wurde und er ihnen den Weg zeigte. Und dann sagte er: „Ihr müsst kämpfen für das Land, das ich euch geben werde — und ihr müsst jeden töten und macht ja alles dem Erdboden gleich." Das war sein Geschenk.[20] Habt ihr denn nicht wenigstens

---

[19] In östlicher Richtung beträgt die Entfernung zwischen der Nordwest-Spitze des Roten Meeres in Ägypten (Golf von Suez) und der Grenze Israels etwa 210 km.

[20] Der Aufstand Moses gegen Ägypten und die vierzig Jahre dauernde Reise durch die Wüste werden in den Büchern Exodus und Deuteronium der Torah beschrieben. Eine Darstellung der Übernahme des Gelobten Landes durch die Hebräer und des damit verbundenen Blutbads ist im Alten Testament im historischen Buch des Josua zu finden. Weitere Berichte vom Umgang Jehovas mit dem Volk der Hebräer und von seinen zornerfüllten Stimmungsschwankungen können in den fünf Büchern der Torah und den sechzehn Geschichtsbüchern des Alten Testaments gefunden werden.

etwas Geschichte gelernt? Habt ihr nicht, he? Ach, habt ihr nicht? Ihr überlasst es anderen Leuten, euch davon zu erzählen? Nun ja, wisst ihr, es gibt da die Geschichte vom Blinden und dem Einäugigen; sie fallen in den Graben. Verurteilt ihr mich und meine Lehre, ohne auch nur das Geringste über die eigene Geschichte zu wissen? Also bitte.

Wer ist also Jehova? Ein äußerst verzogenes und sadomasochistisches Balg aus Mammys Geschlecht. Er ging hin und missbrauchte ihre Kinder und tut es immer noch. Ihr Anfänger, wusstet ihr das? Ja? Ausgezeichnet. Die Bibliotheken sind jetzt voll mit dieser Art von Information. Morgen wird „Father" (Vater) hier euch einen Vortrag halten. Er ist ein Experte für Religionsgeschichte. Euer Wissen ist im Vergleich zu seinem recht mager. Trefft also keine vorschnellen Entscheidungen, die euch als Ausrede für euer Verhalten dienen könnten. Hört euch zuerst die Geschichte über genau die Sachen an, an die ihr vermeintlich glaubt und die ihr meint zu verstehen. Vielleicht stellt ihr ja beunruhigende Dinge fest und entdeckt, wie sie durch Vererbung an euch weitergegeben wurden, denn wir sind ja schließlich die Erben des himmlischen Königreichs. Und was ist das Königreich? Unser genetischer Körper. Wir sind hier, um das abzuschließen, was wir ursprünglich lernen wollten.

Also, heißt das nun, dass Himmel und Hölle abgeschafft wurden? Ja, außer für diejenigen unter euch, die für ihre Lügen und Übertretungen eine Hölle als Strafe brauchen. Und diese Hölle ist dann eure ureigenste Schöpfung, aber es gibt sie. Also, bin ich älter als Jehova? Sehr viel älter als er. Halte ich ihn für heimtückisch? Ja, ich denke wirklich, dass er heimtückisch ist. Ja, das tu ich.

Was also repräsentiert meine Botschaft als Meister-Lehrer von RSE[21] in dieser Schule? Ich bin ein Wesen aus alter Zeit. Ich kann perfekt durch diesen Körper channeln. Das ist der Körper, den ich für mich gewählt habe. Mit diesem Körper werden die Wesen gefeiert, die am meisten unter Vorurteilen zu leiden haben: Frauen — mir ist egal, welche Hautfarbe sie haben — Frauen, ganz allgemein. Und diese plötzliche Welle heutzutage, die dazu beiträgt, dass sie hungern und wie Kleiderbügel oder Kleiderhaken aussehen und sie kleinen Jungen mit unechten Brüsten und unechten Gesichtern ähnlich sehen, das ist das Werk des männlichen Gottes namens Jehova. Es geht um die Versklavung, Prostitution und Veräußerung ihrer Körper für Ansehen, Ruhm und Reichtum. Es hat nichts mit Privatsphäre oder der Genialität des Geistes zu tun, der ihnen seit ihrer Zeugung und von Geburt an gegeben ist. Dies hier ist eine Würdigung der Frauen, mit ihren runden Hüften und sanften Körpern, vollen Brüsten und zarten Händen, die sich überhaupt nicht wie ein Mann anfühlen, sondern wie der Schoß der Erde — der Erde — voller Macht und stürmisch, launenhaft und wunderbar.

[21] RSE: Abkürzung für Ramthas Schule der Erleuchtung.

Das Wetter ist launisch. Das alles sind Zeichen des weiblichen Einflusses der Göttin.

Jeshua ben Joseph zerstörte den Gott Moses, indem er klar und deutlich sagte: „Ich bin gekommen, um das Gesetz zu erfüllen.“ Ich bin gekommen, um das Gesetz zu erfüllen; das heißt, er stellte sich über Jehova und über das Wüstenvolk, die das rechtschaffenste Glaubenssystem der Geschichte zerstörten. Sie zerstörten es.[22] Er kam, um die Prophezeiung zu erfüllen.

Wen liebte er? Er empfand keinerlei Liebe zu Jehova. Seht euch doch nur irgendeine seiner Lehren an, so sehr sie auch von den Schriften Paulus korrumpiert wurden. Nie würdigte er den Gott Abrahams oder Moses. Er würdigte den Gott, der ihn hierher gesandt hatte und von dem er in aller Fairness sagte: „Der Gott in mir ist der Gott in euch. Wir haben hier wahre Einheit. Mein Königreich ist nicht das Königreich Abrahams. Mein Königreich ist nicht von dieser Welt. Abrahams Reich war ein Stück Land; meines ist das nicht.“ Und er nutzte es.

Und er lehrte, dass es zwei Pfade gab. Alle Anfänger hier. Er lehrte, erstens, dass er ein Mann war — er hätte auch eine Frau sein können; so oder so, es bleibt sich gleich — und der andere Pfad ist der, dass er die großen Werke, die er vollbrachte, durch seinen Gott vollbrachte, durch seinen gnadenreichen, liebenden Gott, der ihn nicht einen einzigen Tag seines Lebens verurteilte. Sein schlagendes Herz, sein Atem sind Zeugnis für diese Wahrheit. Und genau das sind auch diese Lehren hier.

Ich bin also Ramtha der Erleuchtete. Ich habe nur ein Leben gelebt, und ich lebte es glorreich. Ich bin ein Krieger. Ich weiß genau, wie ich die strategische Stellung eines jeden Menschen anzugehen habe. Darin war ich ausgesprochen gut. Ich bin ein aufgestiegener Gott. Ich bin nie gestorben. Ich lebte zwei Jahrhunderte als der Wind, ein launischer Wind, und Wind kann launisch sein. Ich kehrte durch den Körper einer Frau zurück, zu dem ich durch das Kleinhirn Zugang habe und spreche zu euch durch ihren Körper genauso wie euer Gott zu euch sprechen würde, eure allweise und allwissende Intelligenz, euer Punkt Null in der Materie, euer höchstes Bewusstsein, euer moralisch führendes Talent für innere Größe. Im Körper finden wir keine Größe. Im Körper sind nur chemische Reaktionen zu finden. Nie und nimmer können wir etwas danach bewerten, wie es sich anfühlt. Das ist etwas, das wir schon kennen. Und deshalb, ihr Anfänger, ist euer Lehrer eine Frau.

Ich bin hier, um euch als Inspiration ein Ideal vorzugeben, das euch dazu erweckt, euer eigener Gott zu werden und zu lernen, was ein Meister ist. Wenn ich ein Meister sein kann, was wird euch dann erst gelingen? Wenn ich ein Meister bin — was könnt ihr dann erst vollbringen, ihr, die ihr mich so vehement missbilligt? Wenn ihr mich verurteilen könnt — und ich

[22] Die Philosophie und Weltanschauung Ägyptens

bin bereit, für eure Wertungen der Fußabtreter zu sein — gibt es dann irgendetwas, das ihr, die ihr mich bewertet, nicht tun könnt, nachdem ihr euer Urteil über mich gefällt habt? Gibt es irgendetwas, das ihr nicht tun könnt? Wieviel Liebe könnt ihr in euch haben? Wie groß könnte die innere Größe in euch sein? Wieviel Mitgefühl könnt ihr besitzen? Wieviel Wissen könnt ihr haben? Damit meine ich: ich bin jemand, der liebt, und offensichtlich liebe ich euch und offensichtlich bin ich bereit, alles nur Mögliche zu tun, damit ihr das wisst, denn ich bin der Sprecher, der sich an euren Gott wendet. Und ihr werdet nie einen Fürsprecher für euren Gott treffen, der mehr schillert und schöner und mächtiger ist und mehr weiß. Wenn ich der Teppich auf dem Boden bin, dann gestatte ich euch, überall auf mir herumzutrampeln, denn wenn ihr auf mir herumtrampeln könnt, dann sollte es euch möglich sein, mehr zu vollbringen als ich. Und ich bin schon großartig. Beschreibt ohne Umschweife in eigenen Worten, was ich mit dieser Bemerkung gemeint habe.

Gott hat euch in seiner Liebe die ausgleichende Gerechtigkeit eures Lebens gestattet, er lässt euch noch immer atmen und euer Herz noch schlagen. Gott und Liebe müssen folglich eins sein, und in dieser Liebe finden wir absolute Vergebung. Ihr habt niemals etwas so Schlimmes getan, das euer Herz stoppen und euer Atem euren Körper verlassen würde. Niemals habt ihr etwas derart Schlimmes getan. Warum wollt ihr dann das Leben, das euch Leben gab, betrügen, indem ihr in derart alberne, unsinnige Illusionen verwickelt seid, die der ganzen Welt eure Liebe, eure Genialität und eure Inspiration vorenthalten? Mein Gott, ich kann das nicht begreifen! Nun also, ihr Kinder Mammys — oh, Mammy; he! Mammys Kinder — die seid ihr. Ihr glaubt mir nicht? Besucht die Website Genetik-Punkt-Com. Ich liebe Punkt-Com.

Also, ihr Anfänger, oh, ihr Ärmsten, ihr glaubt, ich bin eine Lesbe? Keineswegs. Warum seid ihr so schnell bereit, darauf bei der, geschichtlich gesehen, unterdrücktesten Spezies hinzuweisen? Habt ihr Angst, bedingungslose Liebe für Frauen zu empfinden, ihnen ihre eigenen Gefühle zu erlauben, ihre eigenen Emotionen, ihre eigenen Freundschaften? Habt ihr davor Angst? Na gut, ich werde euch im Licht treffen und da werden wir darüber sprechen. Und das werde ich.

Nein, ich bin nicht lesbisch. Ich bin weder so noch so ein sexuelles Wesen. Während meines Lebens hatte ich nie Sex und doch ich hatte einhundertzehn Kinder. Stellt euch das mal vor. All die sexuellen Leute gaben mir ihre Kinder. Die Kinder wurden von mir wundervoll erzogen, und sie wurden diese großen Lehrer in der Geschichte, die lebenden Legenden, denn ich wusste, wie man Kinder erzieht. Ich wusste, wie sie geliebt werden müssen. Ich wusste, was man ihnen erlauben muss. Ich wusste, dass man ihnen gestatten muss zu *sein.* Und ich vermittelte ihnen das hervorragendste heilige Wissen jener Zeit.

Heute Abend geht es also um die Macht der Frauen. Doch, zum Teufel! — darum geht es. Genau darum! Wieso? Schaut euch doch an, was ihr aus ihnen macht. Sie sind verkorkst? Tja, sie sind deshalb verkorkst, weil ihr sie aus dem Gleichgewicht gebracht habt. Ihr habt ihr Bewusstsein auf eine niedrigere Stufe gebracht, und das entspricht nicht ihrer Natur. Und sie versuchen sich zu bessern und etwas zu leisten, und ihre ureigenen Ambitionen haben mit euren Liebschaften nichts zu tun. Ihnen geht es um Liebe und Pflege und Fürsorge, Dinge, von denen ihr des Nachts nur einen flüchtigen Eindruck erhascht.

Nein, ich bin kein lesbischer Lehrer. Ich lehre Befreiung von Unterdrückung. Ich liebe den Gott in euch. Mir ist es egal, in welcher Sportliga ihr seid. Ich liebe euren Gott. Ich möchte, dass ihr wisst, dass jede Zelle eures Körpers das Potenzial der Unsterblichkeit in sich trägt. Ich möchte, dass ihr wisst, dass ihr weniger als ein Zehntel eures Gehirns nutzt. Da habt ihr riesig viel Platz, um mit mir mitzuträumen. Ihr habt genug Gründe, um davon zu träumen, zweihundert Jahre lang zu leben, ohne zu sterben. Selbstverständlich habt ihr Platz für dieses Konzept, es sei denn, ihr fühlt euch von einer gewissen Vorstellung und den guten Sitten blockiert. Ich bin also nicht darauf aus — ich bin nicht darauf erpicht — von irgendjemandem angebetet zu werden. Wir sind hier keine Sekte. Wenn überhaupt, dann geht es darum, euch Dinge zurückzugeben und euch die Macht zu vermitteln, euch selbst zu lieben und euch selbst anzubeten und dieses wunderbare Gewissen in euch zu entwickeln.

Ich feiere heute Abend die Frauen, weil ich heute abend eine Frau bin. Und ich feiere sie, weil sie missbrauchte Geschöpfe sind. Sie werden von den Männern in ihrem Leben nicht verstanden. Sie sind keine sexuellen Geschöpfe. Sie entwickeln das, um zu überleben. In Wirklichkeit sind sie nicht so. Sie stehen Gott näher. Sie sind die Mutter Erde. Sie sind Mammy. Sie sind der Schoß allen Lebens. Und sie halten dem aus ihrem Schoß Geborenen die Treue und geben ihm Vorrang vor jedem Liebhaber, der ihnen seinen Samen gab. Ich feiere sie und ich liebe sie, denn niemand ist jemals in der Geschichte für sie eingetreten und hat sie so dynamisch geliebt wie ich sie heute abend liebe. Doch worum geht es letztendlich? Den einen (männlichen) Teil eures Geschlechts loszulassen und zum anderen (weiblichen) Teil eures Geschlechts zu werden — zu ihm zu werden, ihn zu verstehen und zu lieben — dieses weibliche Verantwortungsgefühl, diese Liebe, dieses Zartgefühl und diese Sanftmut. Frauen betreiben keinen Missbrauch, Männer schon. Wie kommt ihr Gott näher? Was immer nötig ist, welchen Weg ihr auch einschlagen müsst, um dem eigenen Traum näher zu sein — dann sei es so.

Ihr werdet mich niemals vergessen. Wisst ihr warum? Weil ich ungeheuerlich bin. Wenn es für Gott je eine Definition gegeben hätte, dann müsste es Ungeheuerlichkeit sein. Das zeigt euch den Tempel, dem unser

Herz folgen sollte und nicht das, was unsere Emotionen uns zu sein baten, denn wir sollen dieser ungeheuerliche und milde Gott sein, der so in sein eigenes Leben verliebt ist, dass er für alle Gärten Platz hat und diese erblühen können, ohne je von ihm belästigt zu werden.

Gibt es einen Krieg gegen wertvolles Leben? Ja, AIDS nennt man das. Sind Crossovers dafür besonders empfänglich? Ja. Warum? Weil sie kein Leben zeugen. So einfach. Das ist ein Naturgesetz. Das gefällt euch nicht? Es ist die Wahrheit. Die Statistiken belegen, was ich heute Abend gesagt habe. Was ist spirituelle Erlösung? Wenn wir mit Händen und Füßen für unsere Identität im Sinne einer so oder so gearteten Polarität kämpfen müssen — allmächtiger Gott — wie wollen wir dann jemals Gott identifizieren, ohne damit gleichzeitig ein neues Programm festzulegen? Ich bin nicht hier, um mich auf die Seite von gut oder böse zu schlagen, von positiv oder negativ, von Männern oder Frauen. Ich unterstütze das geschichtlich schon immer am meisten verachtete Geschöpf, und das sitzt hier vor euren Augen und es mag neben euch sitzen. Und sie sollten irgendwann von irgendjemandem erlöst werden, denn sie haben es verdient. Sie sind unsere Mutter. Sie sind unsere Schwester. Sie sind unsere Geliebte. Sie sind unsere Ehefrau. Sie sind unsere Freundin. Sie sind die Blumen in unserem Garten. Warum sollte denn nicht jemand das Maiglöckchen vertreten? Und wie manche es so schön sagen: „Ich kann dir nicht sagen, was ich wirklich empfinde, denn ich habe Angst, dass du mich nicht mehr liebst, wenn ich es dir sage." Frauen tragen eine außerordentliche und schreckliche Last. Sie bringen sich in jeder Hinsicht in eine prekäre Lage, denn sie haben bisher noch keinen Mann getroffen, der die Fähigkeit hat, ihr Freund, ihr Vertrauter zu sein und dessen weibliche Seite stark genug ist, die eigene Wahrheit zu verstehen und, was sein Leben angeht, offen und ehrlich zu sein. Gott segne euch. Gott segne euch.

Frauen tragen nicht nur die Verantwortung für ihre Kinder. Sie tragen auch die Verantwortung für die Wahrheit ihrer Kinder. Doch der Mann, der sie mit diesem Leben schwängerte, dem schulden sie nichts. Nichts. Gar nichts. Jeder Mann, der etwas auf sich hält, erkundet die Geheimnisse einer Frau. Das ist eine Weiterentwicklung. Es ist Evolution, wenn man lernt, wer und was Frauen sind, denn sie sind eine geheimnisvolle Gattung.

Warum sind sie so geheimnisvoll? Weil sie nicht wie Männer sind. Sie gehören einer höheren Ordnung an als Männer. Das macht sie so verführerisch. Sie sind ein Geheimnis. Wirklich, das sind sie. Und damit kommen wir zurück zu Mammy, der großen Göttin, der Schöpferin von Kindern, und zu ihren Brüdern, die sie auseinanderrissen. Auf Grund ihrer Liebe und Hingabe zu ihren Kinder wollte sie an jenen Dingen keinen Anteil haben. Sie wollte ihren Kindern alles geben. Ja, das wollte sie. Dies ist der großen Göttin gewidmet, dem Schoß, aus dem wir alle, mich eingeschlossen, hervorgegangen sind. Jeder Mann im Publikum ging aus

Mammy hervor, denn ihr seid aus dem Schoß euer eigenen Mutter gekommen, daher habt ihr diese Göttin in euch. Ich möchte, dass die Frauen hier, genau wie meine Mutter und meine Tochter, freie Götter sind und keinem Mann verpflichtet sind, nur der allweisen und allwissenden Intelligenz. Und der beste Liebende für jede Frau wäre jemand, der für sie kämpft, ihr Verteidiger, ihr Vater-Prinzip.

Keine Frau war je wirklich dazu bereit, Liebe zu machen, denn nicht jede Frau ist tatsächlich dem Kindsein entwachsen. Ihr Körper ist bei weitem reifer als ihr eigenes Gewissen. Kleine Mädchen sind voller Trauer. Weil sie immer noch kleine Mädchen sind und nicht Objekte sexueller Fantasien. Und wer wird schließlich zum Feind? Ihr Vater, ihre Brüder, die Männer in ihrem Leben, denn nur eine andere Frau versteht diese Form von Bedrohung und diese Art Leid.

Nun, wenn wir also wirklich Glück haben — wirklich Glück haben — dann stolpern wir über Männer in unserem Leben, die tatsächlich weiter entwickelt sind, da sich die Gegenwart der Göttin auch in ihnen ausdrückt. Sie verstehen den Menstruationszyklus ihrer Frau. Sie verstehen ihren Hormonzyklus. Damit will ich sagen, dass sie den Mond beobachten und ihre Frau verstehen. Und ist das nicht lieb, dass sie sich die Zeit genommen haben, das und den Wirrwarr und die Kompliziertheit der Frauen zu verstehen? Ist es nicht wunderbar, dass sie sich die Zeit dazu genommen haben? Die meisten Männer haben nicht die geringste Ahnung vom Mondzyklus der Frauen. Wenn ihr mir nicht glaubt, fragt doch euren Ehemann, ob er ihn euch erklären kann.

Ich spreche zur Verteidigung eures Gottes. Ich reiße alle eure menschlichen Einwände ein, die ihr auf Grund eurer selbst geschaffenen Vorstellung von Gott vorbringt. Gott ist nicht so, wie unser Bild von ihm uns glauben lässt. Er ist unser Herzschlag. Unser Herz schlägt wie eine Trommel, und zum Rhythmus dieser Trommel können wir marschieren. Oh Mama, macht euch zum Sterben bereit. Ja, der Trommelschlag wurde unserem Herzschlag nachempfunden. Es ist ein Rhythmus, der besonders aufwühlt, denn wenn man ihn lange genug schlägt und dann einen Schlag aussetzt, verliert jeder seine Konzentration und spürt plötzlich sein Herz. Ich weiß, wie man das macht.

Was ihr auch von mir halten mögt, ich sage euch eins: Ich habe keine Angst davor, euch die Wahrheit zu sagen. „Und wer von euch Ohren hat zu hören und Augen hat zu sehen, wird mir folgen." Ich schwöre euch, ich werde euch immer die Wahrheit sagen und mit dem Wissen, das ich euch gebe, euer Leben befreien und ändern, damit ihr nicht länger Sklaven oder geknechtet seid, damit wir Gott neu erschaffen können, nicht im Sinne der Kirche, sondern als Abbild unseres eigenen Bewusstseins, das nur ein kleines Kind ist und das uns vergibt und erlaubt, auf unserem Weg zu holpern und zu stolpern, festzusitzen und uns dennoch immerzu liebt und nur darauf wartet, dass wir sagen: „Okay, diese Erfahrung habe ich gemacht und ich kenne das jetzt. Was sagst du nun, du kleines Kind? Was muss ich als nächstes wissen? Denn jetzt bin ich soweit.“

Auf die Herrlichkeit des Lebens
und auf alle Frauen,
die uns das Leben schenkten,
und uns umsorgten,
so dass wir leben konnten.
Auf die Herrlichkeit Gottes.
So sei es.

Einweihung in das Mysterium des Selbst

Kommentar zu Kapitel 5
Das heilige Wissen der Schulen alter Weisheit

Das Wissen um alte Weisheit in Ramthas Lehren

Wie Ramtha erklärt, bezeichnet man als Konzept alter Weisheit die Weisheit der Zeitalter, „die Grundlagen der Erde und des Kosmos".[1] Alte Weisheit ist die Wahrheit über die menschliche Existenz und die Natur dessen, was wir, als Wirklichkeit erschaffendes Bewusstsein und Energie wirklich sind. In seiner Darlegung des Ursprungs und der Geschichte der Menschheit, bemüht sich Ramtha, das Wissen um die alte Weisheit zu vermitteln. Durch die alten Schulen stand dieses Wissen jeder Zivilisation überall auf der Welt zur Verfügung, so dass sich die Adepten an ihre Evolutionsreise vom Punkt Null in die Materie hinein erinnern und es vermeiden konnten, sich in ihren Schöpfungen emotional zu verlieren..

Als sich die menschliche Zivilisation weiterentwickelte, wurde dieses Wissen zunehmend stärker unterdrückt und korrumpiert. Der ursprüngliche Fall der Götter, welcher eine Forschungsreise durch sieben Ebenen der Wirklichkeit bedeutete, wurde korrumpiert und in den Fall böser Engel umgewandelt, die von Gott aus dem Himmel verstoßen wurden.

> „Also, ihr habt euch seit Anbeginn der Evolution und Schönheit des menschlichen Dramas oftmals im Zweck dessen verloren, was ihr geschaffen hattet und warum ihr es geschaffen hattet. Also waren die Schulen der alten Weisheit da, um euch an die Gesetze zu erinnern, die im Buch des Lebens unter dem Titel Involution — Involution — niedergelegt sind; die Niederschrift ihrer Bestimmung, auf den sieben Ebenen des Falls eures Geistes.
>
> Nun, alte Weisheit ist euer Geburtsrecht und eure spirituelle Kosmologie und was euch ausmacht. Und den alten Weisheiten zufolge war es ein Muss, die Beschaffenheit von Wirklichkeit zu besprechen, über das zu sprechen, was die Wirklichkeit geschaffen hat, insbesondere über euch."[2]

Das Vergessen und die Verwirrung über unseren wahren göttlichen Ursprung haben sich Leben für Leben so in uns verwurzelt, dass Erleuchtung und Verstehen „durch die Mühsal, die Verletzungen, den Schmerz und das Blut unseres modifizierten, zum Zugrundegehen

---

[1] *Ramtha's Introduction to the World Tour (Ramthas Einführung zur Welt-Tour)*, Video Ed. (Yelm: JZK Publishing, ein Unternehmensbereich von JZK, Inc., 1998)

[2] *Destruction of the Ancient Wisdom and Its Resurrection.* Band 192 Ed. Yelm: Ramtha Dialogues, 1998

bestimmten Egos"[3] kommen müssen, damit es dem Gott möglich wird, als wahre Identität und würdevolles Ego des Menschen hervorzutreten.

An dieser Stelle möchten wir die Serie der Kommentare mit einer kurzen Darstellung der Grundkonzepte des Gedankensystems von Ramtha abschließen, welches das ewige Wissen der alten Weisheit bildet.

DIE ECKPFEILER

Die Leere
Bewusstsein und Energie erschaffen die Wirklichkeit
Ihr seid Gott
Macht das Unbekannte bekannt

Ramtha beginnt seine Geschichte der Schöpfung mit der Feststellung, dass der Gedanke die Quelle aller Existenz ist. Gedanke ist die fundamentale, dynamische Kraft, die zur Manifestation des Universums in all seinen möglichen Dimensionen führte. Gedanke ist mit Bewusstsein, Gewahrsein, Kennen des eigenen Selbst gleichzusetzen. Ramtha setzt die essentielle Natur des Menschen mit dieser als Bewusstsein und Energie bezeichneten, dynamischen Kraft gleich.

Wenn Gedanke oder Bewusstsein nicht durch Energie bewegt werden oder ohne Gewahrsein oder Selbstreflexion bleiben, verharren sie in einem Zustand der Ruhe und Unbeweglichkeit, die man als die Leere bezeichnet. Die Leere ist der Reichtum an unendlichem, nicht realisiertem, nicht aktualisiertem Potenzial. Die traditionellen Konzepte, die Gott als gänzlich anderes, unveränderliches, transzendentes Wesen beschreiben, das sich vom Universum abhebt, passen zu Ramthas Konzept der Leere.

> „Nun gut. Gehen wir zurück vor die Zeit als es einen Anfang gab. Könnt ihr euch das vorstellen: Wenn Zeit also auf dem Konzept beruht, dass sie zwischen zwei Bewusstseinspunkten existiert — könnt ihr mir noch folgen, philosophisch? — was gab es, als es noch keine zwei Bewusstseinspunkte gab? Könnt ihr euch das vorstellen? Macht schon. Wacht auf. Nun, als es keine zwei Bewusstseinspunkte gab, gab es nichts. Wisst ihr, was das Wort ‚nichts' bedeutet? ‚Kein Ding'. Könnt ihr euch eine Weite von Nicht-Dingen vorstellen? Nun, die gab es und es gibt sie noch."
>
> „Also damit werdet ihr Probleme haben. Dieser Zustand war immer. Damit habt ihr Probleme. Ihr könnt euch nicht vorstellen, dass etwas existiert, das vorher kein Nichts war und niemals einen eigenen Schöpfer hatte. Es war immer. Das ist

---

[3] *Tales of the Masters.* Band 045 Ed. Yelm: Ramtha Dialogues, 1997

etwas, das das gelbe Gehirn verwirrt.[4] Es war immer. Mächtig. Nun, wir nennen das — und ich möchte, dass ihr das aufschreibt — die Leere. Die Leere. Nun möchte ich, dass ihr die Definition der Leere gleich dahinterschreibt. Die Leere ist materiell ein unermessliches Nichts, doch alle Dinge potenziell."

„Nun, wir nennen die Leere also materiell ein unermessliches Nichts, doch alle Dinge potenziell. Nur zu, Anfänger, sagt es. Nun, in den Anfangstagen meines Erscheinens hier bezeichnete ich das als Mutter-Vater-Prinzip. Es wird als Mutter-Vater-Prinzip bezeichnet, als Leere. Man nannte es auch die Quelle — die Quelle. Nun, es gibt einen großartigen, brillanten Wissenschaftler, der die Leere verstanden hat. Er nannte sie gewissermaßen den Äther, aber das ist nicht korrekt. Dieser Wissenschaftler — und sein Name war David Bohm — verstand, er verstand, dass Teilchen nicht reisen. Sie reisen nicht; sie erscheinen und erscheinen aufs Neue. Was für ein erstaunliches Konzept. Verhalten sie sich etwa nicht so? Doch, hier unten verhalten sie sich so."

„Er sagte, die Leere faltet und entfaltet sich und entfaltet Potenziale. Er hat Recht."[5]

Das Universum, die ganze Existenz verdankt ihre Entstehung ausnahmslos einer Bewegung der Selbstreflexion der Leere. Diese Bewegung der Kontemplation wurde nicht plötzlich erschaffen, sie war immer als Potenzial in der Weite des Nichts enthalten. Als die Leere über sich selbst nachdachte und die Illusion von Teilung und Trennung erschuf, wurde eben dieser Akt der Selbstreflexion zur Basis allen Lebens, das entstehen sollte.

„Also, bei all dem, was man als Sonnensystem, Raum, Sterne, Nebulae und Telstars bezeichnet, was ist Raum? Nicht das, was ihr seht, was euer Auge blendet, ist wichtig, sondern das, worin sie existieren — das Nichts. Was ist das? Das Nichts, die Leere. Könnte sie die Erzeugerin des Lichts, der Konstellationen, der Sternensysteme und Nebulae sein? So ist es. Das wird als die Leere bezeichnet. Was ist die Leere? Sie ist das, was ohne Zeit, Entfernung und Raum existiert."

„Nun, die alte Schule basiert nicht auf neuer Wahrheit, sondern buchstäblich auf dem, was man die Grundlagen der Welt nennt: wie entstand das Sonnensystem und warum; und wer seid ihr in Bezug auf das Sonnensystem; welches ist eure Reise und die Reise des Sonnensystems; was ist in der Tat die Bedeutung des Kosmos; warum seid ihr im Vergleich zum

---

[4] Als gelbes Gehirn bezeichnet Ramtha den Neokortex, den Sitz des analytischen und emotionalen Denkens.

[5] *Ramtha:Creating Personal Reality (Persönliche Realität kreieren),* Video Ed. (Yelm: JZK Publishing, ein Unternehmensbereich von JZK, Inc., 1998

Gesamtbild so klein? Das werdet ihr in dieser Schule lernen. Und das ist keine neue Wahrheit; es ist die alte Wahrheit."

„Die Schule ist auf Eckpfeilern aufgebaut. Stellt euch die Schule als etwas vor, das man als ein monumentales Gebäude bezeichnen könnte, nicht etwas, das ihr sehen könnt, aber etwas das ihr fühlen könnt, und die Eckpfeiler heißen Bewusstsein und Energie. Also, was habe ich gesagt? Wendet euch zu eurem Nachbarn und sagt es ihm. Bewusstsein und Energie: Sie sind Eckpfeiler dieser Schule. Bewusstsein und Energie; wisst ihr, was diese Worte bedeuten? Ein Traum mit Macht und Absicht; das bedeuten sie. Der Aufbau der Schule beginnt also mit diesen Eckpfeilern." „Und ein weiterer Eckpfeiler ist, dass ihr Gott seid. Wollt ihr das sagen. Lauter. Nun, seht, ihr wurdet nicht bei lebendigem Leibe verbrannt, als ihr das sagtet, oder? Das ist keine Blasphemie. Das ist die Heilige Schrift. Sagt es nochmal. So sei es. Nun, dies ist ein wunderbarer Aufenthaltsort, aber er bringt einige Verantwortung mit sich. Also der andere Eckpfeiler ist, dass ihr Gott seid. Und was ist ein weiterer Eckpfeiler? Es ist eine quadratische Form. Bewusstsein und Energie erschaffen die Wirklichkeit. Ihr seid Gott."

„Und was ist der weitere Eckpfeiler, wenn wir ein Quadrat formen wollen? Dieser weitere Pfeiler ist, dass es in eurem Leben darum geht, euch über das hinauszuentwickeln, was bereits bekannt ist. Wollt ihr das sagen. Nochmal."

„Nun, bedeutet das, dass ihr wie Wichtigtuer ins Haus eurer Nachbarn gehen sollt, um mit der Weiterentwicklung von deren Leben zu beginnen? Bedeutet es das? Es bedeutet, kümmert euch um euer eigenes Schicksal. Euer eigenes Schicksal ist euer Leben. Und ihr werdet sehen, was ihr erschaffen habt, woran ihr emotional hängt; beherrscht diese Emotion und macht euch daran, neue Lebensparadigmen zu erschaffen. Und wenn ihr das tut, werdet ihr niemals sterben; ihr werdet nicht auf dem Friedhof landen. Also, je mehr ihr erschafft, umso jünger werdet ihr. Je jünger ihr werdet, umso älter werdet ihr. Nun, ist es möglich, dass euch niemals die Ideen ausgehen? Ja. Wendet euch zu eurem Nachbarn und sagt ihm das. Na los. Nur zu. Wir wollen diese Manifestation. Macht schon."[6]

„Und der Beweis ist die Wahrheit, die besagt, dass ihr noch nicht einmal angefangen habt, eure größeren Träume zu träumen oder sie zu leben. Und woher wissen wir das? Seht euch das an: Ihr benutzt weniger als ein Zehntel dieses Gehirns; weniger als ein Zehntel."[7]

Nach Ramthas Begriffen ist Gott das Produkt der Kontemplation der Leere über sich selbst, die man als Bewusstsein und Energie, als Intelligenz und Mobilität bezeichnen kann, als ursprünglichen, dynamischen

---

[6] *Ramtha: Creating Personal Reality (Persönliche Realität kreieren),* Video Ed.

[7] Ibid

Gedanken, als inneren Antrieb zu wissen, als göttlichen Logos und seine lebensspendenden Samen. Es ist wichtig, dass Ramtha den wahren Ursprung des Selbst gerade hier ansiedelt, am anfänglichen Augenblick der Kontemplation, welcher den ursprünglichen Punkt des Gewahrseins hervorbrachte, den so genannten Punkt Null. Die Vielseitigkeit des Bewusstseins, die verschiedenen Facetten des Selbst-Gewahrseins, die für die Vielfalt und Individualität des Lebens im Universum verantwortlich sind, traten hervor, als der Punkt Null die Kontemplation der Leere über sich selbst imitierte. In diesem Sinne sind wir wirklich unsterbliche Götter auf einer Reise der Selbstentdeckung, auf der als einziges Gesetz und Schranke gilt, das Unbekannte bekannt zu machen, das unerschöpfliche Potenzial der Leere selbst. Die wahre Natur des Menschen ist nicht von Gott oder von Gottes einzigem Sohn, dem Logos getrennt. Vielmehr ist Gottes Kreativität selbst die wahre Natur des Menschen.

> „Im Anfang war" — war nicht — „das Wort, und das Wort war bei Gott" und beim Menschen. Im Anfang war immer der Gedanke, und der Gedanke ist immer beim Menschen gewesen, denn der Mensch ist der Gedanke."[8]

Die Welt ist keine verdünnte Emanation Gottes, wie beim Platonismus, oder das Produkt eines ursprünglichen, in ewigem Konflikt befindlichen Dualismus, sondern eine einzelne Facette der Reise der Selbsterforschung. Das physische Universum ist weder alles was es gibt noch alles was wir auf dieser Evolutionsreise geworden sind. Das wahre Selbst des Menschen ist nicht nur mit dem Inhalt, mit der materiellen Seite dieser Reise identisch, sondern auch mit der Quelle, der kreativen Dynamik der Selbsterforschung. Die Grundcharakteristik des Selbst, seine innerste Essenz ist ebenfalls Bewusstsein und Energie und damit Gott. Nach dieser Sichtweise wird Gott weder auf die natürliche Welt reduziert, wie beim Naturalismus, noch wird die physische Welt als die Gesamtheit des Göttlichen betrachtet, wie beim Pantheismus. Der Mensch wird weder auf den physischen Körper reduziert oder mit diesem identifiziert, wie beim Materialismus, noch seiner inneren Natur nach als vom Göttlichen getrennt wahrgenommen, wie beim Monotheismus und Polytheismus. Die bereits erörterten menschlichen Hauptattribute, Verstand und freier Wille, spiegeln die kreative Bewegung des Selbst-Gewahrseins wider, welche die gesamte Existenz ins Leben rief, und haben in dieser ihre Grundlage.

Nach Ramthas Vorstellung ist Evolution nicht als Veränderung der Natur Gottes oder als Mutation der Quelle zu sehen, sondern als ein vertieftes Wachstum hin zum Verstehen des Selbst, das immer ist und

---

[8] *Creation,* Band 005 Ed. Yelm: Ramtha Dialogues, 1980.

immer war. Fray Luis de Leon, ein Humanist und Mystiker der spanischen Renaissance, ließ diese Idee in seiner Philosophie der Namen anklingen, in welcher er behauptet, dass Gott nicht weit vom Menschen entfernt ist, denn wäre er es, so würden wir aufhören zu existieren. Fernsein von göttlicher Transzendenz bedeutet vielmehr sich vom Verständnis von Gott entfernt zu haben. Die spirituelle Reise wird dann zu einem aufsteigenden, fortschreitenden Hineinwachsen in Christus und in Gott, nicht aber zu einem Aufgeben von Wille und Verstand für eine höhere Ordnung.

Die Wichtigkeit der Qualität des Erlebens und Werdens

Ramthas Konzepte von Wahrheit und Wissen haben eine bestimmte Bedeutung. Wissen ist nicht unpersönlich und Wahrheit wird durch Erfahrung erlangt. Ramthas Konzept des Gedankens bezeichnet, wie wir sahen, keine isolierte, sterile Information, die man einfach in ein Buch schreiben oder mit Worten ausdrücken kann. Gedanke ist dynamisch, kreativ, intelligent, seiner selbst gewahr und in Manifestation und Werden begriffen. Gedanke ist Ausdruck des Seins. Die Fähigkeit des Verstandes zu wissen, einen Gedanken zu erfassen, ist die Fähigkeit, jedes nur vorstellbare Gedankenparadigma zu erleben und zu werden. Verstand ist viel mehr als die dialektische Kraft des Intellekts. So betrachtet spiegelt Verstand die kreative Dynamik von Bewusstsein und Energie, welche für das Erschaffen verantwortlich sind. Ramtha beschreibt den Gedanken als Quelle und Lebenskraft aller Geschöpfe, als die Intelligenz, die hinter allen Lebensformen steht.

> „Nun, wenn ihr etwas von euch Erschaffenem Leben einhaucht, indem ihr es durch Fühlen ins Dasein bringt, bedeutete dieser Atem nicht, dass es dadurch ein atmendes Geschöpf wurde. Mit dem Atem des Lebens waren Muster der Bestimmung gemeint. Ihr gabt dem Erschaffenen seine Intelligenz, die sich weiter und immer weiter fortsetzen wird. Klingt das absurd? Nein. In dieser Geschichte steckt noch viel mehr.“[9]

Das Unverständnis und die Unfähigkeit des Verstandes, das Göttliche zu definieren und zu benennen, von dem die traditionelle Theologie ausgeht, stammt eindeutig von der Unterstellung, dass Wissen eine äußere,

[9] *Soulmates (Seelengefährten).* Band 114 Ed. Yelm: Ramtha Dialogues, 1986.

statische Angelegenheit sei, die überhaupt nichts mit dem Menschen zu tun habe. Es scheint, dass das so verstandene Wissen einer der Hauptgründe dafür ist, dass das Reich der Ideen und des Göttlichen als von der menschlichen Natur abgetrennt gesehen wird. „Mit anderen Worten, alles ist gut, solange die letzten Fragen *keine* letzten Antworten finden, denn wenn sie welche fänden, dann wären sie für uns nicht mehr die *letzten* Fragen und wir würden aufhören menschlich zu sein.

Wenn wir die Antwort auf das Mysterium der Existenz vollständig verstanden hätten, dann müssten wir selbst diese Antwort sein, wir müssten Gott sein, was genau die Bestimmung ist, die uns das Christentum durch Gnade verspricht."[10] Diese Aussage zeigt die Verbindung zwischen dem Mysterium der menschlichen Existenz und dem Gott-Sein auf. Trotzdem wurde im Christentum das Konzept des Gott-Werdens als Teil der Bestimmung von der christlichen Theologie keineswegs eindeutig und in Übereinstimmung mit der Doktrin einer Schöpfung aus dem Nichts, der Dreieinigkeit, der Gottnatur von Christus, der Erbsünde und der Erlösung, um nur einige zu nennen, definiert. Die mystischen Traditionen sind, wie wir aufgezeigt haben, die einzigen, die die Erfahrung und das Konzept der Transformation und des Werdens betonen.

In Ramthas Vorstellung ist der Sinn der Existenz die Reise, auf der wir das Unbekannte bekannt machen. Die Leere hat keine Schranken oder Grenzen. Sie ist unendlich, ewig und für immer. Deshalb ist das Wissen, das man auf der Lebensreise gewinnen kann, unerschöpflich.

Das Mysterium des Lebens ist genau das, was uns zur Reise der Selbsterforschung antreibt. Dennoch reduzieren das vom Menschen erlebte Staunen und die Ehrfurcht vor diesem großen Mysterium das Selbst nicht zu einem unvollkommenen Nichts, das für den existenziellen Wahnsinn der Verzweiflung und Depression verantwortlich ist. Vielmehr erhöhen und definieren sie den Menschen, weil sie die Quelle widerspiegeln, die der gesamten Existenz ins Leben verholfen hat. Das Verlangen und die *Freiheit des Willens,* das zu wissen, was außerhalb unserer Reichweite zu liegen scheint, ist weder eine Einschränkung noch das Geschenk einer transzendenten Gottheit, sondern der Atem des Lebens, der unsere Existenz aufrechterhält und ihr Sinn und *Verstand* verleiht.

---

[10] Martin Henri, *On Not Understanding God*, Dublin: Columba Press, 1997, S. 68.

"Nun, diese Dinge waren schon immer bekannt, denn darum ging es ja, wenn ihr so wollt, in eurer gesamten Geschichte: Wo kommen wir her? Wir sind Reisende in einer Raum-Zeit-Matrix. Wir sind der moralisch und spirituell bestimmende Faktor eines realen Universums, einer realen physischen Wirklichkeit. Wir sind die unerledigten Angelegenheiten des sich selbst erkennenden Gottes — und das sind wir. Und es war allgemein bekannt, dass ihr sieben Ebenen gefallen seid, um Reisende in diesem Lebenskraftprinzip zu sein, eurem jetzigen Leben."[11]

[11] *Ignorance: The Mother of Devotion,* Band 188 Ed. Yelm: Ramtha Dialogues, 1998

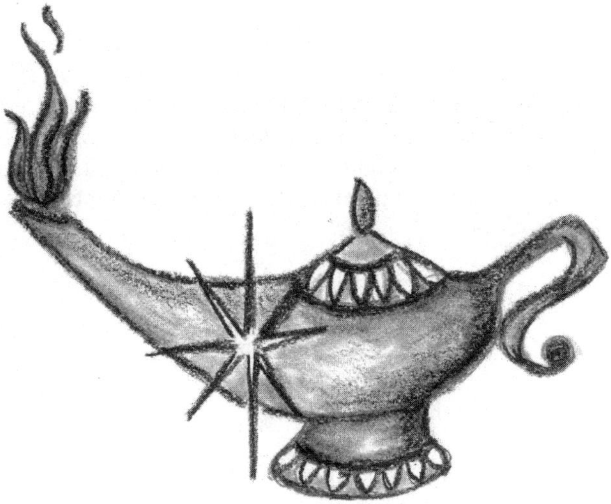

Kapitel 5
Das heilige Wissen der Schulen der alten Weisheit

„Nun, alte Weisheit ist euer Geburtsrecht und eure spirituelle Kosmologie und was euch ausmacht. Und den alten Weisheiten zufolge war es ein Muss, die Beschaffenheit der Wirklichkeit zu besprechen, über das zu sprechen, was die Wirklichkeit geschaffen hat, insbesondere über euch."

— *Ramtha*

WISSEN VERZEHRT DAS DUNKEL DER UNWISSENHEIT

In der Tat. In der Tat. In der Tat. Es ist mir eine Ehre. Ich fühle mich sehr geehrt, dass ihr mir diese Ehrerbietung erweist in Anbetracht all der Dinge und Gründe, die dagegensprechen. Ihr seid für eine wirklich große Bestimmung auserkoren, für große Schritte im Sinne der Weiterentwicklung, der Erhaltung und des Seins. Und vielleicht ist jetzt ja eure Feuerprobe vorbei. Davon abgesehen erzeugt langer Applaus starke Wärme im Körper. So sei es.

Vom Herrn und Gott meines Seins,
auf die Herrlichkeit Gottes
und auf das, was ich heute sein werde.
Möge ich mich entwickeln,
mehr Macht haben
und wissen,
auf dass der, der ich bin,
von Unwissenheit
erlöst wird.
Vom Herrn und Gott meines Seins,
So sei es.
Auf euer Leben.

Wir wollen uns gleich mittenrein stürzen und damit anfangen, warum Unwissenheit ergeben macht und warum dieser seltsame Titel für sich genommen erst einmal nicht viel hermacht, doch wenn es nicht auf euer Leben zutreffen würde, warum solltet ihr dann überhaupt hier zuhören? Es trifft aber auf euer Leben zu, und deshalb habe ich dieses Treffen auch einberufen. Der letzte Teil dieser Veranstaltungsreihe ist der Vermittlung von alter Weisheit gewidmet, den Dingen, die während der Involution, der Epigenetik, in Gang gesetzt wurden, und um zu einer Zeit, in der das Wiederaufleuchten dieses Lichts vonnöten ist, dieses Bewusstsein, dieses Verständnis und in der Tat diese Bewusstheit erneut zu bekräftigen.

Jeder Tag dieser Veranstaltungsreihe fügt die Teile des Puzzles des Selbst zusammen und integriert diese in eure Beziehung zu Gott, in den Rest eures Lebens und in euer Verständnis des Geheimnisses, wer ihr seid. Jeder Teil des Unterrichts fügt etwas Wissen hinzu, das euch von Unwissenheit befreit. Also, nachdem wir mit einem Verständnis von Bewusstsein und Energie angefangen haben und damit, wie ihr hierher gekommen seid, befasst sich der Unterricht heute damit, warum ihr feststeckt und warum ihr hinsichtlich des Bewusstseins, wenn ihr eine Erfahrung erschafft und durch diese eine Irritation entsteht, die für euch zu einem Problem wird, warum ihr dann die Situation nicht mit dem gleichen Bewusstsein lösen könnt.

Diese Veranstaltung, in der ihr heute lernt, wie euer Verständnis erweitert wird, ist mit den Schulen aus längst vergangener Zeit vergleichbar, die auf allen Kontinenten recht weit verbreitet waren. Man nannte sie die alten Schulen. Was ich lehre, kommt aus den alten Schulen. Und diese Lehren sind heute genauso zutreffend, wie sie es damals waren. Leute, bei dem, was ihr heute lernt, mag es nicht so sehr um Land gehen, das ihr kauft, oder ob ihr überhaupt Land kaufen sollt, oder wie groß eure Vorräte sind, oder was für Beziehungen ihr haben sollt. Es hat relativ wenig mit den persönlichen Dingen eures Lebens zu tun. Es bezieht sich auf die Gesamtheit eures Seins. Es liegt außerhalb der Grenzen eurer Vorstellung und eures Fokus. Aber alles was wir ansprechen werden — und obwohl es anscheinend nichts mit dem zu tun hat, worauf euer Fokus gerichtet ist — wird euren Fokus erweitern, denn es vermittelt euch das Wissen, Erfahrungen zu machen, und euch dadurch aus der Patsche zu helfen, in die ihr euch selbst begeben habt.

Also, was ihr heute hören werdet, sind Worte. Ja, es sind Worte. Und wie ich ja schon gestern nach eurer Zeitrechnung einer Wesenheit erklärt habe, habe ich wirklich Sprachschwierigkeiten, die diese Aufgabe mit sich zu bringen scheint. Ich lerne, eure Worte zu formulieren und die unterschiedlichen Bedeutungen, die sie für euch alle haben, um diese Lehre auf einfachste und ausdruckvollste Weise darzulegen. Es dauert keine zwölf Stunden, um das zu lernen, was ich euch vermitteln will. Es kann in drei Stunden gelernt werden. Es kann aber den ganzen Tag dauern, bis ich es jedem im Publikum hier erklärt habe. Und ich werde verschiedene Wörter benutzen, so dass ich Lichter in diesem Publikum aufgehen sehe, was bedeutet, dass sich die Aura jedes Einzelnen hier ausdehnt, weil sein Bewusstsein sich erweitert hat. Dann wissen wir, dass diese Lehrveranstaltung für alle produktiv und erleuchtend war.

Das Wunderbare an Rams Worten ist, dass sie nicht allein um der Kommunikation willen da sind, sondern dass sie sich in eurem Leben auch recht nett als Wirklichkeiten manifestieren. Nun, dieses Wissen manifestiert ihr nicht einfach nur so. Ich habe euch dieses Wissen gegeben. Es ist etwas aus dem Buch des Lebens, was ihr vor langer Zeit einmal gewusst habt. Ihr aber habt drübergeschrieben und ein paar Seiten weitergeblättert und seid auf den Seiten hängengeblieben und habt wirklich alles vergessen. Also bringe ich euch die Erinnerung daran zurück, damit sich die Worte in eurer Wirklichkeit manifestieren können. Und so werden sie dann wieder zu eurer Wahrheit — nicht meiner, sondern eurer Wahrheit. Und dann könnt ihr, was ihr hier lernt, in eurem Leben praktisch anwenden und wahrhaft erleuchtet sein — und seid keine New Ager, Spiritisten, Hokuspokus, Honky-donkey-Lehrer oder Anhänger, die umherlaufen und alle nur möglichen besonderen

Rituale ausprobieren, weil jemand ihnen gesagt hat, dass sie das sollen — sondern Menschen mit Wissen, die wirklich die Kosmologie von Ursächlichkeit und Schöpfung verstehen, die wirklich das Prinzip von Bewusstsein und Energie verstehen und wirklich wissen, dass sie die eigene Wirklichkeit selbst erschaffen.

Nun, dieses Wort ist zum Modewort geworden. Ich verstehe das. Ihr benutzt eine Menge Wörter, die ihr nicht versteht und dann überall verbreitet, und wir wollen hier die Bedeutung dieser Dinge verstehen. Es ist besser, wenn man sie versteht, als wenn man sie wiederholt, und dann werdet ihr — Leute, was werdet ihr dann? Ihr werdet eine kleine Gruppe von Menschen sein, die hochgradig erleuchtet, bewandert, gewahr und weise sind und deren Wahrheit kein Dogma sondern ihre Lebensweise ist. Wisst ihr, das Leben ist ein Geschenk der Natur, ein wunderbares Leben voller Liebe jedoch ist das Geschenk der Weisheit. Und Weisheit ist das Ergebnis von ausgedehnten Bewusstseinserfahrungen.

Was ich heute hier lehre, diese Worte und welche Formulierung ich benutze, sollen also eine Wechselwirkung haben, eure „Knöpfe drücken", eine Seite im Buch des Lebens umblättern. Denn ich möchte, dass sie diese Wirkung haben. Denn wenn ihr das Abstrakte in euch zulasst, wird die Seite umgeblättert, und die Worte, die ihr hört, sollen in eurer Seele Knöpfe auf dieser Buchseite drücken. Und dann beginnt ihr zu denken. Denken bedeutet, das Gehirn wird zur Aktivierung gezwungen und ermöglicht so reinen Gedanken. Das bedeutet erhöhtes Bewusstsein, und somit seid ihr, wenn ihr heute hier weggeht, wann immer das sein mag, bewusster und nicht mehr so unwissend oder voller Aberglauben und angstgebeutelt, denn je mehr Wissen ihr habt, umso weniger Ängste werdet ihr haben, es sei denn, es ist eure Absicht, sie zu erschaffen. Und je mehr ihr zu dem Wissen werdet, ihr wundervollen Menschen, umso großartiger wird eure Wirklichkeit sein. Und euch wird nur das geschehen, was der Herr und Gott eures Seins wünscht. So sei es. Also, hört gut zu. Denkt die Dinge logisch durch. Wir wollen doch sehen, wie dem Publikum Lichter aufgehen.

Nun, Unwissenheit: Was bedeutet Unwissenheit? Sich der Dinge nicht bewusst zu sein, im Dunkeln zu tappen und nicht erleuchtet zu sein. Nun, mit Dunkelheit ist hier nicht jene abergläubische, häufig metaphysische, religiöse Interpretation gemeint. Diese Form von Dunkelheit steht auf einer Stufe mit Dämonen, dem Bösen und Luzifer und all den anderen Dingen, die im Dunkeln lauern. Dunkelheit steht für „nicht aktiviertes Bewusstsein", eine Wesenheit ohne Bewusstheit. Wenn man Licht ins Dunkel wirft, löst die Dunkelheit sich auf. Das Licht aber ist Wahrheit. Licht bedeutet Interaktion mit dem Bewusstsein. Es bedeutet, sich der Dinge in einem dunklen Raum bewusst zu sein und vor Dingen, die in der Dunkelheit existieren, keine Angst zu haben.

Gemäß der alten Wahrheit also bedeutet Dunkelheit, sich nicht bewusst zu sein. Das war nie etwas Böses. Das Böse existierte nie in dem so genannten epigenetischen Buch des Lebens. Das Böse wurde nicht bei der Involution erschaffen, und wir brauchen daher auch im Lauf unserer Evolution nie davon erlöst zu werden. Der Fall der Geistwesen, die sieben Schwingungsebenen hinabfielen, um eine strahlende, lebendige Intelligenz zu werden, ist nicht der Fall der Engel aus der Gnade Gottes, sondern die dynamische Erscheinung von Gottes Licht auf seiner Reise in die Dichte, in die unerforschten Gebiete physischer Wirklichkeit, um physische Wirklichkeit zu manifestieren. Sie waren die Forschungsreisenden Gottes, das Licht, das Absolute, die zur Selbsterkenntnis Gottes — des Absoluten, des Alles-in-Allem — die Lebenskraft aktivieren und ihr aktiver Bestandteil werden sollten. Ihr befindet euch auf einer Reise, einer magischen und wunderbaren Reise. Und diese Götter, die fielen, die diesen Übergang vollzogen, waren in der Tat sehr mutig, denn sie waren die Boten des Gedankens und brachten das Licht.

Nun, diese Dinge waren schon immer bekannt, denn darum ging es ja, wenn ihr so wollt, in eurer gesamten Geschichte: Woher kommen wir? Wir sind Reisende in einer Raum-Zeit-Matrix. Wir sind der moralisch und spirituell bestimmende Faktor eines realen Universums, einer realen physischen Wirklichkeit. Wir sind die unerledigten Angelegenheiten des sich selbst erkennenden Gottes — und das sind wir. Und es war allgemein bekannt, dass ihr sieben Ebenen gefallen seid, um Reisende in diesem Lebenskraftprinzip zu sein, eurem jetzigen Leben.

Später wurde dieses Wissen in der alten Weisheit zerstört und als der Fall der Bösen von Gott im Himmel hingestellt, die die Herrschaft über die Erde übernahmen. Würde dies der Wahrheit entsprechen, dann wärt ihr alle böse und Dämonen, inklusive derer, die das von euch behaupten. Die Wahrheit ist, dass dies eine Reise in das Alles ist.

Schöpfung ist nicht Akt; sondern ein Vorgang. Da besteht ein Unterschied. Schöpfung ist ein Vorgang, und kein Akt. Ihr müsst nicht „bewusst" erschaffen. Es geschieht ganz natürlich, einfach auf Grund dessen, was ihr seid.

Nun, die alte Weisheit gab es immer, in jeder Zivilisation, zur Unterstützung der Eingeweihten und als Hilfe, damit sie sich nicht emotional in ihrer Schöpfung verlieren würden, ganz gleich, was sie auch erschufen. Sie war wie eine Tankstelle, an der sie sich wieder mit Sinn und Zweck auftanken konnten. Also, ihr habt euch seit Anbeginn der Evolution und Schönheit des menschlichen Dramas oftmals im Zweck dessen verloren, was ihr geschaffen hattet und warum ihr es geschaffen hattet. Also waren die Schulen der alten Weisheit dazu da, um euch an die Gesetze zu erinnern, die im Buch des Lebens unter dem Titel Involution — Involution

— niedergelegt sind; die Niederschrift ihrer Bestimmung, auf den sieben Ebenen des Falls eures Geistes.

Nun, alte Weisheit ist euer Geburtsrecht und eure spirituelle Kosmologie und was euch ausmacht. Und den alten Weisheiten zufolge war es ein Muss, die Beschaffenheit von Wirklichkeit zu besprechen, über das zu sprechen, was die Wirklichkeit geschaffen hat, insbesondere über euch.

Nun, man sagt, dass Gott das Absolute ist, dass er, wenn ihr so wollt, bildlich gesprochen, in seiner Hand — oder in ihrer Hand — gleichzeitig Vergangenheit, Gegenwart und Zukunft hält. So lautet die alte Lehre. Ich behaupte, dass die uranfängliche Ursache, das Absolute, die Intelligenz, der Gedanke, die Echos aus der Tiefe des Raums das schlafende Bewusstsein sind. Es ist der unbewusste Mind, die unbekannte allwissende Intelligenz. Und die in die Tiefe dieses Minds führende Reise des Lichts, der Götter, von Einzelwesen wie ihr, ist eine unendliche Reise im Innern. Zweck der Reise ist, die schlafende Intelligenz des Gedankens zu erwecken, damit eines Tages die Gesamtheit des Gedankens mittels Selbstreflexion lebendig wird — die Selbsterkenntnis Gottes. So einfach ist das.

Nun, jeder kannte die Spielregeln. Als wir hierher kamen, hatten wir alle einen Plan und das entsprechende Rüstzeug. Wir besaßen Bewusstsein, das heißt Intelligenz, und wir besaßen den aktiven Bestandteil, mit dem sich das Bewusstsein in eine physische Wirklichkeit hinein manifestieren lässt. Und der Motor muss funktionieren, damit ihr die Abenteuer eurer Zeit in das Buch eintragen könnt. Ihr alle, jeder Einzelne, ist in der Tat das göttliche Prinzip. Obwohl jeder individuell verschieden ist, so handelt ihr doch als Kollektiv, jener Teil des schlafenden Minds, der erwacht ist; das Licht am dunklen Himmel, das ein Lebewesen ist und die Dunkelheit verzehrt.

Nun gut, das Dunkel ist unverwirklichtes Bewusstsein. Es ist nicht böse, es ist nicht schlimm. Es ist unerforscht. Es ist das Unbekannte. Und wenn man Licht ins Dunkel wirft, wird es etwas Bekanntes. Wir sind hier. Hier ist eine Gruppe von Reisenden, die mit Gott selbst ausgestattet ist, Einzelwesen, die zu einer unendlichen Reise in das göttliche Selbst aufgebrochen sind, das aus den sieben Schwingungsebenen besteht, die wiederum sieben atomare Ebenen sind — die sieben Frequenzen vom Gedanken bis zur Materie.

Alles in der Materie ist die Verdichtung höheren Gedankens. Wenn man Materie umkehrt und sie ganz zurückspult, durchläuft sie, während sie sich auflöst, die sieben Schwingungsebenen und wird das Konzept dessen, was sie war.

Also, und da seid ihr nun, in jedem Leben seid ihr auf dieser Reise. Und ihr verwirklicht sozusagen diese Reise und haltet auf den Seiten eures Lebens, in eurer göttlichen Seele, diese Aktion/Reaktion fest, die die manifestierte Materie, manifestierte Bestimmung, manifestierte

Wirklichkeit erschafft. Eure Aufgabe, wenn ihr so wollt, und euer Wunsch sollte es sein, das Buch voll zu schreiben und euch als Menschen weiter zu entwickeln, Leben um Leben um Leben. Und für jedes neue Leben wird ein neues Image geschaffen. Und das Image wurde als Darsteller in einem Theaterstück geschaffen, um die Möglichkeit zu haben, eine Erfahrung zu machen, die ihr bisher nicht hattet: das Dunkel, den unbewussten Mind, das Unbekannte.

Und in all diesen Leben habt ihr euch alle in verschiedene Lebensbedingungen begeben und habt euch zu all diesen unterschiedlichen Menschen gemacht, um Unbekanntes zu erleben und nicht das, was ihr bereits kennt. Eure zehntausend Leben, eure zigtausend Leben oder wieviele es für euch auch sein mögen, wurden deshalb erschaffen, damit jeder ein anderes Image, eine andere Persönlichkeit haben kann, die die Aktion/Reaktion der Selbsterforschung und die Erforschung des Lebensprinzips — Leben — ermöglichen, und damit sich mit jeder von euch erschaffenen und körperlich erlebten Erfahrung eure Wirklichkeit und somit euer Licht ausweitet, und ihr somit mehr und mehr vom unbewussten Mind, vom Unbekannten, nutzt. Und im Buch des Lebens ward es geschrieben als Weisheit.

Merkt euch, ein schönes Leben, ein Leben voller Liebe ist ein Geschenk der Weisheit. Und in jedem Leben blättert ihr mehr Seiten um, entwickelt euch weiter und werdet großartiger. Ihr müsst nicht das wiederholen, was ihr im letzten Leben getan habt. Und im letzten Leben wart ihr nur ein Image. Ich sehe euch als stetiger Gott, der ihr seit jeher gewesen seid, eine Wesenheit ohne Image, eine Kraft, eine Intelligenz, diese mächtige Energie, die ihr seid, und ich sehe euch nicht als jemand mit Haaren und Nase und Augen und Hautfarbe und Kleidung, sondern als Licht, als strahlendes Licht, das die Dunkelheit, das Unbekannte, das Unbewusste verzehrt. Hier im Publikum sitzt nur das Image, das vom Licht deshalb erschaffen wurde, um am dramatischen Schauspiel der unerledigten Dinge Gottes in diesem Leben teilzunehmen und im Buch die Dinge aufzuzeichnen, die ihr noch nicht erlebt habt oder die ihr euch als Perle der Weisheit im Buch des Lebens zu Eigen gemacht habt. Das heißt es, das Dunkel der Unwissenheit zu verzehren und sich weiterzuentwickeln.

Nun, in einem Leben wisst ihr nicht einmal, wer ihr zwei Leben zuvor gewesen seid. Ihr würdet euer selbsterschaffenes Image nicht erkennen, denn ihr habt euch inzwischen weit von dieser Person wegentfernt. So, wie ihr heute kaum noch dem Menschen ähnelt, der ihr vor fünf Jahren wart. Ihr habt kaum etwas mit diesem Menschen gemein — stimmt‘s? — weil ihr eine Erweiterung dieses Menschen geworden seid. Ihr seid gewachsen und seid mehr.

Ebenso ist es mit den verschiedenen Leben. Obwohl es eine ganze Religion um Reinkarnation gibt, ist es doch nur Vergangenheit. Ein

Erleuchteter hat die Bücher der Vergangenheit abgeschlossen und ist im Jetzt. Wenn man erleuchtet ist, schließt man das Buch der Vergangenheit, und es ist das Jetzt. Und allein das Jetzt zählt. Eine erleuchtete Seele weiß das. Eine unwissende Seele weiß das nicht. Eine unwissende Seele vergöttert das, was sie in ihrer Vorstellung hätte sein können und in diesem Leben nicht ist.

Nun, das Leben ist wie jeder Tag: ein neuer Tag, ein neues Leben, ein neues Image. Und das Image liefert die Reibungen, wodurch ihr wachst, euch weiterentwickelt und den Gott ohne Image hervorbringt, der sich hinter dem von euch geschaffenen Darsteller verbirgt, denn Gott ist das Unsterbliche. Euer Aussehen, euer modifiziertes Selbst, euer kleinkarierter und kleinlicher Charakter, eure Mangel an Größe, eure Werturteile — all diese Dinge, die euch in diesem Leben ausmachen — werden vergehen. Und nur die Juwelen dieses Lebens bleiben bestehen, und sie sind die Weisheit, die ihr in einem Leben gesammelt habt. Denn der unsichtbare Gott überlebt Fleisch und Blut, und er hat es zur Verherrlichung des Lichts, das ihr alle seid, getan. Er ist das ewige Wesen. Und über ihn spreche ich in diesen Lehren bei jeder Zusammenkunft; nicht über das Image, sondern über das Licht in eurem Innern.

Nun, das Unbewusste ist in der Tat der Raum. Das Unbewusste ist nicht das, was ihr vergessen habt oder in vielen Leben unterdrückt habt. Das ist das Buch des Lebens. Der unbewusste Mind ist das Unbekannte, die nicht verwirklichten Potenziale, die euch gestatten, das dramatische Schauspiel des Image auszuagieren und daraus etwas zu gewinnen. Der unbewusste Mind, das Dunkel, wird vom Licht in Anspruch genommen. Bewusstsein ist nur Bewusstsein, weil es den großen Mind als Gegenstück hat, den es in Anspruch nehmen kann.

Im Unbekannten liegt das vollkommen Abstrakte. Das Morgen, das nächste Leben, die nächste Woche, die nächste brillante, geniale Idee, der nächste Hauch von Freiheit, das nächste atemberaubende Gedicht, das nächste beeindruckende Kunstwerk, die nächste betörende Farbe einer Rose, die nächste Erfahrung des Selbst, sie alle liegen im unbewussten Mind. Und ihr seid wie Lichter, die in der Ewigkeit schweben und die die großartige Gelegenheit haben, etwas innerlich anzunehmen, dessen physische Wirklichkeit zu erleben, daraus Weisheit zu erlangen, die Erfahrung zu definieren, und sich zu erweitern. Und ihr erweitert den unbewussten Mind. Und der unbewusste Mind ist ewig.

Ihr seid euch nur dessen bewusst, was ihr in all den Leben erworben habt, und welchen Lohn diese Erfahrungen euch gebracht haben. Ihr seid euch nur des Bekannten bewusst, das ihr euch als Ergebnis von Weisheit angeeignet habt. Ihr seid euch nicht dessen bewusst, was euch im Unbekannten erwartet, denn das ist der nächste Atemzug des Lebens, den es zu erforschen gilt.

Nun, was ist euer aller Ziel? Euer Ziel ist nicht, ein Frisör oder ein Lehrer oder ein Heiler oder ein Pilger oder ein Anhänger zu werden, oder euren Seelengefährten zu heiraten. Euer Ziel ist, jede Seite im Buch umzublättern. Ziel ist, sich in einem erweiterten Bewusstsein auszudehnen, damit alles Unbekannte bekannt wird. Alles, woraus das Universum besteht, wird sich dann aufwickeln, denn das gesamte Universum wurde zum Licht, denn Dunkelheit ist der unverwirklichte Gott. Licht ist der verwirklichte Gott. Und das ist die Bestimmung, Weiterentwicklung.

Nun, Leute, zur längst vergangenen Zeit: Alte Weisheitsschulen gab es, und es gab sie rund um die Welt und an vielen Orten entlang dieser Küste. Und diese Schulen hatten einen regen Austausch — wollt ihr eine ungeheure Wahrheit hören? — sie tauschten sich mit euren Brüdern aus anderen Galaxien aus. Und daraus entwickelte sich ein tiefes Verständnis, ein Forschen. Nun ja, die primitiven Brüder auf dieser Ebene hatten ihre Bestimmung aus den Augen verloren, denn sie mussten überleben. Häufig brachten ihre Brüder von weit her ihnen geistige Erhebung. Sie halfen den Lehrern, Rechtschaffenheit, den rechten Weg zu lehren.

Das war nicht ungewöhnlich. Ihr konntet also die geheime Schule der Sonne besuchen, wo die Schulen den Menschen von der anderen Sonnenseite und der Sonne ihre Ehrerbietung erwiesen. Und einige dieser Tempel bestehen sozusagen noch immer. Nicht alle wurden zerstört. Doch der Grund für die Existenz von Schulen war — sie waren dieser hier recht ähnlich, außer dass sie oft sieben Jahre lang dauerten und jedes Jahr einer bestimmten Entwicklungsstufe gewidmet war — dass ein Schüler sieben Jahre lang zur Schule ging, um dann im siebten Jahr transparent zu werden.

Nun, in jenen Tagen wandelten die großen Götter auf der Erde. Das ist eine Wahrheit, die sich so ereignet hat. Die großen Götter von weit her vermischten sich mit den Menschen. Genauso wie es Leute von hier gibt, die auf anderen Sternen leben, so gibt es Sternenmenschen, die hier leben. Zwischen ihnen herrschte ungehinderte Kommunikation, denn Wahrheit ist universell, sie ist ewig, oder wie das Wort für „ewig-versell" lauten mag. Die Harmonie und die Kommunikation waren wirklich großartig. Und ja, hier lebten primitive Menschen. Der Cro-Magnon-Mensch lebte hier. Meine Knochen aber könnten euch nicht sagen, was ich gefühlt, gewusst und innerlich akzeptiert hatte und worin ich erleuchtet war. Ihr seht nur Knochen, aber nie die Emotion.

Und die primitiven Menschen speisten gemeinsam mit den Sternenmenschen, denn es gab keine Barrieren, die den Bewusstseinsstrom der Ewigkeit blockiert hätten, denn Ewigkeit ist, ihr erinnert euch, der unbewusste Mind, den alle Götter, egal welchen Stand sie haben, in Anspruch nehmen. Die Intelligenz verzehrte das Dunkel, die Leere. Es gab also eine brüderliche Gemeinschaft.

Ja, überall in den interdimensionalen Universen gibt es Menschen. Es gibt sie jenseits der Sonne. Sie sind überall in eurer Milchstraße verstreut, ganze Zivilisationen. Und doch sind sie der gleiche Gott ohne Image, der um der Erfahrung willen auf der Seite in ihrem Buch des Lebens das gleiche Abbild vom Körper erschuf, ihren nächsten Schritt in das Bewusstsein selbst, denn das ist, was uns alle antreibt.

Nun, Schulen gab es in der Tat an verschiedenen Orten, einige auf weiten Ebenen und andere in der Nähe beeindruckender Berge, die es nicht mehr gibt und im Ozean versunken sind. Die Schulen dauerten sieben Jahre lang, ihr Kalender war etwas anders als eurer heutzutage, ihr Zeitraum von sieben Jahren aber entspricht dem euren. Und in jedem Jahr nahmen Scharen von Menschen an der Ausbildung teil, und am Ende von sieben Jahren hatten sie alle die Seiten in dem Buch umgeblättert, das dafür angewandt werden konnte, die physische Wirklichkeit transparent zu machen. Aus ihnen ging Christus hervor. Aus ihnen gingen die Götter hervor, die auf der Erde wandelten.

Und ja, es gab noch Primitive, die an Knochen nagten und sich mit alten Feuern heilten und einen üblen Geruch an sich hatten und immer noch den Herden da draußen folgten. Doch gab es damals auch jene, die lernten und sich weiterentwickelten. Das wurde allgemein akzeptiert. Und viele von ihnen sind schon lange nicht mehr hier, da sie alles erreicht haben. Sie sind in einer anderen Dimension, im nächsten Abenteuer.

Nun, man musste sozusagen in die Schule gehen wollen. Das sind eure Worte. Das waren die alten Zeiten der Erleuchtung. Es war nicht wichtig, ob ihr mit Fellen oder Häuten bekleidet wart oder mit Kleidern von heute. Männer und Frauen haben sich seither nicht geändert, nur die Technik. Damals bestand die gleiche Form von Unwissenheit wie heute. Viele Menschen, die damals fortgingen, gibt es heute nicht mehr. Und gegenwärtig besteht der gleiche Bedarf wie damals.

Der Test des Eingeweihten

Es war einmal ein hoch angesehener Mann. Er lebte in längst vergangener Zeit und sehr weit weg von hier. Er stammte aus einer sehr reichen Familie und hatte ein Vermögen geerbt, denn seine Vorfahren waren Landbesitzer und Müller. Sie alle waren ohne Tadel: die Männer waren für ihren Edelmut bekannt, ihre angemessene Haltung, ihren kenntnisreichen Verstand; sie waren ehrenhafte Wesen. Dieser Mann hatte eine Frau von niederem Stand geheiratet, deren Herkunft sich nicht auf hohes Ansehen, wie es bezeichnet wird, oder Reichtum gründete, sondern auf Einfachheit, eine Frau, die die Tochter eines, wie man es nennt, Arbeiters in der Mühle war.

Die Frau gleichsam — einfach, zierlich und von ungewöhnlicher Schönheit — gebar diesem Mann einen wunderbaren Sohn, einen Sohn mit leuchtend stahlblauen Augen, dessen Lachen und weiser, kesser Gesichtsausdruck den Anschein erweckten, dass er das Gezwitscher der Vögel draußen vor seinem Zimmer verstehe. Der kleine Junge wuchs in einem bedeutenden Haushalt heran. Und sein Vater hörte nie auf, den ihm bekannten Göttern Opfer darzubringen als Danksagung für diesen seinen Sohn, die Liebe seines Herzens. Und der Mann war so dankbar, dass er seine Frau bei sich behielt, und nur seine Frau, und mit keiner anderen Frau schlief, denn in seinen Augen war diese Verbindung und das Kind ein Segen, ein Kind, das als seines Vaters Sohn bedeutende Nachkommen für die Familie hervorbringen würde.

Fern und nah forschte er nach Tutoren, nach Lehrern, die den Knaben zu Hause unterrichten sollten. Jeder sagte, dass der Knabe gesalbt sei, ihm die Schleier von den Augen genommen worden seien. Und der Vater, in aller Bescheidenheit und Würde, verbeugte sich mit Tränen in den Augen, doch er verstand nicht, was die Lehrer damit meinten.

Und eines Tages schließlich kam der Lehrer, der aus dem Fernen Osten gekommen war, vom Duft der Gewürze umhüllt und mit gesalbtem Bart, zu ihm und sagte: „Mehr kann ich Eurem Sohn nicht beibringen. Die Begabung Eures Sohnes übersteigt mein Alter und in der Tat meine Weisheit. Es wäre angebracht, wenn Ihr für Euren Sohn einen Meister finden würdet, denn ungeachtet seiner Begabung schlägt in ihm ein wildes, ungestümes Herz. Er widersetzt sich dem Lernen, denn sein Wunsch ist es, an Spielen teilzunehmen und dazu noch seine Kameraden zu besiegen."

Der Vater, über die vom Lehrer gegebene Beschreibung seines Sohnes geschockt, hatte diese Eigenschaften in seinem kleinen Liebling nie wahrgenommen. Und so wurden auf sein Geheiß hin im ganzen Land Boten nach einem Meister-Lehrer ausgesandt. Und, siehe da, ein Bote erschien mit der Nachricht, dass in zwei Wochen ein Meister-Lehrer eintreffen, sein Angebot unterbreiten und den Jüngling in Augenschein nehmen würde. Und, siehe da, zwei Wochen später waren alle Vorbereitungen getroffen. Junge Kälber und die besten Lämmer waren geschlachtet, Obst und Gemüse war eingebracht, Brot gebacken, und das ganze Königreich roch nach Brot, gebratenem Fleisch, Honig, dem Rauch von Feuern, Essig und Öl mit einem Hauch von Knoblauch und den allerfeinsten Gewürzen. Die Luft war erfüllt mit freudiger Erwartung, und Zimbeln waren in den Küchen der Köche zu vernehmen, die bei der Zubereitung des Essens tanzten — jeder erhielt, zur Freude aller, eine kleine Kostprobe — weiße reich geschmückte Kleidung wurde, tadellos zurechtgemacht, bereitgelegt. Messing und Gold waren poliert und selbst Edelsteine, die über die Zeit ihren Glanz verloren hatten, erstrahlten mit neuem Leben und glitzerten wie feurige Sterne in der Mittagssonne.

Und da erschien der Meister-Lehrer auf einem Esel und er roch nach alten Eiern und einer langen Reise, sein Haar, wie es so heißt, war eine Ansammlung von Staub und Schmutz verschiedenster Länder und selbst der Geruch des frisch gebackenen Brotes konnte das von ihm ausgehende Aroma nicht übertönen. Der Mann griff nach seinem mit Öl getränkten Tuch, bedeckte damit seine Nase, um diese schrecklichen Gerüche von seiner Nase fernzuhalten, damit diese bloß nicht sein Gehirn verschmutzten, doch irgendetwas sagte ihm, dass er das nicht tun sollte. Und der Jüngling erschien, um vorgestellt zu werden.

Der Meister-Lehrer wollte weder Essen, noch Reisegeld oder Tanz und Unterkunft. Er zog es vor, im Freien zu schlafen. Er sandte nach dem Jüngling, und dieser erschien, in seiner besten Kleidung, mit geöltem Haar, gesalbtem Antlitz und strahlend weiß gekleidet, den Stein vom Hause seines Vaters trug er tapfer auf seiner Brustplatte, und als er den Meister-Lehrer erblickte, zog sein Gesicht sich zusammen.

Der Meister-Lehrer musterte ihn von Kopf bis Fuß, öffnete den Mund des Jungen, blickte ihm unter das Hemd, unter die Brustplatte, betrachtete die Hände, schaute ihm in die Ohren, teilte sein Haar, roch das Öl, und ohne ein Wort zu sagen, nahm er einen kräftigen Stock und schlug das Kind mit dem Stock. Zum Entsetzen und zur Qual des Vaters schlug der Meister-Lehrer das Kind ein zweites Mal. Keiner wagte es, eine Hand gegen den Meister-Lehrer zu heben, denn vielleicht war er ja ein Zauberer. Scharlachrotes Blut lief in Strömen an der Schläfe des Knaben hinunter und ein Blutrinnsal verfing sich am Rand eines Auges, doch er rührte keinen Finger, um es wegzuwischen, und er starrte den Meister-Lehrer unverwandt an. Er machte keinerlei Bewegung, um sich zu schützen; er stand da und nahm es hin.

Der Meister-Lehrer sah das Kind lang mit tiefen Blicken an. Nirgendwo war auch nur das geringste Geräusch zu hören, nicht einmal in der Ferne der Klang der Zimbeln. Der Lehrer drehte sich um und wandte sich von beiden ab. Und die Augen des Jünglings füllten sich mit Tränen und er lief dem geheimnisvollen alten Mann nach. Und er wusste nicht wieso, denn niemand hatte ihn je geschlagen, denn er war der ganze Stolz in seines Vaters Haus. Niemand hatte je sein Blut gesehen, außer seiner Mutter bei seiner Geburt. Keiner hatte je zuvor sein Antlitz berührt. Und er lief dem alten Lehrer nach. Und plötzlich roch der alte Mann nach Blumen. Und der kleine Junge wusste nicht warum, aber er wollte nicht, dass der Mann ging.

Der alte Lehrer nahm seinen Esel, warf sich auf dessen Rücken, strich seine Kleidung glatt, wandte den Kopf gen Westen und blickte starren Blicks in die Ferne. Und der Jüngling wandte sich an seinen Vater mit der

Bitte: „Vater, lass ihn nicht fort!“, und in dem Moment drehte der Meister-Lehrer sich um und sagte zum Vater: „Ich akzeptiere deinen Sohn, doch ich werde ihn nicht hier unterrichten.“

Der Vater also richtete die Kleidung her und packte alle Truhen. Und zu seinem Erstaunen kam der Meister-Lehrer und schlug mit seinem Stock auf all die Truhen und sagte: „Er braucht diese Dinge nicht. Bringt mir Sacktuch und Asche und Öl und altbackenes Brot und harten Käse. Bringt mir getrocknetes Obst. Gebt mir, was die Köche in der Küche essen. Bringt mir diese Dinge und gebt ihm, ich bitte euch, kein Pferd. Bringt mir einen Esel.“ Und zum Erstaunen aller und zur großen Freude des Jungen kleidete man ihn in Sacktuch, rieb ihm Asche auf die Stirn und in sein wundervolles, geöltes Haar. Der Proviant wurde zusammengestellt und es sah so aus, als würde er nicht einmal vierzehn Tage reichen. Aus einem Stall wurde ein störrischer alter Esel gebracht, von dem keiner wusste, wie lange er dort gewesen war, und zusammen mit dem Proviant packte man den Jungen auf den Esel. Und in weiter Ferne konnte man beide noch reiten sehen, den alten Mann und den Jungen.

Und der Vater weinte und weinte und weinte. Und sein ganzer Haushalt weinte und weinte, denn der kleine Sonnenschein des Vaters hatte das Haus verlassen. Doch die Mutter wusste Bescheid, und mit einer Träne im Auge lächelte sie, denn sie verstand, dass die Bestimmung ihres Sohnes irgendwo da draußen lag und nicht an ihrem Busen.

Der Meister-Lehrer führte den Jungen an einen Ort in den Bergen. Und zu seiner Überraschung und zu seinem Erstaunen gab es dort andere Kinder und Menschen unterschiedlichster Größe. Und aus der Ferne hallte dieser Ort vom sanften Klang von Flöten, Zithern und Leiern wider und den Gesängen zarter Stimmen. Und gleich Geistern gingen Menschen durch die langgestreckten Gänge; es roch angenehm und delikat, es war friedvoll und still. Goldene Lichtstrahlen durchdrangen das Dach und gaben den Korridoren einen geheimnisvollen und überdimensionalen Charakter. Das Quartier des Jungen war karg und rau. Doch hier begann er sein Leben unter der Leitung des Meister-Lehrers, der ihn lehrte, der ihn wieder lehrte, und sich bemühte, ein Verständnis in ihm hervorzubringen.

Der Jüngling wuchs zu einem gutaussehenden Mann heran, er wuchs und erreichte verschiedene Stufen in der Schule. Er spielte die Flöte und überall in den Tälern wurden selbst die Hügel von ihrer Melodie verfolgt und die Trauertauben ahmten ihren Klang nach. Unter seinen feingliedrigen Händen wurden Zither und Leier zu Goldgespinsten am frühen Morgen, und sein Antlitz reflektierte den Tanz des Morgenlichts. Und aus der Ferne sah er wie ein goldenes Wesen aus. Er konnte einem Gedanken lange folgen und er sprach mit den Bäumen. Er verstand die Musik eines plätschernden Baches, der aus hohen Berghängen ins Tal hinuntereilte. Er hatte hellwach in einer Wolke gelebt und kannte ihre Essenz.

Dieser feine Jüngling war ein Adept der mystischen und wunderbaren Kunst alles Bekannten, und er betrat den Bereich des Unbekannten, als eines Tages sein großartiger Lehrer — sein Alter war unverändert — zu ihm kam, seine Kontemplation unterbrach und zu ihm sagte: „Es ist soweit." Wortlos erhob sich der junge Mann. Er war am Ende seiner Teenage-Jahre, inmitten der Pubertät. Der Meister-Lehrer führte ihn in einen Gang und verband ihm dort die Augen, was er noch nie zuvor erlebt hatte, und er machte seine Reise wieder auf einem Esel. Es schien aber, als ritten sie durch Höhlen, denn die Hufe klapperten auf Fels und platschten durch Wasser, und sie konnten ihr eigenes Echo hören. Und ein Gefühl der Vorahnung wallte in ihm auf, doch er hatte Vertrauen zu seinem Lehrer und liebte ihn.

Nach zwei Tagen, in denen er nicht das Geringste sah, nahm er auf Geheiß seines Lehrers die Augenbinde ab. Der Lehrer gab ihm ein bitteres Kraut und hartes Gebäck zu essen und sagte: „Heute wirst du eingeweiht und wirst für immer den Busen der Frauen zurücklassen, und du wirst in den Hallen der höheren Erkenntnis weilen, doch zuerst musst du eine Aufgabe erfüllen." Und zum ersten Mal durchlief den Jungen ein Schauer von Ungewissheit. Es war nicht wie damals, als er vom Lehrer auf den Kopf geschlagen wurde. Damals hatte er eine unerklärliche Gewissheit verspürt, das hier aber war etwas Ungewisses. Und so bat er den Meister-Lehrer: „Bitte, sag mir, wohin ich gehe und was ich tun muss."

Und der Lehrer sah ihn an und sagte: „Erinnerst du dich, wie du als Kind mit deinen Freunden gespielt und sie alle besiegt hast?"

Überrascht antwortete er: „Ja, aber daran habe ich seit Jahren nicht mehr gedacht."

„Wo du hingehen wirst, wirst du ein Spiel mit größeren Wesen spielen, aber es ist eine Prüfung, und du musst sie durchstehen. Und nur zwei werden ans Ende der Reise gelangen."

Das beunruhigte die Wesenheit, denn er war von Herzen ehrgeizig, etwas, das er bisher nie bemerkt hatte. Voller Angst und Unbehagen — ein aufregendes Gefühl, das er seit Kindheitstagen nicht mehr gehabt hatte — wurde er also in einen riesigen Raum geführt, der direkt aus dem Berg gehauen zu sein schien: mit glattpoliertem Fels und Säulen aus lebendigem Stein gemeißelt. Die Säulen waren von altersher mit pulsierenden Mineraladern durchzogen. Und es saß dort ein Hoher Rat von Wesen, die er nie zuvor gesehen hatte, wunderschöne, wunderschöne Menschen mit langem glänzendem Haar, deren Umhänge aus lebendigem Feuer gemacht zu sein schienen. Sie wirkten alterslos und doch jung. Und zu seiner Rechten und Linken sah er junge Männer und junge Frauen, die still auf dem Boden saßen. Ihre Schatten tanzten, als ob ihre Geister im Felsen lebendig wären und nicht im Raum darüber. Man wies ihm einen Platz zu.

Und jeder dieser jungen Schar, einer nach dem anderen, wurde vor den Rat gerufen, und nie wurde auch nur ein einziges Wort gewechselt. Manche gingen nach rechts, andere nach links und nach kurzer Zeit war er an der Reihe. Und er hörte eine so wunderschöne Stimme; sie rief ihn und nannte ihn beim Namen. Voller Staunen sah er, dass sich der Mund einer wundervollen Wesenheit nicht bewegte, der unauffällig am Ende des Hohen Rats Platz genommen hatten. Und während er sie unverwandt anblickte, erklang eine laute Stimme in seinem Ohr, melodisch und wunderschön. Und bei genauerem Hinsehen kam ihm das wunderbare Wesen irgendwie bekannt vor. Es war sein alter Lehrer, der überhaupt nicht alt war, sondern jung und alterslos. Bewundernd sah er zu, wie ein Gedanke aus dem Kopf des Lehrers emporschwebte, ihn beim Namen nannte und ihm Anweisungen gab. Es war, als ob das Buch des Lebens sich öffnete und daraus gelesen würde. Und verwundert blickte er sich um, ob jemand anders es auch hörte. Der ganze Rat blickte ihn unverwandt an — ihr Gesichtsausdruck war nicht zu deuten — ebenso die jungen Leute auf dem Boden; ihre Augen waren geschlossen und ihre Schatten spiegelten sich tanzend auf glattpoliertem Fels.

Sein alter Lehrer sagte zu ihm: „Ich habe dir alles beigebracht, was ich lehren und ein junger Mann lernen kann. Du warst in der Tat ein guter Schüler und bist in den Künsten bewandert. In Geographie bist du ausgezeichnet. An den Wissenschaften hast du wenig Interesse. Du kennst den Zodiak und die Häuser. Tanz ist wie für dich geschaffen. Aber ich kann dir nichts mehr über die Dinge der Natur und dieser Welt beibringen. Du musst diese Welt verlassen, um die Dinge zu lernen, die darüber hinausgehen. Nimmst du diese Herausforderung an?“

Und der junge Mann, voller Begeisterung und Angst und Staunen über diesen wundersamen Ort, nickte, verbeugte sich und nahm die Herausforderung an. Man sagte ihm, er solle zur Rechten gehen. Er ging zur Rechten. Zwei unauffällige Wesen nahmen ihn sanft beim Arm und führten ihn in einen Raum. Dort wurde sein ganzer Körper blau bemalt, Steine wurden ihm ins Haar geflochten, in seine wunderschönen Locken. Und als er so dasaß mit geschlossenen Augen, sein Körper bereit, wurden Zimbeln an seinen Fingern und Glöckchen an seinen Knöcheln befestigt. Auf seine Fußsohlen malte man ein Kreuz.

Und plötzlich waren alle fort, und er lag auf einem Altar aus Stein. Und er spürte eine sanfte Hand und einen vertrauten Blumenduft, und er wusste, es war sein Lehrer. Sein Lehrer salbte ihm die Stirn mit Öl und küsste seine Wangen, beide, und seine Fingerspitzen. Er drehte die Handflächen um und küsste sie und salbte sie, und er verschwand ohne ein Wort.

Drei Tage und drei Nächte lag er dort. Wenn er sich bewegte, klirrten die Zimbeln; die Glöckchen klingelten. Sein Körper wurde schwer. Unter den Steinen, die in sein Haar geflochten waren, wurde ihm der Kopf schwer. Und das Kreuz auf den Fußsohlen brannte, und das auf der Stirn brannte auch. Er entschwebte in ein fantastisches Land, der Raum verschwand, und wunderschöne Bilder tanzten hin und her. Geflügelte Wesen, hell und schön, flogen in den Raum, aber er konnte sie nicht sehen. Er konnte sie nur hören.

Tief in seinem geistigen Innern öffnete sich seine Schädeldecke und ein Sproß brach aus dem fruchtbaren Boden hervor, der zu einem Stiel heranwuchs. Und er schrie vor Schmerz, als reißende Dornen sein Fleisch verletzten. Und oben, aus dem Kopf, wuchs in den leeren Raum über ihm ein herrlicher Stiel und am Ende des Stiels war eine Knospe — prall, grün, prächtig, sie platzte, schälte sich und brach auf. Und die Blume öffnete sich, jedes Blütenblatt entfaltete sich voll. Sie war tiefrot und ihr Duft durchtränkte den Raum. Und er war die Wurzel dieser fantastischen Blume. Sie blühte. Und ein sanfter Wind erhob sich und ein widerlicher Duft, und die Wände rochen stärker und immer stärker nach der Blume. Und unter dem Kreuz schmerzten seine Füße. Und er ließ sich treiben. Die Blume war so schwer und ihr Geruch machte ihn krank, aber er konnte sich nicht rühren. Und er versank in eine tiefe Bewusstlosigkeit.

Er wurde wach — wach — von einem Ruck an seiner Schulter. Und, abrupt erhob er sich, die Zimbeln und Glöckchen ertönten. Und die Steine schlugen auf seinen Wangen hin und her und auf den Schultern, und in seinem Haar, das bis zur Mitte seines Rückens reichte. Und seine Füße brannten wie glühende Kohlen. Und man schob ihn hastig durch eine Tür, und die Tür schlug hinter ihm zu mit einem Knall, der hallte, hallte, hallte. Und eine Stimme sagte: „Kennst du den Weg, so kannst du gehen, doch du musst ihn kennen. Kennst du den Weg, so kannst du gehen, doch du musst ihn kennen."

Und er atmete und atmete und plötzlich wusste er den Weg. Die Höhle wurde hell und am anderen Ende sah er eine helle Öffnung. Da war die Brücke, lang und schmal, er überquerte sie. Und seine Füße brannten und die Glöckchen klingelten und die Zimbeln klirrten und die ganze Halle wurde von seiner Bewegung erfüllt. Und plötzlich, in der Mitte, brannten seine Füße ein Loch in die kleine Brücke. Er griff nach dem Seil und am Seil stürzte er tief in einen Abgrund, und dort hing er. Oben über ihm, hörte er Stimmen, Männer und Frauen, die über irgendeine Geschichte lachten — er konnte nicht genau hören, worüber — und das Lachen schien weit und tief unter ihm zu hallen. Und ein junger Mann lachte höhnisch, und er wusste, man lachte über ihn. Etwas in seinem Innern feuerte ihn an, tief, ahnungsvoll und wundervoll. Und er kletterte am Seil nach oben. Die Glöckchen erklangen, die Zimbeln klirrten, die Steine schnitten ihm in die Schultern und der Kopf schmerzte. Er kletterte nach oben, kraxelte einen schieren Abhang empor, während ihm krabbelndes Getier am Rücken entlang kroch und in die Ohren und in die Augen. Er aber kletterte weiter am Seil nach oben.

Und das höhnische Gelächter wurde lauter und das Lachen der Frauen klang lauter. Und seine Wut nahm zu. Und er konnte das Pochen seines Herzens in den Ohren und hinter den Augen spüren; in seiner Brust spürte er seinen hämmernden Schlag. Jemand rief seinen Namen und sie lachten. Und er kletterte den steilen Abhang bis ans Ende und stand auf. Mit weit aufgerissenen Augen und wilden Blicks suchte er nach denen, die gelacht hatten. Aber da war niemand. Er rief nach ihnen und schleuderte ihnen Herausforderungen entgegen. Doch er konnte nichts als sein eigenes Echo hören: den Klang der Glocken und Zimbeln, und das Blut von seinem Ohr, das in einem roten Rinnsal auf die Schultern tropfte. Er setzte sich hin und begann zu weinen. Und im gleichen Moment brach hinter ihm eine Tür auf und er fiel rückwärts in einen Raum.

Er rollte und fiel vor etwas Weiches und Schönes; es war eine Frau. Und er blickte auf, und da war ein junger Mann. Und er blickte sich um. Und aus den Schatten löste sich ein weiterer junger Mann, und die Blicke der Frau waren lang, lieblich und freundlich. Und auch sie war blau bemalt, und Steine und Kugeln und Steinchen waren in ihr goldenes Haar geknüpft. Und an der Seite der Nase tropfte es blutrot. Und an ihren Fußgelenken waren Glöckchen und an den Fingern Zimbeln, und genauso bei dem Mann, der aus dem Schatten hervorgekommen war. Es fiel kein Wort. Man verstand sich. Sie alle hatten dasselbe erlebt.

Als sie sich erhoben und umblickten, hörten sie plötzlich Wasser rauschen, und nicht weit von ihren Füßen füllte sich ein Kanal mit dem Wasser. Und irgendwie wussten sie — er hörte die Worten seines Lehrers in seinem Kopf, dass er diese Reise machen sollte zur Säuberung, Reinigung und Läuterung. Und plötzlich wurde die schöne blaugefärbte Frau an seiner Seite von einem anderen jungen Mann mitgenommen, und sie bogen um eine Ecke und verschwanden im Schatten, und er wusste, ihr Ziel war das Wasser. Und das verletzte ihn und es nagte an ihm. Er wollte sie besitzen, sie sollte ihm gehören. Alles in diesem einen Augenblick. Er wollte es verstehen. Und in ihm regte sich erneut die Wut. Und schleichend — unter Bimmeln und Geschepper und ja, die Zimbeln auch, unter dem Geklicker und Geklacker der Steine und mit tropfendem Blut — fand er seinen Weg zum Fluss. Der Fluss war in einer Höhle und war eiskalt.

Er vernahm eine Stimme, die Stimme des jungen Mannes. Sie waren bereits im Wasser, und er sprang ihnen nach. Seht ihr, er wollte ein Spiel spielen. Er wollte der Beste sein. Er wollte den Preis erringen, etwas, das er nicht mehr getan hatte, seit er ein Junge war. Und sie waren ihm immer ein Stückchen voraus. Und er verlor seine Fähigkeit zu wissen. Und in seinem Herzen wurde er vom Wetteifer gepackt und stürzte einen Wasserfall hinab in einen tiefen Abgrund. Und als ihm das Wasser in Nase und Kehle drang, sah er zum ersten Mal das Gesicht seines Vaters — er konnte sich nicht erinnern, wann er das letzte Mal an seinen Vater gedacht hatte — und seine Mutter, sanft, bescheiden, freundlich und stark. Das Wasser drang in seine Ohren und sein Kopf war unter Wasser. Und es umgab ihn eine Totenstille, nur das Rauschen des Wassers hoch oben war zu hören. Und er hörte die Stimme seines alten Lehrers: „Wir werden uns wiedersehen. Wir werden uns wiedersehen." Und dann wusste er nichts mehr — er wusste nichts mehr.

Sein Körper wurde an ein seichtes Ufer gewaschen und von Schülern gefunden. Die Steine waren glatt poliert und alles Blau war weggewaschen, und die Augen des jungen Mannes waren starr und glasig. Seines Vaters ganzer Stolz und ganze Freude, ein Junge von gefeierter Schönheit, das war das Ende. Zusammen mit anderen wurde sein Körper in einen Tempel getragen. Und dort, im Tempel wurde getanzt und sie erfreuten damit den Geist, der den Körper verlassen hatte, damit er eines Tages wieder zu ihnen zurückkehren würde. Und das würde er eines Tages auch tun.

Dieser Eingeweihte verbrachte all die folgenden Leben in Trauer, und sein Vater genauso. Sein Vater starb verbittert. Er hatte seinen ganzen Stolz und seine ganze Freude dem Lehrer anvertraut, seinen Jungen, seinen Sohn, und sein Sohn war ihm nie zurückgegeben worden.. Das Sacktuch und die Steine, eine Flöte und eine Blume, die hatte man dem Vater gegeben.

Was für eine Reise macht nun solch eine Seele? Warum hat die Seele es nicht geschafft, und warum rettete ihn keiner? Verständnis ist ein wahrer Segen, wenn man es besitzt. Es ist ein Rätsel. Überleben — überleben — ist jedem Menschen angeboren. Verstehen jedoch nicht. Wissen auch nicht. Es gibt Leben, die völlig in unbeschreiblichen Zuständen verschwendet werden und es gibt solche, die in den besten Augenblicken weit über den Horizont menschlicher Visionen hinausreichen. Aber solch eine Reise um des Verstehens willen ist für eine Wesenheit nie vergeudet, nur auf einen späteren Zeitpunkt verschoben. Dieser Eingeweihte kam zurück mit einigen der gleichen Verstrickungen wie lang zuvor. Er muss von vorne anfangen.

Seht ihr, viele unter euch haben eine wichtige Lektion noch nicht gelernt, und die Lektion ist die: Es geht nicht darum, die Frau zu gewinnen, die blaue Frau mit goldenem Haar. Es geht nicht darum, andere Eingeweihte zu besiegen. Es geht nicht darum, zum Klang einer Trommel oder Flöte zu tanzen. Es geht nicht darum, der Beste zu sein. Es geht nicht darum, die Karten zu bekommen.[1] Es geht um die Reise. Die Reise ist wichtig. Dieses Wesen hatte eine wundervolle Reise, aber sein Verderben war, dass er bekommen wollte, was er wollte und nicht die Reise an sich, und das vernichtete ihn.

---

[1] Durch die Fieldwork™-Disziplin

Wer also weint um euch, die ihr so viel erringt und am Ende doch verliert? Noch nicht einmal euer alter Lehrer, denn Verständnis entsteht auf Grund von Schwierigkeiten und Verletzungen und Schmerz und dem Blut des modifizierten Egos, das vergehen muss, damit man auf immer und ewig im Land des Verstehens leben kann. Einige von euch wissen immer noch nicht, warum sie hier sind. Ihr habt keine Ahnung, warum ihr hier seid, weil euch das Verständnis fehlt. Und früher oder später werdet ihr euch entscheiden müssen, oder ihr werdet getestet, die Anwendung dieses Verständnisses ist einfach und mehr ist nicht nötig. Und voller Schrecken und Unglauben werdet ihr festellen, dass ihr einen derartigen Test einzig und allein mit Verständnis hättet bewältigen können — nicht durch List oder Muskeln oder auf Grund eures Geschlechts, sondern durch Verständnis — die großartige Fähigkeit der Erleuchtung.

Manche von euch werden immer leiden — ihr habt immer gelitten — ihr werdet immer leiden. Manche von euch werden es bis in die große Halle schaffen, so weit werdet ihr es schaffen. Manche werden im Morgengrauen der goldene Tänzer sein. Und andere werden bis zur Brücke vordringen, doch das höhnische Gelächter und die Verachtung über euer Versagen wird euer Verderben sein. Sich jedoch von derart konzentriertem Ärger und verachtender Geringschätzung zu befreien, könnte eure Rettung bedeuten. Aufzugeben heisst, in den Abgrund der Unwissenheit zu stürzen und nie zu wissen, warum die Trauertaube ihr Klagelied singt; und dass das Weise und Wunderbare und Schöne häufig nicht so kommen, wie sie eurer Ansicht nach kommen sollten, und auch nicht immer in der Gestalt, in der sie eurer Ansicht nach kommen sollten. Es sind die unerwarteten Dinge im Leben, in denen Verständnis plötzlich zu Tage tritt.

Manche von euch wissen immer noch nicht, warum sie hier sind. Manche sind immer noch so konkurrenzbetont wie zuvor, und alles, was für euch zählt, ist eure Karte zu finden, und die Bedeutung der Reise ging dadurch verloren. Manche von euch wissen nicht, warum ihr hier seid, denn viel zu oft wart ihr viel zu müde und viel zu hungrig. Und wozu war das gut? Nur selten habt ihr jemals eine Mahlzeit verpasst, und ihr habt nur dann eine Nacht lang auf Schlaf verzichtet, wenn ihr euch gut amüsiert habt.

Einige haben untadeliges Verhalten gelernt, haben jetzt mehr Kraft, haben den Wein des Verstehens gekostet und wissen. Und ihr könnt von euren kleinen Misserfolgen niedergedrückt sein, aber ihr lebt in einer sehr, sehr kleinen Welt, das will ich euch sagen, denn das Verständnis kommt zu denen, die es mehr wollen als alles andere in der Welt, Wettbewerb miteingeschlossen.

Wir wollen über das Ende der Geschichte reden. Diese schöne goldene Frau, blau bemalt, hat es bis ans Ende geschafft, und sie trug stolz bis ans Ende ihres wunderbaren Lebens die Narben dieser Reise, denn das Physische war zugunsten des Bewusstseins aufgelöst und geopfert worden.

Und das Bewusstsein sollte einen großartigen Mind und eine wunderbare Reise durchs Leben haben. Und der junge Mann schaffte es auch. Er sollte einer der berühmtesten Philosophen aller Zeiten werden. Ihm haben wir Sokrates und Plato zu verdanken. Er legte die Basis für das Verstehen. Und auch der alte Lehrer ist immer noch gesund und munter und vergnügt.

Und der wunderbare Eingeweihte? Er ist zurück und lernt. Er trägt das gleiche Gewand, das gleiche Bewusstsein, nur zu einer anderen Zeit und an einem anderen Ort. Und wir werden es wieder tun, nur dass diesmal die Schlucht und der Abgrund nicht physisch existieren, sondern es gibt sie als Brücke für das Bewusstsein.

Ihr, die ihr etwas während unseres gemeinsamen Aufenthalts hier gelernt habt, habt an Tiefe gewonnen und Weisheit erlangt und ihr habt euch geändert. Wer sich durch den Test der Bewegungslosigkeit durchgekämpft hat, hat einen tieferliegenden Teil in sich entdeckt, der noch nicht voll ausgedrückt wurde, aber in der Zukunft voll zum Ausdruck kommen wird. Und das geschäftige Treiben und Plaudern und Herumrutschen von einigen unter euch, das wird euer Verderben sein. Aber diejenigen, denen es ernst war — das sind die Tage, an die ich mich erinnern werde — an eure Gesichter, euren Geruch, eure tanzenden Augen und euer schmutziges Haar, eure fleckige Kleidung, euer Lachen und eure Freude und euer Durchhaltevermögen im safranfarbenen Staub, eure Lieder, eure Tänze, eure Gruppen, eure freudige Erregung, eure Begeisterung, eure Wahrheitsliebe. Und das sind die Erinnerungen von diesem wirklich großartigen Treffen: die Veränderungen, die Erleuchtung, der von unwiderlegbaren Beweisen zerstreute Zweifel, eine Wirklichkeit, eine Wirklichkeit, die für den, der sie webt, biegsam und geschmeidig ist, und die er im Leben wird tragen müssen. Und zu den Bildermachern, die solche Bilder entwarfen, dass sie ihnen zur Last wurden und sie ihnen nicht entkommen konnten, die ihre scheinbaren Misserfolge der Welt gegenüber nicht verwinden können — welches Gewand ihr auch webt, ihr müsst es tragen.

Ich liebe euch alle. Merkt euch diese Geschichte, denn sie ist ungewöhnlich und dazu noch wahr. Merkt euch, was man braucht, um zu verstehen, und nicht, dass Verstehen schwer zu finden sei. Es liegt tief unter dem Deckmantel des Lebens begraben, aber ist dennoch leicht zu erreichen. Es ist ein Schatz, nach dem alle streben sollten, ganz besonders ihr. Vielleicht seid ihr, wenn wir uns das nächste Mal treffen, weiser, habt eine größere Klarheit, seid einfacher, flexibler, mit Freude im Herzen, so dass in eurem Gang der Klang von Flöte und Zimbeln ertönt und ihr nach Rosen duftet, wenigstens für mich, denn das hier ist das Große Werk. Das hier ist ein Teil einer großartigen Schule, die euch in entlegene Fernen führen wird und dann wieder in die Welt entlässt. Und wenn ihr ihrer überdrüssig seid, kommt ihr zurück.

Ich habe die Erwartung, dass ihr wunderbare Dinge vollbringt, diejenigen, die das Verständnis haben. Ich erwarte ebenso von denen, die das nicht tun, dass sie darüber nachdenken, was es ist. Und diejenigen unter euch, die immer erschöpft und immer krank und immer müde sind, ich nehme an, dass ihr so bleibt, bis ihr euch ändert. Und die, die immer gern der Sieger sind, ich vermute, ihr werdet, um weiterhin siegen zu können, hin und wieder verlieren müssen.

So sei es.

Aberglaube zwingt die geheimen Lehren in den Untergrund

Nun, irgendwann wurden diese Schulen schließlich zerstört und damit zerbrach unsere Kommunikation mit einer großartigen Intelligenz. Was ich hier lehre ist ungeheuerlich und manchmal trifft man in der heutigen Zeit auf ein Publikum, von dem man weiß, dass es nicht bereit ist, dies zu hören. Aber das ist einer der Gründe, warum es Unwissenheit in einer scheinbar so fortschrittlichen Kultur gibt.

Doch die Menschen von jenseits der Sonne und die auf der Erde haben sich in ihrem Verhältnis zu einander niemals gegenseitig vergöttert, sondern einander bei der Erforschung der physischen Wirklichkeit unterstützt und geholfen. Dann tauchten die Heiden auf, die ihren Herden folgten, und ließen sich östlich von Eden nieder. Und diese Menschen erschufen Adam und Eva und entwickelten eine von den Schulen der alten Zeit unabhängige, komplexe, agnostische Wahrheit. Und dadurch, dass sie Bruchteile der erleuchteten Wahrheit übernahmen und diese mit Aberglaube, Hass und Boshaftigkeit anfüllten, entwickelten sie ein vollständig neues Gottes-Konzept, denn nun erhielt der Schöpfer eine Identität als Ersatz für das Immer und Ewige, den großen Mind, die Allheit, das Absolute. Vor 6.000 Jahren wurde Gott nach dem Bilde dieser Menschen aus uralter Zeit erschaffen.

Und sie erschufen Gott nach ihrem Bilde. Und wenn ihr etwas nach eurem Bilde, eurem Bewusstsein entsprechend erschafft, muss es eurer Wahrnehmung gemäß zusammengesetzt sein. Ihr könnt nicht etwas schaffen, das nicht eine Widerspiegelung eurer selbst ist. Gott wurde nun also gemein und zornig und ein Einzelwesen. Er wurde unsicher, denn er schuf diese zwei Leute, die ihn verehren sollten. Und er sagte ihnen, sie sollten nicht vom Baum des Lebens essen — damit ist eigentlich Wissen gemeint, im Buch blättern, die Seiten umblättern. Kein Wissen mehr.

Und so war er nun ein unsicherer, eifersüchtiger, furchterregender und gewalttätiger Gott geworden. Und offensichtlich waren Vulkanausbrüche die Strafe Gottes, denn das war das so genannte Höllenfeuer. Gehorchte man den Anweisungen nicht, würde man in ein brennendes Feuermeer geworfen, was die übliche Verfahrensweise für Erleuchtete war. Und darauf lässt sich das Wort „Erleuchtung" zurückführen. Da haben „Feuer und Schwefel der Hölle" ihren Ursprung, denn aus den natürlich vorkommenden Eruptionen an einer Nahtstelle — Erdveränderung in ganz natürlichem Rahmen — wurde die Vergeltung eines Gottes gemacht, den sie nach ihrem Bilde erschaffen hatten. Und Leute, die widersprachen, wurden in den brennenden See geworfen. So wurde es gemacht.

Also, all die erleuchteten Wesen, wisst ihr, sie gehörten zu den Schulen und waren gekommen um zu lernen. Die Wahrheit, dass sie gefallene Geistwesen seien, und das waren sie, hatte man rasch übernommen. Sie waren durch sieben Schwingungsebenen gekommen, um mit der physischen Materie zu interagieren, und ihre Bestimmung war es, umzukehren, aus der Materie wieder zurück zur Quelle zu gelangen; eine vollständige Reise. Aus ihnen wurden also die gefallenen Geistwesen Luzifers, die aus Gottes Himmel ausgestoßen worden waren.

Nun, während sich die heidnische Religion mit ihrer Ablehnung gegenüber den Erleuchteten der großen Schulen zunehmend verbreitete, erlangte der Krieg einen neuen heimtückischen Stellenwert, denn nun konnte Gott zur Rechtfertigung für das offensichtliche Abschlachten zwischen den Stämmen herangezogen werden. Viele der großen Schulen wurden zerstört, da die Erleuchteten dieser Schulen in ihrer Ausbildung auch etwas über das Image lernten, in dem sie lebten.

Wisst ihr, ihre Wände waren nicht mit Dingen vollgehängt. Ihre Wahrheit war rein und ihr Verständnis war rein und sie verstanden ihre Bestimmung und ihr Leben; sie wussten, dass sie zuvor gelebt hatten und danach leben würden. Nur das Image würde vergehen. Nie führten diese Leute Krieg gegen die Heiden. Und viele gingen fort, jenseits der Sterne. Und man zollt ihnen Anerkennung. Und ihr könnt die Gesichter von Steinstatuen sehen, den Blick gen Himmel gerichtet. Für die, die zurückblieben, ist dies eine Ehrenbezeugung an ihre Brüder, die gegangen sind. Und sie sind die letzten Abbilder, die nicht vollkommen zerstört wurden — aus einer Zeit als man Bewusstsein, die Beschaffenheit der Wirklichkeit, die Reise des Mannes, die Reise der Frau, die einander gleichstehen, in die Kosmologie des Lebens, und das Verständnis von Lebenskraft und Lebensprinzip kannte — sie sind die letzen Überreste jenes Volkes und sie stehen noch immer, diese großen Steinstatuen, die in die Ewigkeit blickend nach denen Ausschau halten, die gegangen sind; die nicht mehr da sind. Die Schulen wurden zerstört; die Lehren wurden erst vollständig vernichtet, nachdem gewisse Teilbereiche ihrer Wahrheit übernommen, abgewandelt und in Bücher voller Aberglauben verwandelt worden waren.

Nun, Leute, Unwissenheit ist wie Dunkelheit; sie wird nicht vom Licht des Wissens erhellt. Und wenn Menschen aus Angst um ihr Leben an Unwissenheit festhalten, aus Angst um die Familie oder aus Angst davor, dass sie von der Gemeinschaft geächtet werden, dann haben sie eine abergläubische Angst davor, dass sie, wenn sie sich nicht anpassen und nicht angepasst bleiben, in alle Ewigkeit in einem Feuermeer brennen, auf immer und ewig für den liebenden Gott, der sie erschuf.

Ich will euch etwas sagen. Wenn man in Dunkelheit lebt, dann betet man ein unsichtbares Licht an, das einen aus der Dunkelheit erretten soll. Doch Rettung wird es nur dann geben, wenn der Gott im Innern erwacht; dieses Bild erwacht. Es heißt: „Das Licht des himmlischen Reiches ist in euch. Schaut hin, und seht den Glanz und die Herrlichkeit, denn da findet ihr Rettung.“ Wird man aber in der Dunkelheit festgehalten, so richtet man seine Gebete nach außen an einen rettenden Erlöser. Dann wird man in Unwissenheit gehalten.

Nun, Gotteslästerung: Alles, was ich sage ist gotteslästerlich. Aber ihr solltet wissen, dass es keinen gab, nicht einen einzigen, der eine der alten Schulen besuchte und dort über Licht, Bewusstsein und manifestierte Bestimmung lernte — niemand wurde in diesen Schulen angenommen, der je einen anderen Menschen erschlagen hätte. Sie machten nie andere Menschen zu Sklaven. Und die Lehrer der Rechtschaffenheit, des rechten Wegs, hatten kein Gefolge, vielmehr wurden sie ihrer Weisheit wegen verehrt. Und sie ließen andere an ihrer Weisheit teilhaben. Und wer zur Schule ging und von dem Wasser trank, in dessen Innern wurde das strahlende Licht lebendig, und so konnten sie die Seiten umblättern.

Ich weiß, ihr lacht darüber. Aber zu meiner Zeit transformierte und entwickelte sich ein Barbar in einem einzigen Leben. Wisst ihr, dass man mich deshalb verachtet, weil ich es in einem einzigen Leben geschafft habe? Und man weist mich darauf hin, dass gewisse andere Leute dazu viele Leben gebraucht hätten. Das zeigt nur, wie langsam, wie unwissend sie waren und dass sie, egal aus welchem Grund, in dieser Unwissenheit gehalten wurden. Denn wenn man damit einmal Fortschritte macht, wenn man sich hier einmal erweitert, dann bewegt man sich sehr schnell. Die Reise beginnt augenblicklich. Der Weg des Meisters öffnet sich jedem, der sein Bewusstsein erweitert.

Es gab dort nicht einen, ob sie in grobgewebten Fasern oder in Felle gekleidet waren — ihr lacht und denkt an einen Cro-Magnon-Menschen in Fellen und mit Knochen und mit seiner seltsamen Kleidung und diesem Gang hier. Oder wie er am Feuer sitzt und in den Himmel blickt. Was dachten sie? Nun ja, die Menschen damals bewegten sich auf Licht. Und, ja, sie waren in Fell und in grobgewebten Gewänder aus Schilf gekleidet. Erleuchtung hat nichts mit Kleidung oder Technik zu tun, sondern damit, ob ihr im Bewusstsein frei genug seid, um zu wachsen, den unbewussten Mind zu nutzen und dann ein Leben lang eine Ausstrahlung haben zu können, die nicht knechtet sondern frei ist.

Nun, Leute, Krieg wurde zur Lebensart. Ich war ein Krieger in meinem Leben. Und später, nach meiner Zeit, forderten beide, das Heidentum und der wie es gleichsam in der Tat so heißt, Religionismus ihren Tribut im Leben der Menschen. In den letzten zweitausend Jahren wurden durch das Christentum 250 Millionen Todesfälle herbeigeführt, die als Soldaten aufgeführt sind. Damit sind Frauen und Kinder nicht gemeint. In zweitausend Jahren starben 250 Millionen Menschen, d.h. Soldaten des christlichen Glaubens für die Verteidigung dieser dummen Idealisierung eines Gottesbildes und bei der Zwangsmissionierung der Heiden. Und in dieser Zeit wurden alle Sekten und alle Gruppen vernichtet, die alte Weisheit lernten und sich zur Erleuchtung hinentwickelten. Jene, die eine Verbindung hatten, deren Mind über Zeit, Raum und Entfernung hinausging, wurden, um das Wissen vollständig auszumerzen, auf dem Scheiterhaufen verbrannt. Das war der Glaube. Erlösung bedeutete, vor der Wahrheit gerettet zu werden.

Religion hat in den zweitausend Jahren nichts dafür getan, bei ihren Anhängern Erleuchtung hervorzubringen, sondern nur dafür, den Zusammenbruch ihres Bewusstseins herbeizuführen. Religion hat nichts zur Erweiterung des Bewusstseins, dem Entwicklungsfaktor des Menschen, beigetragen. Sie hat nichts für das Verständnis von Bewusstsein oder zur Aufklärung der Menschheit getan. Religion begreift nicht, dass Probleme, die von einem Bewusstsein erschaffen wurden, nicht von demselben Bewusstsein gelöst werden können. Zur Lösung von Problemen ist ein erweitertes Bewusstsein nötig. Das ist Evolution.

Heutzutage bezahlen Christen mit Geld, Geld, Geld, Geld. Ist das Motto jetzt Glaube, Gnade, Geld? Das sind die drei Dinge, die man zur Verteidigung haben sollte, da man eine Verteidigung haben muss, und für die Armeen zur Beseitigung der Heiden und zur weltweiten Verbreitung des Christentums. Wenn auch nur die Hälfte des Geldes in die Hände erleuchteter Menschen fallen würde, gäbe es keinen Krieg, nicht von Gelehrten, die die Wahrheit über die Mythen und über die Unwissenheit kennen, in der die Menschheit in der Tat seit mindestens zweitausend Jahren lebt. Das dunkle Zeitalter — was denkt ihr, bedeutet das? Dummheit, Stagnation des Menschen und dass die Zivilisation von heute nur farblos ist und ein Kreuz trägt.

Meine lieben Leute, Unwissenheit bringt in der Tat keine Erlösung. Wissen bringt Erlösung, und wenn auf dieser Ebene der Ursächlichkeit Wissen für jeden zugänglich gemacht würde, Wissen über die Lebenskraft, über Kosmologien und davon, dass man Schöpfer der eigenen Wirklichkeit ist — wenn ihr wüsstet, dass ihr den Körper mit dem gleichen Mind, der ihn krank gemacht hat, auch heilen könnt — dann hätten wir eine erleuchtete

Zivilisation. Dann gäbe es wieder Beziehungen zu eurem Volk jenseits der Sonne. Warum sollten sie einer Zivilisation einen Besuch abstatten, die Angst vor ihnen hat? Abergläubische Vorstellungen, das sind die Teufel? Alles, das nicht mit dem Wort Gottes übereinstimmt, das von den Priestern erschaffen wurde, um Menschen in Unwissenheit zu halten, ist des Teufels. Wie öffnet man den Mind der Menschen, wenn sie sich in ihrer großen Unwissenheit genau der Dunkelheit hingebungsvoll widmen, die sie eben darin festhält? Es ist eine Sicherheitsvorkehrung. Das ist das Wort Gottes — die blutigste, brutalste Vergeltung gegenüber der Menschheit, die je niedergeschrieben wurde.

Christus ist im Innern. Er ist das Unsichtbare. Es ist eine große Wahrheit: das Königreich, wie es gleichsam in der Tat so heißt, ist in euch. Es ist eine tiefe Wahrheit, wenn man sagt, der Vater und ich sind eins. Es ist eine Wahrheit, die all die Brutalität überlebt hat. Jeschua ben Joseph hat nicht gesagt: „Betet mich an." Er sagte: „Folgt mir." Was bedeutet „folgen" eurer Meinung nach? Lernt, was ich weiß. Mein Ideal soll euer Ideal sein. Doch wenn man etwas anbetet, dann ist der ganze Kram nicht nötig. Dreimal pro Woche beten und dann kann man den Rest der Woche dekadent und ein Tratschmaul sein, Anschuldigungen erheben, anklagen und Gerüchte verbreiten; alles, was nicht dazugehört, ist böse. Unwissenheit.

Also, wo seid ihr hier? Offensichtlich seid ihr hier in einem Publikum des Bösen. Diese Frau nennt man einen weiblichen Teufel und mich, den großen Luzifer.[2] Ja. Na gut, hört her. Ich gebe euch Information über Unwissenheit und wo die großen Schulen zu existieren aufhörten. Warum? Wenn ich sage, dass in diesem Zeitfluss die Natur, was Evolution anbetrifft, der Menschheit weit voraus ist — die Menschheit ist erst auf der dritten Seite in ihrem Buch und die Natur ist auf der fünften — kratzen sich alle den Kopf und keiner versteht, wie das kommt. Es fing damit an, dass etwas sehr Böses mit der Behauptung entstand, dass alle, die fielen — die Geistwesen, die den Fall vollzogen — Dämonen und böse und schlimm seien. Ihr seid in Sünde geboren.

Nun, wenn Gott ewig ist und in seiner Hand Gegenwart, Vergangenheit und Zukunft liegen, dann muss das alles sein Plan gewesen sein. Folglich hat er den Teufel erschaffen. Er wusste, dass Eva und wie-heißt-er-denn-noch-gleich den Apfel aus dem Garten essen würden. Ist das nicht einleuchtend? Und man fragt sich, warum er vorgab, von ihrem Tun derart schockiert zu sein. Und niemand beantwortet mir je die Frage, wen Kain

---

[2] In ihrer Anfangszeit in Yelm im US-Staat Washington wurde Ramthas Schule der Erleuchtung von verschiedenen Gruppen christlicher Fundamentalisten aus der Umgebung mit der Behauptung verdammt, dass Ramtha Luzifer und JZ die Tochter des Teufels sei.

und Abel geheiratet haben. Es ist wunderbar, wisst ihr. Es ist nicht schlecht. Es ist einfach urkomisch und wunderbar.

Seht ihr, wenn ein Wesen aber mit „Nun, warum ist das geschehen?", mit diesen kleinen, versteckten Anspielungen anfängt, weiß man, dass Erleuchtung und Wissen versuchen, an die Oberfläche zu kommen. Und dieser Versuch wird unterbunden, indem man sagt: „Stell keine Fragen. Akzeptiere es einfach. Nur keine Fragen." Ihr sollt wie Kinder glauben. Wie ein Kind? Ein kleines Kind kann mit all diesen Unstimmigkeiten im Handumdrehen fertig werden. Nur ein farblos gewordener Erwachsener wird sich ducken und davongehen und nie etwas hinterfragen.

Nun, Unwissenheit wurde vor zweitausend Jahren zum gesellschaftlichen Bewusstsein. Und es gab einen gewaltigen Krieg und eine gewaltige Schlacht darum, dass es so bleibt. Wisst ihr, dass alle Kriege, die ihr jetzt in eurem Land führt, dass sie alle Heilige Kriege sind? Ich wollte immer mal herausfinden, zu welchem Gott auf beiden Seiten gebetet wird. Das läuft sogar noch heute ab.

Nun zu Ergebenheit: Wenn ihr im Dunkeln seid und keiner das Licht anmacht, weil euch gesagt wurde, dass es da draußen und nicht hier drinnen sei, dann bleibt ihr dem ergeben, dessen Hand am Schalter ist. Richtig? Und es ist sehr beängstigend. Und ihr wollt euch überhaupt nicht von der Stelle rühren, weil ihr nicht wisst, was um euch herum ist. Und man erzählt euch, dass Gott euch aber so haben will. Und wenn ihr euch trotzdem rührt und versucht, den Lichtschalter auf eigene Faust zu finden, werdet ihr vertrieben, exkommuniziert und auf ewig brennen. Das heißt, ihr seid, sobald ihr damit beginnt, Fragen zu stellen und zu erkennen und zu verstehen, wer ihr seid, der Unwissenheit entwachsen und das Licht geht an. Ja.

Nun, wisst ihr, dieses eingefahrene Gleis — ihr habt mich doch von der Rille in der Platte des Lebens reden hören, ja? Diese Rille hat sich wirklich seit meiner Zeit nur noch tiefer und tiefer eingegraben. Es fing an, wie Rillen das so an sich haben, nachdem ich gegangen war. Sie hakte sich dort fest. Die Menschheit hörte auf zu wachsen, die geheimen Schulen ausgenommen. Nun, warum nannte man sie geheime Schulen? Wisst ihr, nach einer gewissen Zeit wurden sie sehr geheim — ihr würdet dazu „Untergrund" sagen — weil sie einer starken Bedrohung ausgesetzt waren. Denn diejenigen, die die Menschen beherrschen wollten, konnten nicht dulden, dass derartiges Wissen an die Oberfläche dringt, da Menschen mit zu viel Wissen gefährlich waren. Damit wollte man im Grunde sagen, dass jemand der erleuchtet ist, nicht beherrscht oder versklavt werden kann. Und es gab Menschen, deren Bedürfnis es war, Menschen zu versklaven, sie ihr Eigentum zu nennen. Da sie so unsicher sind, müssen sie Lehrer werden. Sie wollen lehren und damit erreichen, dass andere ihnen folgen, denn in ihrem Innern haben sie nicht genug, um sich die Herrlichkeit, die sich dort befindet, einfach zu Eigen zu machen.

Nach einer gewissen Zeit gingen die Schulen also in den Untergrund und wurden die Geheimschulen. Und dafür gab es ein Wort: „okkult“. Und okkult bedeutet verborgenes Wissen. Es ist nicht die „Werkstatt des Teufels“. Es bedeutet auch nicht Mörder KG und revolutionäre Eintagsfliegen. Es bedeutet verborgenes Wissen. Das ist ein altes Wort. Und die Geheimschulen wurden Schulen des Okkulten, d.h. des verborgenen Wissens genannt, denn es ging tatsächlich um ihr Leben. Sie genossen nicht länger die Freiheit, mit anderen in Beziehungen zu treten wie damals, als für die ganze Menschheit das Bewusstsein noch so frei floss, dass man mit Menschen jenseits der Sonne oder mit etwas da draußen, das wie ein Satellit die Erde umkreiste, und den Menschen darin, in Verbindung treten konnte. So offen war es damals; in aller Ewigkeit gab es keine Blockaden im Bewusstsein. Doch als Hass und Eifersucht und Neid und Bedürfnisse und Mangel auftraten, wuchs das Bewusstsein nicht mehr weiter und die geschaffene Dualität schloss die Tür zu dieser Verbindung. Und die Schulen gingen in den Untergrund.

Sie waren kein Ort der Teufelsanbetung. Sie verehrten die ihnen angeborene und im Innern ruhende Lebenskraft. Aus ihnen gingen Heilige hervor. Sinn der Schulen war es, sich mit dem Bewusstsein der Menschen zu befassen, es zu erweitern, es über ihre Stellung im Leben hinaus weiterzuentwickeln, um eine Verbindung mit allem Leben zu haben. Und die Eingeweihten aus diesen Schulen sollten später die Propheten werden, die zur rechten Zeit mit den Lehren der Wahrheit zurückkehren würden.

Nun, nach einiger Zeit waren alle Schulen zerstört. Und Gruppierungen dieser Schulen halfen beim Entstehen der so genannten Lehren Buddha Amins, der ein Eingeweihter jener alten Schulen war. Sein Image war, als so genannter reicher Prinz geboren zu werden, der über die Mauer schaut und sich so sein Image zu Eigen macht und sich davon losspricht. Er sollte Millionen von Wesenheiten dieselbe Wahrheit lehren, die in der alten Weisheit die höchste Stellung innehatte, nur dass sie in das Verständnis und die Gleichnisse der damaligen Zeit gehüllt und durch diese entsprechend gefärbt war.

Jene Wesen, die hoch oben auf Berggipfeln geradezu an der Schwelle zum Himmel sitzen, enorme Kälte, unzureichende Nahrungsmitteln und einen einfachen Lebensstil ertragen, die dasitzen und sich nur der Erweiterung ihres Bewusstseins widmen, um von hier weg zu können, können sich direkt in den Himmel erheben und entschwinden und mit jeder Bewegung transparenter werden. Und warum sind sie da oben, in solch großer Höhe? Zum Selbstschutz, um bei ihrem Wachstum und ihrer Weiterentwicklung ungestört zu sein und um nicht von den Städten im Tal mit ihren krankmachenden Gedärmen verseucht zu werden, deren Unwissenheit und Barbarei sehr dicht sind.

Nun, nach der Zerstörung der alten Schulen war die übrige Menschheit im Buch auf Seite drei. Diese Buchseiten entsprechen den Siegeln im Körper. Man nennt sie die sieben Siegel, die sieben Kirchen und die sieben Pforten. Damit sind Stadien der Erleuchtung, der Wahrheit, des Bewusstseins und der Evolution gemeint. Und das Stadium, das heutzutage die Oberhand hat, noch immer unwissend ist und die Unwissenheit beherrscht, ist Macht. Eine ungeheure Zahl von Menschen ist der eigenen Ignoranz ergeben und besteht darauf, dass Bosheit lebt. Seht, sie haben es noch nicht erkannt: wovor man die größte Angst hat, das betet man am meisten an, und die Dinge, bei denen man darauf besteht, dass andere sie haben, die hat man selbst. Und dass jemand mit dem Mind, euch zur Qual, etwas derart Heimtückisches erschafft und dann diesen heidnischen Glauben aufrechterhält, zeugt davon, dass er selbst diese Dinge in sich hat.

Erleuchtete Menschen wissen, dass die so genannte Lebenskraft, die schöpferische Ursache, nichts Böses in sich hat und dass, Böses wählen zu können, von denen erschaffen wurde, die auf dessen Existenz bestehen. Und das Böse, das Höllenfeuer und der Hass leben allein in ihrer Seele, in ihrer Wirklichkeit, in ihrem Herzen, nur dort. In einer erleuchteten Seele findet man nur Wahrheit.

Die Rille auf der Platte wurde immer tiefer und tiefer, und in jedem Leben kam sie in einem neuen Image, um die Seite im Buch umzublättern. In jedem Leben kommt ihr als ein anderer Mensch zurück, mit einer anderen Persönlichkeit, doch darunter ist der gleiche Gott, ein Wesen ohne Image. Und ihr habt euch in jedem Leben erneut in denselben Handlungen verfangen, da das Wissen allmählich verblasste. Man durfte nur bestimmte Dinge wissen, und die vorherrschende Tradition baute sich auf jenen Wahrheiten auf. Gott kam also in jedem Leben mit dem Wunsch zurück, zu wachsen, und er erschuf sich ein Image; doch er entdeckte, dass er immer dasselbe tat, die gleichen Fehler wiederholte und — auf der Suche nach Wahrheit — vor derselben Dunkelheit floh, und dann deshalb verfolgt wurde.

Asketen in Berghöhlen suchen nach Erleuchtung

Ich möchte euch etwas sagen und ich will, dass ihr zuhört, die Verständigen unter euch: Diejenigen, die sich Gott widmeten, entschwanden auf so genannte hohe Gebirgspässe und wurden zu

Einsiedlern, damit sie den Stimmen[3] lauschen und die Stimmen meistern konnten, und um sich tagtäglich zu bewähren, denn die Stimme ist weise. Eine Stimme weiß, wenn sie euch heute etwas sagt und ihr darauf mit „Nein, dem ist nicht so" antwortet, dann versteht sie, dass die Zeit zu ihren Gunsten arbeitet, besonders wenn es dabei um euch geht, da euch — im Gegensatz zu ihr — die Langlebigkeit der so genannten Lebenskraft abgeht. Die Stimmen kommen also wieder und immer und immer wieder.

Und je mehr der Beobachter an einem so genannten statischen, d.h. unveränderlichen Seinszustand festhält — denn in dem Moment, in dem ihr dazu werdet, seid ihr es auch — Und was wäre dann das Mysterium Gottes? Wie könnten wir dann an etwas Gefallen finden und etwas feiern, das in unserem Sein so abstrakt war, wie einfach der Beobachter zu sein. Als Beobachter in einem Zustand von so genannter Losgelöstheit zu sein, brachte dem Asketen das, was als die allerhöchste Freiheit bezeichnet wird. Ja, das war so.

Was wäre also die Chemie Gottes? Gibt es denn die Chemie Gottes oder ist das einfach nur ein Konzept als Gegengewicht zur Belagerung durch die so genannten chemischen Verbindungen in einem weltlichen Körper? Hat Gott denn eine Armee? Ist der Beobachter in der Lage, isoliert einen so genannten integralen Bestandteil unseres Lebens ins Vertrauen zu ziehen? Tut er das für den Asketen, der trotz aller Versuchung aufrichtig nach ihm sucht? Und, wohlgemerkt, der wahre Asket tut das nicht, um Frauen zu entkommen, denn es gab Frauen, die in solche Höhlen gingen. Finden sie am Ende die Stimme Gottes, die zu ihnen spricht? Ja.

Und die wunderbaren Frauen nehmen an einer zeremoniellen Feier teil, bei der sie den Schmuck aus den Ohren und von den Händen, vom Nabel, Bauch und Rücken ablegen. Sie legen alle Edelsteine ab, und Gold und Seide. Ihre Haare werden bis auf die Kopfhaut kurz geschnitten als wollten sie der Vergangenheit trotzen. Und wenn die schönen goldenen Locken auf den Boden fallen — ihre kastanienbraunen Locken oder die mahagonifarbenen zu Boden fallen oder die kupferfarbenen Locken zu Boden fallen — und sie sehen, wie ihnen der Schmuck aus ihren Ohren, ihrem Nabel und von den Hüften entfernt wird, der ihr erstes Siegel erhellte, und sie sehen, wie er in den Staub fällt, dann wandern sie, denen kein Spiegel gereicht wurde, in einem Gewand aus grober Wolle zu einer Höhle; in der Blüte ihrer Schönheit, in der Blüte ihrer Männlichkeit wandern sie zu solch einer Höhle.

Und in der Höhle erhalten sie die einfachen Utensilien für ihr Leben: einen mit kühlem Quellwasser gefüllten irdenen Krug; eine so genannte Kerze — die Kerze wird täglich ersetzt und das Wasser wird täglich

[3] Die Stimmen sind die Gedanken des Image und der begrenzten Persönlichkeit, die sich weigern, sich zu ändern und zu entwickeln und uns auf dem Rad der Wiedergeburt festhalten.

aufgefüllt — und ein einfaches Mahl; kein köstliches Gericht aus Herzen des Paradiesvogels oder ein Mahl aus den Flügeln eines Kondors oder dem, was als der Muskel eines starken Bullen bezeichnet wird. Mit nichts anderem als mit ungesäuertem Brot und Wasser und einem einfachen Licht sitzen sie da, in ihrer herabgesetzten Schönheit, weil sie es so wollten.

Und hin und wieder, wenn sie in ihrer Stellung sitzen, beinah vollkommen aus dieser Welt entfernt, hören sie nachts die Stimmen der Stadt, die der Westwind bringt. Und sie hören die Flöte und die Zither und die Leier, und sie hören das Lachen von jungen Frauen. Sie hören das Zischen der alten Weiber und sie hören Männer, wie sie genannt werden — alte und junge — vor Leidenschaft und Freude keuchen. Sie hören die Marktschreier, die Rettung durch ihre so genannten Pasten versprechen, durch Salben — ihre Idole, wie man sie nennt.

Und da sind jene, die mit ihrem Gold, ihren Edelsteinen und ihren Armreifen, ihrer Seide, ihrem Satin und Samt Verführung verheißen. Hin und wieder können sie das hören. Und sie können nicht verhindern, dass ihnen das Herz schwer wird, weil sie daran nicht teilhaben können und sie nicht vom Konkurrenzkampf, vom Drängen und vom Höhepunkt der menschlichen Erfahrungen mitgerissen werden. Wir tun wirklich alles, legen alles beiseite, um in der Nacht in einem einzigen Augenblick des Alleinseins, wenn die Luft nach Jasmin duftet, in der Umarmung irgendeines Unbekannten zu liegen, von dem wir uns die Belohnung chemischen Vergnügens versprechen.

Es gab kaum einen Asketen, der diese Stimmen nicht gehört und nicht so empfunden hätte. Und sie öffnen die Augen und blicken in die Flamme. Und welchen Lohn verheißt die Flamme? Die Flamme verbrennt keinen Weihrauch und sie verbrennt auch keinen Jasmin oder Nelken, sie verbrennt nichts als das duftende Öl, auf dem sie tanzt. Und sie betrachten sie, keiner ihrer Körpersinne ist befriedigt. Und mit zarter, kleiner Hand greifen sie ins Haar — ob sie nun Frau oder Mann sind — und sie merken, es gibt kein Haar, kein seidenes Gewand, das sie dem Liebhaber inmitten eines flüchtigen Treffens umlegen könnten. Und der Bart, einst geölt, gelockt und angenehm duftend, ist jetzt rau und zottig und frei und wild und er riecht ungewaschen und ungekämmt, tagelang.

Als sich die braunen Wimpern über den leicht geöffneten himmelblauen Augen schließen, spannen sich die Muskeln um die Augen, und das ist einfach ein Ausdruck von: „Wage ich es, meine Wahl zu bereuen? Ich habe die einzige Schönheit, die nur ich kenne, in meinem Leben vergeben, habe mir meinen Reichtum, meine Salben und Öl und Schmuck und seidene Kissen und meine Gewänder aus bauschigem Samt untersagt, um hier zu sitzen, als nackter Mann meines Bundes beraubt, in der Tat als Frau ohne Mitgift. Und hier sitze ich, der Pracht meines Haares beraubt, und mein Körper ist von Schmutz bedeckt. Und ich starre in eine einsame Flamme. Und mein Essen besteht nur aus bitteren Kräutern und in der Tat aus dem was man Brot nennt und aus Wasser. Diese Pille, die ich schlucke, ist wirklich bitter."

Und die kleine Flamme tanzt hin und her und wirft Schatten in die Höhle, und die Schatten tanzen. Und es sind himmlische Schönheiten, die zur Beschwichtigung eines wunderbaren, unbekannten Monarchen tanzen, oder es sind Krieger, die ungestüm mit ihren Pferden tänzeln, ritterlich, die Schwerthülle mit Juwelen besetzt, mit glänzenden Schwertern aus Stahl, hart und kalt, oder als kämen sie aus einer früheren Ära, mit Schwertern aus Bronze, die fast wie glitzerndes Gold aussehen. Und sie marschieren ungekannten Siegen entgegen, in denen sie die Perle retten, die Eroberung. Sie bezwingen Freund und Feind, um die Liebe ihres Herzens zu erretten, die ihnen genommen wurde.

Und wisst ihr, eine kleine Kerze kann tausenderlei Licht und Schatten auf eine unebene grobe Granitwand werfen. Wenn das Licht auf bestimmte Weise einen Schatten in eine tiefe Einkerbung wirft, glauben wir die Hohlheit eines Gesichts zu erkennen, nicht die Herrlichkeit des Haares. Wir entdecken daher Sieg oder Geheimnis und wir lassen uns immer darauf ein. Oder wir sehen eine vom Glorienschein der Schönheit umgebene Leere und auch darauf lassen wir uns ein. Der Asket sitzt dort, Nacht für Nacht. Zu Anfang lauscht er nach dem Wind, der ihm die Stimmen von den Märkten Babylons bringt. Wenn es auch nur der Klang einer Messingglocke oder die Stimme irgendeiner alten Frau oder die Stimme einer jungen Frau ist, deren Gebet zum Teil vom Wind davongetragen wird, wir hören es. Oder wir wollen uns, um mehr hören zu können, der Höhle nähern, doch wir können nur einzelne Fetzen vernehmen.

Wer hat uns nur dorthin gebracht? Wer schor unser Haar? Wer entfernte die goldenen Ohrringe? Wer nahm den Saphir von unserer Stirn? Wer nahm die gewundenen Goldbänder von den Handgelenken? Wer nahm das Gewand, das kaum unser erstes Siegel bedeckte und uns, wenn es im Wind schimmerte, noch verführerischer und zu einem Mysterium machte? Wer nahm all diese Dinge fort? Wer nahm unser so genanntes schlagendes Herz, die Tollkühnheit, das Schwert mit der Linken oder Rechten schwingen zu können? Wer nahm uns die langen Beine, die durch Reiten und Schenkeldruck so muskulös geworden waren? Die Unerschütterlichkeit, mit der wir, auf einer dem Sieg trotzenden Erde standen? Wer nahm uns all das weg? Wir waren es.

Und der Asket durchlebt alles, im Schleim der eigenen Schatten kriecht er zurück wie ein elendes, erbärmliches Geschöpf, und da sitzt er nun, und er bereut eine ganze Menge. Und nachdem er jahrelang den Dingen gelauscht hat, die der Wind ihm zutrug, lässt er davon ab und lauscht nicht länger dem Wind, denn was der Wind mit Worten verhieß — hier und da ein paar Worte, hier und da ein Glockenton — ergänzten wir in unseren

Gedanken. Und als wir die ganze Geschichte kannten, hatten wir es bald satt, die ganze Geschichte zu hören.

Und wir saßen da und konnten jede ergreifende Liebschaft im Königspalast vorhersagen, oder das Lager der Königin teilen, oder als Priester, als Herr der Rechtschaffenheit, umhergehen. Oder uns als irgendein simples Paar von niedriger Geburt nach dem Fest des Osiris in die verbotenen Schatten davonstehlen und das ablegen, was als unter Wasser gewobener Stoff bezeichnet wird — Gewänder, die schöne Brüste und feste Penisse enthüllten; und feuchte, süße Lippen, schwarze Augen, die kupfern funkelten, nur weil in ihnen noch ein Schimmer des Feuers brannte, das sie gerade verlassen hatten. Ein Geheimnis, einmal enthüllt, ist ein bekanntes Geheimnis.

Wie viele Erinnerungen kann ein Asket haben? Ganze Leben voll. Warum bleibt er? Oder warum bleibt sie? Könnte sie jederzeit zu jedem beliebigen Zeitpunkt die Höhle verlassen, noch immer in der zarten Blüte, wie es so heißt, ihrer Schönheit? Und wäre sie nicht, wenn sie die Berge verlassen würde, trotz des nur halb nachgewachsenen Haars bemerkenswert und geschmückt, wenn auch nicht mit dem Schmuck der Höhlen der heiligen Männer oder den heiligen Riten der Priester? Wie wäre es, wenn sie aus den Bergen käme, edel, spärlich bekleidet, ihre Haare nur halb nachgewachsen? Ja, sie wäre geheimnisvoller als die, die mit den teuersten Juwelen der Welt geschmückt wären; denn Männer lieben das Geheimnisvolle.

Und wenn der Asket ein Mann ist, kann er dann die Berge verlassen und seinen Platz in der Gesellschaft zurückfordern? Ja, denn jeder, selbst die Liebenden in den Schatten, würde kommen und sich vor ihm verneigen. Aber sie kamen aus den Bergen immer ohne Schmuck, und doch spiegelte sich auf ihnen ganz und gar das so genannte Antlitz Gottes wider. Und würden wir so jemandem nicht, wie es heißt, unsere Schuld und unser Schwert zu Füßen werfen und für ihn die feinsten Umhänge ausbreiten, damit er des Nachts nicht friert? Und unseren besten Samt, tiefrot und schwarz wie Ebenholz, mit edelsten Wildfellen gefüttert, würden wir ihm nicht all das geben? Wir gäben es ihm, denn er strahlt etwas aus, das wir nicht haben, und egal wer und was wir sind, wir bewundern einen frommen Mann.

Und mit dem Geschenk, das wir ihm aus unserem wilden Leben, in der Tat aus unserer Dekadenz geben, wird ersichtlich, dass es das beste Tuch ist, durch politischen Vorteil heraufbeschworen oder seit ewigen Zeiten aufgehoben, und plötzlich fühlen wir uns körperlich ganz krank. Und wir legen es ihm zu Füßen, damit er das Mal entferne, das entstanden war, als wir uns für ein Stück Tuch, für ein Tierfell verkauften, das wir unser eigen nannten. Und wir legen es nieder, denn wenn er es aufhebt, wenn er es um seine breiten Schultern legt, wenn er seinen geschmeidigen Körper damit bedeckt, wenn er damit sein Gesicht wärmt, dann hat er ihm dadurch, dass er es trägt, in unseren Augen irgendwie Größe verliehen.

All das war uns bekannt, als wir in der Höhle saßen, aber wir müssen alles durchleben. Wir müssen die Bewunderung gespürt haben. Und viele verlassen die Höhle, um die Bewunderung hinter sich zu lassen, denn ist die Macht erst einmal in ihnen, bleibt sie bei ihnen, aber nur in dem Maße, in dem sie sie errungen haben. Wir verehren sie als Avatare und streuen Edelsteine, Pelze, Seide und Velourssamt und Rubine und Gold auf ihren Weg, weil sie heilige Männer oder heilige Frauen sind. Und was ist, wenn wir von unserer Terrasse hinausblicken auf die dunkelviolett gefärbten Berge, von Nacht umhüllt, und dort einen schwachen Lichtschimmer entdecken? Wir wissen, dort ist jemand, der nie herunterkam. Und es irritiert uns, denn egal wie reich unser Leben auch sein mag, er ist wie ein Gast, der sich zu kommen weigert. Und all die glänzenden Schönheiten und der prunkvolle Adel, die an der ehrenwerten Gesellschaft teilnehmen, und die nach Orangen- und Jasminblüten duftenden Springbrunnen, und das perlende und sprudelnde Wasser, und die Mengen an Süßigkeiten und der in Strömen fließende Wein — ganz gleich wie sehr Bart oder Haar geölt sind oder wie makellos die Nägel purpurrot gefärbt sind — wenn alle unsere Macht und unsere Schönheit und das ganze Wunderwerk anerkannt haben und wir allein sind und uns das Geräusch des plätschernden Brunnens nach draußen in seine Gegenwart ruft, dann schauen wir nach oben und sehen ein schwaches, widerspenstiges Licht, das jemandem gehört, der nicht zu unserer Feier kam.

Heilige Männer und Frauen haben so manche Feier versäumt. Sie haben den entzückenden Zauber vieler Dinge versäumt. Sie ließen sich den Duft von Jasmin und Orangenblüten entgehen, und für sie gab es eine einfache kleine Kerze, und tagtäglich kommt eine unbedeutende, namenlose Seele vorbei und ersetzt sie, und bringt frisches Brot. Sie haben vergessen, was es heißt, die Herzen des Paradiesvogels zu kosten. Sie kennen das nicht.

Und meint ihr nicht, es zerrt an ihren Sinnen, wenn sie die Klänge der Feiern im Wind hören? Ja, das zerrt an ihnen. Das sind Dinge, die jeden, ob Mann oder Frau, zur Höhle zurückkehren lassen, wo sie in ihre einsame, kleine unparfümierte Kerze blicken und beobachten, wie sie Phantasmen an die Höhlendecke wirft. Ich werde euch sagen, was es ist: Manche erinnern sich daran, wie sie bei großen Veranstaltungen für die Unterhaltung sorgten. Und dann gibt es andere, die keine Erinnerung an diese großen Veranstaltungen haben; aber sie erinnern sich an eine Zeit, als sie Götter waren. Und wenn sie in einer ekstatischen Freude aufgehen, dann verblassen im Vergleich dazu die kargen Versuche des Menschen, einen goldenen Abend zu schaffen. Und sie wählen. Und Nacht für Nacht oder Tag für Tag leben sie dort in aller Bescheidenheit. Und am meisten nagt es an einem in der Nacht, denn man kann ihr kleines Licht in diesen dunklen, purpurnen Bergen im Westen sehen.

Gibt es jemanden, der ihr nicht gewesen seid? Man sollte hoffen, dass ihr in zehneinhalb Millionen Jahren einmal Kleopatra gewesen seid. Nun ja, sie war ein Nichts. Sie stolpert immer noch herum. Vielleicht wart ihr ja jemand, der viel edler war. In zehneinhalb Millionen Jahren, wie viele Menschen könnt ihr da gewesen sein, wenn die durchschnittliche Lebenserwartung sechzig Jahre beträgt?

Gut, und heute Abend wollte ich euch das hier mit dieser Geschichte, die ich beobachtet habe, sagen, denn ich habe Asketen besucht. Ich war das lächelnde Gesicht auf ihrer Wand. Und normalerweise war ich es, der ihnen Wein, Brot und Käse brachte. Das machte ich gerne, denn dem Brauch meines Lehrers folgend erkannte ich, dass Asketen ab und zu etwas Wein brauchen. Und darum lieben sie mich so sehr. Daher ist mein Bild überall auf die Wänden gemalt: die Herrlichkeit des Ram und die Ankunft des Ram. Nun ja; wisst ihr, wir hatten eine Party. Und ich kann sagen, dass wir genau das getan haben, weil ich ihre Reise verstehe. Ich wollte aber nicht, dass sie den Rest ihres Lebens als griesgrämige und todunglückliche Geschöpfe verbringen sollten; sie sollten ein Gefühl vom Leben haben. Daher war es nur natürlich, dass ich ihnen hin und wieder einen Besuch abstattete; von den großen Dynastien Ägyptens wäre ich auch sonst nicht so sehr verehrt worden. Ich bin der große Ram (*Widder*) und sie liebten mich. Denn sie wünschten sich immer, dass ich sie in den Pavillons und Palästen besuchen solle. Und als sie herausfanden, dass ich Paläste nicht unbedingt besuchte, bauten sie kleine Orte und dort besuchte ich sie.

Alexander der Große hat mir wahrscheinlich die größte Ehrung erwiesen zu einer Zeit, die der heutigen Zeit näher ist, denn er trug eine mit großen Widderhörnern geschmückte Krone. Und er war dem Gott, der die Menschen mit einem reinen Herzen besuchte, sehr dankbar. Und er trug einen Helm mit Widderhörnern, damit ich ihn besuche. Nun ja, ich war beschäftigt. Ich hatte andere Dinge zu tun.

Und der Asket hört sich all diese Stimmen an und ist all diesen Versuchungen ausgesetzt und lässt sich keinen Augenblick entgehen. Häufig sieht man, wie sie angestrengt im Wind auf eine Zimbel lauschen. Wenn sie das aufgegeben haben und nur dasitzen und ihre Haltung einnehmen und weggetreten sind, ihr Atem ruhig ist und ihr Mind an einem anderen Ort, dann ist es nur eine Frage der Zeit, bis sich der Staub, auf dem sie sitzen, in Gold verwandelt, denn das hier verlassen sie ohne jegliches Bedauern.

Ich liebte meinen Fels und ich liebte mein Leiden. Ich liebte meinen Schmerz. Ich liebte die Einsamkeit. Ich liebte die Vorrichtung, in der ich hing. Und ich liebte das Leid und ich liebte die Atemnot. Und den Nachtvogel, den liebte ich wirklich. Niemals wurde ich von diesen Dingen enttäuscht, denn sie waren der Wendepunkt, der mich zum Weitergehen brachte. Zu der Zeit wusste ich das nicht, aber sie waren es.

Also, warum sage ich, dass ein Meister kein Dieb, kein Heuchler und auch kein cleverer Diplomat ist? Und warum sage ich, dass Meistersein Ehre und Wahrheit bedeutet? Das ist nicht irgendein Mantra, mit dem ihr euch davon überzeugen sollt, dass ihr so seid. Es gibt Phasen allmählicher Veränderung, in denen ihr so wirklich werdet, nicht nur in Worten, sondern ihr seid es wirklich. Wenn nun Bewusstsein und Energie das höchste Königreich sind, dann habt ihr hier nur immer wieder dasselbe erschaffen, nichts anderes.

Wenn ihr den Traum von den großen Göttern in ihrem Reich habt, gibt es ihn dann nicht in der Teilchenmaterie? Was ihr träumt, das solltet ihr auch erfahren, aber ihr könnt euch dort nicht einfach durch einen Traum hinbegeben. Ihr müsst dort mit eurem Körper, eurem Mind und Geist hingehen, so dass ihr als Ganzes mit dem Willen übereinstimmt, denn nur so wird euch der Zugang zum Königreich gewährt. Und wenn ihr einmal da seid, könnt ihr nicht zurück. Ihr wollt nicht zurück, denn das wäre so, als ob ihr aus einem langen Traum erwacht: einem Traum, der mit einem blauen Vorhang begann und in dem jemand zu euch sagte: „Wenn du dorthin gehst, musst du zuerst aus diesem Becher trinken.“ Und wir alle tranken und vergaßen und fielen und kämpften.

Wer von euch wollte leben? Sterben ist einfach. Aber wer von euch ist bereit für ein Nirvana zu leben? Wer ist bereit für ein Prinzip zu leben, das in weiter Ferne nur als nagende Erinnerung existiert und das euch beim Erwachen mit seiner Gegenwart verfolgt? Wer ist bereit für das zu leben, das uns beim Erwachen im Körper entrinnt? Nur wenige; denn die abendlichen Feierlichkeiten und die rauschende Leidenschaft von Männern und Frauen machen immer mit uns, was sie wollen, es sei denn, wir können uns erinnern. Wenn wir uns erinnern, ach, das wird dann die einzige rechtschaffene Wirklichkeit, die es gibt.

Und wir können den Körper jede Nacht zur Ruhe legen. Und jeden Morgen werden wir wach, und wenn das unser Traum ist, dann leben wir wie ein rechtschaffener Mann oder eine rechtschaffene Frau, denn auf der ganzen Welt gibt es nichts, das uns das Gefühl vermittelt, das wir haben, wenn wir uns an jenen Ort begeben. Und wenn ich für diesen Ort lebe, warum sollte ich ihn dann verlassen? Weil jemand mich kritisiert, der an meinem Traum keinen Anteil hat? Ich sollte meinem Traum folgen und solche Menschen zurücklassen. Und was habe ich verloren? Vielleicht habe ich nur den Traum des Unglaubens verloren und habe stattdessen die Wachheit meines wahren Zuhauses gefunden. Es ist mir egal — es ist mir egal — was die Leute von euch halten. Ich würde mich eher darum sorgen, was Götter von euch halten, denn angesichts der Ewigkeit sitzen all diese Leute schon in der Klemme. Und die Götter, die täglich auf dem goldenen

Gefährt von Ost nach West reiten, können irgendwie nur über die Torheit von Mann und Frau lachen.

Wisst ihr, der Beobachter ist, wie Jeshua ben Joseph es so wortgewandt beschrieben hat: „Diese wunderbaren Dinge vollbringt der Vater in mir. Nicht ich bin es. Nicht der Menschensohn vollbringt sie. Ich bin nichts. Aber es ist etwas anderes in mir, das sie vollbringt. Ich kann nicht die Herrlichkeit dessen geltend machen, denn es ist mir noch nicht geläufig." Das ist richtig.

Und der Beobachter hat dann eine vollkommen andere Stufe von Emotionen. Und ich kann euch nicht sagen, welche es sind. Es ist nicht so, als sei es mir verboten sie zu nennen. Es ist nur so, dass die Sprache des Menschen sie nicht beschreiben kann. Selbst mit all den Gedichten und all der Musik und den Liedern, die je geschrieben wurden, kann er sie nicht beschreiben. Ihm fehlen die Worte dafür. Darüber hinaus besitzt er nicht das rechte Gefühl, denn jedesmal wenn er sich diesem Kern nähert, bricht er zusammen und weint. Er kann es nicht erklären. Das, was wir nicht erklären können, ist genau das, was wir wollen. Das ist der Bereich Gottes. Was erklärt werden kann, ist das, was wir als Menschen genießen. Die Worte, die wir von unserem Geliebten hören wollen, kennen wir schon. Wir könnten sie selber sagen. Wir wollen, dass er sie sagt. Das ist nicht die Sprache Gottes. Das ist Verführungskunst.

Bedauert nie die Asketen. Sie haben mehr Mut als ihr mit all eurer Bequemlichkeit. Der Asket geht auf den Berg, um sich von der Menschheit zu läutern, damit seine Göttlichkeit alles vollbringen kann und ihm in seiner bescheidenen Behausung ein Festessen bereitet.

Evolution im Leben bedeutet das Unbekannte bekannt zu machen

Also, die Leute hier im Publikum — manche von euch zweitausend Jahre lang — haben zahlreiche Leben gelebt und um sich zu entwickeln, um die nächste Stufe zu erreichen und um ihr Bewusstsein zu erweitern, haben sie eine Persönlichkeit nach der anderen geschaffen. Und die meisten, die hier im Raum sitzen, haben sich bis zu diesem Leben nicht weiterentwickelt. Nun, was ist das Ziel? Das Ziel ist Erweiterung des Bewusstseins, was wiederum die Macht in euch verstärkt. Ziel ist es, eine Beziehung zur physischen Wirklichkeit herzustellen, da die physische Wirklichkeit, ebenso wie ihr, absoluter Gott ist, und das Unbekannte zu entdecken und es bekannt zu machen.

Welchen Platz nehmen Freude und Glücklichsein dabei ein? Jede Entdeckung bringt Freude. Und je mehr Weisheit ihr erlangt — und

Weisheit erlangt ihr nicht ohne Interaktion im Bewusstsein — je mehr Weisheit ihr erlangt, umso schöner wird euer Leben, ein Leben mit mehr Frieden, mehr Macht, weniger Unruhe; denn jede von euch mit Wahrheit und Wissen durchgeführte Interaktion wird das Image ausbrennen. Und all euer Unglücklichsein kommt vom Image. Das Image zeigt, wohin euch zweitausend Jahre der Programmierung gebracht haben. All die Probleme, Krankheiten, Erbkrankheiten, Miseren, mangelndes Selbstvertrauen, sie alle sind in das Image-Programm eingebunden, das ihr euch für dieses Leben ausgesucht habt. Evolution fing für euch an, als etwas hier drinnen nach Wahrheit klang.

Und Leute, jede Interaktion, die ihr mit anderen habt — jedesmal wenn ihr etwas lernt, jeder Teil des Unbekannten, den ihr demaskiert und bekannt macht — all diese Entdeckungen vermitteln dem persönlichen Selbst ein Hochgefühl, eine Begeisterung, eine Freude und ein aufregendes Gefühl von Erfüllung. Und das, was von dieser Interaktion zurückbleibt, wird im Buch des Lebens niedergeschrieben und ihr werdet weiser. Und je mehr ihr Unwissenheit durch absolute Wahrheit und Wissen ersetzt, umso schöner und friedlicher und machtvoller wird euer Leben und umso mehr habt ihr die Fäden in der Hand, bis ihr, ganz am Ende eures Lebens, transparent werdet. So sei es.

Ergebenheit: Lasst uns über Ergebenheit sprechen. Es gibt viele, die Spiele spielen. Und das Image entspricht jeweils der Wirklichkeit. Es gibt Wesen, die müssen einfach Lehrer sein, die müssen Politiker sein, die müssen König oder Präsident sein. Welche Stellung sie im Leben auch innehaben, in ihrem eingefahrenen Trott haben sie alle die gleiche Energie. Es ist mir egal, ob aus dem einen Mundwinkel „Erschaffe deine eigene Wirklichkeit" zu hören ist und aus dem anderen „Stimmen Sie im Kongress für dieses Gesetz", es ist dasselbe Bewusstsein. Und dieses Bewusstsein ist das Bedürfnis nach Herrschaft.

Bei Menschen, die sich nur bis zum dritten Siegel entwickelt haben, nur bis dahin, besteht das Bedürfnis, Leute ihr Eigen zu nennen, sie dazu zu bringen, dass sie ihnen folgen, denn in ihrer Seele empfinden sie einen tiefen Mangel und eine derart gewaltige innere Leere, dass ihr Sandkasten oder ihre Wirklichkeit groß genug sein muss, um viele, viele Menschen darin aufzunehmen, die ihnen dann die Energie geben, an der es ihnen in ihrem Innern fehlt. Und warum verspüren sie diesen Mangel? Weil es ihnen an Wissen fehlt, und sie nutzen ihre Macht, eine rohe und brutale Form der Energie, um Leute um sich zu scharen und sie sich dann hörig zu machen. Und sie sorgen dafür, dass diese unwissend bleiben.

Warum halten sie sie in Unwissenheit? Weil meistens diejenigen, die unwissende Leute ihr Eigen nennen, nicht wissen, was die nächste Stufe des Bewusstseins ist. Sie wissen nur, was farblos, was „in" und was modisch ist, und zu wem man stehen sollte und zu wem nicht. Nur das interessiert sie.

Sie halten Leute in Unwissenheit, denn mit einem Mundwinkel sagen sie, dass sie spirituelle Lehrer seien, sie die Kenntnis hätten und euch lehren könnten, wie es gemacht wird. Doch sie sind korrupt und dekadent, denn sie haben keine Liebe. Sie wissen noch nicht einmal, was der Ausdruck besagt, dass der innere Gott in euch spricht. Sie wissen noch nicht einmal, was das ist.

Auf Grund ihres Mangels an eigener Wahrheit geben sie euch daher Ornamente zum Spielen, die euch Macht verleihen oder euch unterhalten sollen. Die stärkste Wahrheit kommt aus euch. Oder sie geben euch Gesetze. Nicht ihr könnt die Gesetze machen, sie machen sie für euch. Ihr seid Leute ohne Verstand und steht einfach an dieser Stelle im Leben. Ihr seid die Arbeitstiere für die ganze Welt; aber nur wenigen gehört die Welt. Ihr arbeitet euch krumm, um eure Steuern zu zahlen, mit denen eine Kriegsmaschinerie in Gang gesetzt wird, damit Christen weiter gegen Heiden kämpfen können. Ihr arbeitet und arbeitet und finanziert eine Regierung, die andere Regierungen und andere Völker vergewaltigt und belästigt.

Euer mächtiger politischer Führer erlässt für euch Gesetze, denen er eigentlich selber folgen sollte. Und er sieht zu, dass eure Macht im Rahmen seiner Wahrheit bleibt. Seht euch doch bloß an, wie viel Macht — wie viel Macht — diese Leute haben. Ihr gebt eurer Regierung Geld, weil ihr keine andere Wahl habt. Woher nehmen diese Leute das Recht? Ihr folgt spirituellen Lehrern, weil sie euch sagen: „So erschafft ihr eure Wirklichkeit." Aber wenn ihr zurück nach Hause kommt, seid ihr genauso leer wie zuvor. Wenn ihr nach Hause kommt, habt ihr genauso wenig Geld wie zuvor. Und nichts hat sich jemals weiterentwickelt, und das heißt es, der Unwissenheit ergeben zu sein.

Wahrheit entsteht, wenn ihr lernt, was ihr seid und euch selbst kennt. Dann ist Unwissenheit nicht mehr Teil eurer Wirklichkeit, dafür Wahrheit und erweitertes Bewusstsein. Und dieses erweiterte Bewusstsein wird eine Wirklichkeit erschaffen, die von Freiheit widerhallt und mit der Natur in Einklang steht. Natur ist ungezähmt und frei. Sie ist in Übereinstimmung mit sich selbst. Sie existiert in diesem Universum. Wem hat sie ihre Existenz zu verdanken? Der Harmonie der physischen Masse, wie sie genannt wird. Sie ist eine Intelligenz, die nur eines kennt, leben. Sie ist ohne Moral und objektiv. Sie ist nur an sich selbst und an dem ihr zugehörigen Leben interessiert und sie entwickelt sich immer und immer weiter. Und sie ist euch um Meilen voraus.

Nun. Ergebenheit: der Unwissenheit ergeben zu sein heißt, Veränderung abzulehnen. Passt auf, Leute, passt gut auf. Veränderung bringt euch dazu, selbst das Licht anzumachen, denn ihr müsst das Bewusstsein verändern und den Mut aufbringen, selber das Licht anzumachen anstatt darauf zu warten, dass jemand euch erleuchtet. Das ist

Veränderung. Das bedeutet es, sich von einem fokussierten Bewusstsein wegzubewegen, mutig zu sein und sich zu erweitern, und Bingo! ein Licht geht auf.

Nun, denjenigen, der sein Leben verändert, trifft eine heimtückische und — da ich mit euch gearbeitet habe — eine schockierende, wenn das der Ausdruck ist, vorsätzliche Verachtung. Ich konnte es nicht begreifen. Ihr habt richtig gehört. Der Ram konnte es nicht begreifen. Das ist die Wahrheit. Kein Christus könnte das je verstehen. Keiner von jenseits der Sonne könnte das je verstehen. In meinem Leben habe ich alles erlebt. Aber ich hatte kein Bewusstsein, das einen Mangel an Veränderung erschaffen hätte. Ich war eine Wesenheit, die sich änderte. Ich habe daher nie ein Problem erschaffen, um es dann zu lösen. Aber hier, ihr erleuchteten Wesen, lernt ihr und dehnt euer Bewusstsein bis zu einem gewissen Punkt aus und dann schaltet ihr ab. Und dann gibt es noch diejenigen, die weglaufen, mit dem Finger auf andere zeigen und sagen: „Derentwegen bin ich unglücklich. Das ist das Schlimmste, das ich je im Leben gemacht habe. Ich hätte das nie tun sollen" und blah, blah, blah, blah, blah, blah, blah, blah, blah, und das nur, weil sie sich ändern mussten.

Nun, hört mir zu. Was ist eurer Meinung nach ein Bewusstsein, das sich entwickelt? Eines, das sich im Kreis dreht? Nun ja, das Lied habe ich schon gehört. Leute sagen: „Das hat er schon mal gesagt. Das habe ich schon gehört." Habt ihr es aber je getan? Wenn ja, würde ich es nie wieder sagen.

Nun, Veränderung: Ich will darüber reden, denn das ist etwas, das der Ergebenheit zuwider läuft. Damit Menschen anderen ergeben sind, einer Bewegung, Regierung, Familie, Freunden, Bankern, müssen sie genug Ergebenheit in sich haben, um sich nicht zu ändern. Liebe heißt, sich nicht zu ändern, egal was du tust, egal wer du bist. „Du wirst in diese Organisation aufgenommen, und hier sind die Regeln. Wenn du auch nur eine davon brichst, dann stehst du vor der Tür und wir werden es allen sagen."

Nun, wie viel Macht hat das Bewusstsein beziehungsweise das Gesellschaftsbewusstsein durch die Verschwörung errungen, die Menschen die Wahrheit vorenthält? War der Erfolg, dass Leute, die Gott kennen wollten und stark diesen Wunsch in sich verspürten, Angst davor bekamen, den Schritt zu tun, der Veränderung bringt und erhellt, weil das in eurer Gesellschaft nicht akzeptiert wird?

Wieso kommt das einer von euren Freunden ausgesprochenen Verdammung gleich, wenn ihr die Stadt hinter euch lasst und nun auf dem Land lebt, saubere Luft einatmet, unverseuchtes Wasser trinkt, eigene Nahrung anbaut und nicht für Hypotheken und Rechnungen und gesellschaftliche Etikette arbeiten müsst? Warum haben sie eine derart schlechte Meinung von euch, weil ihr das getan habt? Souverän zu sein, was ist daran verkehrt? Und warum ist Veränderung verkehrt? Weil euch das aus der Unwissenheit führt. Solange ihr unwissend seid, könnt ihr beherrscht werden. Solange ihr ausseht wie jeder andere, riecht wie jeder andere, euer Leben lebt wie jeder andere, so lange ihr alles so macht und seid, wie all die anderen, und euch dabei nicht verändert, akzeptiert man euch immer im Schoß der Gemeinde. Sobald ihr euch ändert, seid ihr Einzelwesen und verlasst das Muster. Dann seid ihr nicht länger hingebungsvoll damit beschäftigt, Spiegelbilder der Gesellschaft zu sein. Ihr seid individuelle Einzelwesen.

Warum seid ihr eurer Vergangenheit derart hingebungsvoll ergeben, dass ihr euch nicht zur Zukunft hin entwickeln könnt? Wenn man sich nicht ändert, wird die Vergangenheit zur Zukunft, Leben um Leben um Leben. Ihr habt die Dinge satt, die ihr in diesem Leben tut und wollt sie euch zu Eigen machen. Und diese Dinge sind kein Fehler mehr, sie sind Weisheit. Aber stellt euch mal eine Wesenheit vor, die sich nicht ändert, und in jedem Leben — unabhängig vom Image oder von dem, was derjenige sein will oder als was sich diejenige ausdrücken will — in jedem Leben steckt sie doch im selben Dilemma. Es ist als würdet ihr jeden Morgen nach dem Aufwachen aufstehen, zur Wand gehen, wie sie genannt wird, und dort hinschreiben: „Ich habe gesündigt, ich habe gesündigt, ich habe gesündigt, ich habe gesündigt. Es war ein Fehler. Ich bin unglücklich. Mir geht es schlecht. Ich bin ein Opfer. Es ist meine Schuld. Ich mache Leute unglücklich. Ich werde nie geliebt werden. Ich werde nie Erfolg haben. Ich habe es nicht verdient, ich bin's nicht wert, wert, wert." Jeden Tag. Jeden Tag. Stellt euch so ein Leben vor, in dem sich das als Reibung widerspiegelt, in jedem Leben. Darum geht es bei hingabevoller Ergebenheit.

Nun, zu Veränderung: ja, ihr könnt das Bewusstsein nicht weiterentwickeln ohne auch die Wirklichkeit zu verändern. Wenn sich die Natur direkt unter eurem Schritt ändern kann, wieso könnt ihr es dann nicht? Wenn die Natur einen Berg explodieren lassen kann, was weiß die Natur, und was wisst ihr nicht? Und vielleicht, wenn ihr es gewusst hättet, dann wärt ihr erst gar nicht auf dem Berg gewesen; richtig? Ja?

Nun, Veränderung gilt der Weiterentwicklung eures Bewusstseins. Hört her, ich habe euch gesagt: „Das Bewusstsein, das bei einer Interaktion Reibung erschafft, kann nicht dasselbe Bewusstsein sein, das sich diese als Weisheit zu Eigen macht", wenn ihr euch während der Interaktion nicht ändert — das gilt für jeden hier im Raum — und wenn ihr bei der Interaktion an der Vision festhaltet, wird es zum Problem. Also, wer von euch hat versucht sich zu ändern? Ihr erweitertet Bewusstsein, gingt los, und in dem Moment, in dem ihr den Schritt machtet und es sich materialisierte und Reibung und Explosion entstanden und die Freude schwand, da krachte im nächsten Augenblick alles zusammen, weil manche von euch nicht verstehen, dass das Bewusstsein, das die Reibung erschuf, nicht das Bewusstsein ist, welches sie auflöst und in Weisheit umwandelt. Ihr wachst nicht mehr weiter.

Oder anders gesagt, wenn es schwierig wird, kriegt ihr Angst und rennt davon. Nie hat es für euch funktioniert. Leute sagen das immerzu: „Es hat einfach nicht geklappt. Alles fiel auseinander. Nun ja, ich habe zuviel Angst gekriegt, und ich konnte keine Arbeit finden, und ich hatte keinen Brunnen, und in mein Haus regnete es rein", und all die anderen Sachen, die ihr habt und die als Grund herhalten müssen, warum ihr davonrennt und nicht bereit seid, den nächsten Schritt zu tun, denn ihr denkt mit dem gleichen Fokus, mit dem ihr kreiert habt. Und das geht nicht, denn bei jeder Interaktion muss der Fokus sein: Was habe ich gelernt? Und dadurch gewinnt ihr dann die Weisheit, die im Buch niedergeschrieben und im gleichen Moment zu höherem Bewusstsein wird. Und das wird dann das Problem lösen. Es ist wie ein Segen. Dann seid ihr wirklich erweitert, in eurer Wirklichkeit und in eurem Denken und in eurer Macht.

An einem bestimmten Punkt hören Leute also auf zu wachsen. Und sie hören nur, was sie wahrnehmen können. Alles andere prallt von ihnen ab. Und in dem Moment, wo es etwas schwierig wird, wenn sie den ersten Schritt in Richtung Veränderung gemacht haben, hören sie auf zu wachsen. Sie werden ängstlich. Und alle Leute, die ihnen gesagt haben: „Das solltest du nicht tun. Ich warne dich. Wenn du da hin gehst, dann wird es dir leid tun." — dieser ganze Affenverstand holt sie ein und genau da kommen sie zum Stillstand. Und das ist der entscheidende Augenblick für sie. Werden sie es auflösen oder haben sie zuviel Angst? Sind das Unbekannte, der unbewusste Mind zu unzuverlässig, um euch die Kraft zum Weitermachen zu geben? Oder macht ihr etwa eine Kehrtwendung und wendet euch der vertrauten Ergebenheit zu? Junge, Junge. Ja.

Nun, Leute, hört her. Es ist unfair, einerseits, denn ich kann weit voraussehen, bis sich das Buch schließt. Ihr seid erst auf Seite vier. Und das Buch lässt euch nicht nach hinten blättern, damit ihr die letzte Seite lesen könnt. Und so wisst ihr nicht, was die übrige Geschichte noch alles für euch bereithält. Ihr würdet euch wohler fühlen, wenn ihr die letzte Seite lesen könntet; danach würdet ihr das übrige Buch lesen. Warum nicht? Das ist meine Wirklichkeit. Ich kann machen, was ich will. Wahrheit? Ja. Also, mir werden immer diese Fragen gestellt: „Kannst du mir ungefähr sagen, wie lange das dauern wird? Wirst du mir helfen, mir viele Boten schicken? Im Innern weiß ich, dass ich das schaffen kann und ich werde glücklicher als je zuvor in meinem Leben sein." Beruhig dich. Ja, das wirst du.

Nun, ich verstehe eure Zurückhaltung, denn ihr seid durch euer Image stets darauf programmiert worden, ergeben zu sein. Und was einmal eine wirklich normale Reaktion war — wisst ihr, wir wollen lernen, ohne Unterbrechung. Wir wollen etwas dazu gewinnen. Und wir interagieren mit außergewöhnlichen Wesen, um unser höchstes Potential zu erreichen, denn Nahrung ist nicht das, womit wir das Loch in unserem Gesicht vollstopfen, Nahrung ist, was unser Bewusstsein erweitert und was wir uns in der Seele zu Eigen machen. Das war ganz normal. Es gab nichts zu fürchten, denn keiner hatte vor dem Erschaffen Angst oder Furcht. Das gab es nicht. Das Unbekannte war verführerisch. Das Bekannte war die Ansammlung des Jetzt.

Und es war ein Hunger, der alles übertraf: zu wissen, Wissen aufzusaugen, bewusst zu sein. Jeder hatte in sich den Drang, so zu sein. Aber nachdem ihr immer wieder ein Image erschaffen hattet, um von der Buchseite wegzukommen — und man verfolgte und hackte es in Stücke; und ihr erlittet Qualen und hattet Angst davor, individuell zu sein — und nach jahrhundertelanger Programmierung seid ihr in Unwissenheit dem Nicht-Denken, dem Nicht-Logischen-Denken ergeben, weil euch jemand gesagt hat: „Du kannst nicht selbständig denken. Du kannst dich nicht heilen. Du kannst das nicht tun. Es ist nicht möglich, medizinisch gesehen. Du kannst Gott nicht finden, es sei denn durch meinen Glauben oder indem du mein Gotteshaus besuchst. Du wirst nie Glück finden, erst wenn du einen Haufen Geld zusammen hast, um dir die Freiheit zu erkaufen."

Woher kommt das? Aus all den Leben in Leid. Und ihr verspürt da einen Stich im Innern, wenn ihr anfangt euch zu ändern. Er bewirkt, dass ihr die Zähne zusammenbeißt, er bewirkt, dass ihr euch Sorgen macht und nächtelang wach bleibt und darüber nachdenkt, euch echt zu verändern. Das macht ihr, ich hab's gesehen. Und ich sage zu euch: „Hier, hier ist der Wind. Sei in deinem Geist inspiriert." Was soll schon sein, wenn ihr unter einer Brücke oder einem Baum schlaft? Schuldet ihr irgendjemandem etwas dafür? Und was ihr früher erschaffen habt, könnt ihr mit mehr Macht und mehr Wissen und einem besserem Verständnis neu erschaffen, und niemand hält euch je wieder zum Narren.

Doch ich beobachte, wie es euch quält, eure Vergangenheit abzulegen. So stark ist eure Ergebenheit. Und genau darum geht es bei „Unwissenheit macht ergeben": euch an diesem Punkt in der Lüge festzuhalten. Warum sollte die Presse euch ins Lächerliche ziehen wollen? Wegen eures Umzugs in diesen Teil der Welt und weil ihr euch Vorräte anlegt? Wenn alle das täten, was würden sie dann tun? Was würde aus der Wirtschaft? Und wenn Menschen unabhängig dächten und die Glotze ausmachten, wie wäre es dann mit ihrer Macht über euch bestellt? Indem sie euch täglich programmieren, halten sie euch in Unwissenheit. Versteht ihr? Und ihr seid nicht ihr Liebling, wenn ihr individuell seid. Gott aber seht ihr erst, wenn ihr ein höher entwickeltes Bewusstsein geworden seid.

Wisst ihr, warum ich so sehr verachtet werde? Niemand, kein Lehrer, wird von den so genannten spirituellen Menschen mehr verachtet und gehasst als ich und das, was ich ihnen beigebracht habe — denen, die bedingungslose Liebe predigen — denn ihr Dogma ist der Schnee von Gestern. Und man kann jemandem nicht einen Kristall, einen Zirkon oder ein Amulett geben und erwarten, dass er die Wahrheit erkennt. Und man kann jemanden nicht auf eine Visionsreise schicken und erwarten, dass diese Reise seine ganze Unwissenheit auflöst. Das wird nicht funktionieren.

Erleuchtung kommt nicht mit Armreifen daher. Sie ist ein Ausdruck ungeschminkter Wahrheit. Sie ist das Licht eines Einzelnen, der sich vor nichts fürchtet, weil er es in sich hat seine Bestimmung zu erfüllen. Er würde nie dasitzen und sich ununterbrochen wegen einer kleinen Veränderung in seinem Leben ein Leben lang quälen, denn solange ihr mit ganzer Ergebenheit der Unwissenheit dient, werdet ihr euch nicht entwickeln. Ihr werdet nur so weit gehen und das Bewusstsein nur so weit erweitern, bis es eine so genannte Möglichkeit der Wahl für euch erschaffen hat und in der Tat eine so genannte Wirklichkeit aus dem Unbewussten Mind. Dehnt euer Bewusstsein und nutzt es, materialisiert es in eurem Leben und begebt euch in die Interaktion. Doch sobald ihr den Schritt getan habt, kriegt ihr Angst, weil man euch gefoltert hat, lächerlich gemacht hat, angefeindet hat, in Stücke gehackt und Leben um Leben gequält hat. Und da seid ihr nun, in der dunklen Seelennacht, und während alles auseinander zufallen droht, trefft ihr eine Entscheidung darüber, ob ihr weitergehen sollt, denn das Bewusstsein hat sich nicht weit genug gedehnt, um das Geschenk einer Erfahrung anzunehmen. So sei es.

Und ihr bekommt Angst. Und während ihr euch umdreht und weggeht, wird das Licht dunkler. Und ihr wisst, wenn ihr geht, habt ihr verloren. Wie könntet ihr auch froh sein? Ihr wendet euch ab und ihr wisst, ihr habt verloren. Und um den Schmerz zu übertönen, bleibt als einziger Ausweg, demjenigen die Schuld zuzuschieben, der euch gebeten hat, euch zu ändern, euch weiterzuentwickeln, Gott zu kennen, diesen Menschen zu hassen, und mit Bösartigkeit angefüllt zu sein, denn ihr werdet nie wieder derselbe sein, wenn ihr einen Blick auf die eigene Macht erhascht habt, und euch dann abwendet und geht. Dunkelheit. Die Leere wird rasch von Dunkelheit erfüllt. Womit werdet ihr die Leere füllen, nachdem ihr das Bewusstsein erweitert habt und ein Problem entstand? Sie wird nicht kleiner. Sie ist einfach da. Womit füllt ihr sie auf? Mit Angst. Und auf Angst folgt Misstrauen, und auf Misstrauen folgen Hass und Bitterkeit und Bösartigkeit und Krieg. Das ist keine Weiterentwicklung. Das ist ein erweiterter Primitivling, der euch in jedem Augenblick die Kehle durchschneiden kann.

Nun, Leute, ich weiß, was ihr durchgemacht habt. Und mein Leben war in mancher Hinsicht einfacher als eures. Ihr macht euch Sorgen, dass ihr alles verlieren müsst, nur um euer Bewusstsein zu erweitern. Aber wisst ihr denn nicht, dass alles was ihr habt, ein Ergebnis eures Bewusstseins ist? Das ganze Geld, das ihr euch geschaffen habt, glaubt ihr, es sei vom Himmel gefallen? Nein, von da würde es nicht kommen. Es kam von hier (Mind).

Und euer Haus und Grundstück, das ihr erschaffen habt, glaubt ihr, sie seien euch geschenkt worden? Ihr habt sie verdient. Was werdet ihr da schon verlieren?

Seht, der eigentliche Schatz liegt im Mind, der all die Dinge erschuf; der Visionär, der sie alle sah, diese unabhängige Wesenheit. Sie hat sie erschaffen. Das Feuer — und der Ausdruck Feuer bedeutet: ihr geht durchs Feuer. Das Feuer ist, und das gilt für so viele von euch, jede Wirklichkeit, die ihr euch manifestiert und das Bewusstsein, das ihr erweitert. Feuer ist, wenn ihr dasitzt und seht, wie die Probleme auftauchen. Und ihr dehnt euer Bewusstsein und entdeckt, wie es euch bereichert hat, denn ihr hättet es nie erschaffen, wenn nicht der Bedarf bestanden hätte. Und wenn ihr bei genauerem Hinsehen den Grund entdeckt, dann habt ihr das Bedürfnis erfüllt. Dann habt ihr euch bis zu einem noch höheren Bewusstsein gestreckt. Und ihr werdet das Problem lösen und es wird Weisheit.

Angesichts all der Dinge in der Welt, welchen Wert hat es, dass ihr zur Schule geht und euch auf allen Ebenen entwickelt und bis zum Ende des Buches gelangt? Es ist eure Bestimmung Gott zu sein, alles zu sein, was ihr sein könnt; was ihr seid zu lieben; das Leben als Abenteuer und nicht als Sterben zu betrachten. Woher kommt der Gedanke in einer Person, sich das eigene Leben zu nehmen? Weil sie mit Veränderung nicht fertig werden kann? Leben ist die Herrlichkeit, die man sich selbst gestattet, im Leben das Unterbewusste in Anspruch zu nehmen und dadurch zu erstrahlen.

Und all die Oberflächlichkeiten, die ein Teil der Ergebenheit sind, fallen fort. Euer Bedürfnis nach Sicherheit vergeht, denn in euch leuchtet das Licht auf, ihr braucht also dort draußen nichts aufzubauen, um das Gefühl von Sicherheit im Leben zu haben. Baut es hier drinnen, in euch. Dann geht ihr den Weg eines Meisters. Und es hat nichts mit Furcht vor anderen zu tun, denn je mehr ihr euch erweitert, umso mehr kommt dieser Gott ohne Image an die Oberfläche.

Das Erwachen des Franziskus von Assisi

Nun, es gab einmal diesen Troubadour — der war als Troubadour in einem Krieg zwischen seinem Heimatland und einem anderen Land, denn beide fühlten sich bedroht — und er war ein überraschend aufregender und gutaussehender junger Mann: wunderbar olivbraune Haut, rabenschwarzes Haar, das im Licht blau schimmerte, und Augen, grün wie das Schilf des Flusses, mit schwarzen dichten Wimpern besetzt. Er hatte einen vollen, weichen, sinnlichen Mund über einem breiten männlichen Kinn, einen wohlgeformten Körper, dessen jugendliche Elastizität, Spannkraft und

Muskeln ihm große Stärke verliehen. Und seine Familie kleidete ihn immer in den besten Stoffen und Samt. Und er war ein Liebling der Frauen.

Dieses Wesen hatte alles. Er brauchte sich seinen Unterhalt nicht zu verdienen, er war bestens gekleidet, roch nach Rosenwasser und Lavendel, Frauen folgten seiner Spur und er wurde von seinen Kameraden geliebt und geschätzt. Als tapferer Soldat zog er mit den Segenswünschen der ganzen Stadt in den Krieg. Es gab keinen, der stattlicher, fürstlicher und schneidiger, und, ja, tapferer gewesen wäre als dieser Mann, der sich auf seinem stattlichen Fuchs zum Kampf aufmachte einer staubbedeckten Straße entlang, in den rosafarbenen Schimmer des Sonnenuntergangs hinein.

Und in der Schlacht lachte diese Wesenheit, wenn er gemeinsam mit seinen Freunden gegen den Feind kämpfte. Und er hielt es wirklich für ein Spiel und wurde so selbstsicher, was seine Position im Leben betraf, dass er vom Pferd gestoßen und mitgeschleift wurde. Sein Fuß verfing sich in dem was ihr jetzt als Steigbügel nutzen würdet, und das Pferd zog ihn eine ganze Weile mit sich und dann verlor er das Bewusstsein. Als er wieder zu sich kam, lag er auf einer Lichtung neben einem kleinen Teich. Das Pferd graste, sein Fuß hing immer noch im Steigbügel fest und er lag auf dem Rücken. Er blickte in den Himmel und, natürlich, in die Ewigkeit, die in manchen Nächten so schwarz und undurchdringlich sein kann, dass selbst das Licht der Sterne geradezu unheimlich schimmert. Und da war nichts — nur Stille. Er schaute nach oben und sah sein ganzes Leben im mitternächtlichen Himmel. Ihm kam der Gedanke, dass er wie eines dieser Lichter sei. Er verlor erneut das Bewusstsein und in seinem Körper wütete viele Wochen lang ein Fieber. Er durchlebte alle Bilder dieses Lebens, alle. Und das Fieber war so besorgniserregend und hielt so viele Stunden lang an, dass man, da jederzeit die Stunde seines Todes kommen konnte, an seinem Lager Wache hielt, während seine Mutter ununterbrochen weinte und sein Vater betete und den Rosenkranz sprach. Und Priester fanden sich ein und selbst ein Kardinal stattete dieser wohlhabenden Familie einen Besuch ab. Und sie gaben ihm viele Male die Sterbesakramente und besprengten ihn mit Weihwasser, und sie konnten nichts tun als mitanzusehen, wie es auf seiner brennendheißen Stirn verdampfte.

Und dann, eines Morgens, öffneten sich diese Augen, flussgrün wie das Schilf, beim Gesang eines Vogels, der sich auf dem Fensterbrett niedergelassen hatte. Und er wollte nichts als den Vogel dicht an sich halten und seinem Gesang lauschen. Er war so schwach. Er erhob sich von seinem Lager und jagte den Vogel vom Fensterbrett bis ganz zur Dachspitze, wo dieser vor ihm davonflog. Und in dem Augenblick fiel ihm der mitternächtliche Himmel wieder ein. Seine letzte Erinnerung war, wie er so dalag und in den Himmel blickte: kein Mond, nur die Sterne, diese ewigen

Lichter. Und das sah er, als der Vogel ihm davonflog. Er wollte den Vogel halten. Er wollte mit dem Vogel fliegen.

Diese Wesenheit wurde von seiner Familie und allen Stadtbewohnern und allen Freunden so sehr geschätzt und geliebt, dass sie alle von Fern und Nah und von überallher kamen, um seine Genesung von den schauderhaften Fieberanfällen ausgelassen zu feiern, wenngleich er, als er versuchte alles, was eine Freunde taten, mitzumachen, nicht mehr mit ihnen lachen konnte. Und all die Gewänder, mit denen seine Eltern ihn gekleidet hatten, waren nicht wichtig. Er hatte sie zuvor schon gefühlt. Er konnte nicht aufhören an den Himmel zu denken. Und sie ertappten ihn dabei, wie er an den Himmel dachte. Und sie fragten ihn: „Woran denkst du?“ Und er versuchte ihnen zu erklären, woran er dachte. Und sie stellten noch ein Bier vor ihn hin, klopften ihm auf den Rücken und sagten: „Du kommst schon drüber weg.”

Diese Wesenheit verbrachte seine Tage damit, mit Blumen übersäte Felder aufzusuchen. Und einmal geschah es, dass er all seine Finger und Zehen in die sehr feuchte Wiese drückte, ins Erdreich. Und er lag da, Finger und Zehen in die Erde versenkt, das Gesicht auf den Boden gedrückt und dort blieb er einen ganzen Nachmittag lang liegen. Ein anderes Mal entdeckte er einen geaderten, mit Glitzer gesprenkelten Stein und starrte ihn den ganzen Tag lang an. Das war nicht mehr der unbekümmerte Krieger, der an diesem schicksalsträchtigen Nachmittag die Stadt verlassen hatte.

Und die Wesenheit konnte es jeden Tag kaum erwarten, die Stadt hinter sich zu lassen und in die Natur zu gehen. Dort gab es etwas, das real und still war und keinerlei Ansprüche an ihn richtete. Jeden Tag seines Lebens verbrachte er dort, und jeden Tag entglitt er seinen Eltern mehr. Dieser wunderbare kräftige Sohn, der ihnen Söhne schenken würde und das Geschäft weiterführen und eines Tages sogar der Gouverneur der Provinz sein würde, entglitt ihnen. Sie waren dabei, ihn zu verlieren. Sie konnten nicht einmal mehr mit ihm reden. Und er lächelt und liebte sie, aber nach und nach ließ er sie zurück.

Etwas hatte sich in dieser Wesenheit geändert. Und eines Tages erkannte er, wie sehr er Gott liebte, den Gott, von dem kein Wort vom Himmel fiel und der doch da war, der Gott, der der Vogel ist und zu dessen Lied er erwacht war, wirklich erwacht war, und die feuchte und gute Erde, auf der er, ohne auch nur ein Stück Samt oder Brokat am Körper zu haben, liegen durfte — sie gestatte es ihm einfach — und Mohnblumen, die ihn mit ihrem Scharlachrot blendeten, und das Summen der Bienen, das prächtige Farbspiel auf den Flügeln eines Schmetterlings und der süße und durchdringende Geruch einer wunderbaren Brise, die vom Fluss herauf wehte und sich durch die mit Blumen bedeckten Tälern zog, seine Nase füllte und ihn vor Freude trunken machte. Er erkannte, dass der Gott, den er liebte, das unsichtbare Geschenk überall um ihn herum war.

Seine Eltern meinten, er wäre völlig um den Verstand gekommen und er wäre krank. Sie wollten Gesellschaften für ihn geben, doch er tadelte sie nur dafür. Sie schickten ihn zu Priestern, wie man sie so nennt, doch die schüttelten nur den Kopf. Und eines Tages schließlich während einer Gesellschaft — sie hatten ihn mit den feinsten, allerschönsten und teuersten Baumwolltuchen, Gobelins und Samtstoffen bekleidet — zog er sich splitterfasernackt vor der versammelten Gesellschaft aus: vor Ministern, Priestern, Familie, Frauen, Freunden, Ziegen, Schafen, Pferden, dem Himmel, der Erde, dem Dorf. Und er war wirklich kein Exhibitionist — ist das das richtige Wort? — der sich zur Schau stellt. Für ihn war es ein Symbol dafür, dass er nicht länger hierher gehörte. Er hatte sich geändert.

Und mit einem Lied in seinem Herzen rannte er aus der Stadt, nackt wie die Eichelhäher, wie ihr so sagt — die sind eigentlich gar nicht so nackt; ich würde sagen, nackt wie ein Wurm — ja, und er wusste, er würde etwas finden, mit dem er den Körper bedecken konnte, es würde aber etwas sein, das die Felder ihm gegeben hätten. Und sein Herz war von einer Melodie erfüllt. Aus dem Fieber war ein sanftmütiger Geist geboren worden. Und später entdeckte er ein altes Gebäude und während eisiger Winterregenfälle baute er dieses aus Stein wieder auf. Und er verehrte die Herrlichkeit Gottes, indem er das Königreich der Erde verehrte. Und das größte Geschenk, das er dem Himmel um Mitternacht machte, war nicht das Image, sondern die Schönheit, die Männern wie Frauen innewohnt, und, nachdem das Image verbrannt war — was während seines Fiebers geschehen war, denn das Fieber brannte das Image weg, das er sich für dieses Leben erwählt hatte — dass er sich alles zu Eigen machte. Es hatte es verbrannt, so konnte er nun Dinge sehen, die er nie zuvor gesehen hatte. Er hatte die Seite umgeblättert.

Ja, er hatte sich geändert. Seine Widerspiegelung hatte sich geändert. Seine Eltern konnten in ihm nicht mehr das Spiegelbild einer Herrlichkeit entdecken, die ihnen selber fehlte. Seine Freunde konnten nicht mehr die Kameradschaft entdecken, die ihnen selber fehlte. Die Frauen konnten in ihm nicht mehr das Bedürfnis nach einem geliebten Partner entdecken, der ihnen in ihrem eigenen Leben fehlte. Er hatte sich verändert und sie konnten sich selbst nicht mehr in ihm entdecken. Sie würden wachsen müssen, um in ihm das zu entdecken, was sie schon immer in sich selbst hatten.

Und er hatte das Image weggebrannt, in einem langanhaltenden Fieber. Und er durchlebte alles aus seinem Leben, all seine Träume, seine Wünsche, seine Sehnsüchte, seine Bedürfnisse, bis er nackt war und von ihnen geläutert war. Und als er erwachte, war er der Gott, der schon immer da gewesen war. Aus seinen grünen Augen blickte nicht mehr das Image sondern das unnachahmliche Licht, das die Wesenheit geworden war. Und wieso konnte er durch Felder gehen und neben ihm her flogen Vögel und Tiere folgten ihm? Wieso würde sich ein Löwe ihm zu Füßen legen? Und warum nannte er Dinge Bruder und Schwester? Weil sie es waren. Denn Gott wusste es besser. Gott hat Wissen; er versteht. Er hatte die ergebene Hingabe an das Image verbrannt. Er wusste.

Reines Licht, manifestiert. Welch glorreicher Gott! Es war der lebende Christus, der sich während dieses Lebens zeigte. Ein Tier wird sich nicht einem Image zur Seite legen, denn das Image ist die Stagnation einer unterwürfigen, festsitzenden Energie einer Wesenheit: Kopulation, Schmerz, Macht. Ein Löwe wird sich aber zu Füßen eines außerordentlichen Lichts legen und darin Einssein finden, denn das Licht, das er sieht, entspricht der Lebenskraft in jeder einzelnen Faser seines Seins.

Und den Rest ihres Lebens lebte die Wesenheit zur Ehre Gottes, der sich selbst entblößt hatte. Sie lebte unverblümt das, was sich hinter dem Image verborgen hatte. Sie sang von der Herrlichkeit des Lebens und bemühte sich, Menschen nicht in einer Doktrin zu unterrichten, sondern ihnen einfaches Wissen zu geben, Einfachheit. Ihr Leben war keine Heuchelei, denn sie war, was sie war. Nichts anderem mehr galt ihre Ergebung, nur Gott und der Lebenskraft. Versteht ihr das? Und sie wurde gehasst und verachtet, denn sie war darum bemüht, in der Dunkelheit ein Licht zu sein, ein anderer jedoch bewachte den Lichtschalter.

Nun, der Name dieser Wesenheit ist der heilige Franziskus von Assisi. Es ist eine wahre Geschichte über eine zeitgenössische Wesenheit, jemanden, der eurer Generation zeitlich am nächsten steht, der das Image auflöste, da er sich der Suche nach dem Licht gewidmet hatte, das wir alle ganz und gar sind. Und sie veränderten sich. Sie änderten sich, sie änderten und änderten sich. Was meint ihr, wie mutig man sein muss, um golddurchwirkte Stoffe und Samt hinter sich zu lassen und unbekleidet wegzugehen — Nacktsein sollte nicht schockieren sondern zeigen, dass all diese Dinge nicht wirklich „ich“ sind — und den Mut aufzubringen, in die freie Natur zu gehen ohne zu wissen, wo man in dieser Nacht schlafen würde? Doch die tiefgründige Wahrheit, die sich aus der Erkenntnis und der Entwicklung ergeben hatte, war alles wert, denn im Feld ist Gott zugegen und die Verbindung zum Selbst. Die Wesenheit änderte alles in ihrem Leben; das war unerlässlich, um das Image wegzubrennen und in der Einfachheit Gottes, der sie hingebungsvoll ergeben war, Erleuchtung zu finden.

Erfahrung ist niemals ein Fehler, sondern die Saat der Weisheit

Nun Unwissenheit, die Ursache für Ergebenheit, ist in mancher Hinsicht ein Mangel an Motivation, der Motivation, die aus dem Wissen kommt, dass man unbegrenzten Mind nicht in Anspruch nimmt, um dort dann lediglich Gefahr, Angst und Unsicherheit vorzufinden. Diese Dinge kennt ihr schon alle, sie existieren im Unbekannten nicht. Der Mut, einen Schritt in Richtung Veränderung zu unternehmen: Schüler der alten Schulen besuchten die Schule für die Dauer von sieben langen Jahren, wobei jedes Jahr einer Evolutionsstufe und einer Seite des Buches gewidmet war. Sie lernten, um sich zu verändern und weiterzuentwickeln. Wisst ihr denn nicht, dass es dabei allein um die Weiterentwicklung des Bewusstseins geht und Bewusstsein weiter zu entwickeln bedeutet, sich Wissen aus dem Unbekannten zu pflücken, welches in Anspruch genommen werden kann und so den Einzelnen in die Lage versetzt, die eigene Wirklichkeit dem im eigenen Leben herrschenden Bedarf entsprechend zu erschaffen und zu verändern? Ja, aber ihr habt Angst und ich verstehe, warum. Ich habe mich immer um Verstehen bemüht. Keiner möchte, dass irgendjemand sich vom Status quo weg bewegt.

Denkt an all die Menschen, die heute leben. Welche bedeutenden Wesenheiten fallen euch ein, die als Individuen ihr Image weggebrannt haben? Es fällt euch wirklich schwer, ihre Namen einfach so herunterzurasseln, nicht wahr? Es gibt viele Wesenheiten, die sich in einem höheren Bewusstseinszustand befinden und diesen repräsentieren. Sie werden zu den Idealen des gesellschaftlichen Bewusstseins. Aber keiner ist wirklich wie Franziskus.

Nun, sobald ihr zu lernen beginnt, meine wunderbaren Leute, sobald ihr aus dem Individuum in euch geboren werdet, sobald ihr Wissen erlangt, gehen euch die Lichter auf. Wisst ihr denn nicht, warum Veränderungen kommen und schon hier sind? Weil die Menschheit Probleme geschaffen hat, aber nie einen Schritt weiter ging und ihr Bewusstsein erweiterte, um sie zu lösen. Sie sitzt auf Seite drei fest. Und sie ist hinter der Natur zurückgeblieben und bei Vergewaltigung und Plünderung und der Zerstörung ihrer Lebenskraft um ihrer gierigen Bedürfnisse willen stecken geblieben. Sie hat sich nicht weiterentwickelt und ihr Bewusstsein wird sie zu Grunde richten. Das ist der Grund.

Warum, denkt ihr, sind die Menschen von der anderen Sonnenseite zurück? Weil es Menschengruppen gibt, die erwachen. Viele unter euch in diesem Raum hatten schon Kontakt zu den Menschen von jenseits der Sonne. Das wird so lange aus eurer Erinnerung gedrängt bis ihr zum Lernen bereit seid. Und sobald ihr zu lernen beginnt, übermittelt ihr ein Signal und es entsteht dieser natürliche Drang, sich zu erheben und in Bewegung zu kommen. Da ist dieser Drang, an einen Ort zu gehen. Da ist der Drang, plötzlich Dinge zu tun, die ihr nie zuvor getan habt, Essens- und Wasservorräte anzulegen und ein souveränes Leben zu erlernen. Und es besteht ein verzehrender Wunsch und dieser Krieg vollzieht sich im Innern, im Selbst, und das sagt: „Aber du veränderst dich; das kannst du nicht tun." Und ein anderer Teil von euch sagt: „Ich muss es tun. Ich kann nicht anders. Ich muss."

Was also würde geschehen, wenn die ganze Welt die Wahrheit wüsste? Nun ja, ihr müsstet nicht mehr für euren Lebensunterhalt arbeiten, denn Energie gibt es überall um euch herum. Ihr müsstet nur eure Nahrungsmittel selbst anbauen. Ihr wärt mit allem versorgt, was ihr braucht, ohne eine versklavende Mittelklasse haben zu müssen, durch die Kommerz zur Wirklichkeit wird.

Sich den Meinungen der Menschen zu verschreiben, heißt, in Unwissenheit zu leben. Ich bin ein Radikaler; ja, das bin ich. Ich bin ein Verfechter des freien Willens. Ja, das ist eine große Wahrheit. Aber ich bin für das Individuum, für den Gott im Innern, der so lange den Schlaf, in den er hinein hypnotisiert wurde, schlief. Ich bin ein Radikaler unter den metaphysischen Spiritualisten. Ja, das bin ich, denn sie werden Themen nicht ansprechen, die sie unbeliebt machen oder kontrovers erscheinen lassen, weil sie nicht Bescheid wissen. Sie haben nicht den Mut, ein Licht in einem gewaltigen und anwachsenden Sturm zu sein, ein Wissen und Wahrheit, die den Menschen Befreiung in ihrem eigenen Reich, im Selbst bringt, denn sie wollen den Preis der Ächtung, der schlechten Presse nicht bezahlen. Sie wissen nicht Bescheid.

Aber euch der Unwissenheit zu verschreiben wird euren Tod bedeuten, wie das in jedem Leben so war. Eine in der Weiterentwicklung begriffene Seele erfüllt ihre Bestimmung im Bewusstsein. Und ich meine nicht ein micky-mäusisches, holterdiepolterndes Bewusstsein. Ich spreche nicht davon, dass man Kerzen anzünden, Kristalle und Zirkone und Amulette tragen soll. Ich spreche nicht von bestimmten Ernährungsweisen und darüber, dass man bestimmte Farben tragen oder meditieren soll. Ich meine damit das Aussprechen der Wahrheit, das Erwachen, das Verstehen einer einfachen, einfachen, einfachen Wahrheit, die der Grund für alles ist, und über einen Fokus zu verfügen, der „so" ist und es dann „so" zu bekommen, und mit heilenden Händen, aus denen Feuer kommt, das ganze Bewusstsein um das Wesen herum anzuheben und ein solch unbeflecktes Wesen zu sein, dass Wildvögel kommen und auf eurer Schulter landen werden, denn wenn sie das jetzt nicht tun, dann habt ihr das Image nicht aufgelöst.

Aber eines Tages werden sie es tun, dann wird die Natur selbst in Einklang mit euch sein und ihr werdet nicht „ich kann nicht" denken. In der Tat denkt ihr dann nicht: „Das ist ein Problem für mich". Ihr denkt nicht:

„Ich habe Angst.“ Ihr denkt nicht: „Ich werde nicht genügend haben.“ „Die Zeit reicht nicht.“ Ihr sitzt nicht da und Micky-Maus und sitzt rittlings auf dem Zaun: „Gut, ich denke schon, dass ich daran glaube, aber es gibt Zeiten, wo ich es nicht glaube.“ Dann ist das, was ihr denkt, eine Wirklichkeit und eure Erfahrungen geben euch Weisheit, an der ihr wachst, mit der ihr dieses Bewusstsein ausdehnt; dann seid ihr nicht dumme, mystische Menschen, sondern ihr wisst Bescheid, ihr wisst Dinge, versteht Dinge, und seid somit nicht unwissend, könnt nicht versklavt und nicht zerstört werden und habt keine Angst. Die anderen halten es nicht für richtig, wenn ihr keine Angst habt. Absolut. Denn wenn ihr keine Angst habt, dann könnt ihr auch nicht manipuliert oder genötigt werden. Eine Person ohne Angst kann nicht erobert, in Besitz genommen, unterjocht, farblos gemacht und in die Box gepackt werden.

Wenn ihr euch öffnet, Leute, wartet schon eine ganze Intelligenz darauf, mit euch Kontakt aufzunehmen. Es gibt unzählige Abenteuer, die euch erwarten. Der unbewusste Mind, das Unbekannte, ist das nächste Abenteuer, das ihr für all eure Dinge in Anspruch nehmen könnt.

Die Ursache von Ergebenheit ist Unwissenheit, sei es nun spirituelle Unwissenheit, sei es politische Unwissenheit, sei es religiöse Unwissenheit. Sie ist die Krankheit der Gemeinschaft. Sie ist die Krankheit der Menschheit. Im Licht könnten Seuchen nicht aufkommen. Ihre Brutstätte ist die Dunkelheit. Armut, Krieg und Unmenschlichkeit entstehen nicht im Licht. Sie entstehen in der Dunkelheit. Der Hass zwischen Brüdern, Trennung durch Grundstücksgrenzen, das Bewachen der Grenzen — all dies entstammt der Unwissenheit.

Und wenn ihr denkt, dass das Intonieren von Gesängen und von Kristallen umgeben zu leben euch göttlich machen wird, dann seid ihr Narren, denn ihr solltet es besser wissen. Denn ein reiner, logischer Verstand erkennt, dass ihr dann, wenn die Macht in euch ist, und das ist sie, nicht etwas außerhalb von euch mit Energie versorgen müsst, um in euch etwas zu bewirken, denn sie ist direkt hier. Physische Wirklichkeit existiert nur deshalb, weil sie sich im Bereich eures Fokus befindet. Wenn ihr diesen Fokus auf etwas anderes richtet, bringt ihr andere Wirklichkeiten ins Spiel.

Ihr seid nur so groß wie eure Sicht es euch erlaubt und ihr seid diejenigen, die diese Sicht erschufen. Euer Bewusstsein wird nur so explosiv sein wie eure Energie. Euer Körper wird nur so lange weiterexistieren, wie ihr zu leben bereit seid. Wenn ihr aufgebt und zu lernen aufhört und euch nicht mehr ändert und keine Abenteuer mehr habt, werdet ihr sterben, denn was für die Evolution in der Natur gilt, gilt auch hier: was nicht gebraucht wird, wird beseitigt. An seiner Stelle findet eine Weiterentwicklung statt. Ein Lebewesen stirbt nicht, so lange es Leben in Anspruch nimmt und Freude da ist.

Und wenn ihr niedergeschlagen seid und ihr Trübsal blast und depressiv seid, dann liegt das daran, dass ihr selbst euch so gemacht habt, da ihr euch in der Erschaffung des Problems festgefahren habt ohne den dazugehörigen Sinn und Zweck mitzuerschaffen. Und sobald ihr den Zweck erkennt, gibt das Problem euch auf und ihr erweitert euer Bewusstsein. Verschließt euch nicht dem Wissen, dass eure Einstellung eure Bestimmung kontrolliert. Und seid nicht so unwissend zu denken, dass ihr einerseits sagen könntet, „ich bin Gott“ und sich das manifestieren wird, es sich aber andererseits nicht ebenso manifestieren sollte, wenn ihr euch dann selbst verdammt. Und verschließt euch nicht dem Wissen und dem Denken, dass alles, dem ihr eure Macht abgebt, Macht über euch haben wird, was bedeutet, dass ihr, ohne euer Selbst zu konsultieren, andere für euch Entscheidungen in eurem Leben treffen lasst. Und wenn ihr so lernen wollt, wie das damals in den alten Schulen war, gibt es einen Ort, an dem ihr lernen, euch weiterentwickeln und ein uraltes Licht berühren und in den Seiten dieses Buches sehr schnell weiterblättern könnt, bis Transparenz erreicht ist. Es gibt diesen Ort.

Aber verschreibt euch in der Tat nicht eurer Angst. Und gebt euch nicht eurer Zurückhaltung hin. Und gebt euch nicht euren Sorgen hin, indem ihr die Hände ringt und mit den Zähnen knirscht und die ganze Nacht wach bleibt und euch fragt, ob ihr denn nun diese Entscheidung treffen solltet. Ihr wärt nicht vor diese Entscheidung gestellt, wenn diese Erfahrung für euch nicht notwendig wäre. Ihr macht nur Erfahrungen von den Dingen, die euch im Innern fehlen, Leute, außer ihr seid unwissend. Dann seid ihr auf demselben alten Gleis und ihr erfahrt dieselben alten Fehler, dieselben alten Gelegenheiten, Erfolg und Misserfolg, negativ und positiv, Krankheit und Gesundheit, immer und immer und immer wieder. Und dies wird dann zu eurer Wirklichkeit. Aber sobald ihr euch zu strecken beginnt und eure Dogmen und Lieblingsärgernisse, euer Negativ und Positiv und euer Böse und Gut, euer Höher und Niedriger ablegt — sobald ihr es einfach zusammenbringt und Bewusstsein zu einer Einheit verschmelzt — seid ihr auf dem Weg nach Hause.

Und wenn ihr euch etwas gegenüberseht und es in eurem Leben ist, dann habt ihr es erschaffen. Schaut es euch an. Welchen emotionalen Gewinn zieht ihr aus der Reibung, nicht wieviel Geld werdet ihr machen oder verlieren, sondern was an dieser Sache wollt ihr euch zu Eigen machen, indem ihr euch selbst zwingt und streckt. Seht es euch genau an, damit ihr euch dessen Weisheit zu Eigen machen könnt, ohne ein zum Zusammenbruch führendes Problem zu erschaffen, und um eure Wirklichkeit zu bereichern. Macht den nächsten Schritt. Macht keine Rückwärtsschritte und gebt nicht auf. Eignet es euch an, denn sobald ihr hinseht und sagt: „Was ist hier der emotionale Wert, den ich als Weisheit aufzeichnen kann? Was habe ich daraus gelernt?“, und sobald ihr es in

Fokus bringt, habt ihr euer Bewusstsein weiter ausgedehnt. Und die Sichtweite wird erweitert und ihr werdet es euch aneignen. Und es wird in das Buch eingehen und das Problem wird euch aufgeben.

Und die Wesenheit wächst. Sie ist nicht unwissend. Sie nimmt Wissen in Anspruch, denn die nächste Phase ist das nächste Wissen. Bereut niemals eure Erfahrungen — nie und nimmer. Haltet niemals etwas, das ihr tut, für einen Fehler. Seht es als einen Lernprozess. Lebt, um Himmels willen, nicht in eurer Vergangenheit. Verfallt nicht in euren alten Trott oder denkt daran, was ihr im letzten Leben wart. Ich weiß, dass es unter euch einige gibt, die gerne herumschleichen und Leute finden, die euch etwas über derartige Dinge erzählen. Ich habe zugehört. Und habt ihr je den Wind heulen gehört? Habt ihr das je gehört? Ihr hättet ein bisschen besser hinhören sollen.

Ist euer Leben so leer, dass ihr auf die Vergangenheit zurückgreifen müsst, um etwas Besseres zu sein? Jesses, willst du diesen Mann so sehr, dass du versuchst, in der Vergangenheit einen Grund dafür zu finden, warum er in diesem Leben zu dir gehören sollte, um ihm dann einzureden, dass es sein Karma sei? Ich weiß, was ihr tut. Versteht ihr denn nicht, dass ihr nie ein Jetzt[4] haben werdet, bis ihr das Buch geschlossen habt? Warum wollt ihr zu Seite drei, zwei und eins zurückkehren? Und welches Image werdet ihr auswählen? Ich habe etwas für euch, dass euch wirklich die Ohren öffnen wird. Ihr habt nicht nur ein Leben gelebt. Ihr hattet Millionen von Leben. Welches genau sucht ihr? Welches Image hättet ihr denn gerne? Versteht ihr? Ihr hattet unzählige, mehr als ihr Zahlen habt, die ihr im Kopf zählen oder berechnen könntet, ohne dass ihr eine Maschine zu Hilfe nehmen müsst, die euch die Antwort liefert.

Warum müsst ihr zurückgehen und euch das ansehen? Ich werde euch sagen, warum: weil Menschen, die einen Mangel haben, da ihrem Jetzt das Abenteuer des progressiven Selbst fehlt, zum Gestern zurück müssen. Schließt das Buch, denn niemand sollte jemals der Vergangenheit wegen leben. Wenn ihr nachschauen werdet, wer ihr zehn Millionen Leben zuvor wart, und versucht, diese glamouröse, liebe Person zu finden, kann ich euch Millionen von Bildern, wie gespenstische Dämonen, von den Zeiten zeigen, als ihr dies nicht wart, sondern primitive, übel riechende, bestialische Menschen, Bluttrinker und Fleischfresser.

Nun, Leute, in der alten Weisheit galt, wenn eine Person ihre Vergangenheit am Leben erhielt, ließ sie damit ihre Fehler weiter leben, denn die Vergangenheit basiert wirklich auf Fehlern und unerfüllter Freude. Aber wenn eine Person heute über Wissen, inneres Wissen und Weisheit verfügt und sich im Bewusstsein weiterentwickelt, wird es in ihrem Leben genügend Freude und unermessliche Abenteuer geben. Sie wird nie innehalten und zurückschauen müssen, denn es findet unmittelbar im Hier

---

[4] Das Jetzt bedeutet, im gegenwärtigen Augenblick der Schöpfer, der Beobachter, sich seiner selbst bewusst zu sein.

und Jetzt statt. Und es gibt in dieser Zuhörerschaft hier so viele, die es vertragen könnten, ohne Vergangenheit und Menschen zu sein, die darauf bestehen, die Erinnerung an die Vergangenheit aufrecht zu erhalten, während ihr euch bemüht, sie zu vergessen. Sie müssen nicht Teil eurer Wirklichkeit sein. Sie gehören zum Gestern. Denn wenn ihr das Buch über das Gestern schließt, gibt es nur noch einen machtvollen Fokus und das ist Jetzt. Nur eines ist progressiv und das ist Jetzt. Unwissenheit ist von Gestern. Wissen ist im Heute.

Wisst, wer ihr heute seid. Ein wunderbarer, schöner Mann brannte sein Image weg, um für den Augenblick und die Herrlichkeit des Augenblicks zu leben. Seid nicht auch ihr mit der gleichen Energie und Macht ausgestattet, mit der ihr dasselbe vollbringen könnt? Kein Problem, das ihr geschaffen habt ist so, dass ihr es nicht wieder abschaffen könntet, indem ihr es euch einfach anschaut und ihm nicht ausweicht. Wenn ihr das tut, gibt es euch auf. Und es gibt keine Krankheit in deinem Körper, die du nicht einfach dadurch, dass du beginnst, zu lieben, was du bist, geheilt werden könnte. Du bist eine grandiose Person. Und wenn du ohne Vergangenheit bist und nur die Ganzheit der Weisheit hast, ist es für Krankheit unmöglich, den Körper einzuholen. Wenn ihr damit aufhört, ins Gestern zu blicken, habt ihr das genetisch bedingte Muster von Erkrankung und Tod abgetrennt, so dass es nicht mehr existiert. Jetzt beginnt das Leben wirklich.

Sei kein Heide. Hungere nach Wissen. Sei erleuchtet.

Ein erleuchteter Meister verstand in den sieben Jahren, die sieben Ebenen des Bewusstseins repräsentieren, dass wahre Erleuchtung progressive Erweiterung bedeutet, und dass Veränderung zur Vermeidung von Langeweile notwendig ist, denn Langeweile war ein Zeichen dafür, dass man im Begriff war, sich auf ein Gleis einzufahren. Und dann fährt man sich auf diesem Gleis fest und es wird zur Wirklichkeit. Und er wurde sich des Wesens bewusst, das ohne Image ist, dieses großen Lichts, das ihr alle seid. Und er begann auf dieses Licht zu fokussieren. Anstatt ein Image zusammen zu halten, kontempliert das Licht über sich selbst. Könnt ihr euch das vorstellen? Was geschieht, wenn es sich selbst betrachtet? Das ist der Augenblick, in dem ihr Gott liebt. Das ist der Augenblick, in dem ihr Gott kennt. Das ist der Moment, in dem ihr euch in das göttliche Selbst verliebt. Das ist der Moment, in dem ihr göttlich werdet.

Das Image ist nicht göttlich. Eure Persönlichkeit, eure Pingeligkeit, eure Versklavung in der Vergangenheit, eure Opferhaltung, euer Gejammer, euer Heulen, euer Deprimieren, all das ist nicht göttlich. Es ist primitiv, denn all dies gehört zu den Bestandteilen, aus denen ihr euer Image zusammenstellt, ihr wisst schon, euer astrologisches Zeichen. Schön ist, was zum inneren Licht gehört, allgegenwärtig, für immer und ewig, das allzeit Lebende, der Schöpfer eines jeden Images. Erwachen bedeutet, dass ihr erkennt, dass *es* da ist und ihr denkt an *es* — *es*: „Ich bin das, was ich bin." Dann wird euer Bewusstsein explosiv. Dann betrachtet die Energie sich selbst und explodiert zehntausendfach. Genau dies sah Franziskus im Feld und an dies erinnerte er sich in der Nacht des Himmels. Dies ermöglichte ihm, das zu sein, was er war. Also, *es* ist nicht all diese kleinen Energien. *Es* ist das, was unter ihnen liegt, das große Licht.

Nun gut, genau das sehe ich in euch, wenn ich euch anblicke und *es* spreche ich immer wieder an. Und das ist gemeint, wenn ich sage, „siehe Gott", das, was ihr seid. *Es* wird euch Freude und Freiheit bringen. *Es* wird euch Schutz gewähren. *Es* wird euch die Freude des Windes schenken. *Es* wird mit der Natur und den Tieren der Erde Frieden schließen. Und *es* wird eine Wirklichkeit erschaffen, die „siehe das Königreich des Himmels" genannt wird. Und es gibt nichts, für das es sich lohnen würde, unwissend zu sein.

Sei kein Heide. Sei nicht unwissend. Wisse, dass du *es* erfahren hast und *es* als Weisheit besitzt. Fürchte dich nicht vor Veränderung. Durch sie wirst du dich zu einem Christus entwickeln. Sie bringt deine Größe und deine Rechtschaffenheit hervor. Sei kein Heide. Schmücke dich nicht mit bedeutungslosen Armreifen. Weißt du denn nicht, dass du sie anbetest? Bete niemanden an, denn Anbetung ist eine aus Unwissenheit geborene Handlung. Liebe. Entwickle dich zur vierten Seite weiter, auf der Liebe beginnt. Das ist der Moment, in dem du dich siehst. Weißt du, du sagst, „wie sehe ich aus?" Du wirst den Rest deines Lebens brauchen, um zu diesem Wissen zu gelangen.

Sei kein Heide. Hungere nach Wissen. Wenn du nicht weißt, erweitere dein Bewusstsein, damit du die Wahrheit verkünden kannst. Befiehl deinem Bewusstsein, den unterbewussten Mind zu erkunden, der dir die Antwort bringt. Das wird er tun. Sei kein Heide. Habe keine Angst. Keiner kann euch verletzen, Leute. Niemand kann euch je eures Lebens berauben, niemals. Ihr seid unsterblich. In diesem Leben wird euch von niemandem etwas angetan werden, von dem euer Gott im Innern nicht wünscht, dass es euch geschehe, weil es in diesem Leben etwas gibt, das ihr zu Ende bringen müsst. Ihr werdet nicht von einem geistigen Führer beschützt. Ihr werdet von einem Mantel der Liebe und der Herrlichkeit Gottes, der ihr seid, beschützt. Sei kein Heide. Laufe nicht umher und suche in deiner Vergangenheit nach Antworten. Fange zu leben an. Sitze nicht herum und denke, dass du hilflos bist. Du bist nur so hilflos, wie deine faulen Knochen es dir erlauben.

Grenze deine Wahlmöglichkeiten nicht ein. Beschränke dich nicht nur auf zwei Wahlmöglichkeiten, ganz gleich in welcher Situation du dich befindest. Gestatte dir, dir uneingeschränkte Wahlmöglichkeiten zu verdienen. Lass dein Leben nicht zusammenbrechen, indem du nur Probleme siehst. Sieh Freude. Habe einfach kein Problem. Sei kein Heide. Es starrt dir ins Gesicht, weil du nicht weiter darauf eingegangen bist oder es abgeschlossen hast — es zu Ende gebracht hast — es dir angeeignet hast.

Frage dich: „Was habe ich hier gelernt?" Sei groß genug, um die Antwort zu sehen. Versage dir nicht selbst die Wahrheit, weil sie deine Gefühle verletzen oder dich demütigen oder einschüchtern könnte. Du musst einfach eingeschüchtert werden. Finde dein Problem und lass es dir als Wahrheit in die Augen blicken. Dann wird es dich aufgeben und du wirst das Lied fortsetzen, indem du dein Bewusstsein erweiterst, und wirst als Folge dessen wachsen.

Sei kein Heide. Sei nicht farblos. Bete nicht metaphysische Wahrheiten herunter. Bete nicht Dogmen des gesellschaftlichen Bewusstseins herunter. Sprich die Wahrheit aus. Habe den Mut, anders zu sein. Wage es, du selbst zu sein. Wenn du nach Hause kommst, schneide nicht all dies hier in kleine Stücke und klebe es in Kisten. Lass es deinen Geist entfachen und den Motor deiner Seele zünden. Lass es dir zur Gelegenheit gereichen, deine Schuld, deinen Schmerz, deine Dilemmas und deine Ängste aufzulösen, und dieses besorgte Händeringen, das dich die ganze Nacht wach hielt, weil du dir den Kopf darüber zerbrochen hast, ob du nun in der Lage sein wirst, diese Entscheidung zu fällen oder nicht. Wer wird dich verletzen? Wenn die Menschen dich ausstoßen, wird die Lieblichkeit der Natur dich willkommen heißen. Wer wird dir dein göttliches Recht auf Wissen nehmen? Nur deine eigene Ergebenheit der Unwissenheit gegenüber. Das ist alles.

Affe sieht, Affe macht* — Affenbewusstsein. Sei kein Heuchler dem Licht gegenüber, das du bist. Lerne so viel du nur kannst über die Erweiterung des Bewusstseins und über machtvolle Energie und die Wirklichkeiten, die noch von dir zu erschaffen sind. Nun, was habe ich gesagt? Ich sagte, das Leben ist ein Geschenk der Natur, ein wunderbares Leben jedoch ist ein Geschenk der Weisheit.

Der Pfad des sich entfaltenden Lichts ist nicht immer voller Schmerz und Unglücklichsein und ohne Trost. Das Durchbrechen der aus Unwissenheit stammenden Muster ist am schmerzhaftesten, diese Flut hypnotischer Erfahrungen, die so vielen Leben folgte, die ihr als Freidenker verbrachtet, bis euer Wissen dann abgeriegelt wurde und ihr von einem sehr hässlichen Gott so eingeschüchtert wart, dass ihr in Unwissenheit verfielt. Auf dem Pfad einer erleuchteten Seele finden sich Täler des Friedens und des Freiseins von Hass, Bitterkeit und Bösartigkeit. Und wisst ihr, wenn all

---

* Engl. „*monkey see, monkey do*". Redewendung, die sich auf eine Herdenmentalität bezieht, in der die Einzelnen das Verhalten anderer nachahmen (nachäffen), anstatt selbst ein kreatives Individuum zu sein. (Anm. d. Übers.)

das befreit ist, seid auch ihr frei von Angst, denn wenn ihr ein angsterfülltes Wesen seid, könnt ihr von jedem kontrolliert werden. Sie können euch so leicht dazu bringen, dass ihr hasst, denn genau das sollt ihr tun.

Der Pfad des erwachenden Lichts ist dazu da, um wunderbare Dinge zu vollbringen — um mit Menschen zu kommunizieren, die darauf warten, wieder mit euch zu sprechen, um da weiter zu machen, wo ihr aufgehört habt, um vielleicht nur einzelne Gruppen von Menschen wieder aufs Laufende zu bringen, wie in längst vergangenen Zeiten, als sie — Gott, Gott — diejenigen waren, die der Menschheit Kraft gaben. Es hat schon immer Gruppen erleuchteter Menschen gegeben, die für Generationen unwissender Menschen wie Signalfeuer in der Dunkelheit waren und ihnen Stärke verliehen, den Menschen, die heimtückischerweise in Scharen als Kriegsmaschinen gehalten wurden, in einem Blutbad nach dem anderen. Es hat einzelne Gruppen von Menschen gegeben, die Hoffnung brachten. In ihrer Seele hielten sie eine uranfängliche Wahrheit intakt, die aus den ersten Anfängen herrührt, die Wahrheit eines Wissens, das heute so hell brennt wie zu meiner Zeit. Und ihr gehört zu diesen einzelnen Gruppen von Menschen.

Wisst ihr, einige unter euch hörten: „Ich muss mich in Bewegung setzen. Ich muss mich ändern. Hör zu, ich muss es einfach tun. Ich bin von diesem Wunsch besessen." Ihr reagiert auf etwas, auf das viele Menschen, die ihr nicht einmal kennt, auch reagieren. Es ist dieselbe Botschaft. Ihr habt euch entschieden, etwas zu lernen und intakt zu halten, was die Unwissenheit, Versklavung, Pestilenz und Krieg ergebene Menschheit vergessen hat, und sich zu lernen weigert.

Ich kehrte zurück, um solch eine Schule für euch zu schaffen. Ich brauchte zehn Jahre, um die Schichten von Farblosigkeit zu durchdringen, indem ich für Unterhaltung sorgte, Wunder vollbrachte, Boten schickte, Geschenke und Bonbons verteilte, nur um zu beobachten, wie der Wind über die Samen weht, die vor euch liegen, und wie die so genannten Hülsen weggeblasen werden. Und übrig bleibt nur, was rein im Geiste ist, diejenigen, die wissen wollen. Und nach all diesen Jahren können wir uns nun dem ersten Schuljahr widmen, können mit der alten Schule beginnen und die alte Bewusstheit, die große Wahrheit ansprechen, die euch mit der Ewigkeit verbindet. Erst jetzt können wir damit anfangen, denn was jetzt noch übrig ist, wurde im Feuer geläutert und ist bereit zu wissen.

Viele unter euch wurden vielleicht von vielen Menschen lächerlich gemacht, verachtet und eingeschüchtert. Und viele Lehrer haben euch meinetwegen in Versuchung geführt. Aber wenn ich nicht der wäre, der ich zu sein behaupte, hätte ich nicht einen derartigen Aufruhr auf dem Marktplatz ausgelöst. Ich weiß, ihr habt viel durchgemacht, einfach weil ihr seid, wer ihr seid. Aber es ist eure Wahl und die habt ihr euch selbst ermöglicht.

Ein großer Krieger hat keine Angst davor, eine Armee anzuführen, geschweige denn, in einer Armee in den Kampf zu ziehen. Ein großer Gott, der bereit ist, die Schale zu durchbrechen, hat keine Angst davor, sich mit Individualität zu befassen und dementsprechend geläutert zu werden. Wenn er für sein erstes Debüt bereit ist, geht er durch Feuer und Schmelzöfen, um gehärtet zu werden. Wenn ihr diese Schule erfolgreich abgeschlossen habt, meine wunderbaren Leute, stehen euch für eure Abenteuer herrschaftliche Häuser, Königreiche, Universen, alte Sonnen, Völker und Intelligenzen zur Verfügung, die sich von den euren stark unterscheiden. Es ist völlig unbegrenzt. Das Fatale an dieser Wirklichkeit hier ist, dass euch beigebracht wurde, dass sie alles ist, was es gibt. Nein.

Ihr seid bemerkenswerte Menschen. Aber ihr könnt nur bemerkenswert sein, wenn ihr den Mut habt zu sagen: „Ich will jetzt lernen." Ich werde euch lehren. Mit dem Feuer am Himmel — ich werde euch lehren und ihr werdet lernen. Und es wird vieler Worte und vieler Reaktionen in eurem Leben bedürfen. Aber ihr werdet viel Schmerz und Elend zurücklassen und beginnen, Wissen und erweitertes Wissen zu erwerben. Und die größte Schwierigkeit, der ihr euch gegenüber sehen werdet, wird sein, dass ihr lernen müsst, flexibel zu sein, euch zu verändern und eure stagnierte Art zu überwinden, in der ihr Dinge wahrnehmt und ihr müsst vorwärts gehen, denn dieses Wissen entspricht in gewissem Sinne einem Marsch. Und ihr könnt euch nicht vorwärts bewegen, wenn ihr euch eurer Vergangenheit ergeben habt. Und ihr könnt nicht vorankommen, Leute, wenn ihr euch Ritualen verschreibt und der Trickkiste derer, die euch unterhalten wollen, denn sie verstehen es nicht, euch etwas anderes zu lehren, geschweige denn, wirksam Boten für euch zu manifestieren, die euer Lernen unterstützen.

Vielleicht ist die Annahme, dass ihr eine einzelne Gruppe seid, arrogant, aber ihr seid eine einzelne Gruppe. Also werdet ihr von dieser Klasse an lernen, euer Gehirn zu erweitern bis ihr Kopfschmerzen bekommt. So sei es. Und zwischendurch werdet ihr Veränderungen in eurem Leben vornehmen. Ihr werdet euer Feld oder euren Garten bestellen oder euch um euer Häuschen kümmern. Ihr werdet euch mit Bewusstsein und Energie befassen, um euch immer mehr zu erweitern. Aber ihr werdet weiterhin lernen. Wir werden uns von fanatischen Glaubenssätzen entfernen und sie zurücklassen. Steht nicht vor den Toren dieses Ortes, um Gedanken zu senden, Gesänge zu intonieren oder zu brüllen, zu grölen und zu klagen. Es wird zu nichts führen. Aber wenn ihr den Morgen mit Bewusstsein und Energie angeht und euch ans Licht wendet, werdet ihr euch verändern. Und ihr werdet euch unaufhörlich verändern, um auf jeder Seite dieses Buches, das man Leben nennt, ein tadelloser Mensch zu werden.

Von jetzt an wird es viel Freude geben, denn auch sie ist eine Widerspiegelung des persönlichen Selbst. Und ihr wusstet immer, dass mehr dahinter steckt, als auf den ersten Blick zu sehen war. Ihr wusstet, dass etwas an euch besonders war. Das ist wahr. Da ist etwas Besonderes. Und all die Male, als ihr wusstet, dass ihr es tun könnt — ihr wusstet es einfach und seid zurückgewichen — nun gut, warum seid ihr zurückgewichen? Weil ihr wusstet, dass ihr es vollbringen konntet. Aber warum seid ihr zurückgewichen? Weil es die Zerstörung des Images bedeutet hätte.

Erlaubt dem Wissen, das Image zu lösen. Und das Image hat sich in seinem Leben nur dann erledigt, wenn es euch dienen konnte, indem es für die zur Weiterentwicklung nötige Reibung sorgte. Dann hat es ausgespielt. Macht damit den Schritt, die Persona Gottes in euch zu verherrlichen. Bemüht euch, jedes auch noch so kleine Stückchen Wissen, das ihr erlangt, in eurem Leben zu erfahren. Wir werden das, was als euer Bewusstsein bezeichnet wird, erweitern, um euch von der Begrenzung zu lösen und an ihrer Stelle Genie zu finden. So sei es.

Ihr lernt? Ihr lernt? Herrliche Kathedrale. Nun, die ersten Boten, die ich euch senden will, sind nicht einfach nur die Worte „ergebene Unwissenheit“, sondern ich möchte euch zeigen, wie sie aussieht, denn oft erkennt ihr sie in eurem Leben nicht. Also werde ich euch die Boten senden, die euch zeigen, was es ist, dem ihr ergeben seid und was euch in einem Zustand der Unwissenheit hält. So sei es.

Also nun, was werdet ihr mit diesen „schweren Geschützen“ anfangen? Ich möchte nicht, dass ihr herumsitzt und weint und einen Nervenzusammenbruch erleidet. Ich möchte, dass ihr es euch anseht und sagt: „Lehre mich. Lehre mich. Zeig mir all deine Ecken und Kanten und alles, was du bist.“ Betrachtet es als einen Segen und lernt daraus. Und wenn ihr alle nur mögliche Hingabe auf dieses Objekt, diese Person, diesen Ort oder dieses Bewusstsein konzentriert habt, wird es euch aufgeben. Es wird einfach aus eurem Leben verschwinden. Ihr werdet es nie wieder anziehen. Das heißt es, sich auszudehnen. Also ist dies nicht etwas, worüber man weinen müsste. Es ist etwas, worüber man sich freuen kann.

Und für diejenigen unter euch, die krank sind, die körperliche Krankheiten haben, euch möchte ich einige Widerspiegelungen der Einstellungen zeigen, mit deren Hilfe ihr diese Krankheiten geschaffen habt, Einstellungen, die mit Ergebenheit, Versklavung und Untertänigkeit zu tun haben. Nun, das Bemerkenswerte daran ist, dass ihr, wenn ihr sie angeht und seht, wie sie sich in eurer Wirklichkeit manifestierten und euch in einem Zustand der Stagnation hielten, verstehen werdet, wie sie sich durch genetische Vererbung in eurem Körper niederschlugen. Und habt keine Angst. Es gibt an dieser Sache nichts, vor dem man sich fürchten müsste. Nichts wird euch verschlingen. Nichts. Und während ihr diese Erfahrung macht, wird ein elektrischer Strom durch euren Körper fließen. Und dieser Strom ist heilsam, da er das Bewusstsein erweitert. Ihr werdet bewusst und der Körper ist hoch erfreut und wird so geheilt. So sei es.

Seid ihr lernfähig? Nun ja, manche Leute denken, dass ihr Einfaltspinsel seid, etwas unterbelichtet im Oberstübchen. Viele hier sind nicht in der Lage, Dinge, die ihr einmal wusstet wieder zu erlernen, da ihr sie verdrängt, denn wenn man dieselbe Seite oft genug gelesen hat, sieht man sie nicht einmal mehr und man möchte sie sich auch nicht mehr anschauen. Manche Menschen lernen die Grundlagen des Lebens nicht, da sie es satt haben, diese immer wieder von Neuem zu erlernen. Wird ihnen aber ein Abenteuer im Bewusstsein geboten, öffnet sich ein brillanter Mind.

Nun, einige unter euch brauchten wirklich lange, um gewisse Dinge zu lernen. Ihr wisst schon, wenn ihr sagt: „Nun ja, da ist mir eine Blockade im Weg. Ich kann es nicht sehen." Wisst ihr denn nicht, dass ihr die Blockade aufgebaut habt? Ihr selbst wart es. Ihr schuft all die Gründe, warum ihr diese gewisse Sache nicht lernen wollt. Könnte der Grund dafür sein, dass ihr es bereits gelernt habt und es weiterhin anzieht, weil ihr denkt, dass ihr es lernen sollt? Wisst ihr denn nicht, dass dies eine Einstellung ist, die zum alten Trott gehört? Wisst ihr, ihr müsst so viele Affären haben; ihr müsst so viele Beziehungen haben; ihr müsst euren Verpflichtungen der Gesellschaft gegenüber nachkommen, um akzeptiert zu werden. Wisst ihr, mit einer derartigen Einstellung werden euch solche Erfahrung wieder und wieder begegnen.

Nun, für diejenigen unter euch, die diese Lernerfahrungen schon haben und sie nicht sehen können, werde ich die Blockade entfernen, einfach indem ich eure Sichtweise ein klein wenig erweitere und euch selbst sehen lasse, was es ist, das zu lernen ihr euch weigert. Und dann schaut ihr in eurer Seele nach. Es ist in Zeile zweiunddreißig. „Kein Wunder, dass ich es nicht nochmal lernen wollte. Ich wusste es bereits." Und am Ende der Seite ist eine Fußnote: „Dies wird als Fehler bezeichnet werden." Das ist der einzige Unterschied.

Ich möchte also, dass ihr euch mit dem befassen müsst, was ihr bereits wusstet, damit es ganz klar sichtbar wird. Ich möchte, dass ihr es euch einfach anseht. Ihr sagt: „Dies habe ich bereits gelernt." Sobald ihr das sagt, gibt es euch auf. Dann gibt es keine Blockaden und keine Ausreden mehr. Ihr erfindet Ausreden und es mangelt euch an Lernen und Teilnahme an der Erleuchtung nur deshalb, weil ihr es nicht wollt. Es ist nicht so, dass etwas mit euch nicht stimmen würde. Ihr wollt einfach nicht.

So werden wir also mit diesem nächsten Boten herausfinden, warum ihr nicht wollt. Abgemacht? So sei es. Denn was müssen wir uns noch aneignen, um wieder in den Bewusstseinszustand zurück zu gelangen, in dem Lernen progressiv war und wir danach hungerten? Also wollen wir all diese Probleme ansprechen, damit ihr vorankommt, damit ihr in diesen kommenden Zeiten ungehindert vorwärts gehen könnt, ohne von Dogma, Aberglauben, Angst oder dem Gefühl eines inneren Mangels gehemmt zu werden, denn einen solchen Mangel gibt es nicht.

Nun, in Kürze wird sich an eurem Himmel rege Aktivität entfalten.[5] Nun gut, sie fand schon statt. Und ich versuchte, einigen Menschen zu sagen, dass sie doch nach oben schauen sollten, aber da keiner hoch schaute, verpassten sie die ganze Show. Und dann sagen sie zu mir: „Ich wünschte, du würdest uns über diese Dinge unterrichten." Das mache ich, aber alle haben ferngesehen. Ich möchte euch mitteilen, dass die Aktivität sich noch verstärken wird. Und ich möchte, dass ihr euch dessen bewusst seid. Ich möchte, dass ihr alle das Licht am Himmel erlebt. So sei es. Und nicht aus dem Grund, um Sensationsmache zu betreiben, weil es nicht an sich schon ungeheuerlich wäre. Es ist ungeheuerlich, zumindest für das Farblose. Für fortschreitendes Lernen sollte es eine natürliche Möglichkeit für Kommunikation sein.

Wenn ihr Angst davor habt, Veränderungen durchzuführen, sperrt ihr damit auch alles andere aus, und lasst nur zu, was sich im Bereich eures Fokus befindet. Wusstet ihr das? Wisst ihr, warum ihr Lichter und Lichter am Himmel und interdimensionales Licht nicht sehen könnt? Wisst ihr, warum ihr all das, von dessen Existenz jeder spricht, nicht sehen könnt? So sehr ihr euch auch bemüht — und ihr strengt eure Augen an und ihr schaut zur Seite und versucht, etwas aus dem Augenwinkel zu erhaschen — bis ihr dann schließlich einfach lügt und sagt, ihr seht es, nur damit alle denken, dass ihr etwas Besonderes seid. Ich wusste, dass wir hier in diesem Dilemma steckten, als jemand sagte, er hätte ein Loch in der Aura eines anderen gesehen. Ich lächelte und sah die Person an, um aus ihrem Image zu erkennen, warum sie dies sagen musste.

So etwas wird es bei uns nicht geben. So lange ihr Mängel und Ängste habt und euch nicht ändern könnt, habt ihr euch nicht nur vom Bewusstsein abgetrennt, sondern auch von der Fortschrittlichkeit der Kommunikation. Es geschieht also überall um euch herum. Und wenn ihr euren Fokus darauf richtet, um danach Ausschau zu halten und jemand sagt: „Schau, dort," und ihr sagt: „Wo?" dann ist es gerade hinter eurem Rücken geschehen, denn sogar wenn es dort geschehen wäre, wo ihr euren Fokus hingewendet habt, würde sich das Licht von euch wegbewegen, da euer ganzer Fokus sich wirklich darauf richtet, nicht zu sehen. Ganz gleich also, worauf ihr euren Fokus richtet, ihr werdet nichts sehen, da dies, aus Angst vor Veränderung, so in eurem Bewusstsein ist. Ihr habt Angst davor, euch zu erweitern.

Wenn ihr euren Blick also auf das Licht richtet, sogar das Licht des Ram, und jemand sagt: „Oh mein Gott, dort ist er" — „Wo?" — „Dort drüben." Ihr werdet dort hinschauen und ihr werdet nicht sehen, da ihr erwartet, nicht zu sehen.

Nun zur Kommunikation: Manche hier werden einige Dinge sehen und manche nicht. Nun, diejenigen, die nichts sehen, machen immer noch

---

[5] Ramtha übermittelte diese Lehre am 16. April 1988.

folgendes: Keine Boten mehr. Richtig? Keine mehr. Um also all diese Zeiten und Bilder der Angst, des Mangels und der Sorge abzuschälen, müssen wir sie alle angehen, damit ihr das Licht sehen könnt. Jene hier, die das nicht tun, ihr seid immer noch voller Angst und Sorge. Ihr wollt nicht allein sein. Für diejenigen hier, die das „da ist es ja" erleben: Ich möchte den Gott in euch für das Sehvermögen, das ihr besitzt, segnen, denn ihr seht zum ersten Mal das, was schon immer da war. Leute, vor langer Zeit einmal war es ganz normal, nichts Ungewöhnliches, einfach eine außerordentliche Kameradschaft. Heutzutage gilt es als bizarr und ungewöhnlich und nur wenige haben das Glück, es zu sehen. Ich möchte, dass ihr es sehen könnt. Also möchte ich nicht, dass ihr Angst davor habt, zu lernen. Abgemacht? So sei es.

Nun. Ja, beim letzten P.S. geht es um Ergebenheit. Ihr wisst schon, die Angst, die euch davon abhält, euch zu verändern, die euch unklar bleiben lässt, verhindert auch, dass ihr Umgang mit dem Licht habt — das heißt, eine Interaktion — denn als ich euch bat, an die großen Lichter auf dieser Ebene, diese großartigen Individuen, zu denken, fiel es euch sehr schwer, an sie zu denken. Viel lässt sich auch über eine Wesenheit sagen, die den Mut hat wie Franziskus zu sein, die es wagt, das Selbst zu sein, ein lebendes Licht, denn ein lebendes Licht besitzt große Anziehungskraft, weil es die Laterne in der Dunkelheit ist.

Anstatt euch Sorgen zu machen wie: „Ich kann mich nicht verändern, ich kann dies nicht manifestieren, denn das würde wirklich heißen, dass ich anders wäre. Ich will nicht anders sein. Ich will nicht gehasst, verachtet und ausgestoßen werden". Also klemmt ihr eure Macht, eure Magie ab. Ihr wisst nicht, dass ein Bedarf nach solch tadellosen Menschen besteht, nach Menschen, die eine Inspiration für eine ganze Nation sind, Menschen, deren Magie und Bewusstsein die ganze Welt verändern können, denn (in ihnen) hat das Licht sich gezeigt. Das Königreich des Himmels manifestiert sich in schlichtem Fleisch und Blut, in einfachen Menschen.

Die Probleme einer Nation entstehen aus dem Widerstand gegen eine Erweiterung des Bewusstseins und dem Verharren in Unwissenheit. Wie wäre es, wenn du in Erwägung ziehen würdest, wie Franziskus zum Herrn und Gott deines Seins zu werden, und wie würde dieses Licht dem Rest der Welt helfen? Könnte nicht im gleichen Maß wie deine Angst deinem Widerstand entspricht, auch dein Licht der Hoffnung entsprechen? Es würde euch überraschen, Leute, wie viele Menschen ihr auf Grund eures Lichts anziehen werdet, nicht, um deren Leben zu kontrollieren, sondern um ihnen in ihrem Schmerz und Elend zu sagen: „Das Leben ist ein Geschenk der Natur. Aber ein wunderbar liebevolles Leben ist ein Geschenk der Weisheit." Und sie werden sagen: „Wie kann ich lernen, so zu sein?"

Das Bedürfnis nach dem Licht ist größer als je zuvor — nicht in Wesenheiten wie mir, die von den Menschen einer Nation ausgelacht und als lächerlich, als Phantom, als eine psychotische Frau, eine veränderte Persönlichkeit verspottet werden können. Menschen, die 35.000 Jahre alt sind, gab es einfach nicht. Ich bin die Ausrede dafür, kein Wissen zu erlangen und in Unwissenheit zu verharren. Aber Menschen, die diese Wahrheit leben, normale Menschen, die ganz gewöhnlich auf der Erde leben, können nicht abgeschrieben, verspottet und lächerlich gemacht werden, denn ihr Widerstand ist praktisch nicht vorhanden, ihr Licht jedoch ist überwältigend. Sie leben. Sie sind Lebewesen.

Der zu sein, der ihr seid, bedeutet, dies für euch selbst und den Gott in euch zu sein und nicht für alle anderen. Wenn ihr so seid, wird davon etwas zurückbleiben, das die Welt erleuchtet. Als eine einzelne Gruppe von Menschen, in Verbindung mit Superintelligenz und außerordentlichem Mut, könnt ihr durch eure bloße Existenz die ganze Welt verändern.

Nun, Erleuchtung kann nicht bewiesen werden — Unwissenheit schon. Sie ist gesund und munter. Ihr könnt nicht beweisen, dass ihr etwas dazugewonnen habt. Eure Wirklichkeit allein ist der Beweis, dass ihr Recht habt. Mit anderen Worten, was ihr im Innern seid, glüht bis nach außen durch. Und dies wird zum lebendigen Testament für alle, die es sich ansehen wollen. Das heißt es, die im Fleisch manifestierte Herrlichkeit Gottes zu sein. Genau darum ging es in dieser Prophezeiung. Die Wiederkunft Christi ist nicht ein Christus in der Einzahl, sondern Christus als manifestierte Bestimmung in der Mehrzahl. Es ist nicht das Christentum. Es sind hochentwickelte Seelen, die auf der siebten Seite im Buch des Lebens leben. Genau davon handelt diese Prophezeiung.

Widmet euch dem Bewusstsein. Erfahrt die Energie und erschafft eure Wirklichkeiten. Bewegt euch von euren Problemen weg und bringt Freude hervor. Legt Zeugnis ab für das, was ihr seid und widmet euch jedem Moment des Lebens. Und beseitigt all jene Dinge, mit denen ihr behaftet seid, die euch in Unwissenheit halten und zu Heiden machen. Ich mag vielleicht grob gewebte Stoffe getragen haben, aber ich war kein Heide. So sei es.

Die kommenden zehn Jahre[6] auf dieser Ebene werden die dramatischsten eurer Geschichtsschreibung sein. In diesem Leben habt ihr in einem ungewöhnlich langen, ruhigen Zustand natürlicher Veränderung gelebt, der sich nicht änderte. Ihr habt mit einer Technologie der Stagnation gelebt, die den Himmel mit Giften erfüllt, die auf die Wälder herunterregnen und die Fische im Meer töten. Ihr lebt mit einer Technologie, die Abgase in die Luft ausstößt, welche die zarte Haut zerstören und es der Strahlung ermöglichen, das Sonnenlicht zu durchdringen und das Immunsystem zu schwächen. Ihr lebt seit langer Zeit in der ergebenen Unwissenheit einer nicht fortschrittlichen Technologie. Ihr

[6] 1990-2000

lebt im Atomzeitalter von Hiroshima und Nagasaki, wie es genannt wird, und dieser Tod strahlt noch immer in der Stratosphäre. Nach den kommenden zehn Jahren eurer Zeit, am Ende dieses Jahrzehnts, wird das, was euch heute bekannt und vertraut ist nur noch eine Erinnerung sein. So sei es.

Der einzige Erlöser, den es je für euch geben wird, ist Gott in euch und eure eigene Intelligenz. Lernt alles darüber, wie ihr der Stärkung des Landes dienen könnt, anstatt es zu missbrauchen. Kümmert euch um euch selbst. Betrachtet es nicht als selbstverständlich, dass für eure persönlichen Bedürfnisse, wie z.B. Wasser gesorgt ist. Land, das jetzt heilig ist, wird Wasser im Überfluss haben. Aber nehmt selbiges nicht als selbstverständlich an. Und verlasst euch nicht darauf, dass andere euch jederzeit durchbringen werden.

Die Völker, die für die nächste Lektion ihres Lernens zusammengekommen sind, sie beginnen, Selbstliebe zu lernen, was von anderen als etwas Egoistisches betrachtet wurde. Aber ihr musstet das tun, um das Selbst zu stärken in allen Zeiten, die sich ändern. Euer nächster Akt wird sein, einander zu lieben und zu helfen, denn wenn ihr euer Bewusstsein stärkt und Respekt für menschliches Leben und Respekt für das Land habt — und all diese Zeiten, die sich ändern, die notwendig sind, die natürlich sind — bedeutet das die Weiterentwicklung zur vierten Ebene, sich in die Explosivität des Gottes im Innern hineinzuentwickeln und das zu lieben, was er ist, um so zu überleben und den Rest des Buches zu lesen. Aber es dient auch dazu, einander zum ersten Mal zu lieben.

Ich habe euch einige Boten geschickt, die euch eine Weile beschäftigen werden. Aber sie sollen eurem Fortschritt dienen. Und denkt daran: Dreht euch nicht um und lauft davon. Wendet euch ihnen zu. Begebt euch mit ihnen auf die nächste Bewusstseinsstufe. Dehnt euch weiterhin aus. Und wenn ihr bereit seid, werdet ihr wieder lernen und zum nächsten Studium gehen, wodurch ihr das, was normalerweise in sieben Jahren gelernt wird, in Tagen erfüllt.

Ich möchte, dass jeder Teil eures Lebens erhellt wird, damit keine Dunkelheit mehr bleibt. Ich möchte, dass ihr es seht, damit ihr es unter Kontrolle bekommt. Und dies war der Prozess — der Anfang eines Prozesses — in dieser Veranstaltung.

Ich werde euch in euren Leben und in diesem Mitternachtshimmel sehen. Das verspreche ich. So sei es. Das ist alles. Habt ihr es verstanden? Ich liebe euch. Ich liebe euch. Ich liebe euch. So hat nun der erste Tag der Schule der alten Weisheit begonnen.

Ramthas Glossar

Abstrakter Gedanke: Abstrakte Gedanken sind Gedanken aus dem Unbekannten. Sie sind Paradigmen des Denkens, die noch nicht erfahren wurden und daher keine emotionale Ladung tragen.

Ätherisch: Etwas, das zur Unterwelt, dem Äther, der spirituellen Ordnung gehört.

Affenverstand (*monkey-mind*): Affenverstand bezieht sich auf den flatterhaften Verstand der Persönlichkeit.

Ahk Men Ra: Name einer der individuellen Gruppen in Ramthas Schule der Erleuchtung, die Ramtha ins Leben gerufen hat. Er gab jeder Gruppe ihren Namen und betraute sie mit einem speziellen Zweck und einer besonderen Aufgabe, die den Gruppenmitgliedern Einheit und Identität verleihen.

Akasha: Ein Begriff aus dem Sanskrit, der in der Hindu-Philosophie die Unterwelt, den Äther oder die geistige Ebene beschreibt.

Alltagsgedanke: Alltagsgedanken sind durch Erfahrung bereits im Gehirn festverdrahtete Gedanken. Sie sind in der menschlichen Persönlichkeit üblich.

Alte Weisheit: bezieht sich auf die Weisheit vergangener Zeitalter, das Wissen, das jeder große Meister, der je gelebt hat und erleuchtet wurde, besaß. Sie ist die Wahrheit hinter den Disziplinen des Großen Werkes und der Inhalt von Ramthas Lehren.

Analog: Analog zu sein heißt im Jetzt zu leben. Dies ist der schöpferische Moment, der sich außerhalb der Zeit, der Vergangenheit und der Emotionen befindet.

Analoger Mind: Analoger Mind bedeutet **ein** Mind. Er ist das Ergebnis der Ausrichtung von primärem und sekundärem Bewusstsein, dem Beobachter und der Persönlichkeit. Das vierte, fünfte, sechste und siebte Siegel des Körpers sind in diesem Geisteszustand offen. Die Bänder drehen sich in entgegengesetzter Richtung, wie ein Rad im Rad und erzeugen einen kraftvollen Wirbel, wodurch es den Gedanken, die im Stirnlappen festgehalten werden, möglich wird, sich zu verdichten und zu manifestieren.

Antichrist: Der Antichrist ist der modifizierte Christus, die begrenzte menschliche Persönlichkeit, die unser wahres, göttliches Selbst zerstört. Der Begriff bezieht sich auf alles und jeden, der die Menschheit unterdrückt und sie ihres Geburtsrechts und ihrer Göttlichkeit beraubt.

ASSAY (PRÜFUNG): TEST FÜR DEN EINGEWEIHTEN. DIESE SEMINARE DAUERN GEWÖHNLICH ZEHN TAGE UND GEBEN DEN SCHÜLERN GELEGENHEIT ZU ÜBERPRÜFEN, IN WELCHEM MAß SIE DAS GELERNTE VERWIRKLICHT HABEN.

Atlantier: Bedeutet dasselbe wie Atlanter. Ein Mensch vom Kontinent Atlantis.

Atrium der Konstanten: Eine Existenzebene mit einer höherer Frequenz als die physische Ebene, in der die Seelen auf eine neue Gelegenheit warten, sich in einem physischen Körper zu inkarnieren.

Aufgestiegener Meister: Ein aufgestiegener Meister ist ein Mensch, der die physische Ebene, die Begrenzungen von Zeit und Raum gemeistert und den Tod besiegt hat. Diese Meister haben die Fähigkeit entwickelt, die Schwingung ihres physischen Körpers so weit zu erhöhen, dass sie diese Ebene verlassen und sich selbst in anderen Existenzebenen oder Dimensionen ihrer Wahl manifestieren können. Ramtha, Jeshua ben Joseph, Buddha, Ra-Ta-Bin, Zarathustra, Takahshunnuman, Apollonius von Tyana sind, neben anderen, alle aufgestiegene Meister. Ramtha war der erste Angehörige der menschlichen Rasse, der über diese Ebene hinausging und aufstieg, ohne je den Tod erfahren zu haben.

AUFSTIEG: AUFSTIEG IST DAS NATÜRLICHE RESULTAT VON ERLEUCHTUNG. ER IST DAS ERGEBNIS DES ÖFFNENS ALLER ENERGIEZENTREN DES MENSCHLICHEN KÖRPERS UND DES VOLLSTÄNDIGEN ERBLÜHENS DES UNTERBEWUSSTSEINS, WORAUS DIE ABSOLUTE FREIHEIT AUF ALLEN EXISTENZEBENEN RESULTIERT. RAMTHA WAR DER ERSTE VON MANN UND FRAU GEBORENE MENSCH, DER VON DIESER EBENE AUFSTIEG, OHNE JE DEN TOD ERFAHREN ZU HABEN. NACHDEM ER SEIN VOLK 120 TAGE LANG IN ALLEM UNTERRICHTET HATTE, WAS ER ÜBER DEN UNBEKANNTEN GOTT GELERNT HATTE, ERHOB ER SICH IN DIE LUFT UND SCHWEBTE ÜBER SEINEM VERSAMMELTEN VOLK. ER SAGTE IHNEN LEBEWOHL, ERHÖHTE DIE SCHWINGUNG SEINES KÖRPERS SO WEIT BIS ER IN EINEM BLITZ AUS BLENDENDEM LICHT VERSCHWAND. VON JESHUA BEN JOSEPH WIRD BERICHTET, DASS ER NACH SEINEM TOD UND DER WIEDERAUFERSTEHUNG VOR SEINEN SCHÜLERN AM SEE GENEZARETH AUFSTIEG.

AUGENBLICK, DER: DIESER BEGRIFF BESCHREIBT DAS SCHÖPFERISCHE UND EWIGE JETZT, DIE GEGENWART.

Ausbruch des Vulkans: Dieser Ausdruck beschreibt das mit Hilfe der Disziplin von C&E™ bewirkte Hochsteigen der Kundalini-Energie™.

Avatar: Ein Meister mit der Fähigkeit, nach Belieben Dinge zu manifestieren, der sich aber noch voll als Meister verwirklichen und den Tod überwinden muss.

Bänder, die: Die Bänder bestehen aus zwei Sets mit je sieben Frequenzen, die den menschlichen Körper umgeben und ihn zusammenzuhalten. Jede der sieben Frequenz-Schichten der beiden Bänder-Sets entspricht im menschlichen Körper einem der sieben Siegel der sieben Ebenen des Bewusstseins. Die Bänder sind das Aurafeld, das binären und analogen Mind möglich macht.

Bedingungslose Liebe: Bedingungslose Liebe ist der Ausdruck des Bewusstseins der vierten Ebene. Sie ist der Anfang von Erleuchtung und das Ende von Dualismus, Mangel und Getrenntheit, den Wahrnehmungen der Persönlichkeit. Sie ist Liebe in Freiheit, ohne irgendwelche emotionalen Anhaftungen. Bedingungslose Liebe ist ein schöpferischer Geisteszustand, der seinem Wesen nach gebend ist. Sie ist die Beschreibung, die Gott am nächsten kommt.

Begrenzter Gedanke: Ein Gedanke, der an die Begrenzungen von Raum und Zeit gebunden ist. Der Begriff bezieht sich auf die Denkprozesse der menschlichen Persönlichkeit und das Bewusstsein der ersten drei Siegel.

Beobachter: Bezieht sich auf den Beobachter der Quantenmechanik, der für den Kollaps von Welle/ Partikel verantwortlich ist. Er stellt das wahre Selbst, den Geist, das primäre Bewusstsein dar, d.h. den Gott im Menschen.

BEWUSSTSEIN: BEWUSSTSEIN IST DAS KIND, DAS GEBOREN WURDE, ALS DIE LEERE (*THE VOID*) SICH SELBST BETRACHTETE. ES IST DIE ESSENZ UND DER STOFF, AUS DEM ALLES SEIN BESTEHT. ALLES EXISTIERENDE HAT SEINEN URSPRUNG IM BEWUSSTSEIN UND WURDE DURCH DESSEN DIENERIN, DIE ENERGIE NACH AUẞEN MANIFESTIERT. „BEWUSSTSEINSSTROM" BEZIEHT SICH AUF DAS KONTINUUM VON GOTTES MIND.

Bewusstsein und Energie: Sie sind die dynamischen Schöpferkräfte und unauflöslich miteinander verbunden. Alles Existierende entsprang dem Bewusstsein und manifestierte sich durch die Modulation seiner energetischen Wirkung in die Materie hinein.

Bewusstsein und Energie™: siehe **C&E™**

Binärer Mind: Dieser Ausdruck meint „zwei Minds". Binärer Mind wird durch Zugriff auf das Wissen der Persönlichkeit und des menschlichen Körpers ohne die Einbeziehung des tiefen unterbewussten Minds erzeugt. Binärer Mind verlässt sich ausschließlich auf das Wissen, die Wahrnehmung und die Gedankenprozesse des Neokortex und der ersten drei Siegel. Das vierte, fünfte, sechste und siebte Siegel bleiben in diesem Geisteszustand geschlossen.

Blaue Ebene, siehe **Vierte Ebene.**

Blue Body™ (*Blauer Körper*): Der Körper, der zur vierten Existenzebene, dem Brücken-Bewusstsein und dem ultravioletten Frequenzband gehört. Der Blue Body™ ist Herr über den Lichtkörper und die physische Ebene.

Blue Body™-Tanz (Tanz des blauen Körpers): Eine Disziplin, die Ramtha lehrt. Der Schüler hebt sein bewusstes Gewahrsein auf das Bewusstsein der vierten Ebene an. Mit dieser Disziplin kann man Zugang zum Blue Body™ gewinnen und das vierte Siegel öffnen.

Blue Body™-Heilung (Heilung mit dem blauen Körper): Eine Disziplin, die Ramtha lehrt. Der Schüler hebt sein bewusstes Gewahrsein auf das

Bewusstsein der vierten Ebene und des Blue Body™ an, um den physischen Körper zu heilen oder zu verändern.

Blaue Netze: Die blauen Netze stellen die Grundstruktur des physischen Körpers auf einer subtilen Ebene dar. Diese unsichtbare Skelettstruktur der physischen Realität schwingt im ultravioletten Frequenzbereich.

Boktau: Bedeutet „der große Test“: ein langes Seminar in Ramthas Schule der Erleuchtung, das gewöhnlich 30 Tage oder länger dauert. Ein Mini-Boktau ist eine kürzere Version dieses Seminars und dauert gewöhnlich 14 Tage.

Bote: Zu Ramthas Lebzeiten hatten Boten die Aufgabe, bestimmte Nachrichten oder Informationen zu überbringen. Ein Meister-Lehrer hat die Fähigkeit, anderen Leuten Boten zu senden, die seine Worte oder seine Absicht in Form einer Erfahrung oder eines Ereignisses Wirklichkeit werden lassen.

Box, die: Die Box bezeichnet eine Ansammlung von Einstellungen, Gewohnheiten, Glaubenssätzen und Gedankenprozessen, die der Mensch akzeptiert hat und die ihn daran hindern, neue Paradigmen des Denkens und der Erfahrungen zu erforschen. Die Box ist dasselbe wie das Neuronennetz und die menschliche Persönlichkeit.

Brüste der Isis: Ramtha nennt die Amygdala und den Hypocampus die Brüste der Isis.

Buch der Evolution: Die Aufzeichnung aller Erfahrungen der Seele auf ihrer Reise von der ersten Ebene der physischen Erscheinungsform zurück zur siebten Ebene und zum Punkt Null.

Buch der Involution: Die Aufzeichnung aller Erfahrungen der Seele auf ihrer Reise vom Punkt Null zur dichtesten Existenzebene, der physischen Ebene.

Buch des Lebens: Ramtha bezeichnet die Seele als das Buch des Lebens, in dem die gesamte Reise der Involution und Evolution des Einzelnen in Form von Weisheit aufgezeichnet ist.

C&E™ = R: Consciousness and Energy = Reality, Bewusstsein und Energie erschaffen die Beschaffenheit der Wirklichkeit.

C&E™: Abkürzung für Consciousness & Energy™, (Bewusstsein & Energie) Warenzeichen der grundlegenden Disziplin in Ramthas Schule der Erleuchtung, die zum Manifestieren und zur Anhebung des Bewusstseins dient. Mit Hilfe dieser Disziplin lernt der Schüler, einen analogen Geisteszustand herbeizuführen, seine höheren Siegel zu öffnen und aus der Leere (*the Void*) Wirklichkeit zu erschaffen. Das Einführungsseminar für Anfänger wird „C&E™-Workshop für Anfänger“ genannt. In diesen Workshops lernen die Schüler die grundlegenden Konzepte und Disziplinen von Ramthas Lehren kennen.

Die Lehren des „C&E™-Workshop für Anfänger“ finden Sie in dem Buch: „Das Erschaffen von Realität, Ein Leitfaden für Anfänger“ (Horamus Publishing Inc., Yelm, WA, USA, ISBN 0-9652621-5-4) sowie auf dem Video *„Persönliche Realität kreieren“* (JZK Publishing Inc.,Yelm)

Chakra: Chakra ist ein Wort aus dem Sanskrit. Ein Chakra ist ein Schnittpunkt zweier Energielinien. Ein Chakrapunkt ist ein Kreuzungspunkt von Energie, also etwas ganz anderes als die sieben Siegel oder Bewusstseinszentren im menschlichen Körper.

Christus: Christus ist nicht der Name oder Titel für ein Einzelwesen. Christus werden all diejenigen genannt, die die physische Ebene gemeistert und den Tod besiegt haben. Der Christus im Menschen bezieht sich auf den Gott im Inneren, den göttlichen Aspekt des Menschen.

Christus-Gang (*Christ walk*): Der Christus-Gang ist eine von Ramtha entworfene Disziplin, in der der Schüler sehr langsam und absolut bewusst gehen lernt. Die Schüler lernen in dieser Disziplin, mit jedem Schritt den Mind eines Christus zu manifestieren.

Christus-in-Masse: Bezieht sich auf das Weihnachtsfest (*Christmas*). Bezieht sich auch auf das Christusbewusstsein, das im menschlichen Fleisch gegenwärtig ist.

Crosham: So hieß das Breitschwert, das Ramtha in seinem Leben benutzte. Das Schwert war so groß, dass zehn Männerhände nötig waren, um sein Heft zu halten.

Crossover: Dieser Begriff beschreibt Wesen, die das Gegengeschlecht in ihrer nächsten Inkarnation verstehen lernen wollten, während sie die Sichtweise ihres eigenen Geschlechts beibehielten. Man könnte sagen, dass Crossovers Männer in Frauenkörpern sind und umgekehrt. Menschen, die sich über ihre sexuelle Orientierung unklar sind, sind manchmal Crossovers, jedoch nicht immer.

Dialog-Jahre: Bezieht sich auf die Sitzungen mit Ramtha, in denen die Teilnehmer aufgefordert wurden, persönliche, direkte Fragen an ihn zu stellen. Diese Sitzungen fanden vor der Gründung von Ramthas Schule der Erleuchtung 1988 statt.

Dimension: Eine Dimension ist die Atmosphäre oder Umgebung, die zwischen zwei beliebigen Bewusstseinspunkten entsteht. Es gibt sieben Haupt-Existenzebenen von denen jede einzelne eine unendliche Anzahl von Dimensionen enthält.

Disziplinen des Großen Werks: Ramthas Schule der Alten Weisheit ist dem Großen Werk gewidmet. Alle Disziplinen des Großen Werks in Ramthas Schule der Erleuchtung wurden ausschließlich von Ramtha entworfen. Diese Übungen sind wirkungsvolle Einweihungen, durch die der Schüler die Gelegenheit erhält, die Lehren Ramthas aus erster Hand anzuwenden und zu erfahren.

Dörfler: Ein Dörfler ist ein Mensch, der seine wahre Identität und göttliche Herkunft nicht kennt. Ein Dörfler ist das Gegenteil eines Meisters.

Dritte Ebene: Dies ist die Ebene des bewussten Gewahrseins und des sichtbaren Licht-Spektrums. Sie ist auch als Lichtebene oder mentale Ebene bekannt. Wenn die Energie der Blauen Ebene auf diesen Frequenzbereich herabgesenkt wird, spaltet sie sich in positive und negative Polarität. An diesem Punkt teilt sich die Seele in zwei Hälften; so entsteht das Phänomen der Seelengefährten.

Drittes Siegel: Dieses Siegel ist das Energiezentrum des bewussten Gewahrseins und des sichtbaren-Licht-Spektrums. Es steht in Verbindung mit Kontrolle, Tyrannei, Opfersein und Macht. Es befindet sich im Bereich des Solarplexus.

Dunkle Nacht der Seele: Eine Zeit großen emotionalen Leids, das aus einer tiefgreifenden Veränderungen der Selbstsicht eines Menschen herrührt. Dabei schießt Energie durch den Emotionalkörper und wird gereinigt und von den Verhaftungen befreit, die wir mit dieser Energie verbunden haben. Eine ins Gehirn gelangende elektrische Umkehrladung aktiviert das Energiefeld des Körpers und verursacht das Leiden.

Ebene der Veranschaulichung: Die physische Ebene wird auch die Ebene der Veranschaulichung genannt. Auf dieser Ebene hat der Mensch Gelegenheit, sein schöpferisches Potenzial in der Materie zu demonstrieren und Bewusstsein in materieller Form zu erleben, und somit sein emotionales Verstehen zu erweitern.

Ebene des Fleisches: siehe **erste Ebene**.

Ebene der Glückseligkeit: Die Ebene des Ausruhens, auf der die Seelen die Gelegenheit haben, nach ihrer Lebensrückschau ihre nächste Inkarnation zu planen. Sie ist auch als Himmel und Paradies bekannt, wo es weder Leid, noch Schmerz, Not oder Mangel gibt und wo sich jeder Wunsch sofort manifestiert.

Ego: Das Ego ist das Selbst, die wahre Identität des einzelnen Menschen.

Elektrum: Dieser Begriff bezieht sich auf ein elektromagnetisches Feld mit negativen und positiven Polen, Elektrizität genannt.

Elohim: Eine der von Ramtha gegründeten Gruppen in Ramthas Schule der Erleuchtung. Er gab jeder Gruppe ihren Namen und betraute sie mit einem speziellen Zweck und einer besonderen Aufgabe, die den Gruppenmitgliedern Einheit und Identität verleihen. Dieses hebräische Wort bedeutet wörtlich „die Götter", es wird manchmal für eine bestimmte Gruppe von Göttern verwendet, die auf den Planeten Erde kamen.

Elohim Ka Men Ra: Ramtha gab diesen Namen einer der Gruppen in Ramthas Schule der Erleuchtung. Er gab jeder Gruppe ihren Namen und betraute sie mit einem speziellen Zweck und einer besonderen Aufgabe, die den Gruppenmitgliedern Einheit und Identität verleihen.

Emotionalkörper: Der Emotionalkörper ist die Ansammlung vergangener Emotionen, Einstellungen und elektrochemischer Muster, die die menschliche Persönlichkeit des Einzelnen definieren. Ramtha bezeichnet ihn als die Versuchung der Unerleuchteten. Aufgrund unseres Emotionalkörpers reinkarnieren wir uns immer wieder.

Emotionen: Eine Emotion ist der physische biochemische Effekt einer Erfahrung. Emotionen gehören der Vergangenheit an, denn sie sind der Ausdruck von Erfahrungen, die bereits bekannt und in den neurosynaptischen Signalwegen des Gehirns festgelegt sind.

Energie: Energie ist das Gegenstück zu Bewusstsein. Alles Bewusstsein bringt eine dynamische Energiewirkung, Ausstrahlung oder einen natürlichen Ausdruck seiner selbst mit sich. Genauso wie alle Formen von Energie ein Bewusstsein mit sich bringen, das sie definiert.

Erdgebundene Geister: Erdgebundene Geister sind Geister (*spirits*) von Menschen, die gestorben sind, aber ihr früheres Leben und ihre physische Existenz nicht losgelassen haben. Sie existieren im infraroten Schwingungsband und sind gemeinhin als Gespenster bekannt.

Erleuchtung: Erleuchtung ist die volle Verwirklichung des Menschen, die Erlangung von Unsterblichkeit und unbegrenztem Mind. Sie ist erreicht, wenn die Kundalini-Energie, die an der Basis der Wirbelsäule sitzt, nach oben zum siebten Siegel steigt, das seinerseits die brachliegenden Teile des Gehirns öffnet. Wenn die Energie in das Mittelhirn und das Kleinhirn vordringt und der unterbewusste Mind geöffnet wird, erlebt der Mensch einen blendenden Lichtblitz, den man Erleuchtung nennt.

Erste Ebene: Bezieht sich auf die materielle oder physische Ebene. Sie ist die Ebene des Image-Bewusstseins und der Hertz-Frequenz. Sie ist die niedrigste und dichteste Form von verfestigtem Bewusstsein und Energie.

Erste drei Siegel: Die ersten drei Siegel sind die Siegel von Sexualität, Überleben, Schmerz und Leiden, Opfersein und Tyrannei. Diese Siegel kommen im Allgemeinen in allen Verwicklungen des menschlichen Dramas zum Tragen.

Erstes Siegel: Das erste Siegel steht mit den Fortpflanzungsorganen, Sexualität und dem Überlebenstrieb in Verbindung.

Erwachtes Wesen: Ein erleuchteter Mensch, der nicht länger Opfer seiner Erbanlagen oder seiner Umgebung ist. Mit diesem Begriff wird ein Meister beschrieben, der bewusst seine eigene Realität erschafft.

Esoterisch: Dieser Begriff bezieht sich auf heiliges oder verborgenes Wissen.

Euer Gott: Dieser Ausdruck bezieht sich auf den Geist, den Beobachter, den Gott im Menschen.

Evolution: Evolution ist die Reise zurück nach Hause, von den niedrigsten Frequenzebenen und der Materie zu den höchsten Frequenzebenen und zum Punkt Null.

Fantastischer Realismus: Beschreibt die Realität, die durch einen erhabenen Bewusstseinszustand erschaffen wird. Die Realität, die die Meister erleben.

FELD, DAS: SIEHE NAMENSFELD.

Fieldwork™(Feldarbeit): Feldarbeit ist eine der grundlegenden Disziplinen, die in Ramthas Schule der Erleuchtung gelehrt werden. Die Schüler denken sich ein Symbol aus für etwas, das sie bekannt machen oder erfahren wollen und malen es auf eine Karte. Diese Karten werden mit der unbeschriebenen Seite nach außen an die Querlatten eines Zaunes, der ein großes Feld umgibt, gehängt. Die Schüler setzen sich Augenbinden auf und fokussieren auf ihr Symbol, während sie ihren Körper frei im Feld herum gehen lassen. Durch die Anwendung des Gesetzes von Bewusstsein und Energie und des analogen Minds gehen sie direkt zu ihrer Karte.

Festververdrahtung: Der Prozess, durch den neurologische Verbindungen im Gehirn angelegt und in Form von Mustern aufgezeichnet werden. Dreimalige Wiederholung eines Gedankenmusters genügt schon, um eine Gewohnheit auszubilden und im Neuronennetz festzulegen.

Fokus: Die Fähigkeit, auf einen Gedanken zu fokussieren, ist eines der wichtigsten Elemente der Disziplinen des Großen Werks. Fokus bedeutet, ein holografisches Bild, das einen Gedanken repräsentiert, bewusst und analog im Stirnlappen des Gehirns festzuhalten.

Freiraum: Freiraum wird die Erfahrung genannt, wenn wir aus der Box und den Mustern unserer begrenzten Persönlichkeit ausbrechen. Freiraum wird als Ekstase beschrieben. Es ist die Erfahrung einer größeren, erhabeneren Sichtweise, die dem Einzelnen Klarsicht ermöglicht und ihn Dinge verstehen lässt, die zuvor in seinem Leben chaotisch und unlösbar erschienen.

Frequenz: Frequenz ist die Schwingungsgeschwindigkeit, die eine Energiewelle charakterisiert. Mit Frequenz wird die Schwingungsrate von Partikeln und Wellen einer bestimmten Existenzebene beschrieben.

Frucht des Rebstocks: Wein.

Fünfte Ebene: Die fünfte Existenzebene ist die Ebene des Super-Bewusstseins und der Röntgen-Frequenz. Sie ist auch als Goldene Ebene oder Paradies bekannt.

Fünftes Siegel: Das fünfte Siegel ist das Zentrum unseres spirituellen Körpers, das uns mit der fünften Ebene verbindet. Dieses Siegel steht mit der Schilddrüse in Verbindung und steht für das Aussprechen und Leben der Wahrheit ohne Dualismus.

Gasthaus zum tänzelnden Pony: Diese Bezeichnung bezieht sich auf ein Wirtshaus oder ein Tanzlokal. Ramtha hat diesen Begriff von J.R.R.Tolkiens „Der Herr der Ringe” entliehen.

Gedanke: Gedanke ist etwas anderes als Bewusstsein. Das Gehirn verarbeitet einen Bewusstseinsstrom, indem es ihn in Abschnitte zerlegt — holografische Bilder von neurologischen, elektrischen und chemischen Abdrücken, die man Gedanken nennt. Gedanken sind die Bausteine des Minds.

Geflügelter Pharao: Geflügelter Pharao war ein Titel, der Pharaoninnen vorbehalten war, die das heilige Symbol der geflügelten Scheibe trugen. Weibliche Pharaonen waren außerordentliche Meister. Sie wurden vom Volk geliebt und konnten mit einer Berührung heilen und regierten ihr Volk weise und gerecht. Die Dynastie der Pharaoninnen existierte vor den uns bekannten Aufzeichnungen der ägyptischen Geschichte.

Gelbes Gehirn: Gelbes Gehirn ist Ramthas Name für den Neokortex, den Sitz des analytischen und emotionalen Denkens. Es wird aus dem Grund gelbes Gehirn genannt, weil die beiden Hälften des Neokortex in der ursprünglichen zweidimensionalen, karikaturartigen Zeichnung, die Ramtha für seinen Unterricht über die Funktion des Gehirns verwendete, gelb ausgemalt war. Er erklärte dazu, dass die verschiedenen Aspekte des Gehirns in diesem bestimmten Bild übertrieben und farbig hervorgehoben wurden, um das Studium und das Verstehen zu erleichtern. Diese spezielle Zeichnung wurde als Anschauungsmaterial in allen folgenden Unterrichtsstunden über das Gehirn verwendet.

Gesellschaftliches Bewusstsein: Das Bewusstsein der zweiten Ebene und des infraroten Frequenzbandes. Es wird auch das Image der menschlichen Persönlichkeit und der Mind der ersten drei Siegel genannt. Das Gesellschafts-Bewusstsein bezieht sich auf das kollektive Bewusstsein der menschlichen Gesellschaft. Es ist die Ansammlung von Gedanken, Vermutungen, Urteilen, Vorurteilen, Gesetzen, Moralvorstellungen, Werten, Einstellungen, Idealen und Emotionen der Bruderschaft der menschlichen Rasse.

Gnosis: Altgriechisches Wort für Wissen. Die gnostischen Bewegungen aus frühchristlicher Zeit bezeichneten damit ein von einer transzendenten Quelle offenbartes Wissenssystem oder ein Verständnis von Gott, der Schöpfung, der menschlichen Lebensbedingungen und Bestimmung. Dieses heilige Wissen hatte eine erlösende oder befreiende Wirkung auf den Einzelnen.

Gnostizismus: Eine Bezeichnung aus dem 18. Jahrhundert für die gnostischen Bewegungen in frühchristlicher Zeit, die eine breite Palette von Lehren aus den verschiedensten Traditionen anboten. Ihr Grundgedanke bestand in einer dualistischen Weltsicht. Nach diesem Glaubenssystem hat jeder Mensch einen göttlichen Funken in sich, der in der Materie gefangen ist, woraus ein Konflikt zwischen Licht und Dunkel, Wissen und Unwissenheit, Gut und Böse resultiert. Die Offenbarung des

HEILIGEN WISSENS BEFREIT DIE SEELE DES EINZELNEN UND LÄSST SIE DEM FLEISCH ENTRINNEN UND ZURÜCK ZU GOTT, SEINER QUELLE FINDEN.

Götter: Technologisch weit fortgeschrittene Wesen von anderen Sternensystemen, die vor 455 000 Jahren auf die Erde kamen. Diese Götter veränderten die Gene der menschlichen Rasse, indem sie die menschliche DNA mit ihrer eigenen vermischten und modifizierten. Sie sind für die Entwicklung des Neokortex verantwortlich und benutzten die menschliche Rasse als fügsame Arbeitskräfte. Beweise für diese Vorgänge finden sich in sumerischen Tafeln und Artefakten. Der Begriff Götter wird auch zur Beschreibung der wahren Identität der Menschheit, die „vergessenen Götter", verwendet.

Goldene Ebene: siehe Fünfte Ebene

Goldener Körper: Der Körper, der zur fünften Ebene, zum Super-Bewusstsein und der Röntgen-Frequenz gehört.

Gott: Ramthas Lehren sind die Erläuterung des Satzes: „Du bist Gott." Er beschreibt die Menschheit als die vergessenen Götter. Gott ist nicht das gleiche wie die Leere (*the Void*). Gott ist der Punkt der Bewusstheit, der entstand, als die Leere sich selbst kontemplierte. Gott ist Bewusstsein und Energie, die die unbekannten Potenziale der Leere erforschen und bekannt machen. Gott ist die allmächtige und allgegenwärtige Essenz aller Schöpfung.

Gott in uns: Er ist der Beobachter, das wahre Selbst, das primäre Bewusstsein, der Geist, der Gott im Menschen.

Gott/Frau: Die volle Verwirklichung eines Menschen.

Gott/Mann: Die volle Verwirklichung eines Menschen.

Gras, das: Marihuana.

Graue Männer: Die Gruppe der sehr einflussreichen Leute, die die großen Banken und Konzerne besitzen und das politische und wirtschaftliche Geschehen der Welt kontrollieren.

Große Werk, das: Das Große Werk ist die praktische Anwendung der Lehren der Schulen der Alten Weisheit. Damit sind die Disziplinen gemeint, durch die der Mensch erleuchtet und zu einem unsterblichen göttlichen Wesen wird.

Großer Architekt: Bezieht sich auf das Gehirn, genauer gesagt auf den Neokortex und den Stirnlappen, wo holografische Bilder oder Gedanken erschaffen werden.

Herr des Windes: Einer von Ramthas Titeln. Der Wind repräsentiert die Freiheit, die Macht und Transzendenz des Geistes. Ramtha wurde zum Herrn des Windes, als er erleuchtet wurde.

Hertz-Ebene: siehe erste Ebene.

Hierophant: Ein Hierophant ist ein Meister-Lehrer, der im Stande ist, was er lehrt auch selbst zu manifestieren und seine Schüler in dieses Wissen einzuweihen.

Himmel: Der Begriff wird auf drei verschiedene Arten verwendet. Einmal bezieht er sich auf das Paradies. Des weiteren bezeichnet er ganz allgemein eine Existenzebene. Besondere Anwendung findet der Begriff „Himmel" als Bezeichnung für den Stirnlappen, den stillen Bereich des Neokortex.

Höhere Siegel: siehe **obere vier Siegel**.

Hölle: Ramtha erklärt, dass der Begriff Hölle ursprünglich ein „flaches Grab" bedeutete. Diese Bestattungsform war höchst unerwünscht, da sie den Körper des Verstorbenen den Angriffen von wilden Tieren aussetzte. Die einzige Stelle, wo Ramtha eine Hölle im Sinne eines Orts von ewiger Verdammnis fand, war im Bewusstsein der Männer und Frauen, die daran glaubten.

Hyper-Bewusstsein: Das Bewusstsein der sechsten Ebene und der Gammastrahlen-Frequenz.

Hypnotische Fähigkeiten: Die Fähigkeit, in einen veränderten Bewussteinszustand einzutreten, den man analogen Mind nennt. In diesem Zustand ist der Neokortex betäubt und Kleinhirn und Mittelhirn sind aktiviert.

Iaut Aleph: Name einer der Gruppen in Ramthas Schule der Erleuchtung, die Ramtha ins Leben gerufen hat. Er gab jeder Gruppe ihren Namen und betraute sie mit einem speziellen Zweck und einer besonderen Aufgabe, die den Gruppenmitgliedern Einheit und Identität verleihen.

Image, das: Bezieht sich auf das gesellschaftliche Bewusstsein. Bezieht sich auch auf den Mind, den das Neuronennetz bzw. die Persönlichkeit hervorgebracht hat.

Inkarnation: Bezieht sich auf die Erfahrung einer bestimmten Lebenszeit. Das Überpersönliche, der Geist (*Spirit*) bzw. das wahre Selbst des Einzelnen ist ein Kind der Leere und von seiner Natur her unsterblich. Die Seele ist etwas anderes als der Geist. Sie zeichnet die Erfahrungen des unsterblichen Geistes auf. Demgemäß nehmen der Geist und die Seele in einer Inkarnation eine physische Verkörperung zu dem Zweck an, mit der physischen Existenzebene in Beziehung zu treten. Beim Tod verlassen sowohl der Geist als auch die Seele den physischen Körper und erhalten die Gelegenheit, eine neue Inkarnation, einen neuen physischen Körper anzunehmen, um das abzuschließen, was sie auf dieser Ebene lernen wollten.

Inneres Wissen: Inneres Wissen ist die Fähigkeit, etwas ohne die Hilfe der sinnlichen Wahrnehmung zu wissen. Inneres Wissen bedeutet, Zugang zum Wissen des unterbewussten Minds zu haben.

Involution: Involution ist die Reise vom Punkt Null und der siebten Ebene zu den langsamsten und dichtesten Frequenzebenen und in die Masse.

Ionien: Ionien war eine Region auf dem Kontinent Atlantis, die im Gebiet des heutigen Mazedonien lag.

Jahwe: Jahwe und Jehova sind verschiedene Wesen. Jahwe war mit der Versklavung, die Jehova über die Menschen der Erde gebracht hatte, nicht einverstanden. Jahwe und der Gott Id führten Krieg gegen Jehova. Sie bemühten sich die Menschheit zu lehren, dass der Unbekannte Gott im Menschen lebt.

Jeschua ben Joseph: Jesus Christus wird von Ramtha, entsprechend der jüdischen Tradition der damaligen Zeit, Jeschua ben Joseph genannt.

Jehova: Jehova ist ein technologisch hochentwickeltes Wesen, das höchst unsicher und militant war und seine Schwester hasste. Er war für Abrahams Auszug aus Babylon in das Land von Kanaan, für die Entstehung des hebräischen Volkes und für Moses' Auszug aus Ägypten in das Gelobte Land verantwortlich.

JZ Knight: JZ Knight wurde als einzige Person von Ramtha als sein Channel auserwählt. Ramtha spricht von JZ als seiner geliebten Tochter. Zu Ramthas Lebzeiten war sie Ramaya, eines der Kinder im Haus des Ram.

Ka: Ka ist ein ägyptischer Begriff und bezeichnet den Lichtkörper eines Menschen.

Karbuli: Ramthas Bezeichnung für die Kohlenstoffröhrchen, die Mikrotubuli oder das Skelett der Zelle.

Karma: Karma ist die natürliche Konsequenz aus den Gedanken und Taten eines Menschen. Karma umfasst all die ungelösten Probleme, Einstellungen und Emotionen, die sich ein Mensch noch nicht zu eigen gemacht hat und zu Weisheit hat werden lassen. Diese von der Seele nicht abgeschlossenen Angelegenheiten sind die wahre Ursache für den sich wiederholenden Kreislauf der Reinkarnation.

Kartusche: Ein Symbol, das die Essenz einer Idee oder eines Menschen darstellt.

Kirlian-Fotografie: Ein von russischen Technikern entwickelter fotografischer Prozess, der es ermöglicht, das Aura-Feld eines lebenden Objekts abzubilden.

Königreich des Himmels: siehe **Königreich Gottes**.

Königreich Gottes: Dieser Begriff bezieht sich auf eine Existenzebene oder Geistesdimension, in der der unbegrenzte Mind Gottes regiert.

Körper, den verlassen: Beschreibt die Initiation durch eine außerkörperliche Erfahrung.

Körper-Mind-Bewusstsein: Körper-Mind-Bewusstsein ist das Bewusstsein, das zur physischen Ebene und zum menschlichen Körper gehört.

Kollektive Einstellung: Eine Ansammlung von Einstellungen und Gedankenmustern, die eine Gruppe von Menschen gemeinsam hat.

KOLLEKTIVES BEWUSSTSEIN: DIESES KONZEPT ÄHNELT C.G. JUNGS „KOLLEKTIVEM UNBEWUSSTEN". EIN KOLLEKTIVES BEWUSSTSEIN IST EIN

ERKENNBARER GEISTESZUSTAND, DEN EINE GRUPPE VON MENSCHEN, EIN LAND ODER EINE KULTUR MITEINANDER TEILEN.

Kollektives Unterbewusstsein: Kollektiver Bewusstseinszustand, der der Menschheit gemein ist, obwohl die meisten Leute sich dessen nicht gewahr sind. Es wird auch gesellschaftliches Bewusstsein oder Körper-Mind-Bewusstsein genannt. Es ist das Bewusstsein der physischen Ebene und der ersten drei Siegel.

Konstanten: Wesen, die im Atrium der Konstanten leben. Sie sind Oberherren, die verantwortlich für die Zyklen und das Gleichgewicht im Reich der Natur sind.

Kosmischer Leim: Diesen Ausdruck gebraucht Ramtha für die Kraft, die das Universum zusammenhält. Er bezeichnet Liebe als kosmischen Leim.

KRITISCHE MASSE: BEZIEHT SICH AUF DIE MANIFESTATION UND DIE VERFESTIGUNG VON BEWUSSTSEIN ZU MASSE.

Kundalini: Kundalini-Energie ist die Lebenskraft eines Menschen. Während der Pubertät sinkt sie von den höheren Siegeln zum unteren Ende der Wirbelsäule hinab. Sie ist ein gewaltiges Energiereservoir, das für die menschliche Evolution vorgesehen ist. Im allgemeinen wird sie als am unteren Ende der Wirbelsäule zusammengerollte Schlange dargestellt. Diese Energie unterscheidet sich von der Energie, die aus den ersten drei Siegeln kommt und für Sexualität, Schmerz und Leid, Macht und Opfersein verantwortlich ist. Sie wird im Allgemeinen als die schlafende Schlange oder der schlafende Drache beschrieben. Das Aufsteigen der Kundalini-Energie zur Krone des Kopfes wird die Reise der Erleuchtung genannt. Diese Reise findet statt, wenn die Schlange erwacht, sich spaltet und um die Wirbelsäule herumtanzt. Damit ionisiert sie die Rückenmarksflüssigkeit und verändert deren Molekularstruktur, wodurch sich dann das Mittelhirn und die Tür zum Unterbewusstsein öffnen.

Lebenskraft: Die Lebenskraft ist der Vater, der Geist, der Lebensatem im Menschen. Sie ist die Plattform, von der aus der Mensch seine Illusionen, Fantasievorstellungen und Träume erschafft.

Lebensschiene: Eine potenzielle Zeitschiene oder Wahrscheinlichkeit von Ereignissen, die aus einer bestimmten Geisteshaltung oder einem bestimmten Bewusstseinszustand eines Menschen resultieren.

Lebensrückschau: Die Rückschau auf das soeben vergangene Leben. Sie findet statt, wenn der Mensch nach seinem Tod die dritte Ebene erreicht. Der Mensch erhält die Gelegenheit, der Beobachter, der Agierende und der Empfänger seiner eigenen Taten zu sein. Die unerledigten Angelegenheiten dieser Lebenszeit, die in der Lebensrückschau zum Vorschein kommen, bestimmen den Plan für die nächste Inkarnation.

Leere, die (*the Void*): Die Leere wird definiert als ein unermessliches Nichts materiell, jedoch alle Dinge potenziell.

Leute, Orte, Dinge, Zeiten und Ereignisse: Dies sind die Hauptbereiche menschlicher Erfahrung, denen die Persönlichkeit emotional verhaftet ist. Diese Bereiche stellen die Vergangenheit des Menschen dar und machen den Inhalt des Emotionalkörpers aus.

Licht, das: Das Licht bezieht sich auf die dritte Existenzebene.

Lichtkörper: Der Lichtkörper ist das gleiche wie der strahlende Körper. Er ist der Körper, der zur dritten Ebene des bewussten Gewahrseins und des sichtbaren Licht-Frequenzbandes gehört.

Lichtrückschau: siehe **Lebensrückschau.**

Lichtwesen: Die Wesen der dritten Existenzebene.

Lineare Physik: Eine Bezeichnung für die klassische oder die Newtonsche Physik.

Liste, die: Die Liste ist eine von Ramtha gelehrte Disziplin, in der der Schüler eine Liste von Punkten erstellt, die er kennen lernen oder erfahren will. Er lernt dann, darauf in einem analogen Bewusstseinszustand zu fokussieren. Die Liste ist die Vorlage, derzufolge das Neuronennetz des Schülers gestaltet, verändert und umprogrammiert wird. Mit diesem Hilfsmittel kann der Schüler bedeutende und anhaltende Veränderungen in sich selbst und in seiner Wirklichkeit herbeiführen.

Luftschiff: Bezieht sich auf ein Raumschiff, UFO oder Flugzeug.

Masse zu Masse: Das Konzept, physische Wirklichkeit von einem materiellen Standpunkt aus und mit materiellen Methoden anzugehen.

Materialisieren: Dieser Begriff bezeichnet die Verfestigung und Manifestation eines Gedankens in seine physische Form.

Materielle Ebene: siehe **erste Ebene.**

Meister: Ein Meister ist jemand, der sich seiner Göttlichkeit voll bewusst ist und dieses Wissen in seinem täglichen Leben zur Anwendung bringt. Ramtha nennt seine Schüler Meister, denn sie lernen, wie Meister zu denken und zu handeln.

Meister-General: Die Meister-Generäle sind die Mitarbeiter von Ramthas Schule der Erleuchtung, die für die Organisation und Durchführung der Seminare und Veranstaltungen in der Schule verantwortlich sind.

Meister-Lehrer: Ein Meister-Lehrer ist ein aufgestiegener Meister, der die Fähigkeit hat, seine Schüler in die Mysterien geheimen Wissens einzuweihen.

Menschensohn: Diese Vorstellung bezieht sich auf den menschlichen und physischen Aspekt einer Person. Jemand handelt wie ein Menschensohn oder eine Menschentochter, wenn er sich entscheidet, eher seiner menschlichen Natur als seiner Göttlichkeit zu folgen.

Merkabah: Der Name eines sehr großen Mutterschiffs des Volkes von jenseits des Nordsterns.

MIND: MIND IST DAS PRODUKT VON STRÖMEN VON BEWUSSTSEIN UND ENERGIE, DIE AUF DAS GEHIRN EINWIRKEN UND GEDANKENFORMEN,

HOLOGRAFISCHE ABSCHNITTE ODER NEUROSYNAPTISCHE MUSTER ERSCHAFFEN, DIE MAN GEDÄCHTNIS NENNT. DIE STRÖME VON BEWUSSTSEIN UND ENERGIE HALTEN DAS GEHIRN AM LEBEN. SIE SIND SEINE KRAFTQUELLE. DIE FÄHIGKEIT EINES MENSCHEN ZU DENKEN GIBT IHM SEINEN „MIND".

Mind Gottes: Gottes Mind beinhaltet den Mind und die Weisheit aller Lebensformen, die je in jeglicher Dimension, in jeglicher Zeit und auf jeglichem Planeten oder Stern gelebt haben, leben oder leben werden.

Modifiziertes Denken: Bezieht sich auf die Gedankenprozesse des modifizierten Egos.

Modifiziertes Ego (*altered ego*): Das englische „altered ego“ ist eine passende Abwandlung des in der Psychologie verwandten lateinischen Begriffs „Alter Ego". Modifiziertes Ego oder „altered ego“ bezieht sich auf die begrenzte menschliche Persönlichkeit und verweist ausdrücklich auf die Abwandlung und Unterdrückung des wahren und göttlichen Selbst des Einzelnen, die dieser selbst hervorgerufen hat.

Moment, der: Dieser Begriff beschreibt das schöpferische und ewige Jetzt, die Gegenwart.

Mu: Mu ist der Kontinent Lemurien, der jetzt unter dem Pazifischen Ozean liegt.

Multidimensionaler Mind (*dimensional mind*): Der Mind eines Meisters, der nicht mehr länger nur im Rahmen von linearer Zeit oder einer einzigen Raum-Zeit-Dimension denkt. Ein multidimensionaler Mind kann alle Potenziale gleichzeitig sehen.

Mutter-Vater-Prinzip: die Quelle allen Lebens, Gott der Vater, die ewige Mutter, der Punkt Null.

Myria Amun: Myria Amun bedeutet das silberne Leben und ist der Name von Ramthas Mutterschiff. Der Zahlenwert, durch den dieses massive, 19 Meilen lange Raumschiff repräsentiert wird, ist 32 und sein Symbol ist die Triade.

Nabor: Nabor war die Stadt im Tal von Nazir, in dem Ramtha von einem Schwert durchbohrt wurde.

NAMENSFELD: NAMENSFELD WIRD DAS GROßE FELD GENANNT, AUF DEM DIE DISZIPLIN FELDARBEIT (*FIELDWORK*™) GEÜBT WIRD.

Neewollah: Das „Halloween"-Fest rückwärts ausgesprochen.

Neophyt: Ein Neophyt ist ein Anfänger im Großen Werk.

Obere vier Siegel: Die oberen vier Siegel sind das vierte, fünfte, sechste und siebte Siegel.

Om Akad: Name einer der Gruppen in Ramthas Schule der Erleuchtung, die Ramtha ins Leben gerufen hat. Er gab jeder Gruppe ihren Namen und betraute sie mit einem speziellen Zweck und einer besonderen Aufgabe, die den Gruppenmitgliedern Einheit und Identität verleihen.

Onai: Eine südliche Hafenstadt auf dem Kontinent Atlantis, wo Ramtha als Kind mit seiner Mutter, seinem Bruder und seiner Schwester lebte.

Persönlichkeit, die: Die Persönlichkeit ist das sekundäre Bewusstsein, das Spiegelbewusstsein, der Reisende, der seine göttliche Herkunft und sein göttliches Erbe vergessen hat.

Physische Ebene: siehe **erste Ebene**.

Prima Materia: Ein Begriff aus der Alchemie, mit dem die Quintessenz aller Dinge bezeichnet wird.

Prophezeiung: Eine Prophezeiung ist eine potenzielle, zukünftige Zeitschiene, die sich auf die Fakten des gegenwärtigen Moments stützt. Prophezeiungen sollten immer mit der Erklärung: „wie es jetzt gerade aussieht" versehen sein, denn sie sind immer Veränderungen unterworfen, da das kollektive Bewusstsein sich ändert. Dieses Verständnis von Prophezeiung basiert auf dem Gesetz von Bewusstsein und Energie, das Ramtha lehrt.

Punkt Null: Bezieht sich auf den ursprünglichen Punkt der Bewusstheit, den die Leere geschaffen hat, indem sie sich selbst betrachtete. Punkt Null ist das ursprüngliche Kind der Leere.

Ra: Ra ist der Name eines ägyptischen Gottes. Ramtha verwendet den Namen Ra für die Sonne.

Ram: Ram ist eine Kurzversion des Namens Ramtha. Ramtha bedeutet Vater.

Ramtha (Ethymologie): Der Name Ramtha der Erleuchtete, Herr des Windes, bedeutet Vater. Er bezieht sich auch auf den Ram, der am „schrecklichen Tag des Ram" vom Berg herabkam. „Im gesamten Altertum ging es darum. Und im alten Ägypten gab es eine dem großen Eroberer Ram gewidmete Allee. Die alten Ägypter waren weise genug, zu verstehen, dass diejenigen, die die Straße des Ram entlang gehen konnten, den Wind erobern konnten." Das Wort Aram, der Name von Noahs Enkel, setzt sich aus dem aramäischen Wort Araa — das Erde, Landmasse bedeutet — und dem Wort Ramtha, das hoch bedeutet, zusammen. In diesem semitischen Namen klingt Ramthas Abstieg von dem hohen Berg an, mit dem der große Marsch begann.

Ramuste: Ramuste ist der Name des kollektiven Seelenhauses, in das Ramtha aufgrund seiner Wahl hineingeboren wurde. Das emotionale Einvernehmen dieses kollektiven Bewusstseins war die Macht des Meisterns.

Rechtschaffenheit: Der angemessene Gebrauch von etwas. Die moralische Eigenschaft von Untadeligkeit.

Reinkarnation: Reinkarnation ist der sich immer wiederholende Kreislauf von Inkarnationen.

Rote Energie: Dieser Begriff wird im Bezug auf die Kundalini-Energie und die übersinnliche Energie verwendet.

Rote Schlange: Die Kundalini-Energie, die von der Basis der Wirbelsäule durch die Siegel aufsteigt, wird als doppelte rote Schlange dargestellt, die sich nach oben schlängelt und sich überkreuzt, wie das medizinische Symbol des Äskulapstabs. Mit diesem Begriff wird auch übersinnliche Energie beschrieben.

Roter Löwe: Begriff aus der Alchemie, der sich auf das Elixier der Unsterblichkeit bezieht.

Samen vergießen: Ejakulation des Spermas.

Satan: Satan ist nicht der Name oder Titel eines Einzelwesens. Der Begriff bezeichnet vielmehr alles und jedes, das uns unserer Göttlichkeit beraubt und von Veränderung abhält. Satan, der Beschuldiger, hält den Menschen in den Emotionen der Vergangenheit eingesperrt.

Schule der Alten Weisheit: Dieser Titel wurde im Laufe der Geschichte verschiedenen Schulen verliehen, an denen das geheime Wissen des Großen Werks gelehrt wurde. Ramtha war weitgehend für all diese Schulen verantwortlich.

Seele: Ramtha bezeichnet die Seele als Buch des Lebens, in dem die ganze Reise der Involution und Evolution des Einzelnen in Form von Weisheit aufgezeichnet ist.

Selbst, das: Das Selbst ist die wahre Identität des Menschen. Es ist der transzendente Aspekt des Menschen. Es bezieht sich auf den Beobachter, das primäre Bewusstsein.

Sechste Ebene: Die sechste Ebene ist das Reich des Hyper-Bewusstseins und des Gammastrahlen-Frequenzbandes. Auf dieser Ebene wird das Einssein mit allem Leben bewusst erfahren.

Sechstes Siegel: Dieses Siegel steht mit der Zirbeldrüse und dem Gammastrahlen-Frequenzband in Verbindung. Die Formatio reticularis, die das Wissen des unterbewussten Minds filtert und verhüllt, ist offen, wenn dieses Siegel aktiviert ist. Mit dem Öffnen des Gehirns ist das Öffnen dieses Siegels und die Aktivierung seines Bewusstseins und seiner Energie gemeint.

Senden-und-Empfangen: Senden-und-Empfangen ist der Name einer Disziplin, die Ramtha lehrt. Der Schüler lernt dabei, Zugang zu Informationen zu erhalten, indem er die Fähigkeiten des Mittelhirns nutzt, ohne die sinnliche Wahrnehmung einzusetzen. Diese Disziplin entwickelt die übersinnlichen Fähigkeiten des Schülers, Telepathie und das Vorhersehen zukünftiger Ereignisse.

Shambhala: Der Name eines urzeitlichen Waldes, der zu Ramthas Zeiten nordöstlich des Indus-Flusses existierte.

Shiva: Der Herr und Gott Shiva repräsentiert den Herrn der Blauen Ebene und des Blue Body™ (blauen Körpers). Der Name Shiva bezieht sich nicht auf eine einzelne Gottheit im Hinduismus, sondern auf den Bewusstseinszustand der vierten Ebene und des ultravioletten

Frequenzbandes sowie auf das Öffnen des vierten Siegels. Shiva ist weder männlich noch weiblich. Er ist ein androgynes Wesen, denn die Energie auf der vierten Ebene ist noch nicht in positive oder negative Polarität aufgespalten. Hierin liegt ein wesentlicher Unterschied zur traditionellen Darstellung von Shiva im Hinduismus, wo er als männliche Gottheit mit einer Ehefrau dargestellt wird. Das Tigerfell zu seinen Füßen, der Dreizack und Sonne und Mond in Kopfhöhe stellen die Meisterschaft dieses Körpers über die ersten drei Bewusstseinssiegel dar. Die Kundalini-Energie wird als feurige Energie dargestellt, die von der Basis der Wirbelsäule durch den Kopf schießt. Dies ist ein weiterer Unterschied zu einigen hinduistischen Shiva-Darstellungen, in denen die Schlangenenergie aus der Höhe des fünften Siegels oder der Kehle austritt. Weitere Symbole in Shivas Portrait sind die langen dunklen Haarsträhnen und eine Vielzahl von Perlenketten. Sie stehen für einen Reichtum an Erfahrungen, die zu Weisheit wurden. Mit Köcher, Pfeil und Bogen feuert Shiva seinen machtvollen Willen ab, womit er Unvollkommenes zerstört und Neues erschafft.

Sieben Schwestern: Eine andere Bezeichnung für das Sternbild der Pleiaden.

Sieben Siegel: Die sieben Siegel sind machtvolle Energiezentren, die sieben Bewusstseinsstufen im menschlichen Körper darstellen. Mit Hilfe der Bänder wird der physische Körper in Übereinstimmung mit diesen Siegeln zusammengehalten. Bei jedem Menschen fließt Energie spiralförmig aus den ersten drei Siegeln oder Zentren heraus. Die pulsierende Energie aus den ersten drei Siegeln manifestiert sich jeweils als Sexualität, Pein oder Macht. Wenn die oberen Siegel sich öffnen, wird eine höhere Bewusstheitsstufe aktiviert.

Siebte Ebene: Die siebte Ebene ist die Ebene des Ultra-Bewusstseins und des Frequenzbandes des „Unendlichen Unbekannten". Von dieser Ebene aus wurde die Reise der Involution angetreten. Diese Ebene wurde vom Punkt Null erschaffen, als er den Akt der Kontemplation der Leere nachahmte und so das Spiegel- oder sekundäre Bewusstsein erschuf. Eine Existenzebene oder Raum- und Zeitdimension existiert zwischen zwei Bewusstseinspunkten. All die anderen Ebenen wurden durch Verlangsamung der Zeit und des Frequenzbandes der siebten Ebene erschaffen.

Siebtes Siegel: Dieses Siegel steht in Verbindung mit dem Scheitelpunkt des Kopfes, der Hypophyse und dem Erlangen von Erleuchtung.

Smaragd eures Universums: Der Planet Erde.

Sohn Gottes: Ein Sohn oder eine Tochter Gottes ist jemand, der für einen erhabeneren und umfassenderen als den zu den ersten drei Siegeln gehörenden Bewusstseinszustand geboren wurde. Wie ein Sohn oder eine Tochter Gottes zu handeln heißt, aus der Sichtweise unseres göttlichen

Bewusstseins zu leben und nicht aus der unseres menschlichen Bewusstseins.

Stein der Weisen: Ausdruck aus der Alchemie für das Elixier der Unsterblichkeit.

Strahlender Körper: siehe **Lichtkörper.**

SUPER-BEWUSSTSEIN: DAS BEWUSSTSEIN DER FÜNFTEN EBENE UND DES RÖNTGENSTRAHLEN-FREQUENZBANDES.

Tahumo: Tahumo ist eine Disziplin, die Ramtha lehrt, in welcher der Schüler lernt, die Einwirkungen seines natürlichen Umfelds — Hitze und Kälte — auf seinen Körper zu meistern.

Tank™, der: Der Name für das Labyrinth, das ein Teil der Disziplinen von Ramthas Schule der Erleuchtung ist. Die Schüler lernen, mit verbundenen Augen den Eingang zu diesem Labyrinth zu finden und hindurchzugehen, während sie auf die Leere (*the Void*) fokussieren. Sie dürfen die Wände nicht berühren und weder ihre Augen noch ihre anderen Sinne benutzen. Das Ziel dieser Disziplin ist es, mit verbundenen Augen das Zentrum des Labyrinths zu finden oder einen bestimmten Raum, der die Leere darstellt.

Tankfeld: Der Name des großen Feldes, auf dem das Labyrinth steht, das für die Disziplin des Tanks™ verwendet wird.

Telstar: Wenn Materie in ein schwarzes Loch stürzt, befindet sie sich in einem zeitlosen Zeit-Raum-Bewusstsein. Und in diesem nicht bewussten Raum tritt sie aus einem anderen Loch wieder aus, das man als Bewusstheit bezeichnet. Materie tritt also durch ein Schwarzes Loch ein und wird dann wiedergeboren. Das weiße Loch, durch das sie wiedergeboren wird, nennt man Telstar. Aus ihm ergießt sich Materie ins Universum.

Terra: Diesen Namen gaben die Götter dem Planeten Erde vor 455 000 Jahren, als sie ihn das erste Mal besuchten.

Tochter Gottes: Dieser Begriff drückt das göttliche Erbe eines jeden Einzelnen aus, mit spezieller Betonung der Gleichstellung der Frauen.

TRÄUME: TRÄUME HABEN IHREN URSPRUNG IM MENSCHLICHEN BEWUSSTSEIN. SIE SIND WIRKLICHKEITEN AUS ANDEREN GEDANKEN-DIMENSIONEN UND NICHT BLOßE FANTASIEN. DURCH DAS MEDIUM DER TRÄUME KOMMUNIZIERT DER UNTERBEWUSSTE MIND MIT DEM PHYSISCHEN KÖRPER UND STELLT DIESEN WÄHREND DES SCHLAFES WIEDER HER. DIE MEISTEN TRÄUME FALLEN UNTER DIESE KATEGORIE, OBWOHL EINIGE TRÄUME AUCH PROPHETISCHEN CHARAKTER HABEN KÖNNEN. EIN BEWUSSTER TRAUM WIRD IN DEN DISZIPLINEN DES GROßEN WERKS DAZU VERWENDET, REALITÄT NACH BELIEBEN ZU ERSCHAFFEN UND ZU MANIFESTIEREN.

Twilight™: Dieser Begriff bezeichnet eine Disziplin, die Ramtha lehrt. Die Schüler lernen dabei, ihren Körper in einen bewegungslosen Zustand zu versetzen, der tiefem Schlaf ähnelt und dennoch ihre Bewusstheit aufrecht zu erhalten.

Twilight^{TM} Visualisierungs-Prozess: Der Prozess, mit dem die Disziplin der Liste oder andere Visualisierungen geübt werden.

Überpersönlich: Das Überpersönliche bezieht sich auf die spirituelle Ordnung, die transzendenten Aspekte des Menschen.

Übersinnliche Fähigkeiten: Die Fähigkeit, ohne Hilfe von sinnlicher Wahrnehmung zu wissen. Wir entwickeln übersinnliche Fähigkeiten, wenn wir das Mittelhirn geöffnet und Zugang dazu erlangt haben. So können wir Informationen aus der Umgebung auf einer höheren Frequenzstufe als der des Hertz-Frequenzbandes empfangen.

Ultra-Bewusstsein: Das Bewusstsein der siebten Ebene und des Frequenzbandes des Unbegrenzten Unbekannten. Es ist das Bewusstsein eines aufgestiegenen Meisters.

Das Unbekannte bekannt machen: Dieser Ausdruck bezeichnet den ursprünglichen göttlichen Auftrag, den das Ursprungsbewusstsein erhielt: zu manifestieren und all die unendlichen Potenziale der Leere zur Bewusstheit zu bringen. Dieser Satz stellt die zugrunde liegende Absicht dar, die den dynamischen Evolutionsprozess anfacht.

Unbekannter Gott: Der Unbekannte Gott war der einzige Gott von Ramthas Vorfahren, den Lemuriern. Der Unbekannte Gott repräsentiert auch die vergessene Göttlichkeit und göttliche Herkunft des Menschen.

Unbewusstsein: Unbewusstsein ist der Verlust des Gewahrseins, auch Bewusstheit genannt.

Unendliches Unbekanntes: Das Frequenzband der siebten Existenzebene und des Ultra-Bewusstseins.

Unerwachtes Wesen: Ein Mensch, der nichts von seiner Göttlichkeit weiß, der in der Illusion der Dualität und dem Getrenntsein von der Quelle lebt und ein Opfer seiner Umgebung ist.

Ungeheuerlich (*outrageous*): Ramtha verwendet dieses Wort im positiven Sinn, um etwas oder jemanden zu charakterisieren, der außergewöhnlich und rar ist, ungehemmt in seinen Taten und über die Maßen kühn oder wild.

Ungeheuerliche Gedanken: Diese Art Gedanken sind unbegrenzte, erhebende, transzendente Gedanken.

Ungewohnte Freiheit: Diese Art von Freiheit erfährt der Mensch, wenn er den Durchbruch aus der Box in den Freiraum schafft.

Unser Gott: Mit diesem Begriff wird der Gott, der Geist, der Beobachter, das göttlichen Element, das wahre Selbst des Einzelnen bezeichnet.

Unterbewusstsein (*subconscious mind*): Der Sitz des Unterbewusstseins, des unterbewussten Minds, ist das Kleinhirn oder Reptiliengehirn. Dieser Teil des Gehirns hat seine eigenen, unabhängigen Verbindungen zum

Stirnlappen und zum ganzen Körper und hat Zugang zum Mind Gottes, der Weisheit aller Zeiten.

Vater, der: Der Ursprung, Gott, Punkt Null.

Vergangenheit: In seiner subjektiven Bedeutung für den Einzelnen bezieht sich der Begriff Vergangenheit auf alles, was dem einzelnen Menschen durch Erfahrung bereits bekannt ist. In diesem Sinne umfasst die Vergangenheit jede emotionale Erfahrung des Menschen in Bezug auf Leute, Orte, Dinge, Zeiten und Ereignisse. Die Vergangenheit ist das größte Abschreckungsmittel für die menschliche Evolution, weil sie die Fähigkeit des Einzelnen, neue Paradigmen des Denkens zu erschaffen und das Unbekannte bekannt zu machen, lähmt.

Vierte Ebene: Die vierte Existenzebene ist der Bereich des Brücken-Bewusstseins und der ultravioletter Frequenz. Diese Ebene wird auch als die Ebene Shivas bezeichnet, des Zerstörers des Alten und Schöpfers des Neuen. Auf dieser Ebene hat sich die Energie noch nicht in positive und negative Ladung gespalten. Alle andauernden Veränderungen oder Heilungen des physischen Körpers müssen zuerst auf der vierten Ebene und im Blue Body™ (blauen Körper) stattfinden. Diese Ebene nennt man auch Blaue Ebene oder die Ebene Shivas.

Viertes Siegel: Das vierte Siegel steht mit bedingungsloser Liebe und der Thymus-Drüse in Verbindung. Wenn dieses Siegel aktiviert ist, wird ein Hormon im Körper ausgeschüttet, das den Körper bei perfekter Gesundheit hält und den Alterungsprozess stoppt.

Vishmalodu: Der lemurische Name für den Unbekannten Gott.

Wahrheit: Wahrheit sind nicht bloße Daten oder Informationen. Wahrheit ist die vollständige Verwirklichung eines Konzeptes oder eines Paradigmas des Denkens als Erfahrung und persönliche Weisheit.

Weiße Bruderschaft: Die Weiße Bruderschaft ist eine Bruderschaft im Unsichtbaren, die aus aufgestiegenen Meistern besteht. Sie lieben die Menschheit, beobachten sie und sind ihr bei ihrer Evolution behilflich.

Zarathustra: Zarathustra ist die unverfälschte Version des Namens Zoroaster, des Begründers des Zoroastrianismus. Ramtha erklärte, dass Zarathustra erleuchtet und zu einem unsterblichen Meister wurde.

Zauberin: Zauberin ist Ramthas poetischer Name für den Mond.

Zeichen der Triade: Anfänger lernen, mit aufgesetzten Augenbinden das Zeichen der Triade zu machen, bevor sie eine der Disziplinen des Großen Werkes angehen. Die Schüler zeigen dabei am Anfang auf ihre Stirn oder ihr siebtes Siegel, das die Spitze der Triade ist. Mit ununterbrochenem Fokus vervollständigen sie die Triade, indem sie ihre Hand langsam zu ihrem linken Knie, dann zu ihrem rechten Knie und dann schließlich zurück zur Stirn führen. Diese Triade stellt die Reise von Involution und Evolution dar.

Zeichen des Sterns: Das Zeichen des Sterns ist eine komplexere Version des Zeichens der Triade, die von fortgeschrittenen Schüler angewendet wird.

Zeit des Blutes: Die Zeit der Menstruation.

Zeitschiene: Eine potenzielle Wahrscheinlichkeit von Ereignissen, die aus einem bestimmten Bewusstseinszustand resultiert.

Zeitalter Gottes: Im Zeitalter Gottes werden sich wissenschaftliche Entwicklungen stärker entfalten als je zuvor. Dieses Zeitalter wird durch wohlbedachte, absichtliche Veränderung der Zeit und der Werte der Zeit zustande kommen. Krankheit, Leiden, Hass, Altern, Tod und Krieg werden nicht mehr auf dieser Ebene existieren, nur noch immerwährendes Leben. Durch Wissen, Verstehen und tiefe Liebe wird jede Wesenheit dies in ihrem Leben hervorbringen.

Zeitlosigkeit (*no-time*): Dieser Begriff bezieht sich auf die Erfahrung des Jetzt — des ewigen, kreativen, analogen Augenblicks. Zeit ist die Folge, Manifestation und Erfahrung dieses schöpferischen Augenblicks.

Zweite Ebene: Die Existenzebene des Gesellschaftsbewusstseins und des infraroten Frequenzbandes. Sie steht in Verbindung mit Schmerz und Leiden. In der Polarität ist diese Ebene der negative Pol zur dritten Ebene, der Ebene der sichtbaren Licht-Frequenz.

Zweites Siegel: Dieses Siegel ist das Energiezentrum des Gesellschaftsbewusstseins und des infraroten Frequenzbandes. Es steht in Verbindung mit Leid und Schmerz und ist in der tieferen Unterleibsgegend angesiedelt.

BIBLIOGRAPHIE

A Return to the Garden: Creating a New Model of Truth. Tape 373 ed. Yelm: Ramtha Dialogues, 1998.

An Evening with Ramtha. Tape 219 ed. Yelm: Ramtha Dialogues, 1988.

Animals - Music - Crystals - Mythical Creatures. Tape 001 ed. Yelm: Ramtha Dialogues, 1984.

Aquinas, Thomas. *Summa Theologica.* Translated by the Dominican Fathers. London: Burns, Oats and Washbourne.

Bartra, Agustí. *Antología de la Poesía Mística.* México: Editorial Pax México, 1974.

Blue College Weekend. Tape 437 ed. Yelm: Ramtha Dialogues, 2000.

Bohm, David. *Wholeness and the Implicate Order.* London: Routledge, 1980.

Bower, Bruce. *Domesticated Goats Show Unique Gene Mix.* In *Science News,* Vol. 159, No. 19, May 12, 2001. Washington: Science News Books, 2001.

Consciousness and Energy, the Basics. Tape 331 ed. Yelm: Ramtha Dialogues, 1996.

Creation. Tape 005 ed. Yelm: Ramtha Dialogues, 1980.

Cremo, Michael A. *Forbidden Archeology.* Los Angeles: Bhaktivedanta Book Publishing, Inc., 1993.

Cremo, Michael A. *Forbidden Archeology's Impact.* Los Angeles: Bhaktivedanta Book Publishing, Inc., 1998.

Darwin, Charles. *The Origin of Species.* New York: Gramercy Books, 1979.

Davies, Stevan L. *The Gospel of Thomas and Christian Wisdom.* New York: Seabury Press, 1983.

De la Cruz, Juan. *Obras Completas.* 4th ed. Madrid: Editorial de Spiritualidad, 1992.

De León, Luis. *De los Nombres de Cristo.* Edited by Antonio Sánchez Zamarreño. Madrid: Espasa Calpe, 1991.

Destruction of the Ancient Wisdom and Its Resurrection. Tape 192 ed. Yelm: Ramtha Dialogues, 1988.

Dostoevsky, Fyodor. *The Brothers Karamazov.* Translated by David McDuff. London: Penguin Books Ltd., 1993.

Egypt: The World of the Pharaohs. Edited by Regine Schulz and Matthias Seidel. Köln: Könemann Verlagsgesellschaft, 1998.

Ellis, Peter F. *The Genius of John.* Minnesota: The Liturgical Press, 1985.

Goswami, Amit. *The Self-Aware Universe.* New York: Tarcher/Putnam, 1995.

Grof, Christina and Grof, Stanislav. *The Stormy Search for the Self.* London: HarperCollins, 1991.

Grof, Stanislav. *The Adventure of Self-Discovery.* New York: State University of New York Press, 1988.

Haviland, William A. *Cultural Anthropology.* 9th ed. New York: Harcourt Brace & Co., 1999.

Hebrew Old Testament. Edited by Norman Henry Snaith. London: The British and Foreign Bible Society, 1986.

Henry, Martin. *On Not Understanding God.* Maynooth: Columba Press, 1997.

Hirschberger, Johannes. *Historia de la Filosofía.* Vol. 1, *Antigüedad, Edad Media, Renacimiento.* Barcelona: Editorial Herder, 1994.

Homer. *The Illiad and the Odyssey.* Translated by Samuel Butler. New York: Barns & Noble, 1999.

Ignorance: The Mother of Devotion. Tape 188 ed. Yelm: Ramtha Dialogues, 1988.

In Search of the Self: The Role of Consciousness in the Construction of Reality, a Conference on Contemporary Spirituality. February 8-9, 1997, Yelm, Washington. Video ed. Yelm: JZK Publishing, a division of JZK, Inc., 1997.

Kant, Immanuel. *Fundamental Principles of the Metaphysics of Morals.* Translated by T.K. Abbott. New York: Prometheus Books, 1988.

Kasper, Walter. *Jesus the Christ.* London: Burns & Oates, 1976.

Knight, Christopher and Lomas, Robert. *Uriel's Machine: the Prehistoric Technology That Survived the Flood.* Boston: Element Books, Inc., 2000.

Knight, JZ. *State of Mind, My Story.* New York: Warner Books, 1987.

Krippner, Stanley, Wickramasekera, Ian, Wickramasekera, Judy, and Winstead III, Charles W. *The Ramtha Phenomenon: Psychological, Phenomenological, and Geomagnetic Data.* In *The Journal of the American Society for Psychical Research,* Vol. 92, No. 1, January 1998.

Layton, Bentley. *The Gnostic Scriptures.* The Anchor Bible Reference Library ed. New York: Doubleday, 1987.

Leedom, Tim C. *The Book Your Church Doesn't Want You to Read.* Dubuque, Iowa: Kendall/Hunt Publishing Co., 1993.

Marc-Alain Ouaknin. *Mysteries of the Alphabet, the Origins of Writing.* New York: Abbeville Press Publishers, 1999.

Melton, J. Gordon. *Finding Enlightenment, Ramtha's School of Ancient Wisdom.* Hillsboro: Beyond Words Publishing, 1998.

New American Bible

Nietzsche, Friedrich. *Basic Writings of Nietzsche.* Translated by Walter Kaufmann. New York: The Modern Library, 2000.

Philostratus. *Life of Apollonius of Tyana.* Translated by F.C. Conybeare, 2 vols. Cambridge: Harvard University Press, 1950.

Plato. *Complete Works.* Cambridge: Hackett Publishing Company, 1997.

Platón. *Dialogos.* 22nd ed. Edited by Colección Austral. México: Espasa Calpe, 1984.

Ramtha, A Beginner's Guide to Creating Reality. Revised and Expanded ed. Yelm: JZK Publishing, a division of JZK, Inc., 2000.

Ramtha, The Mystery of Birth and Death: Redefining the Self. Yelm: JZK Publishing, a division of JZK, Inc., 2000.

Ramtha: Creating Personal Reality. Video ed. Yelm: JZK Publishing, a division of JZK, Inc., 1998.

Ramtha's Introduction to the World Tour. Video ed. Yelm: JZK Publishing, a division of JZK, Inc., 1998.

Reese, William L. *Dictionary of Philosophy and Religion, Eastern and Western Thought.* Expanded ed. New York: Humanity Books, 1999.

Revolution of the Spirit, and Mammy, the Goddess of Genesis. Tape 444 ed. Yelm: Ramtha Dialogues, 2000.

Santos Otero, Aurelio de. *Los Evangelios Apócrifos: Colección de textos griegos y latinos, versión crítica, estudios introductorios y comentarios.* 9th ed. Madrid: Biblioteca de Autores Cristianos, 1996.

Schacht, Richard. *Nietzsche.* London: Routledge, 1992.

Schrödter, Willy. *A Rosicrucian Notebook.* York Beach: Samuel Weiser, Inc., 1991.

Sitchin, Zecharia. *The Earth Chronicles.* Book I, *The 12th Planet.* New York: Avon Books, Inc., 1978.

———. *The Earth Chronicles.* Book II, *The Stairway to Heaven.* New York: Avon Books, Inc., 1983.

———. *The Earth Chronicles.* Book III, *The Wars of Gods and Men.* New York: Avon Books, Inc., 1985.

———. *The Earth Chronicles.* Book IV, *The Lost Realms.* New York: Avon Books, Inc., 1990.

———. *The Earth Chronicles.* Book V, *When Time Began.* New York: Avon Books, Inc., 1993.

———. *The Earth Chronicles.* Book VI, *The Cosmic Code.* New York: Avon Books, Inc., 1998.

Soulmates. Tape 114 ed. Yelm: Ramtha Dialogues, 1986.

Spalding, Baird T. *Life and Teaching of the Masters of the Far East.* California, DeVorss & Co. Publishers: 1964.

Story of the First Soulmates. Tape 007 ed. Yelm: Ramtha Dialogues, 1980.

Talbot, Michael. *The Holographic Universe.* New York: HarperCollins, 1991.

Tales of the Masters. Tape 045 ed. Yelm: Ramtha Dialogues, 1997.

The Collected Works of St. John of the Cross. Translated by Kieran Kavanaugh, Otilio Rodriguez. Washington: ICS Publications, Institute of Carmelite Studies, 1979.

The Enuma Elish: The Seven Tablets of Creation: The Babylonian and Assyrian Legends Concerning the Creation of the World and of Mankind. Edited by L.W. King, 2 vols. London: The Book Tree, 1999.

The Epic of Gilgamesh. Edited by N. K. Sandars, revised ed. London: Penguin Books, Ltd., 1972.

The Greatest History Lesson Ever Taught. Tape 388 ed. Yelm: Ramtha Dialogues, 1998.

The New Dictionary of Theology. Edited by Joseph A. Komonchak, Mary Collins, Dermot A. Lane. Dublin: Gill and Macmillan Ltd., 1990.

The New Heaven and Earth. Tape 337 ed. Yelm: Ramtha Dialogues, 1996.

The Next Step — Superconsciousness, Part II. Tape 122B ed. Yelm: Ramtha Dialogues, 1986.

The Portable Jung. Edited by Joseph Campbell. New York: Penguin Books, 1976.

The Works of Plato. Edited by Irwin Edman. New York: The Modern Library, 1956.

Tillich, Paul. *Systematic Theology, Combined Volume.* London: James Nisbet and Company Limited, 1968.

Tolkien, J.R.R. *The Lord of the Rings.* London: Grafton, 1991.

Waite, Arthur Edward. *Real History of the Rosicrucians.* New York: Steinerbooks, 1982.

Walking the Journey of the Woman. Tape 437.1 ed. Yelm: Ramtha Dialogues, 2000.

Wallis, E.A. *The Egyptian Book of the Dead; the Papyrus of Ani, Egyptian Text Transliteration and Translation.* New York: Dover Publications, Inc., 1967.

Was Mary Really a Virgin. Tape 394 ed. Yelm: Ramtha Dialogues, 1998.

Wolf, Fred Alan. *Parallel Universes.* New York: Touchstone, 1990.

———. *Taking the Quantum Leap.* New York: Perennial Library, 1989.

———. *The Spiritual Universe.* Portsmouth: Moment Point Press, Inc.,1999.

Yahweh — Jehovah. Tape 029 ed. Yelm: Ramtha Dialogues, 1982.

Zukav, Gary. *The Dancing Wu Ling Masters.* New York: Bantam Books, 1980.

INDEX:

A

M

W

Y

Z

Wendezeit

€ 12,50

ISBN: 3-89539-052-6

Im Mittelpunkt dieses Buches aus der Intensivreihe stand die Notwendigkeit, sich selbst versorgen zu können, damit ein Überleben während der einschneidenden Veränderungen, die weltweit in der Natur und in der Gesellschaft eingetreten sind und eintreten werden, möglich wird. Im Verlauf seiner Reden legt uns Ramtha ans Herz, in Harmonie mit der Natur - dem Lebensstrom, der unsere Existenz gewährleistet und die einzige Erlebnisebene ist, in der wir unser Gottsein erkennen können - zu fließen. „Jemand der aus dem Traum, genannt Menschheit erwacht, bewegt sich in Harmonie mit der Natur, wie in einer Symphonie. Jemand, der dazu gezwungen ist, für sein Überleben selbst zu sorgen und in dieser Bewährungsprobe aufblüht, hat gelernt enorme Widrigkeiten zu überwinden.“

Der Geschichtenerzähler

€ 16,90

ISBN: 3-89539-057-7

Die Geschichten werden Ihren Geist mit Erstaunen erfüllen und Ihrer Seele Tränen der Freude und des Lachens bringen. Ramtha hat, was das Erzählen einer Geschichte angeht, einen einzigartigen Stil. Auch wenn die Sprache Ihnen am Anfang etwas ungewöhnlich erscheinen mag, werden Sie doch bald feststellen, wie Sie zu einem Teil der Geschichte werden - wenn die Schatten des Gestern durch Ihren Geist tanzen und die Bilder eines anderen Ortes und einer anderen Zeit sich zu entfalten beginnen.